초심상담자를 위한

상담면접의 실제

천성문 · 안세지 · 최지이 · 윤정훈 · 배문경 **공저**

학지사

머리말

"분명히 배웠던 내용인데 왜 내담자만 만나면 하나도 생각이 나질 않을까요?"

많은 초심상담자가 탄탄한 이론으로 무장을 하고 상담에 임하더라도 실제 상담에 들어가면 아무것도 배운 적이 없는 사람처럼 횡설수설하는 경험을 하게 된다. 이들을 슈퍼비전해 보면, 이미 이론상으로는 알고 있는 내용임에도 불구하고 내담자만 만나면 머릿속이 하얘지고 무엇을 해야 할지 모르게 된다며 자조 섞인 호소를 듣게 된다. 동시에 그들 스스로 상담자로서의 자질을 의심하기도 하고 역량이 부족함에 좌절하며 실의에 빠지기도 한다. 반면, 슈퍼비전을 통해 무엇이 부족한지를 확인해도 이를 반영하지 못하고 또 다른 고민에 빠지는 모습을 발견하기도 한다.

이에 집필진은 초심상담자들이 무엇으로 인해 알아차림이 어렵고 부족함을 알아도 이를 반영하기가 어려운지 고민하게 되었다. 이 책은 이러한 측면에서 초심상담자의 불안과 어려움을 조금이나마 해소하는 데 도움을 주고자 한다. 많은 초심상담자를 접하면서 알게 된 사실은, 이들이 이론적 배움이 체화되지 않아 이것을 실전에 반영하는 능력이 부족한 것도 사실이지만 그 부족함을 처리하는 방법과 그러한 어려움으로부터 벗어나기 위해 무엇을 해야 하는지를 잘 알지 못한다는 것이다.

특히 상담은 내담자와 상담자의 만남이기 이전에 관계를 하며 상호작용이 일어나는 인간 대 인간의 만남이다. 이러한 상호작용을 통해 인간으로서 경험하는 심리적 고통은 내담자와 상담자의 관계에서도 동일한 원리(질병과 같은 외부 요인을 제외한)로 발생한다. 이것이 상담에서 전이와 역전이를 일으키는 매우 중요한 요인임에도 불구하고 초심상담자가 단순히 상담이론만을 익혀 상담장면에 던져졌을 때는 다양한 내담자의 특성과 상담자의 특성이 만나 발생하는 복잡하고 미묘한 상호작용을 이해하고 대처하기가 어렵다. 내담자의 진정한 고통에 공감할 수 있고 내담자의 전이를 알아차리는 역량을 키우며 상담자 본인에게 나타나는 역전이를 잘 알아차릴 수 있어야만 상담에서 겪을 수 있는 혼란에 대처할 수 있다. 이 책은 다음과 같은 순서를 통하여 앞서 제시한 초심상담자들이 실제 상담장면에서 겪게 되는 어려움에 도움을 주고자 한다.

이 책은 크게 3개의 부로 나뉘어 있다. **'제1부 상담의 시작(제1~5장)'**에서는 내담자의 심리적 어려움을 이해하기 위한 첫걸음으로서 상담 준비, 접수면접, 심리검사, 첫 회 상담, 사례개념화에 대한 내용을 담았다. **'제2부 상담의 중기와 종결(제6~9장)'**에서는 상담 준비와 초기 문제 평가 이후 상담 중기에 나타날 수 있는 내담자의 변화에 맞추어 상담을 어떻게 이어 가고 어떻게 종결해야 하는지에 대한 내용을 제시하였다. 마지막 **'제3부 상담장면에서 자주 경험하는 상황별 개입(제10~14장)'**에서는 각각의 상담 과정 속에서 나타날 수 있는 내담자의 유형 또는 문제를 그 특성에 따라 어떻게 개입하는 것이 적절할지에 대한 이정표를 제시하고자 하였다. 각 부에서 다루는 내용의 의미와 흐름에 대해 좀 더 자세히 안내하자면 다음과 같다.

'제1부 상담의 시작'은 **'제1장 상담 준비'**를 통하여 상담의 기본 원리를 제시한다. 먼저, 한 인간이 어떤 이유로 심리적 어려움을 겪게 되고 이것이 현재 내담자의 주 호소문제에 어떻게 적용되어 나타나는지에 대한 원리를 설명한다. 이는 많은 초심상담자가 내담자의 표면적인 주 호소문제에 가려진 진짜 핵심문제를 알아차리지 못하여 발생하는 무수한 상담 과정의 과오를 예방하고자 하는 시도이므로 중요성을 강조하고자 첫 순서에 배치하였다. 또한 이러한 핵심문제는 내담자뿐만 아니라 상담자에게도 적용되며, 이로 인하여 상담 과정에서 내담자와 상담자가 상호작용을 하며 발생하는 여러 가설을 제시하였다. 마지막으로, 이와 같은 과정을 어떠한 태도로 극복해 나갈 것인가에 기초한 초심상담자의 마음가짐을 제안하고자 하였다.

'제2장 접수면접, 제대로 알자'에서는 첫 회 상담과 달리 내담자의 현재 어려움 수준과 특성을 파악하여 상담자를 배정하기 위한 목적으로서 접수면접의 과정과 이를 위한 상담기법을 제시하였다. 각 과정을 설명하기 위하여 나누어서 제시되었던 적용 사례를 마지막에 하나로 묶어 제시하면서 접수면접 전체를 어떻게 운영할 수 있는지 한눈에 알아볼 수 있도록 하였다.

'제3장 심리검사는 어떻게 활용해야 할까'에서는 심리검사를 심리평가의 목적으로 활용할 때뿐만 아니라 내담자와의 상담에 활용하기 위한 지침으로 제공하고자 하였다. 이 장에서는 심리검사를 실시할 때의 유의점과 심리평가 보고서 작성법 및 해석상담을 준비하고 실시하는 과정을 제시하였다.

'제4장 첫 회 상담을 잘하려면 어떻게 해야 할까'에서는 내담자와 신뢰관계를 형성하기 위한 상담자의 자세와 내담자의 핵심문제를 파악하는 과정을 살펴보고 이를 위한 상담기법을 제시하였다. 첫 회 상담의 과정을 한눈에 이해할 수 있도록 각 과정에서 나누어 제시했던 적용 사례를 마지막에 하나로 묶어 제시하면서 첫 회 상담의 전체 흐름을 알 수 있도록 돕고자 하였다.

'제5장 사례개념화하기'에서는 접수면접 및 심리평가, 첫 회 상담을 통해 확인된 정보를 어떻게 해석하고 구조화하여 사례개념화할 수 있는지 알아보고, 사례보고서 양식에 맞추어 작성할 수 있도록 지침을 제시하였다.

'제2부 상담의 중기와 종결'은 '제6장 반복되는 핵심문제 다루기'를 시작으로, 상담 초기 확인된 내담자의 핵심문제가 모든 대인관계에서 반복되어 나타남을 전제로 이를 내담자가 끊임없이 자각할 수 있도록 돕기 위한 구성으로 이루어졌다.

'제7장 상담 중기의 저항 다루기'에서는 반복적으로 나타나는 핵심문제를 다룰 때 내담자의 변화에 대한 무의식적 두려움이 어떻게 저항으로 나타날 수 있는지 알아보고, 이에 대한 적절한 개입방법을 제시하였다. 이와 함께 내담자의 저항을 상담자가 어떤 관점으로 바라보고 이해해야 하는지 살펴보는 과정을 통해 상담자의 핵심문제에서 비롯된 역전이를 방지하고자 하였다.

'제8장 새로운 방식으로 기능하도록 돕기'에서는 내담자가 상담 종결 후에도 스스로의 힘으로 핵심문제를 매순간 알아차릴 수 있도록 훈습하는 과정으로서 개입을 제시하였다. 내담자가 현실상황에서 부적응적으로 작용하던 자신의 핵심문제를 알아차리고,

이전보다 적응적인 대처방식을 선택하고 실천할 수 있도록 돕기 위한 개입방법을 제시하였다.

'제9장 상담 종결하기'에서는 상담을 진행하는 환경에 따라 종결 시점이 달라질 수 있다는 점과 내담자의 상태에 따라 종결을 판단하고 협의하는 과정과 방법에 대하여 제시하며, 내담자와 상담자 모두 건강한 종결을 경험하길 바라는 마음을 담아 목차를 구성하였다.

마지막으로, '제3부 상담장면에서 자주 경험하는 상황별 개입'이다. '제10장 상담 초기에 겪을 수 있는 상황별 개입'에서는 상담 초기 초심상담자가 자주 마주할 수 있는 내담자의 특성에 맞는 라포 형성 방법과 앞으로의 상담 과정을 내담자의 핵심문제에 입각하여 구조화함으로써 상담의 의지를 북돋는 방법을 제시하였다.

'제11장 상담 중기에 겪을 수 있는 상황별 개입'에서는 내담자의 대표적인 저항 행동을 어떻게 이해할 수 있는지와 상담자가 어떤 태도로서 이를 다루어야 하는지에 대한 구체적인 방법을 제시하였다.

'제12장 상담 종결단계에 겪을 수 있는 상황별 개입'에서는 제9장에서 제공한 상담 종결의 과정과 방법적인 측면을 바탕으로, 상담자의 역전이에서 비롯한 불안이 상담 종결에 미칠 수 있는 작용에 초점을 두고 상담 종결을 위한 적절한 개입방법을 제시하였다.

'제13장 위기에 처한 내담자에 대한 개입'에서는 위험상황에 처한 내담자를 돕고자 할 때 심리상담 외 다른 자원들의 도움이 필요한 상황을 마주한 상담자를 다루었다. 이때 심리상담 외 추가 자원에 대한 개입을 거부하거나 불편감을 호소하는 내담자를 어떻게 이해할 수 있는지와 추가 자원으로의 연계 전 상담자가 어떻게 개입해야 하는지를 보여 주고자 하였다.

'제14장 화상상담하기'에서는 최근 코로나19로 인해 전 세계적인 변화의 물결 속에 새로운 일상 매체로 자리하게 된 '화상상담'을 활용하는 방법에 대하여 제시하였다. 화상상담을 위하여 어떻게 환경을 조성해야 하는지와 상담을 진행할 때의 유의점 등을 제공함으로써 화상상담을 진행하는 상담자들의 안정적인 상담 진행을 돕고자 하였다.

이와 같은 과정을 통하여 이 책이 궁극적으로 지향하는 것은 상담자와 내담자의 건강한 관계이다. 가정에서 주된 양육자와의 관계에서 좌절한 마음을 상담자와의 관계를 통해 충족하고 건강한 모습으로 성숙되어 갈 수 있도록 돕는 것이 상담이라고 보았을 때, 우리는 그 과정을 방해하는 상담자의 핵심문제에서 비롯한 역전이를 돌보고 내담자와의 관계를 통해 미성숙한 자신을 발견하며 상담자 역시 이 과정을 통해 성숙해져 갈 수 있기를 기대하는 마음으로 이 책을 집필하였다.

초심상담자도 상담 과정을 통해 미숙할 수밖에 없었던 자신을 알아차리고, 이를 돌보는 과정에서 자신을 사랑하면서 성장하고 내담자를 그 마음으로써 사랑할 수 있다면 더없이 좋은 상담자로 거듭날 수 있을 것이라 기대한다. 이와 같은 맥락에서 이 책의 내용이 상담자의 핵심문제에서 비롯된 역전이 측면에 국한되어 초심상담자의 불안을 다루고 있는 점, 상담 과정에서 나타날 수 있는 보다 다양한 상황이나 개입에 대해 담지 못한 점, 개입의 방법이 다양한 이론을 반영하지 못한 점 등은 아쉬움으로 남는다.

그러나 무수한 상담 이론과 기법도 그 기본은 관계에 기반하고 있으며 상담자와 내담자 간의 교류에서 발생하는 건강한 상호작용이 치유의 과정으로 작용한다는 것이 확인된 바, 상담자 자신을 사랑하는 마음과 그 마음에서 비롯한 내담자를 사랑하는 마음이 상담관계의 밑거름이 되어야 함을 초심상담자가 수용하는 데 조금이나마 도움이 되었으면 하는 마음이다.

끝으로, 책이 나오기까지 사랑으로 도움을 주신 전북대학교 이영순 교수님과 데이브레이크대학교 박은아 교수님께 감사의 마음을 전한다. 그리고 이 과정을 섬세하게 담고자 애써 주신 학지사 김진환 사장님과 차형근 편집자님의 노고에 진심으로 감사드린다. 또한 이 책을 통해 초심상담자들의 성장을 돕기 위한 과정에 활용해 주실 많은 상담자와 수련감독자께도 감사의 마음을 전한다.

2022년 2월
저자 일동

| 제2부 | 상담의 중기와 종결

제6장　반복되는 핵심문제 다루기 ·········· 147

제7장　상담 중기의 저항 다루기 ·········· 169

| 제3부 | 상담장면에서 자주 경험하는 상황별 개입

제1부

상담의 시작

상담 준비

　상담을 진행하기에 앞서 상담자가 기본적으로 알아야 하는 것은 내담자의 심리적 어려움은 무엇인지, 어떻게 발생하게 되었는지 그리고 어떤 과정과 개입을 통해 도울 수 있는지일 것이다. 초심상담자들이 경험하는 내담자의 심리적 어려움의 발생 원인을 알아야 근본적인 개입이 될 수 있으며 어떤 과정을 통하여 내담자가 변화되어 가는지에 대한 가이드라인을 알고 개입한다면 상담장면에서 다양하게 경험할 수 있는 내담자의 이상 증상을 흔들림 없이 다룰 수 있을 것이다.

　많은 상담자가 상담 개입에 대한 다양한 어려움을 호소한다. 이러한 상담자의 어려움은 기술 또는 경험 부족으로 인해 느끼는 어려움과 상담자의 개인적 요인에 따른 어려움이 있다. 하지만 기술부족과 경험부족에 대한 불안 역시도 상담자의 개인적 요인에 따라 과도하게 나타나 관리가 어려워지는 경우를 자주 마주하게 된다. 이 책에서는 상담자의 개인적 요인에 의해 발생할 수 있는 어려움에 무게를 두고 도움을 주고자 한다. 이를 위하여 이 장에서는 심리적 어려움의 발생과 상담 과정을 이해해 보고 상담 과정에서 가장 큰 치료적 요인으로 작용하는 상담자 요인을 점검하기 위하여 상담자 자신에 대한 이해와 초심상담자로서 어떤 태도를 취해야 하는지에 대해 점검해 보고자 한다.

📖 제1장 한눈에 보기

1
상담의 기본 원리
- 핵심문제의 이해
- 상담 개입 과정의 이해

2
상담자의 핵심문제
- 상담자의 핵심문제 자각
- 상담자의 핵심문제가 상담에 미치는 영향

3
초삼상담자로서의
자세와 태도 점검
- 상담자의 불안 자각 및 대처
- 초심상담자로서 필요한 마음가짐

💡 제1장 들어가기 전에……

상담을 준비하기에 앞서 다음 사항에 대해 생각해 보자.

💬 내담자의 심리적 어려움은 어떻게 발생되는 것일까?

💬 내담자의 심리적 어려움을 돕기 위한 상담의 과정은 어떻게 될까?

💬 초심상담자로서 나는 어떤 불안을 가지고 있을까? 그것은 상담에 어떤 영향을 미치게 될
까?

1. 상담의 기본 원리

상담에서 다루어야 하는 것은 무엇일까? 예를 들어, 내담자가 "나에 대해 알고 싶다."라고 이야기하며 상담실을 방문하였다. 상담자는 내담자가 자신에 대해 알 수 있도록 도우면 성공한 상담이 될 수 있을까? 안타깝게도 상담은 그리 간단하지 않다. 내담자는 무의식 속에 숨겨진 자신의 핵심문제를 알아차리지 못하고 현재 의식 수준에서 인지되는 어려움(증상)만을 자신의 관점에서 보고할 뿐이다. 그러므로 상담자는 내담자가 현재 보고하는 어려움의 원인이 무엇인지를 알아야 근본적인 어려움을 해결할 수 있는 개입이 가능해진다. 이렇듯 내담자가 현재 보고하는 어려움 이면에 숨겨진 핵심문제를 다루기 위해선 인간의 심리적 어려움은 왜 발생하며 이것은 어떤 원리를 통해 도움을 줄 수 있는지에 대한 이해를 토대로 개입해야 한다. 이에 대해 알아보자.

1) 핵심문제의 이해

이 책에서 제시하는 '핵심문제'란 0~6세 성격형성시기에 주요 대상과의 정서적 상호작용을 통해 패턴화된 문제를 말한다. 이 개념은 다양한 용어(핵심역동, 아동기 정서패턴, 아동기 감정양식 등)로 표현되지만 이 책에서는 상담장면에서 다루어야 할 중요한 핵심적 문제라는 의미로서 "핵심문제"라는 용어를 채택하였다.

심리상담의 과정은 내담자의 과거 형성된 핵심문제가 현재 상황에서 부적응적으로 작용하고 있음을 깨닫고 현실상황과 과거 핵심문제를 분리하여 현재에 맞는 대처방식으로 기능할 수 있도록 돕는 것이라 할 수 있다. 이러한 개입을 위하여 다음에 대하여 알아보자.

(1) 핵심문제는 모든 관계에서 반복되어 나타난다

성격형성시기에 중요한 대상과의 상호작용으로 발생한 핵심문제는 이후 모든 관계에서 반복되어 나타난다. 예를 들어, 1~3세 사이에 강압적이고 통제적인 양육을 받으며 완벽함을 요구받은 내담자의 경우, 모든 대인관계 또는 상황에서 완벽함을 추구하려고 하며 그렇지 못할 때 양육 당시 느꼈던 불안 또는 정서를 느끼게 된다(예: 시험을 망치는 것은 곧 부모님을 실망시키는 것이라는 생각으로 인해 시험 전 불안이 야기됨). 이후 고통스러운 정서로부터 벗어나기 위한 노력을 하게 되는데 이것이 더 이상 고통을 감소시키지 못하게 되면 상담실을 찾게 된다. 이를 도식화하면 [그림 1-1]과 같다.

[그림 1-1] 핵심문제 및 증상의 발생 원인과 과정

[그림 1-1]을 통해 상담실을 찾게 되는 경위를 살펴보면 모든 인간이 갖고 있는 의존적 애정욕구가 성격형성시기의 양육태도에 따라 과잉 충족되거나 과잉 좌절되었을 때 핵심문제가 발생한다(Saul, 2006). 이후 유지요인을 통해 핵심문제를 유지하게 되는데 유지요인은 핵심문제를 지속적으로 경험하도록 활성화시키는 요인을 말한다. 이러한 유지요인으로 인하여 핵심문제가 해소되지 않고 유지되더라도 일상생활은 지속되게 된다. 촉발요인은 내담자가 더 이상 핵심문제에 대해 적응적으로 대처하지 못하고 증상(호소문제)을 발현하게 만드는 자극을 말한다. 내담자가 가진 핵심문제가 특정 촉발요인을 만났을 때 증상이 발현되고 그로 인한 심리적 문제(내현화) 또는 행동화 문제(외현화)를 야기하며 상담에 오게 된다.
　이러한 과정을 이해하기 위해 삶의 의미를 잃고 자살 사고로 상담실을 찾은 30세 주부 효선씨의 사례를 통해 핵심문제를 살펴보자.

1-1 **핵심문제 찾기를 위한 30세 효선씨의 사례**

30세의 주부인 효선씨는 1남 2녀 중 장녀로 가부장적인 아버지와 그런 아버지에게 순종적인 어머니 사이에서 장녀로서의 역할을 요구받으며 자랐다. 두 살 터울의 남동생에게 모든 것을 양보해야만 했고 다섯 살 아래 막내 여동생을 돌보며 생활하였다. 그 과정에서 불만이 있어도 항상 '누나' '언니'라는 역할로서 참아야만 했다. 동생과 다툼이 생겼을 때도 '누나'가 더 양보해야 한다는 말로 억울함을 참을 수밖에 없었다. 아주 어릴 때는 참지 않고 울거나 떼를 써 보기도 했지만 그럴 때면 아버지는 더 큰 처벌을 하거나 아예 없는 사람 취급을 하였다. 그럴 때면 '나를 알아주는 사람이 아무도 없다'는 생각이 들면서 가족 내에서 혼자 소외되는 느낌에 너무나 외로웠다. 이를 견디기 힘들어 부모에게 반하는 의사를 주장하지 않고 장녀로서의 역할을 잘 수행하였을 때는 집안의 자랑으로서 칭찬을 받았다.

효선씨는 또래관계에서도 소외되지 않기 위해 자기 의사를 표현하기보다 상대방이 원하는 것에 맞추어 배려하거나 양보하였다. 그래서 늘 주변 사람들이 말하는 효선씨는 착하고 배려가 많고 양보하는 사람이었다. 그러한 평판을 통해 대인관계에서 존재감을 느낄 수 있었고 이를 유지하기 위해 애쓰며 살았다. 결혼적령기가 되어 효선씨의 장점(배려하고 양보하는 착한)을 사랑하는 남편을 만나 결혼하게 되었고 시댁으로 들어가 살게 되었다.

시어머니와 생활하면서 아주 사소한 부분부터 마찰이 생기기 시작하면서 갈등이 생겼는데 지금껏 그래왔듯이 효선씨가 대부분은 시어머니의 생각과 요구에 맞추면서 지냈다. 그러던 어느 날 효선씨가 자신의 생일을 남편과 기념하기 위해 애써 만들어 놓았던 음식을 지적하는 시어머니에게 엄청난 분노를 느꼈다. 하지만 이를 표현하면 이 집에서 소외된다는 생각에 참고 참았으나 나아지는 것이 없었다. 남편에게 하소연을 해 보아도 "착한 당신이 좀 참으면 안 돼? 그동안은 잘 지내 왔으면서 갑자기 왜 그래?"라는 말을 들으며 공감받지 못했다. 남편에게 자신의 불만을 더 이야기하면 가족 내에서 소외될 것이라는 생각에 남편에게도 더 이상 시어머니에 대한 불만을 이야기하지 못했다. 점점 아무도 자신의 어려움을 이해하거나 알아주는 이가 없다는 생각이 짙어지면서 엄청난 외로움에 "나는 왜 살아야 하지? 사는 게 의미가 없다."는 자살 사고가 높아지게 되어 상담실 문을 두드리게 되었다.

효선씨의 핵심문제는 무엇일까?

효선씨의 핵심문제와 증상이 발생 과정을 [그림 1-1]에 대입해 보면 [그림 1-2]와 같다.

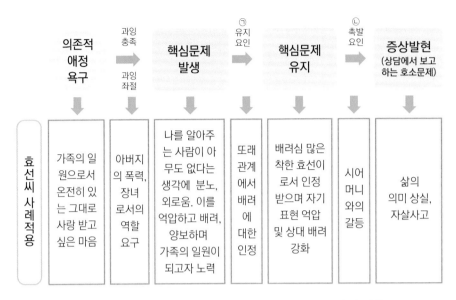

[그림 1-2] **핵심문제 및 증상 발생 과정의 효선씨 사례 적용**

[그림 1-2]와 같이 효선씨는 장녀가 아닌 있는 그대로의 효선이로서 사랑받고 싶었으나 가부장적인 아버지와 그에 순종적인 어머니로 인하여 이러한 욕구는 좌절된다. 그로 인해 '나를 알아주는 사람이 아무도 없다'는 생각에서 비롯한 외로움과 분노가 생긴다. 이를 억압하고 상대방에게 배려·양보하는 행동 패턴이 바로 효선씨의 핵심문제라고 할 수 있다.

이는 나이가 들면서 또래 및 사회적 관계에서도 소외되지 않기 위해 자기표현을 억압하고 상대방을 배려하고 양보했을 때 인정을 받음으로서 핵심문제가 유지되었다(유지요인으로 인한 핵심문제의 반복). 이는 결혼을 해서도 지속되다가 시어머니와 지속적인 마찰상황에서 남편의 질타가 촉발요인이 되어 증상이 발생한 것이다. 이렇듯 효선씨는 원가족 내에서 발생한 핵심문제로 인해 본인이 적절한 자기표현과 주장을 해야 하는 다른 대인관계 상황에서도 소외될 것이 두려워 표현하지 못하고 참고 억압함으로서 심리적 어려움을 경험하게 되었다. 하지만 이를 알아차리지 못함으로서 스스로 해결할 수 없어 상담실을 내방하게 된 것이다.

(2) 핵심문제를 개입해야 증상이 완화되고 적응적인 생활을 할 수 있다

효선씨가 상담실에 방문하여 보고하는 주 호소문제는 "내가 왜 살아야 하는지 모르겠어요. 사는 게 의미가 없어요."이다. 앞서 확인한 효선씨의 핵심문제를 알지 못한 채 이와 같은 주 호소문제만을 듣고 상담을 개입하게 되었을 때 다음과 같은 오류들을 범할 수 있다.

핵심문제를 벗어난 개입 전략 예시

- 자살을 방지하기 위하여 자살 예방 교육을 실시한다.
- 하루에 자살에 대한 생각이 얼마나 많이 드는지 체크해 보고 이때 다른 활동을 통해 해소할 수 있도록 독려한다.
- 효선씨가 삶의 의미를 다시 생각할 수 있도록 흥미로운 활동을 제안한다.
- 효선씨가 자존감을 높일 수 있도록 강점 찾기를 한다.

이와 같은 개입이 도움이 되지 않는 것은 아니다. 하지만 핵심문제를 다루는 것이 아니므로 한시적인 증상완화의 효과가 생길 수는 있으나 본질적인 개입이 되지 않는다. 왜냐하면 내담자의 핵심문제를 다루지 않았기 때문에 내담자의 핵심문제를 반복하게 되는 '나를 알아주는 사람이 아무도 없다'는 느낌을 받는 상황이 또 다시 발생하면 어김없이 원래의 패턴을 반복하면서 자기표현을 억압하고 상대방에게 맞추면서 이번과 같은 증상('사는 것이 의미 없다'는 자살 사고와 우울)이 발현될 수 있기 때문이다. 이러한 반복되는 증상 발현을 막기 위한 핵심문제의 개입을 다음 [그림 1-3]을 통해 알아보자.

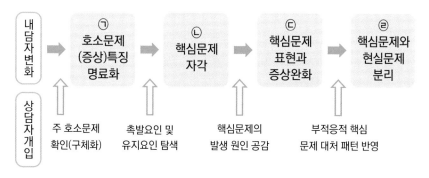

[그림 1-3] **핵심문제 개입에 따른 내담자의 변화**

① 호소문제(증상) 특징 명료화

내담자는 상담에 방문하여 자신의 호소문제가 어떤 특징을 가지고 왜 이러한 패턴을 가지는지 알지 못한다. 그러므로 상담자는 내담자가 보고하는 주 호소문제를 확인하고 이를 구체화해 나가면서 현실에서 보이는 내담자의 증상 특징을 내담자가 명료화하도록 도울 수 있다.

증상 특징 명료화를 위한 효선씨 사례 개입 방법

상담실에 처음 내방한 효선씨는 자기의 삶을 돌아본 적이 없기 때문에 "사는 게 의미가 없다. 죽고 싶다."라고 보고할 뿐 왜 죽고 싶은지에 대한 이유를 잘 모른다. 이때 상담자는 '언제부터 죽고 싶은 생각이 들었는지' '왜 그 상황에서 죽고 싶었는지'를 물어보면서 촉발요인(남편이 자신을 공감해 주지 않아 '나를 알아주는 사람이 아무도 없다'는 느낌이 강하게 들었던 상황)과 그 특징을 확인할 수 있다.

② 핵심문제 자각

내담자가 증상을 유발하게 된 촉발요인과 그동안 이러한 대처방식을 사용할 수밖에 없었던 유지요인을 과거 경험을 통해 탐색함으로서 내담자가 자신의 핵심문제를 자각하도록 도울 수 있다.

핵심문제 자각을 위한 효선씨 사례 개입 방법

효선씨는 왜 남편의 공감을 받지 못하자 '나를 알아주는 사람이 아무도 없다'는 생각이 들었는지, 이것이 효선씨에게는 어떤 의미이기에 죽고 싶다는 생각이 들 정도로 고통이 되는지, 그럼에도 불구하고 이러한 불만과 분노를 더 이상 남편에게 호소하지 못하는 이유가 무엇인지, 언제부터 이러한 방법을 취해 왔는지를 과거 경험과 연관하여 탐색하면서 그 속에 숨겨져 있는 핵심문제를 알아차리도록 도울 수 있다.

③ 핵심문제 표현과 증상완화

상담자가 내담자의 삶에서 확인된 핵심문제의 발생과 그 원인을 깊이 공감하면 내담자는 핵심문제를 표현할 수 있게 된다. 이러한 표현을 상담자가 공감하고 독려하는 과정을 통해 증상(우울, 자살 사고 등)이 완화될 수 있다.

핵심문제 표현과 증상완화를 위한 효선씨 사례 개입 방법

　현재 호소하는 문제와 연관하여 경험을 이야기하면서 효선씨의 핵심문제가 발생될 당시 어린 시절의 경험(언니로서, 누나로서 역할을 할 수 밖에 없었던 상황)을 떠올리도록 한다. 이때 상담자는 당시의 상황을 마치 지금 경험하듯이 생생하게 기억을 떠올릴 수 있도록 질문한다(과거 경험의 재현). 떠올린 장면 속 효선씨가 장녀로서의 역할이 아닌 어린 효선이로서 무엇을 바랐는지, 당시 어떤 마음으로 장녀 역할을 수행했으며 어떤 마음이 들었는지 등을 표현할 수 있도록 질문한다. 이를 통해 핵심문제 이면의 의존적 애정욕구가 좌절되어 생긴 감정(외로움과 분노)을 표현하고 상담자로부터 그 마음을 공감받으면 이로 인해 유발된 증상(삶의 의미 상실, 자살 사고 등)이 완화되는 성과를 얻을 수 있다.

④ 핵심문제와 현실문제 분리

　내담자가 증상완화에 따른 자신의 핵심문제를 자각할 수 있는 힘이 생기면 그동안 핵심문제가 현실문제와 연관하여 어떻게 작용하고 있었는지를 깨닫도록 현재 부적응적으로 작용하고 있는 대처 패턴을 반영할 수 있다. 이러한 개입을 통해 내담자 스스로 핵심문제와 현실문제를 분리하여 현실에 맞는 대처방식을 터득하도록 도우면 보다 심리적으로 건강한 생활이 가능해진다.

핵심문제와 현실문제 분리를 위한 효선씨 사례 개입 방법

　좌절된 의존적 애정욕구가 상담장면에서 해소가 되면 이러한 자신의 핵심문제를 매 순간 알아차릴 수 있는 힘이 생기게 된다. 이때 상담자는 이전까지는 남편에 대한 불만이 있어도 과거 어린 시절과 같이 처벌받을 것과 외면당할 것이 두려워 억압하며 상황을 대처하였으나 이것이 더 이상 현재 남편과의 관계를 건강하게 유지하는 데 도움이 되지 않음을 반영한다. 현재 남편과의 관계에서 불만이 생길 때 억압하고 참는 대처방식보다 남편의 수준에 맞춰 자신이 바라는 반응을 요구하거나 효선씨가 남편의 반응에 어떤 마음이 드는지 전달하는 방식 등을 현실상황에 맞게 선택하여 대처하도록 개입한다. 이를 통해 핵심문제와 현실문제를 분리하여 보다 건강한 방식의 대처를 하도록 도울 수 있다.

핵심문제의 개입 과정을 효선씨의 사례를 적용하여 [그림1-4]와 같이 정리해 볼 수 있다.

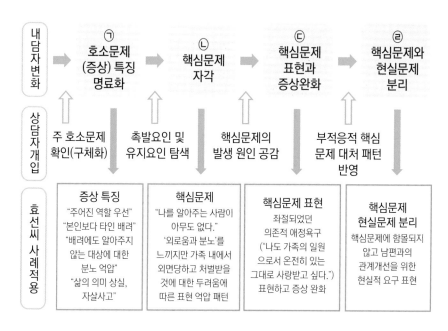

[그림 1-4] **핵심문제 개입 효선씨 사례 적용**

[그림 1-4]와 같이 증상의 특징을 명료화하는 과정을 통해 무의식중에 영향을 받고 있던 핵심문제를 자각하고 그 이면에 좌절되어 있던 좌절된 의존적 애정욕구를 표현하도록 도움으로서 증상이 완화될 수 있다. 이러한 과정을 통해 그동안 핵심문제에 함몰되어 적절한 현실적인 대처가 되지 않던 이전과 달리 현재 상황에 맞는 적절한 요구와 표현을 할 수 있도록 핵심문제와 현실을 분리하여 대처하는 연습을 함으로서 보다 적응적인 삶을 살 수 있도록 도울 수 있다.

‼️ 궁금해요!

✏️ 주 호소문제에서 무엇을 다루어야 할까?

  많은 초심상담자가 증상과 핵심문제에 따른 어려움을 구별하지 못하고 증상완화를 위한 개입에만 힘을 쏟는 것이 확인된다. 핵심문제에 따른 어려움을 개입해야 근원적 해결을 도울 수 있으므로 다음과 같은 차이를 살펴보자.

- **증상**: "우울하다." "불안하다." "나도 모르게 몸이 떨린다."와 같이 현재 **상태를 나타내는 것**
- **핵심문제에 따른 어려움**: "곁에 사람이 있어도 외롭다(소속감을 느끼고 싶다)." "사랑받고 싶다." "특별해지고 싶다."와 같이 내담자가 바라는(또는 좌절된) **의존적 애정욕구가 담겨 있는 것**

  핵심문제는 의존적 애정욕구의 좌절에서 오는 것이므로 내담자의 보고에서 욕구 좌절에 따른 어려움을 말하고 이러한 핵심문제를 억압함으로서 발생되는 것이 증상이므로 증상은 억압에 따른 현상 또는 상태를 보고한 것이라는 측면에서 차이가 있음을 기억하자.

---

2) 상담 개입 과정의 이해

  지금까지 핵심문제 및 증상의 발생원인과 과정([그림 1-1])을 토대로 상담자의 핵심문제 개입에 따라 내담자의 치료적 변화가 되어 가는 과정([그림 1-3])에 대해 알아보았다.

  그렇다면 이러한 개입을 위하여 어떠한 상담 과정을 거치면서 진행해야 하는지 알아보고자 한다. 이는 이 책의 전반적인 흐름을 제시하는 것으로 상담의 전체 과정을 이해함으로서 각 과정에서 나타날 수 있는 상담면접의 기술을 익혀 가기 위한 기초를 마련할 수 있다. [그림 1-5]를 통하여 상담의 개입 과정에 대해 살펴보자.

  [그림 1-3]과 [그림 1-5]를 비교해서 설명하자면 [그림 1-3]은 내담자의 핵심문제 개입을 위해서 내담자 스스로 '핵심문제를 자각'하고 궁극적으로는 내담자의 미해결과제로 남아 있는 '핵심문제를 표현'함으로서 핵심문제에 따른 감정(좌절된 의존적 애정욕구에 따른 적개심)이 해소되는 결과를 통해 증상이 완화될 수 있다는 원리를 제시한 것이다. 하지만 이러한 원리가 상담장면에서 즉각적으로 작용하지 않고 여러 가지 단계와

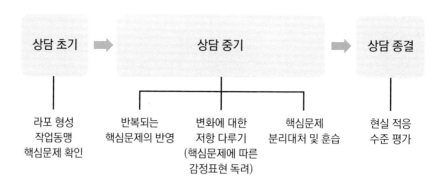

[그림 1-5] **단계별 상담 개입 과정**

과정을 거치면서 다양한 방법을 통하여 개입하며 종결에 이르게 된다. 이 과정에서 내담자가 보일 수 있는 특징에 따라 상담자의 태도 및 단계별 과제가 결정되는데, 이를 도식화한 것이 [그림 1-5]이다. 상담 개입과정은 크게 상담 초기, 상담 중기, 상담 종결로 나눌 수 있다.

(1) 상담 초기

상담 초기에는 상담자-내담자 간 라포를 형성하여 내담자가 편안한 마음으로 상담에 임할 수 있도록 돕는 것이 매우 중요하다. 처음 상담에 내방하는 내담자들은 그동안 혼자 자신의 어려움을 해결해 보고자 애써 보았지만 해결되지 않은 좌절감과 실패감을 가지고 방문하게 된다. 그동안 그 누구에게도 말하지 못했던 어려움을 전혀 일면식도 없는 상담자에게 처음 이야기를 해야 한다는 부담감은 내담자로 하여금 극도의 불안을 느끼게 만든다. 특히나 다른 사람들이 자신을 이상하게 생각할 것이라는 생각이 강한 내담자일수록 상담자에게도 그러한 마음을 고스란히 투사하여 생각하게 되므로 불안이 높을 수밖에 없다. 그러므로 상담 초기에는 내담자의 주 호소문제를 공감적으로 탐색하면서 라포를 형성하고 핵심문제를 확인하면서 상담 과정에 대해 구조화하는 것이 필요하다.

효선씨 사례 상담 과정 구조화 예시

상담자: 효선씨는 유일한 내 편이라고 생각한 남편마저 나를 이해해 주지 않으니 '나를 알아주
는 사람이 아무도 없다'는 느낌이 들면서 죽고 싶다는 생각이 들었군요. 그리고 그런 마음
이 들었을 때 외롭고 힘들지만 남편에게 그 마음을 또 이야기하지 못해서 혼자 고통스러워
하다 상담에 오시게 되었다는 것으로 이해가 됩니다. 앞으로 상담을 통해서 효선씨에게 '나
를 알아주는 사람이 아무도 없다'는 것이 어떤 의미인지, 그리고 이것을 상대방에게 이야
기하기 어려운 이유에 대해서 알아 가려고 합니다. 그 이유가 된 과거 경험 속 해소되지 못
한 감정들이 아직도 영향을 주면서 현재에 맞는 대처를 어렵게 하는 것이기 때문에 그때의
감정을 해소하고 현재 상황에서 더 적절한 대처방법을 찾으실 수 있도록 조력할 예정입니
다. 이해가 되실까요? (그 외 상담 횟수, 시간 등에 대한 구조화 생략)

이 과정에서 핵심문제를 확인한다는 것은 상담자가 내담자의 문제를 이해하기 위함
만은 아니다. 궁극적인 목표는 내담자 스스로 현재 호소문제(증상)의 특징을 명료화하
여 그 속에 숨겨진 핵심문제를 자각하고 이해할 수 있도록 개입하는 데 있다. 이는 내
담자가 처한 현실문제에 대한 객관적인 평가가 될 수 있고 앞으로 상담을 통하여 무엇
을 다룰 것인가에 대한 가이드라인이 되므로 상담 초기의 핵심문제를 확인하고 평가
하는 것은 매우 중요하다.

(2) 상담 중기

① 반복되는 핵심문제의 반영

상담 중기에는 내담자가 보고하는 일상 속 어려움을 보
고할 때 매 순간 반복되어 나타나는 핵심문제를 알아차릴
수 있도록 돕는 것으로부터 시작한다. 모든 관계에서 핵심
문제가 반복되어 나타나듯 모든 일상 속 대인관계에서 내
담자의 핵심문제는 반복되어 나타나지만 내담자는 이를 알
아차리지 못하는 경우가 많다. 이를 내담자가 알아차릴 수

> **주의사항**
> 상담자가 핵심문제를 파악했다 하더라도
> 이를 잘못 파악했을 가능성도 염두에 두
> 어야 한다.
> 그러므로 처음 확인한 핵심문제에 모든
> 상황을 끼워 맞추듯 해석하는 것은 지양
> 해야 한다.

있도록 도우면서 매 순간 나타나는 핵심문제를 스스로 자각하도록 도울 수 있다.

반복되는 핵심문제 반영 효선씨 사례 개입 방법

효선씨의 핵심문제는 '나를 알아주는 사람이 아무도 없다'에서 비롯된 외로움과 분노의 억압이다. 이 문제는 비단 남편과의 관계뿐만 아니라 친구관계에서도 반복되어 나타날 수 있다. 효선씨의 핵심문제는 친구관계에서도 반복된다. 만약 효선씨가 친구관계에서 서운함을 호소할 경우, 핵심문제(양보와 배려를 하였음에도 나를 알아주지 않음에 대한 분노 억압)에서 기인한 감정일 가능성이 매우 높다. 단지 그 대상에 대한 의존도에 따라 감정의 깊이가 달라질 뿐이다. 매 회차 상담을 진행할 때 소재(남편, 친구, 자녀 등)가 달라지더라도 내담자의 핵심문제는 하나라는 것을 잊지 말아야 한다.

② 변화에 대한 저항 다루기(핵심문제에 따른 감정표현 독려)

상담을 지속하다 보면 내담자 스스로 매순간 상황에서 핵심문제가 반복되어 나타남을 알아차리게 된다. 하지만 평생 동안 핵심문제를 대처해 오던 방식이 현재 상황에서 자신의 심리적 어려움을 발생시킨다는 것을 깨닫더라도 새로운 대처방식으로 변화를 가지는 것에는 큰 위험이 따른다는 불안으로 저항하게 된다. 내담자의 핵심문제 자각 수준에 따라 의식적인 수준에서 저항을 보이는 경우도 있지만 무의식적인 수준에서 위험을 감지하고 저항하는 경우도 많이 나타난다. 이때 내담자가 이러한 불안을 가질 수밖에 없는 저항의 이유를 공감함으로서 핵심문제를 표현할 수 있도록 독려할 수 있다.

변화에 대한 저항 다루기 효선씨 사례 개입 방법

효선씨가 핵심문제에 따른 감정을 상담장면 또는 일상에서 표현하기 어려운 이유는 자신의 분노 감정을 전달하였을 때 상담자 또는 남편에게도 외면당하게 될 것이라는 불안이 올라오기 때문이다. 이 감정을 온전히 수용해 주면서 언제부터 그러한 감정을 느끼게 되었는지, 그 당시에는 어떤 말을 하고 싶었는지, 어떤 마음으로 참아 왔는지를 공감함으로써 핵심문제의 표현을 독려할 수 있다.

③ 핵심문제 분리 대처 및 훈습

내담자가 자신의 핵심문제를 자각하고 이를 해소하기 위한 표현의 과정까지 거침으로서 증상이 완화되는 결과를 가질 수 있다. 증상이 완화되더라도 핵심문제를 내담자 스스로 자각하고 조절할 수 있어야만 진정한 성숙과 독립이 될 수 있다. 특히 효선씨의 경우에는 핵심문제를 다루는 개입을 하지 않더라도 "나를 알아주는 사람이 아무도 없다."로 인한 외로움과 분노가 핵심인 내담자이므로 상담자의 공감적 관심 자체만으로도 증상이 완화되는 성과를 보일 수 있다. 내담자의 요구에 따라 이 정도 수준에서 상담을 종결할 수도 있지만 내담자의 핵심문제를 스스로 조절할 수 있는 수준까지 돕는 것이 가장 이상적인 개입이라고 할 수 있다.

상담을 시작하기 전에는 내담자가 무의식 속에 숨겨진 자신의 핵심문제를 알아차리지 못하고 그로 인한 감정에 압도되어 부적응적인 대처를 반복해 왔을 것이다. 이제는 현재 상황에서 자신의 핵심문제가 어떻게 반복되는지 스스로 알아차리고 이를 현실상황과 분리해서 바라보고 객관적으로 평가하여 보다 적응적인 대처방식을 찾을 수 있도록 연습(훈습)해야 한다. 이러한 과정을 통하여 내담자는 자신의 현실문제를 객관적으로 바라볼 수 있는 힘이 생기고 건강한 방식으로 현실상황을 평가할 수 있게 된다([그림1-4] 참조).

(3) 상담 종결

상담을 종결할 때는 내담자가 처음 상담에 내방하여 보고한 주 호소문제가 어느 정도 해소되었는지를 평가해야 한다. 이때 가장 이상적인 종결은 매 순간 반복되는 핵심문제를 내담자 스스로 알아차리고 적응적인 대처방법을 선택하여 현실적인 적응능력이 확보되었을 때 하는 것이다. 하지만 종결은 다양한 이유(상황, 내담자의 자아강도, 자각 수준, 욕구 등)에 따라 얘기치 못한 끝맺음을 하기도 한다.

이렇게 내담자가 핵심문제를 스스로 조절할 수 있는 정도의 수준이 되지 못한 채 종결을 하게 될 때는 최소한 상담을 통해 자신의 핵심문제가 현실에 어떤 영향을 미치고 있는지 정도는 알 수 있도록 개입해야 한다. 이를 통해 앞으로 내담자의 핵심문제를 자극할 수 있는 상황과 이를 제대로 다루지 않았을 때의 위험성을 제시하며 필요시 상담에 재방문할 것을 안내해야 한다.

상담 종결을 위한 효선씨 사례 개입 방법

효선씨가 처음 호소했던 '사는 게 의미가 없다'는 느낌에 따른 자살 사고가 어느 정도 호전되었는지 확인한다. 상담 전 자신의 자살 사고에 따른 심리적 어려움을 수치화하여 평가하고 상담 종결을 앞두고 어려움을 평가하여 종결 시점을 결정할 수 있다(상담 전 자살 사고 10점 → 상담 후 자살 사고 4점). 그리고 매 순간 투사되어 나타나는 자신의 핵심문제를 얼마나 알아차리고 현실적인 대처(남편에게 감정 및 요청사항 표현 등)를 하고 적응적으로 생활하고 있는지 점검하여 종결을 합의할 수 있다.

!! 궁금해요!

✎ **핵심문제를 파악하지 못하면 어떤 문제가 생길까?**

초심상담자 은정씨는 상담 초기에 내담자와 합의를 통해 상담목표를 설정해야 한다는 것을 알지만 좀처럼 상담목표를 잡기가 어려움을 보고하였다. 그녀가 상담목표를 정하기 어려운 이유로 내담자의 주 호소문제가 불분명하다는 것이었다. 상담에 자발적으로 내방한 내담자이지만 본인도 자신이 무엇 때문에 힘든지 모르겠다고 보고한다는 것이다. 내담자의 어려움을 찾기 위해 초기 몇 회차를 보내다 보니 상담 5회차가 되어도 내담자와 상담목표를 수립하지 못했다고 한다.

이는 내담자의 현실 어려움의 구체적 특징을 파악하지 못함으로서 핵심문제 역시 놓치게 된 경우이다. 내담자는 어려움을 느끼지만 이것을 구체적으로 보고하기 어려워하는 경우를 자주 만날 수 있다. 이럴 때는 내담자가 어떻게 힘든지, 언제 힘듦을 느끼는지, 반대로 힘듦을 느끼지 않는 상황과 힘듦을 느끼는 상황의 차이는 무엇인지 등을 구체적으로 탐색하며 내담자의 현재 어려움을 구체화해야 한다. 이를 통해 주 호소문제의 특징이 명료화가 되면 그것의 원인을 찾아가는 과정을 통해 핵심문제에 도달할 수 있고 이를 해소하는 것을 내담자와 합의하여 상담목표를 수립할 수 있다.

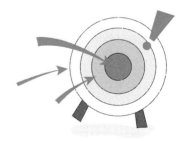

2. 상담자의 핵심문제

상담관계에서 상담자의 특성은 매우 중요한 작용을 한다. 내담자의 핵심문제가 상담자의 특성에 따라 다양한 전이 행동을 보일 수 있기 때문이다. 예를 들어, 칭찬을 통해 의존적 애정욕구를 충족하고자 하는 내담자는 자신에게 칭찬하지 않는 상담자를 만나면 서운함에 따른 행동을 취할 수 있고 반대로 칭찬을 많이 하는 상담자를 만나면 상담자에게 더 많은 칭찬을 받고자 노력하는 모습을 보일 수 있다. 이때 상담자가 자신의 특성을 알지 못한 채로 상담을 하게 되면 상담자로 인해 유발된 전이 행동을 다루지 못하고 놓치게 된다.

반면에, 상담장면에서는 상담자의 역전이가 발생하는데 이는 내담자의 핵심을 파악하는 단서로 활용할 수 있지만, 상담자의 핵심문제로 인한 역전이는 상담관계에 부정적 영향을 줄 수 있기 때문에 관리가 되어야 한다. 그러므로 상담자는 끊임없이 자기성찰을 통하여 자기이해 수준을 높여 매 순간 나타나는 역전이를 알아차리고 분리하여 대처할 수 있어야 한다. 이러한 수행을 위하여 상담자의 핵심문제를 자각하고 그로 인한 역전이가 내담자와의 관계에서 어떻게 작용하는지에 대해 살펴보고자 한다.

1) 상담자의 핵심문제 자각

초심상담자는 자신의 핵심문제가 상담장면에서 어떠한 영향을 미칠지 예상하지 못한 채 상담을 시작하게 되는 경우가 많다. 상담자 역시 한 사람의 인간으로서 성격형성시기를 거치게 되고 그 과정에서 중요한 대상과의 관계방식을 통해 핵심문제를 가지게 된다. 이것이 상담자 삶의 매 순간 영향을 미치게 되고 상담자라는 직업을 선택하는 데에도 지대한 영향을 주게 된다. 상담자가 되고자 하는 동기에는 상담자가 해결하지 못한 핵심문제를 대리 해소하기 위한 욕구가 반영될 수 있고 이는 상담성과에 대한 기대로 나타나기도 한다. 초심상담자 성미씨의 사례를 통해 상담자의 핵심문제가 상담자가 되려는 동기와 기대에 어떻게 작용하는지 이해해 보자.

> **1-2** 상담자의 핵심문제 자각을 위한 초심상담자 성미씨의 사례
>
> 초심상담자 성미씨는 가정형편이 어려운 집안의 둘째로 맹하고 우유부단해서 믿음이 가지 않는 두 살 위 언니와 늘 사고를 치고 다녀 성미씨가 엄마 노릇을 해야 하는 한 살 아래 남동생이 있다. 맞벌이를 하시는 부모님은 자녀들을 관심 있게 챙길 여유가 없었다. 학창시절 학교의 크고 작은 행사를 챙기는 것은 부모님 대신 성미씨의 몫이었고 이를 부모님은 항상 고마워하며 성미씨를 의지하였다. 성미씨는 자신의 역할이 때때로 힘들기도 했지만 부모님이 다른 누구도 아닌 자신을 의지한다는 것이 특별하게 느껴지면서 이러한 역할을 유지하고자 더욱 노력하였다.
>
> 또래관계에서도 친구들의 엄마 노릇을 자처하였고 챙기고 보살피는 일이 많아 친구들이 가장 의지하는 대상이 되었다. 성미씨도 고민이 있을 때면 한 번씩은 친구들에게 의지하고 싶었지만 약한 모습을 보이면 친구들이 부담스러워할 것이라는 생각에 혼자 해결하거나 삭히면서 학창시절을 보냈다. 대학 진학을 앞두고 진로를 결정할 때 다른 사람의 고민해결을 직접 나서서 도와주고 의지할 수 있도록 돕는 일을 잘 하는 자신의 특성이 심리 상담에 잘 맞을 것이란 생각이 들어 상담사의 길을 선택하였다. 이후 성미씨는 내담자들의 어려움에 자신이 의지처가 되어 줄 수 있을 것이란 기대를 가지고 상담에 임하게 되었다.

초심상담자 성미씨는 어떤 핵심문제를 가지고 있을까?

성미씨는 맞벌이로 고생하시는 부모님이 맹하고 우유부단한 언니, 사고만 치고 다니는 남동생 때문에 더욱 고생하시는 모습을 보면서 "우리 부모님의 역할을 대신해야만 나의 존재감을 알릴 수 있다."에서 비롯한 책임감이 핵심이다. 이러한 핵심은 모든 관계에 반복되어 나타나는데 상담 역시 다르지 않다. 성미씨의 경우 책임감을 가지고 내담자를 적극적으로 돕고자 애를 쓸 것이다. 그것이 성미씨가 상담자의 길을 선택한 이유이기 때문이다. 그리고 내담자의 어려움을 해결하는 데 자신이 도움이 되길 바라는 기대가 있다.

하지만 이러한 기대는 내담자의 자아강도와 욕구에 따라 성미씨가 기대한 만큼의 성과를 충족시키지 못함으로서 좌절될 수 있다. 상담의 성과는 상담자의 노력과 달리 내담자의 요인에 따라 크게 좌우된다. 예를 들어, 상담자의 열정적인 개입과 헌신에도 불구하고 내담자의 심리적 어려움이 매우 뿌리가 깊고 의지가 부족하다면 그 성과는 미미할 수 있다. 이때 내담자의 문제해결 정도에 따라 자신이 도움이 되었는지를 확인코자 하였던 성미씨라면 그 결과가 어떻게 작용할까? 성미씨는 내담자에게 상담자로서의 책임을 다하지 못했다는 느낌에 좌절하게 될 가능성이 높다.

　뿐만 아니라 이러한 느낌은 성미씨가 가정 내에서 그러한 역할을 했을 때에만 느낄 수 있었던 존재감을 찾을 기회를 상실한 것이므로 단순한 좌절 이상의 상실감을 줄 수 있다. 성미씨는 이러한 고통스러운 감정을 반복하고 싶지 않은 마음에 더욱 책임을 다하고자 노력할 수 있다. 하지만 이러한 노력이 오히려 내담자가 바라는 상담의 결과를 알아차리는 것을 방해하고 상담자가 자신의 욕구를 충족하기 위한 개입이 됨으로서 내담자의 이해와 공감으로부터는 거리가 먼 개입을 하게 된다. 그러므로 이러한 부적절한 개입을 야기하는 좌절과 상실로부터 벗어나기 위해서는 자신의 핵심문제를 알아차리고 상담장면과 분리해서 바라볼 수 있어야 한다.

!! 실습해 보자!

상담자로서 나의 핵심문제 찾아보기

다음 질문을 통해 나의 핵심문제를 찾아봅시다.

1. 내가 상담자가 된 동기는 무엇인가요?

　예) 상담을 통해 인정받고 싶다. 나 같은 어려움을 가진 대상에게 도움을 주고 싶다.

2. 나는 어떤 상담자가 되고 싶은가요?

　예) 친근한 언니(오빠) 같은 상담자, 카리스마 있는 전문가, 상담을 잘하는 상담자, 내담자에게 사랑받는 상담자 등

3. 나는 상담을 통해 어떤 결과를 기대하나요?

　예) 내담자가 행복해 하는 모습을 보고 싶다. 내담자에게 조금이나마 도움이 되었으면 한다.

4. 1~3번을 통해 확인된 동기와 기대를 통해 성미씨의 사례와 같이 나의 핵심문제를 유추해 봅시다.

2) 상담자의 핵심문제가 상담에 미치는 영향

상담자의 핵심문제는 상담자가 되고자 하는 동기와 기대를 통해 나타나기도 하지만 상담장면에서 매 순간 역전이의 형태로 나타나기도 한다. 이것을 빨리 알아차리고 내담자와의 관계 형성에서 긍정적으로 작용하도록 활용할 수도 있지만 자각하지 못하거나 자각하더라도 이를 제대로 관리하지 못하면 상담에 부정적인 영향을 줄 수 있다. 그러므로 상담자의 핵심문제가 어떤 역전이를 유발할 수 있는지에 대해 알아보고 이것을 어떻게 다룰 것이냐가 매우 중요하다. 이를 위하여 〈표 1-1〉을 토대로 상담단계별 상담자의 핵심문제가 내담자의 핵심문제를 만나 어떤 영향을 미치게 되는지 초심상담자 성미씨가 효선씨를 상담하게 되었을 때를 통해 알아보자.

〈표 1-1〉 **상담자(성미)와 내담자(효선)의 핵심문제**

	상담자-내담자 핵심문제
상담자(성미) 핵심문제	책임감: "부모 역할을 대신해야만 존재감을 알릴 수 있다."
내담자(효선) 핵심문제	외로움, 분노: (부모님이 원하시는 대로 배려, 양보하지 않으면) "나를 알아주는 사람이 아무도 없다."

(1) 상담 초기
상담 초기에는 〈표 1-2〉와 같은 상호작용 결과를 보일 수 있다.

〈표 1-2〉 **상담 초기 상담자-내담자 상호작용 영향**

	상담 초기
내담자 전이	상담자가 자신의 어려움을 알아주길 기대
상담자 역전이	내담자가 기대하는 부모 역할 제공
긍정적 영향	빠른 라포 형성, 작업동맹
부정적 영향	내담자의 의존적 애정욕구 강화

내담자(효선)는 상담자(성미)가 아무도 몰라주는 자신의 어려움을 알아주길 기대하며 상담을 찾게 된다. 이때 상담자는 강한 책임감을 가지고 내담자가 기대하는 부모 역할을 제공하기 위하여 주의 깊게 내담자의 이야기를 듣고 문제해결을 돕고자 노력

하는 태도를 보일 것이다. 이때 내담자는 자신을 위한 책임감 있는 태도의 상담자에게 신뢰감을 느끼게 되고 빠르게 상담관계를 형성할 수 있다. 반면에, 상담자의 적극적 문제해결에 대한 책임감은 내담자의 의존심을 강화시킬 수 있는데 이것을 상담자가 알아차리지 못하면 자칫 내담자 스스로 문제해결을 위해 노력하기보다 상담자가 내담자를 대신하여 문제를 해결해 주길 바라는 의존적인 애정욕구를 강화시킬 수 있으므로 조심해야 한다.

(2) 상담 중기

상담 중기에는 〈표 1-3〉과 같은 상호작용 결과를 보일 수 있다.

〈표 1-3〉　상담 중기 상담자-내담자 상호작용 영향

	상담 중기
내담자 전이	자신보다 상담자의 욕구에 맞춰 자기문제 자각 노력
상담자 역전이	노력하는 내담자의 모습에 더욱 열정적으로 도움
긍정적 영향	내담자의 빠른 핵심문제 이해 향상
부정적 영향	내담자의 자기이해 수행 부담 가중

상담 중기에 들어서면 내담자의 전이가 보다 활성화 된다. 내담자는 그동안 반복해 오던 핵심문제를 상담자에게도 전이하는 모습을 보이게 되는데 효선씨의 경우 상담자가 바라는 모습의 내담자가 되기 위해 상담자에게 맞추려 할 것이다. 예를 들면, 책임감 있게 문제해결을 도우려 하는 상담자(성미)가 내담자 스스로 자신의 핵심문제를 알아차릴 것을 기대하는 것이 확인되면 이를 성실히 수행하기 위해 노력한다는 것이다. 이때 상담자는 노력하는 내담자의 모습에 더욱 열정적으로 도우면서 내담자가 빠르게 핵심문제를 이해하는 모습이 확인되며 상담이 잘 진행되기도 한다.

하지만 이것이 내담자의 자아강도에 비롯한 것이 아니라면 내담자는 점차 자기이해가 버겁지만 이를 잘 수행해야 한다는 부담을 느끼게 될 것이고 상담 참여 자체가 힘겨워 중도탈락하게 되기도 한다. 특히 상대방에게 불만을 이야기하기 어려워하는 효선씨와 같은 특징을 가진 내담자는 이런저런 핑계를 둘러대며 빠지기도 하고 갑자기 상담에 오지 않게 되는 경우가 생기기도 하므로 이러한 상담자-내담자 사이의 관계에서 발생되는 상호작용의 영향을 잘 알아차리고 관리할 필요가 있다.

(3) 상담 종결

상담 종결에는 〈표 1-4〉와 같은 상호작용 결과를 보일 수 있다.

〈표 1-4〉 상담 종결 상담자-내담자 상호작용 영향

	상담 종결
내담자 전이	자신을 알아주는 첫 대상(상담자)을 잃는 것에 대한 두려움
상담자 역전이	내담자를 책임져 주고 싶은 욕구에 따른 종결 어려움
긍정적 영향	상담자의 애정에 따른 안정감
부정적 영향	내담자의 심리적 독립 방해

상담 종결에서는 상담 중기 동안 내담자가 상담자와의 관계를 통해 의존적 애정욕구를 건강하게 해소하는 과정을 경험함으로서 상담자가 매우 의미 있는 대상이 된다. 효선씨의 경우 '아무도 나를 알아주는 사람이 없다'는 외로움을 느낄 때 자신의 깊은 아픔을 알아주는 첫 대상으로서 상담자는 그 누구보다 특별한 대상이므로 이를 잃을 것에 대한 두려움을 느낄 수 있다. 효선씨가 이러한 두려움을 보고하였을 때 상담자(성미씨)는 효선씨를 지속적으로 책임져야 할 것만 같은 역전이를 느낄 수 있는데, 이를 자각하지 못하는 경우 내담자에게 온전한 종결이 아닌 여지를 주는("힘들 때는 언제든지 연락해도 된다" "다음에 다시 만나자." 등) 애매한 종결을 하게 되기도 한다. 상담을 종결할 때 관계를 단절하는 것이 아니라 필요 시 재개입에 대한 안내를 할 수 있지만 필요할 때마다 연락을 하도록 안내하는 것은 상담 재개입과 개념이 다르므로 지양되어야 할 반응이다. 이는 내담자로 하여금 의존할 대상을 상실하지 않았다는 안정감을 줄 수 있겠지만 궁극적인 심리적 독립에 기인한 종결은 아님을 알아야 한다.

3. 초심상담자로서 자세와 태도 점검

초심상담자는 경험 부족으로 인한 다양한 불안을 경험한다. 하지만 일반적으로 초심상담자가 가지는 공통적인 불안 이면에는 역시나 상담자의 핵심문제가 작용하게 마련이다. 그럼에도 불구하고 초심상담자는 이를 잘 알아차리지 못하고 불안에 휩싸이거나 역전이를 자각하지 못하고 상담을 효과적으로 개입하지 못하는 경우가 자주 발

생하곤 한다. 이러한 시행착오를 반복하면서 자신의 핵심문제를 알아차리고 이것이 내담자에게 미치는 영향을 조절할 수 있게 되면 건강하고 숙련된 상담자로 성장할 수 있을 것이다. 이를 위하여 초심상담자로서 처음 상담에 임할 때 생기는 불안에 대해 어떻게 대처하는 것이 필요한지, 초심상담자로서 어떤 마음가짐이 필요한지 알아보고자 한다.

1) 상담자의 불안 자각 및 대처

상담자의 핵심문제가 상담장면에 영향을 미치는 것을 알았다면 반대로 이것이 상담자의 불안을 유발할 수 있다는 것을 알아야 한다. 초심상담자 성미씨를 예로 들어 보자. 성미씨는 '부모 역할을 대신해야만 존재감을 알릴 수 있다'는 책임감을 가지고 있다. 이런 성미씨가 아직 경험과 이론 지식이 부족한 초심상담자로서 처음 상담을 시작하려고 할 때 어떤 불안이 생기게 될까? 다음과 같은 불안이 성미씨를 괴롭힐 수 있다.

- 내가 아직 부족한데 내담자를 책임질 수 있을까?
- 내담자가 잘못돼서 내가 책임질 수 없는 수준이 되면 어떻게 하지?
- 이렇게 힘들어 하는 내담자를 과연 내가 감당할 수 있을까?

성미씨는 이러한 불안이 발생했을 때 어떻게 대처하는 게 좋을까? 먼저, 자신이 느끼는 불안의 정체를 제대로 이해할 수 있어야 한다. 대부분의 초심상담자가 첫 상담을 앞두고 불안을 경험한다. 하지만 초심상담자의 핵심문제에 따라 그 양상이 달리 나타난다. 초심상담자는 이러한 특성을 알아차리지 못하고 단순히 자신이 부족해서 생긴 불안이라고 치부하고 더 빨리, 더 많은 지식을 습득하여 능력을 보완하려 하거나 주변 사람들에게 조언을 구하는 등의 대처를 하는 경우가 많다. 이렇게 지식과 주변 피드백에만 의존하는 대처방식은 끊임없이 반복되는 상담자의 핵심문제로 인한 불안을 다루지 못하므로 반복적으로 좌절을 경험하게 만들어 초심상담자의 효능감과 자존감을 해칠 수 있다.

이에 효과적으로 대처하기 위해서는 초심상담자이기 이전에 한 사람의 인간으로서 자신이 어떤 삶을 살아왔고 내가 가진 핵심문제는 무엇이며 이것이 상담을 시작함에 있어 어떻게 작용하게 되는지에 대한 점검을 해야 한다. 실제로 초심상담자는 상담이론을 숙지하였다고 해도 이것이 매 순간 자유롭게 활용이 어렵고 사례별 특징에 따른 개입 노하우가 부족하기 때문에 능력적으로 부족할 수 있는 것은 당연한 일이다. 이러한 부족함이 상담을 하기에 앞서 불안으로 작용할 수는 있으나 그 크기가 과도하다면 이것은 현실불안이 아닌 상담자 개인의 신경증적 불안이라고 볼 수 있다. 다시 말해, 상담자의 능력 부족에서 오는 현실불안이라면 그에 맞게 능력 향상을 위한 노력을 하면 되지만, 그렇지 않고 상담자의 핵심문제로 인한 신경증적 불안이라면 이는 상담자의 핵심문제를 다룰 수 있어야 한다. 이를 구별하여 평가하기 위하여 불안이 생겼을 때 스스로에게 다음과 같은 질문을 던져 보자.

- 나와 비슷한 경력과 수준을 갖춘 다른 초심상담자들과 비교하였을 때 나의 불안 정도는 어떠한가?
- 내 능력 정도를 어떻게 평가하였고 그로 인한 성과는 어떨 것이라고 예측하는가?
- 불안이 확인되었을 때 예측되는 파국적 결과는 무엇인가?

첫 번째 질문의 경우 나와 비슷한 경력과 수준의 초심상담자들에 비교하여 일반적으로 느낄 수 있는 불안 수준을 넘어서는 불안을 가지고 있다고 평가가 된다면 이것은 상담자의 핵심문제가 자극되어 나타나는 불안일 가능성이 높다. 누구나 불안을 보고할 수 있지만 정도의 차이가 있기 때문에 점검이 필요하다.

두 번째 질문의 경우 이제 막 상담을 시작하여 이론적 지식은 있으나 경험이 전무한 초심상담자의 능력을 1이라고 보고 그 어떤 내담자가 와도 흔들리지 않을 정도의 경험과 경력을 가진 숙련된 최고의 상담자를 10이라고 보았을 때 자신의 수준을 평가해 본다. 그리고 상담을 진행했으나 성과가 거의 없는 경우를 1이라고 보고 내담자의 건강한 심리적 독립을 도와 성과가 높은 경우를 10이라고 보았을 때 자신이 상담을 했을 때 어떤 결과를 기대하는지 체크해 본다. 내가 평가한 상담자로서의 수준이 2인데 기대하는 성과는 8이라고 한다면 현실에 맞지 않는 이상을 가지고 있다는 뜻이다. 이러한 현실과 이상의 괴리는 상담자의 불안을 높일 수밖에 없다. 이를 확인한다면 상담자의 이상이 어디에서부터 비롯된 것인지 점검해 볼 필요가 있다.

세 번째 질문의 경우 불안은 누구나 경험할 수 있으나 그로 인한 예측되는 파국적인 결과는 다를 수 있기에 결과를 예상해 보는 과정을 통해 불안을 감소시킬 수 있다. 그리고 스스로에게 질문을 할 때 질문에 질문을 거듭하여 가장 최종적으로 우려하는 파국적인 결과까지 도달하고 그 결과를 확인하였을 때 상담자의 핵심문제를 알아차릴 수 있다.

상담자의 불안 속 핵심문제 찾기 적용 예시

다음과 같은 질문 과정을 거치면서 가장 최종적으로 도달하는 결과를 통해 상담자의 핵심을 알아차릴 수 있다.

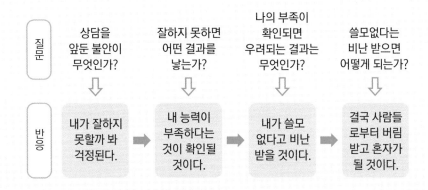

[그림 1-6] **상담자의 불안 속 핵심문제 추출 과정**

표면적으로 드러난 불안은 무의식 속에 몇 겹의 사고로 포장된 핵심문제와 관련이 있다. 이것을 의식하게 되면 상담자 스스로 현실 판단을 통해서 조절이 가능해진다. 하지만 이를 의식화하지 못한다면 무의식 중에 상담자의 행동에 영향을 주어 조절이 어려워질 수 있다.

예시에서 드러난 "사람들로부터 버림받고 혼자가 될 것이다."라는 생각에 따른 두려움이 확인된다면 현재 상황에 적용하여 평가를 해 볼 수 있다. 상담을 잘 하지 못하면 사람들로부터 버림받는다는 것이 현실적이고 합리적인 생각인가? 그렇지 않다는 것을 알아차릴 것이다. 이렇듯 의식 수준의 불안 이면에는 무의식적 핵심문제가 숨겨져서 현실상황에 맞지 않는 대처를 하도록 만들 수 있으므로 이를 의식하고 조절할 수 있는 연습이 필요하다.

!! 실습해 보자!

상담장면에서 나의 핵심문제 찾아보기

[그림 1-5]의 과정을 참고하여 다음 빈칸에 나의 불안을 적어 보고 심화질문을 하면서 최종적으로 우려되는 결과를 확인해 보자.

	㉠ 가장 먼저 드는 불안을 써 보자.	㉡ ㉠의 결과에 따라 우려되는 결과를 적어 보자.	㉢ ㉡의 결과에 따라 우려되는 결과를 적어 보자.	㉣ ㉢의 결과에 따라 나의 핵심문제를 추론해 보자.
질문	상담을 앞둔 불안?			
결과				

– 확인된 최종 결과를 통해 확인된 나의 핵심문제는 무엇인지 적어 보자.

2) 초심상담자로서 필요한 마음가짐

지금껏 상담의 원리를 통하여 핵심문제는 어떻게 발생되고 이를 어떻게 개입하는지와 상담자 역시 매 순간 작용하는 핵심문제의 영향이 있음을 알았을 것이다. 이것이 상담자가 되고자 하는 동기와 기대, 역전이, 상담에 대한 불안에도 영향이 미침을 알았다. 이러한 초심상담자의 개인적 요인 외에도 초심상담자가 앞으로 상담을 진행함에 있어 공통적으로 잊지 말아야 하는 마음가짐이 있다. 이에 대해 알아보고자 한다.

(1) 잘하려는 마음을 버려야 한다

내담자를 제대로 돕고자 한다면 '잘'하려는 마음을 버려야 한다. 상담자가 생각하는 '잘한다'는 개념이 내담자가 원하는 방향과 다를 수 있고 상담자가 자신의 잘하고 싶은 욕구에 압도되면 오히려 내담자의 욕구와 문제를 놓치게 되기 때문이다. 내가 할 수 있는 수준에서 최선을 다하는 것이 필요하다. 부족한 능력은 점진적으로 수련하고 쌓아 나가야 한다.

(2) 부족함을 인정해야 한다

상담자 중에는 슈퍼비전 받는 것을 극도로 두려워하는 경우가 있다. 이는 타인으로부터 자신의 부족함이 확인되었을 때의 수치심일 수도 있고 비난받는 것에 대한 공포일 수 있다. 하지만 초심상담자가 자신의 부족할 수밖에 없는 현실을 인정하지 않는다면 현재를 점검하고 더 나은 방향으로 수정·보완하는 작업을 게을리하게 될 수 있다. 그리고 숙련된 상담자라 하더라도 상담 중 오판에 따른 실수를 하거나 잘못된 방향으로 개입하기도 한다. 그러므로 초심상담자의 성장은 부족함을 인정하고 점진적으로 역량을 키워 나가는 것에서부터 시작됨을 알아야 한다.

(3) 자기가 살아온 삶에 빗대어 내담자를 판단하지 않아야 한다

상담을 하다 보면 자기와 비슷한 삶의 경험을 한 내담자를 만나게 된다. 이때 초심상담자들이 가장 많이 하는 실수가 "저랑 비슷한 경험을 한 내담자의 마음을 너무 잘 알겠어서……"이다. 자기와 비슷한 경험을 했다 해도 그 내담자의 삶은 다르다. 그러므로 그 내담자를 제대로 공감하기 위해선 자신의 삶의 경험을 내려놓고 내담자를 바라볼 수 있어야 한다. 반대로, 자기와 너무 다른 삶을 살아온 내담자에게 전혀 공감이 되지 않을 때도 있다. 이것은 자기가 살아온 상식 수준에서 내담자의 삶을 이해했기 때문에 발생하는 오류이다. 내담자의 삶을 내담자의 입장에서 낱낱이 이해한다면 자기와 전혀 다른 삶을 살아온 내담자라 하더라도 그가 느끼는 고통은 온전히 전달될 수 있다. 그러므로 상담자는 항상 자기 삶의 경험에 기준해서 내담자를 평가하거나 이해하려고 하지 말아야 한다.

(4) 해결사가 되려고 하지 않아야 한다

너무나 어려움이 커서 고통받는 내담자를 보면 그 내담자가 경험하고 있는 고통을 해결해 주고 싶은 욕구를 느낄 때가 있다. 마치 내가 구원자가 되어 그 내담자를 고통으로부터 구원해 주고 싶은 욕구라고 할 수 있다. 하지만 이러한 상담자의 욕구는 궁극적으로 심리적 독립을 통해 주체적으로 삶을 살아가야 하는 내담자를 의존적으로 만들 수 있으므로 지양되어야 하는 마음이다. 진정으로 내담자를 생각한다면 해결사가 아닌 내담자의 심리적 독립을 돕는 조력자가 되어야 한다.

(5) 충고 · 조언을 삼가야 한다

어떤 내담자들은 인지 왜곡이 강하여 현실상황에 맞지 않을 정도로 자신을 비하하거나 비난하는 경우가 있다. 이럴 때 상담자들은 이러한 내담자의 상태를 알아차리도록 돕고 싶은 마음에 "그렇게 생각하지 않아도 됩니다."라고 조언을 한다. 또는 미성숙한 내담자가 너무도 허황된 꿈을 이루겠다며 비현실적인 이야기를 할 때 현실을 알 수 있도록 돕겠다는 마음에 현실적인 충고를 하기도 한다. 하지만 상담의 원리에서 제시한 것과 같이 인지왜곡을 하는 내담자든 허황된 꿈을 이루고자 행하는 내담자든 그들이 보이는 증상 이면의 핵심문제를 다루지 않으면 변화를 꾀하기 어렵다. 특히 내담자의 행위 이면의 정서를 공감하지 못한 충고 · 조언은 내담자와의 관계를 해칠 수 있는 계기가 되므로 조심해야 한다.

(6) 끊임없이 자신을 성찰하고 수련해야 한다

초심상담자뿐만 아니라 자격을 갖춘 상담자도 끊임없이 반복되는 핵심문제에서 자유로울 수 없다. 성찰능력은 수련을 게을리하면 줄어들 수 있고 자기 상태에 대해 자각 수준을 높이지 않으면 무의식 속에 숨겨진 핵심문제에 휘둘릴 수 있다. 항상 자기상태에 대해 깨어 있을 수 있도록 지속적인 성찰과 수련이 필요하다.

(7) 나의 강점과 약점을 알아야 한다

초심상담자가 경험이 부족한 것은 사실이지만 그 개인이 가진 인간으로서 가진 성격과 인성적 측면에서는 무궁무진한 강점이 있을 수 있다. 하지만 한 인간의 특성이 강점이 되고 약점이 되는 것은 종이 한 장 차이이다. 그러므로 내가 가진 특성이 어떠하고 어떤 때에는 강점이 될 수 있으며 어떤 때에는 약점이 될 수 있는지를 알아차리는 것이 필요하다. 이를 통해 강점을 강화하고 약점을 보완하여 보다 효과적인 상담을 하는 데 활용할 수 있다.

(8) 자기 자신을 돌볼 수 있어야 한다

상담자라는 직업소명이 타인을 돕는 데 있다고 할 수 있겠지만 타인을 돕기 이전에 자기가 건강하게 바로 서야 타인을 도울 수 있다는 것을 알아야 한다. 자신을 희생하면서까지 내담자를 돕고자 한다면 건강한 도움이 아닐 수 있다는 생각을 가져야 한다. 건강하지 않은 마음으로 내담자를 돕는다면 그 결과 역시 내담자의 건강한 성장을 돕는 것이 아닐 수 있다. 예를 들어, 상담자가 자신을 위해 희생하면서 돕고 있다는 것을 내담자가 안다면 어떨까? 감사한 마음도 있겠지만 짐이 되고 있다는 생각이 들 수도 있다. 이는 내담자로 하여금 죄책감을 불러일으키며 상담 진행을 방해하는 요인이 되기도 한다. 뿐만 아니라 상담자의 소진 방지를 위하여 심신의 건강을 돌보는 것은 매우 중요하다. 그러므로 상담자는 자신의 안전을 지키고 한 명의 인간으로서 스스로를 돌볼 수 있어야 한다.

(9) 초심상담자의 열정과 초심을 잃지 않아야 한다

초심상담자가 처음 상담에 임하며 가지는 열정은 숙련상담자의 노하우를 능가하는 성과를 보이는 중요한 요인이 되기도 한다. 이러한 열정은 애정욕구가 좌절되어 상담을 찾는 내담자에게 매우 든든한 충족감을 전달하여 치유적인 작용을 한다. 그러므로 초심상담자가 가진 열정과 초심을 잃지 않고 그때의 마음으로 내담자를 대할 수 있기를 바란다.

(10) 내가 가진 역할의 한계를 받아들여야 한다

상담에서 가장 중요한 치료적 요인은 상담자 요인이라고 하지만 그것보다 더 중요한 것은 내담자 요인이다. 내담자의 현재 수준과 상황이 상담으로 해결할 수 있는 수준을 넘어서 희망적인 결과를 기대하기 어려운 경우(깊은 정신병리, 열악한 환경 등)도 자주 마주하게 된다. 그럴 때면 상담자가 제 역할을 하지 못한 것 같은 좌절감과 무력감을 느끼게 되기도 한다. 상담자는 전지전능한 신이 아니라는 것과 모든 문제를 상담으로 도울 수 있는 것은 아니라는 한계를 항상 기억해야 한다.

제1장에서는 상담의 기본 원리로서 핵심문제를 이해하고 상담 개입 과정을 알아보았다. 이는 모든 상담을 진행하는 데 기본이 될 수 있는 원리로서 반드시 기억해야 하는 정보이다. 이러한 기본 원리를 알지 못하고 진행하는 상담은 자칫 표면적인 내담자

!! **상담 전 체크해 보자!**

☑ 핵심문제는 어떤 과정을 통해 심리적 어려움과 증상으로 이어지
   나요?

☑ 내담자의 핵심문제를 다루기 위한 상담 개입 과정은 어떤가요?

☑ 나의 핵심문제는 무엇인가요? 어떻게 상담에 영향을 줄 수 있나요?

☑ 상담을 실제로 시작하기 전 나는 어떤 마음이 드나요?

☑ 상담을 시작하기 전 나는 무엇을 준비하는 것이 필요할까요?

의 말과 행동에 현혹되어 근본 개입을 놓치게 될 수 있다. 또한 상담자의 핵심문제에 대한 이해가 없는 상담은 전이와 역전이를 구분하지 못하고 내담자를 도울 수 있는 기회를 상실할 가능성이 높아진다. 초심상담자가 첫 상담을 앞두고 또는 경험이 많지 않은 초심상담자가 느낄 수 있는 불안을 일반적인 것으로 여기고 기술적 측면의 능력만을 키우고자 한다면 상담자가 가진 핵심문제에 따른 다양한 부적절한 상담 개입에 대한 대처가 되지 않을 수 있음에 대해 알 수 있었다. 앞으로 이어지는 상담 면접의 실제 과정에서도 항상 제1장에서 제시한 핵심문제의 원리와 상담자의 핵심문제와 그에 따른 불안 관리 그리고 상담에 임하는 태도를 잊지 않길 바란다.

접수면접, 제대로 알자

접수면접은 상담 신청 접수가 이루어 진 후, 내담자에 대한 정보 수집과 위기평가 등이 이루어지는 초기 면접을 말한다. 내담자는 관계 갈등이나 현재 겪고 있는 문제상황이 혼자 힘으로 대처할 수 없다고 생각될 때 상담을 신청하게 된다. 이러한 내담자의 어려움을 처음 꺼내 놓는 자리가 접수면접이기 때문에, 접수면접의 경험은 이후에 이루어질 상담에 대한 기대감에 영향을 미치게 된다. 내담자는 상담이 자신에게 도움이 될지 의문을 가진 상태로 마음의 갈등을 겪으면서 접수면접에 오게 된다. 이렇게 혼란스러운 상태의 내담자에게 자신의 어려움을 상담에서 해결할 수 있다는 희망을 갖도록 해 주는 것이 접수면접의 궁극적인 목적일 것이다. 이 장에서는 접수면접의 과정과 위기 평가 및 조치, 상담기법에 대해 살펴보고자 한다.

제2장 한눈에 보기

1 접수면접의 과정
- 접수면접의 목적과 유의점
- 접수면접의 과정

2 접수면접을 위한 상담기법
- 질문하기
- 재진술하기

3 접수면접의 과정 적용 사례
- 내담자 윤주씨의 사례

 제2장 들어가기 전에……

접수면접과 관련하여 다음 사항에 대해 생각해 보자.

💬 접수면접과 첫 회 상담은 어떻게 다를까?

💬 접수면접의 목적은 무엇일까?

💬 위기평가는 어떻게 하면 좋을까?

1. 접수면접의 과정

접수면접은 내담자에 대한 기초정보를 활용하여 내담자 문제를 평가한 후, 상담자에게 배정하는 절차를 거쳐 본격적인 상담이 시작되도록 하는 역할을 한다. 접수면접을 통해 내담자의 상담 동기나 목적을 파악하여 심리검사나 개인상담, 집단상담 등 어떤 서비스를 제공해야 할지를 정하기도 하고, 내담자 문제에 따라 상담자를 배정하기도 한다. 내담자 문제에 맞는 상담을 진행할 수 없는 경우에는 다른 기관에 의뢰하게 되는데, 이러한 결정 역시 접수면접을 통해 이루어진다. 여기서는 접수면접의 목적과 유의점, 과정에 대해 알아보자.

1) 접수면접의 목적과 유의점

접수면접은 내담자 정보 수집과 평가, 상담자 배정을 위한 본 상담 이전에 실시하는 면접이다. 접수면접은 본 상담에서의 첫 회 상담과 구분되어 실시되어야 한다. 내담자 증상의 원인이 되는 주된 감정을 탐색하는 목적으로 이루어지는 첫 회 상담과는 달리 접수면접은 현재 내담자 문제의 평가를 위한 정보 수집을 목적으로 하며 구체적인 내용은 다음과 같다.

접수면접을 실시하는 목적

- 내담자의 기초 정보 수집을 통해 내담자 문제의 포괄적인 평가
- 내담자의 문제해결에 대한 기대와 의욕 향상
- 내담자 문제에 맞는 상담서비스 및 상담자 배정을 위한 절차
- 내담자 문제 유형에 따라 타 기관이나 다른 영역의 전문상담자 의뢰를 위한 의사결정
- 내담자의 위기문제를 파악하여 응급상황에 대처

접수면접의 목적에 맞게 면접을 실시하기 위해 유의해야 할 점을 살펴보자. 첫째, 접수면접은 일반적으로 50분의 시간 동안 내담자의 주요 정보를 광범위하게 다루어야 하는 과제가 있다. 접수면접의 성격을 내담자에게 알려주고, 짧은 시간에 내담자 정보

를 탐색하는 과정과 내담자가 어려움을 표현하고 수용되는 경험이 함께 이루어지도록 상담자의 전략적인 접근이 필요하다.

둘째, 접수면접은 본 상담과는 달리 지시적이고 구조화되어 있어 내담자가 수동적으로 되기 쉬우므로 공감적 표현을 통해 내담자의 자발성을 높이도록 한다.

셋째, 내담자의 호소문제가 지금 생활하는 데 어느 정도 어려움이 있는가를 평가하는 데 초점을 맞추어야 하므로 내담자의 현재 생활을 중심으로 탐색하고 근본적인 원인에 대한 탐색은 본 상담에서 다루도록 한다.

넷째, 처음 만남에서 민감한 정보를 질문해야 하는 상황이므로 내담자의 불안과 부담감을 이해하고 존중하며 공감적으로 접근해야 한다.

다섯째, 접수면접에서 상담자의 지나친 개입은 내담자에게 불편감을 유발할 수 있고 이후 상담에 대한 선입견을 가져올 수 있으므로 접수면접에서 다루는 범위에 대한 경계를 지켜야 한다.

여섯째, 접수면접을 실시한 기관에서 다룰 수 없는 내담자 문제는 타 기관의 협력을 요청하여 내담자 문제에 맞는 상담자와 연결해 주는 것이 윤리적인 태도이다.

!! 궁금해요!

✎ 접수면접은 어떤 상담자가 담당하나요?

접수면접은 내담자의 상담 기대와 의욕을 높이고 위기상황 판단 등과 같은 상담자의 전문성이 요구되기 때문에 상담경력이 있는 상담자가 담당하는 것이 중요하다. 기관의 시스템에 따라 접수면접과 심리검사가 함께 실시되는 경우에는 시간적 제약뿐만 아니라 심리검사 오리엔테이션 등으로 접수면접의 본래 목적인 내담자 문제의 평가에 집중하기 어려운 상황이 되기도 한다. 대학상담센터와 같은 곳에서는 수련생들이 심리검사와 접수면접을 담당하는 경우가 많으므로 수련생에 대한 충분한 교육과 내담자 평가기준을 마련하여 실시해야 할 것이다. 접수면접은 고유의 역할을 다할 수 있도록 독립된 영역으로 운영되고 숙련된 상담자가 담당하는 것이 바람직하다.

접수면접을 따로 하지 않는 소규모 상담센터에서는 첫 면담에서 접수면접의 기능을 포함하여 진행해야 하므로 높은 수준의 상담자 역량이 요구된다.

2) 접수면접의 과정

접수면접을 시작할 때, 상담자는 해당 기관에서 제공하는 상담서비스의 범위에 대해 내담자에게 명확히 제시하여야 한다. 상담자는 심리검사나 상담에서 기대할 수 있는 결과나 비용에 대한 정보를 제공함으로써 내담자의 상황에 맞는 서비스를 받을 수 있도록 해야 하며 내담자의 이익에 초점을 맞추어 설명해야 한다. 접수면접 전체의 진행 과정은 다음과 같다.

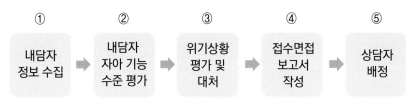

[그림 2-1] **접수면접의 과정**

[그림 2-1]에 따른 접수면접의 구체적인 절차를 알아보자.

(1) 내담자 정보 수집

 핵심포인트

접수면접에서 확인해야 하는 내담자 정보는 무엇일까?

- 내담자 인적사항, 상담 신청 경위
- 외모 및 행동 관찰
- 호소문제
- 문제해결에 대한 내담자의 바람
- 상담 및 정신치료 경험, 복용 중인 약물 등
- 호소문제와 관련된 개인사 및 가족관계
- 현재 생활 및 환경의 탐색(대인관계, 학교생활, 직장생활 등)
- 위기상황

　　정보 수집이란 기본적인 인적사항, 가족관계, 상담경험, 상담 신청 경위, 호소문제, 행동 관찰, 건강상태 등을 확인하여 내담자 이해와 상담자 개입을 위한 기초자료를 얻는 것을 말한다. 내담자가 상담신청서에 기재한 내용을 토대로 호소문제와 관련한 개인사와 현재의 기능 상대, 위기 정도 등에 대한 구체적인 정보를 면담을 통해 수집해야 한다.

〈표 2-1〉　**내담자 정보 수집을 위한 질문 목록 예시**

인적사항	생년월일, 나이, 성별
	외모, 행동 관찰
호소문제 관련	주 호소문제가 언제부터 시작되었는가?
	이 문제가 얼마나 자주 일어나며 주관적인 불편감의 정도는 어떠한가?
	상담을 통해 해결하고자 하는 것은 무엇인가?
정신과적 병력 확인	상담이나 정신과적 치료를 받은 적이 있나?
	현재 정신과적 질병이나 복용중인 약물이 있나?
	가족 중에는 정신과적 치료를 받은 사람이 있었나?
개인사 및 가족관계	태어난 곳과 이사 경험, 가족과의 동거상태는?
	가족구성과 구성원에 대한 느낌이나 본인과의 친밀도는?
	가족 중 의사결정권을 가진 사람은 누구인가?
	가족 구성원의 감정적인 표현의 허용 정도는 어떠한가?
	태어났을 때 가족들의 반응은 어떠했다고 들었나?
	정상 분만이었나?
	자라면서 발달적인 문제가 있었나?
	아동기 힘들었던 사건이나 건강 문제가 있었나?
	아동학대의 경험이 있었나?
	초, 중, 고 학교생활은 어떠했나?
	학교성적은 어떠했나?
대인관계	대인관계는 어떠한가?
	고민을 서로 나누는 친구가 있는가?
	성생활은 어떠한가?
자살 사고	자살 충동을 느낀 적은 있는가?/행동으로 실행한 적은 있는가?

현재 건강	현재의 건강상태는?
	수면습관 및 식욕, 식사습관은?
습관, 중독	담배를 피우는가?
	술을 마시는가?
	이외에 다른 약물을 복용하는 것이 있는가?
직업	어떤 아르바이트를 해 왔는가?
	현재 직업은 무엇인가?
	가장 오래했던 일은 무엇인가?
법적문제	수감된 경험이 있는가?
	법적인 소송 경험이 있는가?
기타	취미나 여가생활, 종교생활은 어떠한가?
	군대 생활은 어떠했는가?

　접수면접에서 상담자는 중요한 내담자 정보를 빠뜨리지 않고 탐색할 수 있도록 〈표 2-1〉과 같은 질문 목록을 활용한다. 질문 목록에 제시된 내담자 정보를 모두 확인할 수는 없으므로 내담자 문제의 특성에 맞게 선택적으로 접근하는 것이 필요하다. 내담자가 상담신청서에 작성한 내용을 확인하고 내담자의 호소문제에 초점을 맞추어 질문을 해 나가되, 지시적 상담으로 흐르기 쉬우므로 공감적 태도를 잃지 않는 것이 중요하다. 개인사 및 가족관계를 깊이 있게 다루기보다는 호소문제와 관련된 내담자의 현재 문제를 평가해야 한다. 다음은 불안과 우울 문제로 내방한 대학생 윤주씨(23세)의 사례로 호소문제와 관련된 정보를 수집하는 과정을 살펴보자.

2-1　내담자 정보 수집

상1: 불안해서 힘들었던 적은 이번이 처음인가요?

내1: 아니요. 고등학교 때도 불안하고 우울했어요. 뭔가 잘못하고 있는 것 같고 죽고 싶은 것 같기도 하고. 그때 제가 칼로 손목을 살짝 그었는데, 며칠 뒤에 아빠가 알고서 정신과에 데리고 갔어요. 거기서 약 처방을 받아서 먹었어요.

상2: 자해를 할 만큼 우울감과 불안으로 힘들었다는 거네요. 정신과 약을 먹고 달라진 게 있었나요?

내2: 조금 덜 불안해진 것 같기는 했어요.

상3: 약을 먹고 불안감이 줄어들었나 보네요? 약은 어느 정도 복용했나요?

> **내3**: 고등학교 때 1년 정도…… 지금은 먹지 않아요.
> **상4**: 불안감으로 힘들었던 경험이 있다 보니 이번에 남자친구로 인해 불안해지니까 더 걱정이
> 되었겠네요?
> **내4**: 맞아요.

2-1 사례에서 내담자의 호소문제인 불안 증상이 일시적인 것인지 만성적인 것인지를 탐색하는 질문을 통해 호소문제의 심각성을 평가하고 정신과 진료 경험과 약물 복용에 대한 정보를 자연스럽게 탐색하고 있다. **상담자 4**에서는 내담자의 불안에 공감적으로 접근하여 호소문제를 명료하게 만들어주고 있다. 접수면접 질문 목록의 순서대로 질문을 하기보다는 호소문제와 관련된 질문으로 초점을 맞춰 나가는 것이 중요하다.

(2) 내담자 자아 기능 수준 평가

내담자의 자아 기능 수준 평가는 왜 중요할까?

자아 기능은 인간이 외부 환경의 자극을 처리하고 자신의 내적 갈등을 조절하여 평정심을 유지하며 살아갈 수 있게 하는 역할을 한다. 불안과 같은 감정을 견딜 수 있는 힘, 인간관계 형성, 현실 지각, 충동 조절 등의 능력을 포함하고 있는 자아 기능은 내담자의 상담성과를 예측하는 기준이 될 수 있기 때문에 중요하다. 내담자의 호소문제를 확인하고 증상과 관련 정보를 확인하는 과정 전체를 통해서 자아 기능 평가가 이루어진다. 예를 들어, 내담자의 증상이 '환청'이라면 '현실검증력'이라는 기능이 살아 있는지를 확인할 수 있다. 내담자가 학생이라면 '학점 관리'를 질문함으로써 '사회적 기능'이 적응적인지 평가하는 자료가 된다는 것이다.

> **내담자의 자아 기능 수준 평가 항목**
>
> 1. 상담자와 관계를 맺을 수 있는 내담자의 관계 형성 능력의 평가
> 2. 자신의 어려움에서 벗어나려는 치료 의지의 평가
> 3. 자신의 문제를 보는 관점에 대한 평가
> 4. 자기돌봄과 사회적, 직업적 기능의 손상 정도 평가

　　내담자의 자아 기능을 어떻게 확인해 나가는지 사례를 통해 배워 보자. 다음은 사례 전체에서 자아 기능 탐색과 관련된 부분을 간추려 제시하였다.

2-2	내담자 자아 기능 수준 평가	
관계 형성 능력	**상1**: 남자친구 없이 혼자 남는 게 윤주씨에게는 어떤 의미인가요? **내1**: 남자친구가 의지할 수 있는 유일한 사람이라서…… **상2**: 의지할 수 있는 유일한 사람인 남자친구를 잃게 될까봐 불안하다는 거군요.
	상1: 초등학교나 중고등학교 때 친구들과는 어떻게 지냈어요? **내1**: 초등학교 때는 친구들이랑 놀았던 것 같아요. 그런데 중고등학교 때는 거의 혼자서 지냈어요. 중3 때 알게 된 그 친구가 유일해요.
치료 의지	**상1**: 윤주씨, 상담을 받고 어떤 것이 해결되었으면 좋겠다고 생각해요? **내1**: 불안하지 않으면 좋겠어요. **상2**: 윤주씨의 불안이 해소되었다는 것을 어떻게 알 수 있을까요? **내2**: 남자친구가 없어도 제가 편안하게 지낸다면 괜찮을 것 같아요. **상3**: 그렇군요. 윤주씨가 상담을 받아서 자신이 편안해질 수 있을 거라는 생각이 드시나요? **내3**: 그렇게 되었으면 좋겠는데 잘 모르겠어요.
문제를 보는 관점	**상1**: 고등학교 때 자해를 한 적이 있다고 했는데 그때 무슨 일이 있었어요? **내1**: 고2 때 할머니가 돌아가셨어요. **상2**: 그랬군요. 할머니가 돌아가신 것이 윤주씨에게는 어떤 의미였어요? **내2**: 세상에 혼자 버려진 것 같고 의지할 데가 없어지는 거였죠. **상3**: 혼자 버려진 느낌이라면 정말 힘들었을 것 같아요. 최근에 남자 친구가 잡힐까봐 불안했던 때도 그런 생각을 했잖아요? **내3**: 맞아요. 주변에 사람이 없다는 생각을 하면 불안해서 다른 일에 집중을 할 수가 없어요. **상4**: 그랬군요. 윤주씨, 혹시 최근에 남자친구 문제로 불안해서 힘들었을 때 자살 생각을 했었나요? **내4**: 네. 죽는 게 더 편하지 않을까 생각했던 적 있어요.
자기 돌봄과 사회적 기능	**상1**: 윤주씨의 불안이 요즘 학교생활에는 어떤 영향을 주고 있나요? **내1**: 최근에 수업에 집중을 못해요. 성적도 떨어지고 강의를 빠진 날도 많고요. **상2**: 불안 때문에 집중도 안 되고 성적도 떨어지고 강의도 빠지는군요. 윤주씨는 불안하고 힘들 때 어떻게 하나요? **내2**: 그냥 누워서 가만히 견디는 거 같아요. 잊어버리고 잠을 자려고 하는데 잠도 거의 못자요.

2-2 사례에서 제시된 내담자의 자아 기능 수준 평가를 요약하면 다음과 같다.

첫째, 상담자와 관계를 맺을 수 있는 내담자의 관계 형성 능력을 평가한다. 내담자는 현재 남자친구에 집착하여 혼자 남게 되는 상황을 견디지 못하고, 중고등학교 때 친구관계로 미루어 보아 타인과 편안하고 친밀한 관계를 맺기 어려울 것으로 보인다.

둘째, 상담 과정에서의 불확실함과 불편함을 견디고 자신의 어려움에서 벗어나려는 의지가 있어야 한다. 내담자의 치료의지는 현재 자아강도와도 관련이 높으므로 상담을 통해 더 성장하고자 하는 내담자의 의지를 평가한다. 상담을 받고 편해졌으면 좋겠으나 잘 모르겠다는 반응에서 내담자의 치료의지가 확실하지 않다는 것을 알 수 있다.

셋째, 자신의 문제를 보는 관점에 대한 평가이다. 문제를 보는 관점은 자신의 문제가 무엇이며 그 문제가 어느 정도 심각한지 인식이 가능한지, 문제의 원인에 대한 반응(자기 탓으로 돌리는지, 타인이나 주변 환경 탓으로 돌리는지)이 어떠한지를 말한다. 사례에서 내담자는 고등학교 때 할머니의 죽음을 경험했으며 자해를 할 만큼 세상에 혼자 버려진 느낌으로 고통받았던 것으로 보인다. 현재도 주변에 사람이 없다는 생각으로 불안과 자살 충동을 일으키기도 한다. 이는 의존적 대인관계 양상에 대한 자기 인식 능력의 부족을 보여 준다. 자신의 문제의 원인을 외부에서만 찾으려 하는 것은 내담자의 방어 수준이 높고 자아강도는 낮을 것으로 예상할 수 있다.

넷째, 자기를 적절히 돌보는 힘과 사회적, 직업적 기능이 손상되지 않았는지 평가한다. 내담자는 수업을 여러 번 빠지고 집중력과 성적이 떨어지고 있으나 자신의 기분을 전환하기 위한 적절한 방법을 활용하지 못하는 모습을 보이고 있어 대처기술에 대한 상담이 필요해 보인다.

(3) 위기상황 평가 및 대처

내담자 위기문제는 자살 징후, 정신증, 약물 남용 및 중독, 가정폭력 등의 다양한 상황을 포함한다. 자신이나 타인을 해칠 위험이 있는 내담자나 폭력 피해자인 경우에는 병원으로 이동하거나 신고하는 등의 긴급 구조 조치가 필요하다. 긴급한 경우가 아니라면 반복되는 내담자 위기를 개선할 수 있도록 적극적인 위기상담이 필요하다. 따라서 내담자 문제가 위기상황일 수 있다는 가정 하에 접수면접을 실시한다. 〈표 2-2〉의 위기평가 체크리스트를 활용하여 항목의 내용을 질문하거나 척도질문으로 활용하여 평가하고, 결과에 따라 위기개입이 이루어져야 한다. 특히 자살 평가는 거의 모든 내담자를 대상으로 이루어지는 추세이다.

〈표 2-2〉　위기평가 체크리스트 예시

위기평가 체크리스트	
자살	자살 계획을 구체적으로 세운 적이 있다.
	자살 시도를 한 적이 있다.(언제, 어떤 방법으로)
	최근 죽고 싶은 충동을 느낀다.
	최근 2개월 이내에 자살 사이트에 접속한 적이 있다.
	세상을 살아가야 할 이유가 없다.
약물, 알코올 중독	술 없이는 살 수 없다.
	술 마시는 것 때문에 주변 사람들과 갈등을 일으키고 있다.
	약물(마약류, 흡입제 등)을 이용한 적이 있다.
	심각한 중독문제가 있다.
인터넷/게임 중독	항상 인터넷/게임에 대해 생각한다.
	인터넷/게임으로 가족이나 선생님과 갈등을 일으키고 있다.
	인터넷/게임 때문에 학업이나 대인관계에 지장을 받는다.
	인터넷/게임을 하느라 밤을 새운 적이 있다.
PTSD	충격적인 사건(화재, 폭행, 사고 등)을 경험한 적이 있다.
	해당 경험에 대해 생각하지 않으려고 노력하고 있다.
	해당 경험을 떠오르게 하는 상황을 피하기 위해 애쓴다.
	주변을 살피고 경계한다.
학대/성폭력	최근 2개월 이내에 학대받은 경험이 있다.(언제, 어떻게, 누구로부터)
	학대로 입원한 적이 있다.(언제, 얼마나)
	최근 성폭력 피해를 입은 경험이 있다.(언제, 누구로부터)

　다음 사례는 윤주씨의 자살에 대한 평가가 실시되는 과정이다. 이 장에서는 자살에 대한 평가 사례를 간략히 제시하였고, 위기상황별 구체적인 개입 사례는 제13장에서 다루고 있으므로 참고하기 바란다.

> **2-3** 자살에 대한 평가
>
> **상1**: 최근에 남자친구 문제로 불안해서 힘들었을 때 자살을 생각했었나요?
>
> **내1**: 네. 죽는 게 더 편하지 않을까 생각했던 적 있어요.
>
> **상2**: 죽는 게 편할 것 같다는 생각을 할 만큼 힘들었네요. 자살을 시도하거나 계획을 세운 적은 있어요?
>
> **내2**: 그냥 어떻게 죽으면 좋을까 하고 생각은 했어요. 그런데 실제로 시도하지는 않았어요.
>
> **상3**: 남자친구가 없으면 기댈 곳이 없어지는 것이 힘들다고 하셨는데, 고등학교 때 혼자 버려진 느낌으로 힘들어했던 때와 비슷해 보여요. 그래서 윤주씨가 다시 자살 생각이 들지 않을까 걱정도 돼요. 자살에 대해 얼마나 자주 생각하게 되나요?
>
> **내3**: 가끔. 일주일에 한두 번 정도인 것 같아요.
>
> **상4**: 자살에 대해 일주일에 한두 번 정도 생각하고 있네요. 그렇지만 이렇게 상담에 오신 것은 다르게 살고 싶은 마음도 있어서이지 않을까 하는 생각도 드는데 어떠세요? 윤주씨, 자기돌봄 계획서를 같이 쓰면서 자살에 대한 윤주씨의 마음을 정리해 보면 좋을 것 같아요.
> (계획서 작성)

2-3 사례의 **상담자** 1, 2, 3과 같이 자살 생각, 자살 계획, 자살 시도, 자살 생각의 빈도에 대해 구체적으로 질문하여 내담자의 자살 가능성을 확인한다. 내담자가 자살 가능성이 높은 고위기상황으로 판단되면 즉각적으로 위기상담을 실시하거나 위기개입 전문가에게 의뢰한다. 자살 위기개입의 초기 단계에서는 내담자의 자살 위험도를 평가하고 보호 요인을 탐색하여 지지체계를 구축하며 위험한 환경을 정리하여 내담자의 안전을 확보해야 한다. 자살 위험도가 높다고 판단되면 구체적인 상황을 확인하여 내담자의 안전계획을 수립하는 것이 중요하다. 〈표 2-3〉의 질문을 활용하여 자살 위험 수준을 평가하고 내담자와 함께 자기돌봄 계획서([그림 2-2])를 작성해 보자.

〈표 2-3〉 **자살 위험 수준 평가 예시**

자살 위험 수준 평가	
자살 생각에 대해 질문하기	자살에 대해 생각하게 된 것은 언제부터인가요?
	죽고 싶다는 생각이 들었을 때 어떤 일이나 사건이 있었나요?
	인터넷에서 자살에 대해 찾아본 적이 있었나요?
	친구나 가족이 자살했거나 자살 시도를 한 경우가 있었나요?
자살 생각의 빈도 및 자살의도에 대해 질문하기	자살에 대해 얼마나 자주 생각하나요?
	자살하기 위한 방법을 생각해 본적이 있나요?
	현재 자살을 위한 도구를 가지고 있나요?
	자살에 대해 구체적인 계획을 세운 적이 있나요?
	내가 자살 계획을 실행할 가능성은 얼마나 된다고 생각하나요?
자살행동에 대해 질문하기	자살에 필요한 도구를 준비하거나 자살하려는 장소에 가 본 적이 있나요?
	신변정리를 하거나 유서를 쓰는 등 준비를 한 것이 있나요?
	자살을 시도해 본 적이 있나요?
	자살 시도 당시 상황이나 기분, 생각은 어떤 것이었나요?

자기돌봄 계획서

날짜 :   이름 :

1. 나에게 어려움이 있을 때나, 자살 생각이 날 때 도움을 받을 수 있는 가족이나 친구의 연락처를 적어 봅시다.

   ✓ 이름 :   연락처 :
   ✓ 이름 :   연락처 :
   ✓ 이름 :   연락처 :

➡ 자살 충동으로 힘들 때나 다른 어려움이 있을 때 위 연락처로 알려서 도움을 받겠습니다.

2. 나를 도와줄 사람에게 연락해서 하고 싶은 말을 써 봅시다.

3. 자살 충동이나 스트레스로 힘들 때 기분을 전환할 수 있는 방법을 찾아 적어 보고 생활에서 실천해 봅시다(예: 밖으로 나가 걷기 / 샤워나 목욕하기 / 친구한테 전화하기 등).

➡ 나를 돌보기 위해 스트레스를 풀려고 노력하고 충분한 휴식과 수면을 취하겠습니다.
➡ 자살을 생각나게 하는 물건을 치우고 기분이 좋아지는 일을 실천해 보겠습니다.

4. 자살 충동으로 어려움을 겪을 때 도움받을 수 있는 위기상담 전화 번호와 내가 알고 있는 병원이나 지원기관 연락처를 적어봅시다.

   ✓ ○○ 상담센터:
   ✓ ○○ 병원:
   ✓ 청소년상담전화: 1388 / www.cyber1388.kr
   ✓ 정신건강위기상담전화: 1577-0199
   ✓ 한국생명의전화: 1588-9191
   ✓ 자살예방상담전화: 1393

[그림 2-2] **자기돌봄 계획서 예시**

(4) 접수면접 보고서 작성

접수면접을 통해 내담자의 호소문제, 관련된 증상, 현재 기능 수준과 위험성 등을 확인하고 보고서를 작성하여 내담자 문제에 맞는 상담자를 배정하는 자료로 활용한다. 접수면접 보고서는 호소문제 및 증상, 내담자 기능 상태, 상담 개입 방법에 대한 제안 등이 분명하게 기술되어야 한다. 접수면접 보고서는 상담기관의 온라인 시스템에 기록하는 것이 일반적이다. 다음 예시는 내담자 윤주씨의 접수면접 보고서로 접수면접 전체의 내용을 모르는 상태에서 읽는다면 상담자 소견의 내담자 문제가 지금까지 제시된 사례와 다르다고 생각될 수 있다. 접수면접 전체 과정을 적용한 2-7 사례를 참고하여 읽기 바란다.

2-4　접수면접 보고서

[내방경위 및 호소문제]

내담자는 23세의 대학생으로 남자친구와 관련된 문제로 어려움을 겪으면서 우울감에 일상생활이 힘들어지자 내방하였다. 남자친구가 사업 빚을 갚지 못해 숨어 지내는 상황이 되자, 내담자는 의지할 수 있는 유일한 대상인 남자친구를 잃게 될까 봐 불안하다.

[행동 관찰]

내담자는 키 167센티미터 정도로 어깨까지 내려오는 검은 생머리로 평균적인 체형이다. 검정색 티셔츠와 청바지를 입었으며 흰색 운동화와 검은 테 안경을 착용하고 위생 상태는 양호하였다. 내담자의 남자친구 이야기를 할 때는 눈맞춤을 못하고 시선이 여러 곳으로 움직였으며 나갈 때 상담자에게 허리를 숙여 여러 번 인사를 했다.

[전반적인 내담자 기능 상태]

남자친구에 집착하여 혼자 남게 되는 상황을 견디기 어려워하고, 대인관계의 어려움이 예상되며 자신의 어려움에서 벗어나려는 치료 의지가 명확하지 않다. 내담자 자신의 문제에 대한 자기 인식 능력이 떨어지며, 학교수업을 여러 번 빠지고 집중력 감소, 성적 저하 및 불안할 때 기분을 전환하지 못하고 있어 자기를 돌보는 힘과 사회적 기능의 손상이 추측된다.

[상담자 소견]

부모에게 받아보지 못한 보살핌을 제공하는 남자친구를 잃을 수도 있는 현재 상황이 내담자의 증상을 드러나게 한 주요 촉발요인인 것으로 보인다. 내담자는 엄마의 자살, 할머니의 죽음으로 양육자의 상실을 경험했으며 이로 인한 깊은 불안이 있다. 초등학교 때 삼촌의 성폭력으로 내담자의 고통이 가중된 것으로 보이며, 고등학교 시기의 자살 시도는 내담자의 스트레스 대처능력이 손상되었음을 의미한다. 내담자는 가족 내에서 지지받을 자원이 없고 낮은 자아 강도와 자살 생각이 있으므로 지지적 상담을 통해 먼저 안정을 찾도록 하는 것이 필요해 보인다.

　내담자의 양육자 상실 경험과 친족 성폭력, 의존적인 대인관계 양상을 다루어 내담지의 불안을 다룰 수 있는 수준으로 낮추는 것이 중요하며, 궁극적으로는 내담자가 자기돌봄으로 이행할 수 있도록 개입하는 것이 필요하다.

　접수면접에서는 위기개입 상황은 아니라고 판단하였으나, 자해 경험이 있으므로 이에 대한 심리평가와 병원 치료에 대한 점검도 요구된다.

(5) 상담자 배정

　내담자 문제의 특성이나 심각성에 따라 적합한 상담자를 배정하는 일은 상담자와 내담자 보호를 위한 윤리적 접근이므로, 내담자 문제를 종합적으로 고려하여 상담자를 배정해야 한다. 제시된 사례의 내담자 윤주씨는 만성적인 불안과 우울 문제가 있으며 심리적 자원이 부족하고 자살 생각도 있는 상태이다. 따라서 내담자가 안전감을 느낄 수 있고 위기상황에 대처할 수 있는 상담자를 배정해야 한다.

‼️ 궁금해요!

🖊 타 기관 의뢰 및 정보제공에 관한 지침을 알고 싶어요.

　접수면접을 통해 위기상황이 탐색되면 기관 내부회의를 통해 의뢰 여부를 결정한다. 내담자의 위기수준과 상담자의 위기개입능력 등을 고려하여 의뢰 여부를 판단한 뒤, 내담자와의 협의를 거쳐 전문가에게 의뢰한다. 자살 위험 수준이 높은 내담자는 상담자나 보호자와 동행하여 의뢰기관으로 가는 것이 안전하다. 타 기관 의뢰 내담자의 정보제공은 관련된 기관이나 사람들이 많다는 점에서 다소 복잡한 측면이 있다. 일반적으로 위기상황에 처한 경우나 법적인 문제 등의 경우에는 내담자 정보제공에 대한 동의를 받을 필요가 없다. 그러나 상담자는 내담자의 동의 없이는 정보를 제공하지 않는다는 원칙을 가지는 것이 중요하며, 경찰이나 의사 등 정보제공이 필요한 대상과 내담자 권리에 대한 의견을 나눌 필요가 있다. 또, 내담자의 가족이나 친구와 내담자의 상황에 대해 의논할 때에도 내담자의 동의를 얻는 것이 중요하다.

✎ 접수면접 이후에 본 상담에 배정된 상담자에게만 이야기를 할 거라며 질문에 대한 답을 피하는 내담자들이 있어요. 그럴 때 어떻게 하면 좋을까요?

접수면접에서 말을 하는 것이 어떤 부분이 불편한지 물어볼 수 있다. 내담자가 접수면접 상담자를 불신하거나 다른 이유로 말을 못할 수도 있기 때문이다. 접수면접은 내담자의 어려움을 해결하는 데 적합한 상담자를 배정하기 위해서 필요한 절차임을 안내하면서 진행하도록 하자. 면접을 시작하기 전에 접수면접의 역할에 대해 내담자의 이해를 높인 후에 면접을 진행하는 것이 중요하다.

2. 접수면접을 위한 상담기법

상담자의 질문에 내담자가 반응하는 과정을 통해 내담자 문제를 탐색하고 구체적인 정보를 수집할 수 있으므로 접수면접자는 질문하는 방법을 잘 알고 활용해야 한다. 내담자의 말을 이해하고 명확하게 요약해서 내담자에게 전달하는 재진술하기 기법은 내담자가 자신이 경험한 내용을 보다 객관적으로 인지하도록 도울 수 있기 때문에 접수면접에서 적극적으로 활용할 수 있다. 접수면접을 위해 다른 여러 가지 상담기법이 적용될 수 있으나 여기서는 질문하기와 재진술하기를 살펴보도록 하고 다른 장에서 더 많은 상담기법이 제시되므로 참고하기 바란다.

1) 질문하기

초기 면접에서는 내담자의 구체적인 정보를 수집하기 위한 질문을 많이 하게 된다. 질문을 하는 방법에는 "그 사건은 언제 있었던 일인가요?"와 같이 한정된 답이 예상되는 폐쇄형 질문과 "친구가 그런 말을 할 때 기분이 어땠어요?"와 같이 내담자가 자기를 드러낼 수 있도록 하는 개방형 질문이 있다. 그러나 질문의 형식이 어떤 것이든 내담자가 자기 이야기를 더 많이 할 수 있도록 촉진적인 질문을 하는 것이 중요하다. 촉진적 질문이란 내담자의 생각이나 감정을 따라가면서 자발적으로 자신을 공개할 수 있도록 돕는 방법으로 다음 사례를 통해 공부해 보자.

> **2-5 질문하기**
>
> **내1:** 남자친구 상황이 지금 불안한데, 그런 남자친구의 영향을 받아서 저도 불안해지는 것 같고…… 우울해요.
>
> **상1:** 윤주씨가 남자친구의 영향을 구체적으로 어떻게 받는다는 말인가요?
>
> **내2:** 남자친구가 사업을 하는데 빚을 갚지 못해서 숨어 다니게 된 거예요. 그래서 혹시 잡히면 어떻게 하지? 그런 생각을 하면 불안해요.
>
> **상2:** 남자친구가 걱정되고 불안하네요. 남자친구가 잡히면 윤주씨에게 어떤 일이 일어날 것 같아요?
>
> **내3:** 저 혼자 남게 되는 거니까요. 그게 너무 무서워요.

2-5 사례의 **상담자** 1에서와 같이 내담자가 남자친구에게 어떤 영향을 받는지 구체화하는 질문을 통해 호소문제를 명확히 할 수 있다. **상담자** 2는 남자친구 문제가 내담자에게 미치는 영향을 탐색하는 질문으로 내담자의 내면에서 일어나는 생각과 감정을 명확히 드러나도록 하고 있다.

2) 재진술하기

재진술하기 기법은 내담자가 하는 말을 상담자가 잘 이해하고 있다는 것을 전달하여 신뢰관계를 형성하도록 하고 내담자의 자기 개방을 촉진하므로 초기 면접에서 적극적으로 활용할 수 있다. 재진술은 원칙적으로 내담자의 말을 부연해서 전달하는 것이지만 내담자의 말을 보다 명료하고 구체적으로 만들어 주고, 더 나아가 내담자 자신의 문제에 대해 더 깊은 차원에서 탐색할 수 있도록 도와준다. 재진술을 할 때에는 내담자의 말을 똑같이 반복하거나 의미를 바꾸지 않아야 하며, 내담자의 경험을 핵심적으로 나타내는 단어를 사용하여 상담자의 이해를 전달한다.

> **2-6 재진술하기**
>
> **상1:** 윤주씨는 남자친구 없이 혼자 남게 되는 게 불안하고 무섭네요. 혼자 남는 게 윤주씨에게는 어떤 의미인가요?
>
> **내1:** 남자친구가 의지할 수 있는 유일한 사람이라서…….
>
> **상2:** 의지할 수 있는 유일한 사람인 남자친구를 잃게 될까 봐 불안하다는 거군요. 남자친구는 언제 만났어요?

> **내2:** 대학교 1학년 때요. 아르바이트했던 가게 매니저였는데 저를 많이 도와줬어요. 제가 사람
> 들 대하는 게 너무 힘들어서 그만두려고 했거든요.
>
> **상3:** 아르바이트할 때 남자친구가 윤주씨를 많이 도와줘서 의지가 되었네요.

　2-6 사례의 **상담자** 3과 같이 내담자의 말을 요약하는 상담자 반응을 '재진술'이라고 한다. 상담자가 구체화 질문을 하기 전에 재진술로 요약하는 것이 효과적이다. 재진술과 함께 비교해 볼 수 있는 기법은 '반영'이다. **상담자** 2는 재진술과 같이 내담자 말의 요약이지만 정서가 포함된 요약 반응이므로 반영으로 볼 수 있다. 반영 기법은 제4장에서 다루고 있으니 참고하기 바란다.

!! 실습해 보자!

재진술하기 연습

내담자는 고등학교 3학년 학생이며 전공 선택에 대한 고민이 있다. 내담자의 고민을 듣고 짝과 함께 재진술하기로 반응하는 연습을 해 보자.

내담자: 선생님, 다음 달이면 수능을 봐야 하는데 아직도 제가 어떤 전공을 선택해야
할지 모르겠어요. 제가 어떤 과목을 좋아하는지도 모르겠고 직업에 대한 확신
도 서지를 않아요.

상담자: 당신은 _____ 한 입장이군요.

여기서 _____ 일이 일어났다는 말이군요.

_____ 때문에 _____ 라고 생각한다는 거네요.

---

3. 접수면접의 과정 적용 사례

지금까지 살펴본 접수면접은 내담자 정보 수집, 자아 가능 수준 평가, 위기상황 평가를 통해 접수면접 보고서를 작성하고 상담자 배정으로 마무리되었다. 단편적으로 제시되었던 윤주씨의 사례 전체를 연결하여 접수면접 과정을 다시 한번 확인해 보자.

내담자 윤주씨의 사례

인적사항	• 이름(가명): 서윤주 • 성별: 여 • 나이: 23세 • 직업: 대학생
호소문제	남자친구 문제로 우울하고 불안함
내방경위	남자친구를 잃을 수도 있다는 생각이 내담자의 불안을 높여 일상생활에 어려움을 느끼는 상황에서 친구의 권유로 내방함.
가족관계	• 아버지(53세): 고졸, 공장직원 • 어머니(사망): 고졸, 내담자 5세 때 사망 • 할머니(사망): 내담자 양육, 내담자 고등학교 2학년 때 사망 • 남동생(21세): 군복무 중

윤주씨는 최근 남자친구의 부재로 불안을 경험하고 상담을 신청하였는데 의지할 수 있는 사람을 잃게 되는 것이 두렵고 불안하다는 문제를 호소하였다. 윤주씨는 양육 과정에서 어머니, 할머니와 삼촌 세 사람의 양육자를 상실하는 아픔을 겪었으며, 혼자 남겨지는 것에 대한 깊은 불안이 있다. 내담자가 초등학교 때 우호적인 양육자였던 삼촌의 성폭력으로 인해 고통이 가중되었으며 할머니가 사망한 고등학교 때 자살 시도가 보고되었다. 윤주씨의 사례를 통해 첫 회 상담과의 차이를 생각하면서 접수면접에서의 탐색 수준을 주의 깊게 살펴보자. 내담자 정보를 수집하고 자아 기능 수준 평가와 위기상황 평가 및 대처까지 접수면접의 과정에 제시된 단계는 고정된 순서가 아니며 과정 전체에서 융통성 있게 적용될 수 있다.

2-7 접수면접의 과정 적용 사례	축어록 반응해설
상1: 안녕하세요? 윤주씨. 저는 ○○○라고 합니다. 오늘 하시게 될 상담은 접수면접입니다. 저와 함께 윤주씨가 상담을 받고자 하는 일에 대해 이야기를 나누게 될 거예요. 접수면접이 끝나면 윤주씨를 잘 도울 수 있는 상담전문가에게 연결해드릴 겁니다. 먼저, 상담신청서를 작성하시고 개인정보 수집 및 활용 동의서를 읽고 서명을 하시면 됩니다. 더 궁금한 점이 있다면 말씀해 주세요. **내1:** 상담받기를 원하는 내용에 어떻게 적어야 할지 모르겠어요.	접수면접에 대한 오리엔테이션을 실시한다.

상2: 지금 윤주씨가 상담실에 오기를 결정하게 된 이유나, 어떤 어려움이 있어서인지를 구체적으로 적으시면 됩니다.

내2: 알겠습니다. (신청서 작성) ————————————————— 상담 신청서를 작성한다.

① 내담자 정보 수집 ——— **상3**: 윤주씨가 오늘 상담을 신청하시게 된 이유나 계기가 있다면 어떤 것인가요? ——— 호소문제를 탐색한다.

내3: 남자친구 상황이 지금 불안한데, 그런 남자친구의 영향을 받아서 저도 불안해지는 것 같고…… 우울해요.

상4: 윤주씨가 남자친구의 영향을 구체적으로 어떻게 받는다는 말인가요? ——— 호소문제 구체화 질문으로 내담자가 받는 영향에 대해 질문한다.

내4: 남자친구가 사업을 하는데 빚을 갚지 못해서 숨어 다니게 된거예요. 그래서 혹시 잡히면 어떻게 하지? 그런 생각을 하면 불안해요.

② 내담자 자아 기능 수준 평가 (관계능력) ——— **상5**: 남자친구가 걱정되고 불안하네요. 남자친구가 잡히면 윤주씨에게 어떤 일이 일어날 것 같아요? ——— 불안을 일으키는 내담자의 생각을 구체화한다.

내5: 저 혼자 남게 되는 거니까요. 그게 너무 무서워요.

상6: 윤주씨는 남자친구 없이 혼자 남게 되는 게 불안하고 무섭네요. 혼자 남는 게 윤주씨에게는 어떤 의미인가요?

내6: 남자친구가 의지할 수 있는 유일한 사람이라서……

상7: 의지할 수 있는 유일한 사람인 남자친구를 잃게 될까 봐 불안하다는 거군요. 남자친구는 언제 만났어요? ——— 호소문제와 관련된 대상인 남자친구에 대해 탐색한다.

내7: 대학교 1학년 때요. 아르바이트했던 가게 매니저였는데 저를 많이 도와줬어요. 제가 사람들 대하는 게 너무 힘들어서 그만두려고 했거든요.

② 내담자 자아 기능 수준 평가 (사회적 기능) ——— **상8**: 아르바이트할 때 남자친구가 윤주씨를 많이 도와줘서 의지가 되었네요. 그러면 윤주씨의 불안이 요즘 학교생활에는 어떤 영향을 주고 있나요? ——— 내담자의 증상이 학교생활에 미치는 영향을 탐색한다.

내8: 최근에 수업에 집중을 못해요. 성적도 떨어지고 수업에 빠진 날도 많고요.

상9: 불안 때문에 집중도 안 되고 성적도 떨어지고 수업도 빠지는군요. 윤주씨는 불안하고 힘들 때 어떻게 하나요? ——— 내담자 자기돌봄 기능, 증상 대처 방식을 탐색한다.

내9: 그냥 누워서 가만히 견디는 거 같아요. 잊어버리고 잠을 자려고 하는데 잠도 거의 못 자요.

상10: 불안할 때 누워서 견디거나 잠을 청하는 것으로 대처하고 있다는 거네요. 하루에 몇 시간 정도 자나요?

내10: 거의 3~4시간 정도.

상11: 잠이 들지 않을 때는 어떻게 하세요?

내11: 누워서 뒤척여요. 계속 같은 생각이 계속 되풀이될 때가 많은데, 그러다가 겨우 잠들어요.

상12: 같은 생각을 계속 되풀이한다고 하셨는데 어떤 생각인지 얘기해 줄 수 있어요?

내12: 그게…… 늘 그런 건 아니지만 가끔 시달리는 생각이 있어요. 초등학교 때 삼촌이 저를 만진 거요. 그 생각이 나면 계속 생각을 하게 돼요.

상13: 삼촌이 윤주씨를 만졌던 일이 계속 생각나서 잠드는 게 더 어렵네요. 나중에 상담선생님과 그 일을 의논한다면 도움을 받을 수 있을 거예요. 윤주씨가 불안하고 힘들 때 이야기를 나눌 수 있는 친구나 다른 사람이 있어요?

성폭력 경험에 대해 간단히 확인하고 탐색 수준에 대한 경계를 지키고 있으며, 본상담에서 다룰 것을 안내한다.

내13: 연락하는 친구가 한 명 있지만 자주 연락하지는 않아요.

내담자의 자원을 탐색한다.

상14: 가끔 연락하는 그 친구는 언제 사귄 친구인가요?

내14: 중학교 때 친구예요.

② 내담자 자아 기능 수준 평가 (관계능력)

상15: 그렇군요. 초등학교나 중고등학교 때 친구들과는 어떻게 지냈어요?

내담자의 친구관계를 탐색한다.

내15: 초등학교 때는 친구들이랑 모여서 놀았던 것 같아요. 그런데 중고등학교 때는 거의 혼자서 지냈어요. 중3 때 알게 된 그 친구가 유일해요.

상16: 그동안 윤주씨가 어려움을 나누지도 못하고 혼자서 견뎌 왔겠네요. 신청서에 기록된 아버지도 같이 살지 않네요? 다른 가족은 없으신가요?

내16: 아빠는 제가 대학에 입학했던 해 재혼해서 다른 지방에서 살아요. 엄마는 제가 다섯 살 때 돌아가셨구요

상17: 그랬군요. 엄마는 어떻게 돌아가셨는지 물어봐도 될까요?

내17: 자살했다고 들었어요. 근데 저는 기억이 전혀 없어요.

상18: 그랬군요. 동생도 군입대해서 지금은 윤주씨 혼자 지내시네요. 그러면 불안해서 힘들었던 적은 이번이 처음인가요?

내담자의 증상이 일시적인 것인지 만성적인 것인지 탐색한다.

내18: 아니요. 고등학교 때도 불안하고 우울했어요. 뭔가 잘못하고 있는 것 같고 죽고 싶은 것 같기도 하고. 그때 제가 칼로 손목을 살짝 그었는데, 며칠 뒤에 아빠가 알고서 정신과에 데리고 갔어요. 거기서 약 처방을 받아서 먹었어요.

상19: 자해를 할 만큼 우울감과 불안으로 힘들었다는 거네요. 정신과 약을 먹고 달라진 게 있었나요?

약물치료 전후의 차이를 탐색한다.

내19: 조금 덜 불안해진 것 같기는 했어요.

상20: 약을 먹고 불안감이 줄어들었나 보네요? 약은 어느 정도 복용했나요?

내담자 약물복용 기간을 탐색한다.

내20: 고등학교 때 1년 정도…… 지금은 먹지 않아요.

상21: 불안감으로 힘들던 경험이 있다 보니 이번에 남자친구로 인해 불안해지니까 더 걱정이 되었겠네요?

내담자의 어려움을 공감하면서 호소문제를 명료화한다.

내21: 맞아요.

상22: 고등학교 때 자해를 한 적이 있다고 했는데 그때 무슨 일이 있었어요?

내22: 고2 때 할머니가 돌아가셨어요.

② 내담자 자아 기능 수준 평가 (문제를 보는 관점)

상23: 그랬군요. 할머니가 돌아가신 것이 윤주씨에게는 어떤 의미였나요?

의존적 대인관계 양상에 대한 내담자의 인식을 확인한다.

내23: 세상에 혼자 버려진 것 같고 의지할 데가 없어지는 거였죠.

상24: 혼자 버려진 느낌이라면 정말 힘들었을 것 같아요. 최근에 남자 친구가 잡힐까봐 불안했던 때도 그런 생각을 했잖아요?

내24: 맞아요. 주변에 사람이 없다는 생각을 하면 불안해서 다른 일에 집중을 할 수가 없어요.

③ 위기상황 확인 및 대처

상25: 그랬군요. 윤주씨, 혹시 최근에 남자친구 문제로 불안해서 힘들었을 때 자살을 생각했었나요?

자살 생각을 확인한다.

내25: 네. 죽는 게 더 편하지 않을까 생각했던 적 있어요.

상26: 죽는 게 편할 것 같다는 생각을 할 만큼 힘들었네요. 자살을 시도하거나 계획을 세운 적은 있어요?

자살 시도나 자살 계획의 유무를 확인한다.

내26: 그냥 어떻게 죽으면 좋을까 하고 생각은 했지만 실제로 시도하지는 않았어요.

상27: 남자친구가 없으면 기댈 곳이 없어지는 것이 힘들다고 하셨는데 고등학교 때 혼자 버려진 느낌으로 힘들어 했던 때와 비슷해 보여요. 그래서 윤주씨가 다시 자살 생각이 들지 않을까 걱정도 돼요. 자살에 대해 얼마나 자주 생각하게 되나요?

자살 생각의 빈도를 확인한다.

내27: 가끔. 일주일에 한두 번 정도인 것 같아요.

상28: 자살에 대해 일주일에 한두 번 정도 생각하고 있네요. 그렇지만 이렇게 상담에 오신 것은 다르게 살고 싶은 마음도 있어서이지 않을까 하는 생각도 드는데 어떠세요? 윤주씨, 자기돌봄 계획서를 같이 쓰면서 자살에 대한 윤주씨의 마음을 정리해 보면 좋을 것 같아요.

다른 관점에서 자신의 마음을 볼 수 있도록 촉진적 질문을 한다.

내28: 네. (계획서 작성)

자기돌봄 계획서를 작성한다.

② 내담자 자아
　기능 수준 평가
　(치료의지)

상29: 윤주씨, 상담을 받고 어떤 것이 해결되었으면 좋겠다고 생각해 요?

　　　　　　　　　　　　　　　　　상담에 대한 내 담자의 기대를 확인한다.

내29: 불안하지 않았으면 좋겠어요.

상30: 윤주씨의 불안이 해소되었다는 것을 어떻게 알 수 있을까요?

내30: 남자친구가 없어도 제가 편안하게 지낸다면 괜찮을 것 같아요.

상31: 그렇군요. 윤주씨가 상담을 받아서 자신이 편안해질 수 있을 거라는 생각이 드시나요?

　　　　　　　　　　　　　　　　　내담자의 치료의 지를 확인한다.

내31: 그렇게 되었으면 좋겠는데 잘 모르겠어요.

상32: 그래도 이렇게 상담을 받으러 오신 것은 윤주씨의 어려움을 해결하고 싶은 마음이 많았기 때문이라는 생각이 드는데 어떠 세요?

내32: 그렇긴 해요.

상33: 그래요. 윤주씨. 상담을 받으시면 지금보다 더 편안해질 수 있 을 거예요. 이제 면접을 마칠 건데 더 하실 말씀은 없으신가요?

내33: 네. 없습니다.

상34: 오늘 면접 자료를 토대로 윤주씨를 잘 도울 수 있는 상담자가 배정될 겁니다. 상담자가 배정되면 윤주씨에게 연락을 해서 스 케줄을 잡을 거예요. 오늘 수고하셨습니다.

　　　　　　　　　　　　　　　　　상담자 배정에 대해 안내한다.

④ 접수면접 보고서
　작성

(접수면접 보고서 작성 및 상담자 배정)

⑤ 상담자 배정

　제2장에서는 접수면접의 과정과 위기 평가 및 조치, 상담기법에 대해 알아보았다. 접수면접의 과정은 내담자에 대한 기초정보를 수집하고 내담자 자아 기능 수준의 평 가, 위기상황의 확인 과정을 거친 후 접수면접 보고서를 작성하여 상담자를 배정하는 순서로 이루어진다. 내담자 정보 수집은 호소문제와 관련한 개인사와 가족관계, 현재 의 기능 상태와 환경 등에 대해 구체적으로 확인되어야 한다. 불안과 같은 감정을 견 딜 수 있는 힘, 인간관계 형성, 현실 지각, 충동 조절 등의 능력을 점검하여 내담자의 자아 기능 수준을 확인하는 것도 중요하다. 이와 함께 자살 징후, 정신증, 약물 남용 및 중독, 가정폭력 등의 다양한 상황을 포함하는 위기 문제가 고려될 수 있도록 접수면접 을 실시하여야 한다. 무엇보다 상담을 통해 내담자 자신의 어려움을 해소할 수 있다는 기대를 가지도록 하는 것이 중요하므로, 접수면접자는 내담자가 하는 말을 잘 이해하 고 있다는 것을 전달하여 신뢰관계를 형성하도록 해야 한다. 이를 위해 내담자가 자발

적으로 자신을 공개할 수 있도록 촉진적인 질문을 사용하며, 내담자의 말을 명확하게 요약해서 표현하는 재진술 기법을 활용할 수 있다. 접수면접에서 이루어지는 내담자 문제의 위급성이나 자아 기능 평가는 내담자에게 적절한 개입이 이루어질 수 있는 근 거가 되므로 유의해서 면접을 실시하도록 하자.

!! 초심상담자 현진씨의 고민

접수면접에서 내담자가 상담에 적극적이었다고 생각했는데 접수면접 이후에 상담 신청을 취소했어요.

상담자 현진씨는 접수면접에서 내담자의 호소문제를 깊이 있게 다루어 내담자의 핵심 문제를 파악하였다. 내담자는 자신의 연애 문제가 부모님과의 관계로부터 시작되고 있다 는 것을 이해하고 한동안 말이 없었다. 상담자가 지금 생각하는 게 있냐고 묻자 "부모님과 는 누구나 문제가 있다고 생각한다."라는 말을 했다. 이후 첫 상담 배정을 준비하는 담당 자에게 상담 신청을 취소하는 내담자의 전화가 왔다. 내담자는 상담 신청을 취소하는 이 유로 '긁어 부스럼 만들고 싶지 않다'고 했다. 현진씨는 접수면접에서 호소문제를 깊이 있 게 다룬 것이 준비되지 않은 내담자에게 불편감을 준 것이라는 것을 알게 되었다.

접수면접에서 상담자의 지나친 개입은 내담자에게 불편감과 이후 상담에 대한 선입견을 가져올 수 있기 때문에 접수면접에서 다루는 범위에 대한 경계를 지키도록 유의하자.

심리검사는 어떻게 활용해야 할까

심리검사는 면담이나 행동 관찰과 함께 심리평가의 중요한 구성요소이다. 내담자 심리적 상태를 객관적으로 보여 주는 심리검사 결과는 내담자 문제에 대한 가설을 세우고 상담방향을 설정하는데 유용하다. 상담자는 상담 과정에서 대화를 통해 내담자의 생각, 감정, 행동 등의 양상을 탐색할 수 있는 역량뿐만 아니라 심리검사를 통해 효율적이고 정확하게 내담자의 내적 정보를 해석하고 적용할 수 있는 능력을 갖추어야 한다. 개인상담에서 심리검사를 활용하는 것 이외에, 심리검사와 해석상담을 단독으로 실시하는 경우도 많기 때문에 심리검사를 활용하여 심리평가 보고서를 작성하고 내담자에게 해석상담을 제공할 수 있는 역량을 갖추는 것도 중요하다. 이 장에서는 심리검사의 유의점, 심리평가 보고서 작성 및 심리검사와 해석상담의 과정을 살펴보고자 한다.

제3장 한눈에 보기

1 심리검사 실시하기 → • 심리 검사 및 평가의 유의점
• 심리검사와 해석상담 실시 과정

2 심리평가 보고서 작성하기 → • 심리평가 보고서의 형식
• 심리평가 보고서 작성하기

3 심리검사 해석상담의 실제 → • 내담자 민지씨의 사례

제3장 들어가기 전에……

심리 검사 및 평가와 관련하여 다음 사항에 대해 생각해 보자.

💬 심리평가의 목적은 무엇일지 생각해 보자.

💬 심리평가 보고서에 포함되어야 하는 내용은 어떤 것이 있을까?

💬 심리검사 해석상담에서 주의해야 할 점은 무엇일까?

1. 심리검사 실시하기

심리검사는 개인의 상태를 평가하여 객관적인 자료를 얻기 위한 목적으로 실시된다. 내담자에게 심리검사를 실시하여 검사 자료를 모으고 면담 및 내담자 관찰을 바탕으로 내담자의 현재 상태를 평가하는 것을 심리평가라고 한다. 심리평가의 일반적인 목적은 내담자의 부적응적 문제를 규명하고 치료적 개입을 위한 대안을 마련하려는 데 있다.

여기서는 심리 검사 및 평가의 유의점과 심리검사를 실시하는 과정을 알아보자.

1) 심리 검사 및 평가의 유의점

심리검사는 내담자의 심리적 상황을 해석 가능한 자료로 바꾸어서 내담자가 가진 생각, 감정, 욕구 등을 평가할 수 있도록 객관적인 자료를 제공한다. 객관적인 준거에 의거하여 표준화된 검사는 평균집단에 비해 내담자의 특정 속성이 어느 정도의 수준에 있는지 판단할 수 있기 때문에 내담자 이해를 위한 필수적인 평가도구이다. 심리검사 및 평가의 유의점을 살펴보고 내담자의 이익에 중점을 두고 심리 검사와 평가를 실시할 수 있도록 하자.

Question) 심리 검사 및 평가의 유의점 중 적절하지 않은 것을 모두 고르시오.

① 심리검사를 실시할 수 있는 훈련을 받고 자격이 있는 검사에 대해서만 평가를 수행해야 한다.
② 내담자 문제에 적합한 심리검사를 제안하고 사용지침을 정확히 숙지하여 실시한다.
③ 성별, 나이, 가족관계 등의 내담자 배경과 다른 요인들을 고려하여 결과를 해석하는 것이 중요하며 검사 결과의 해석이 내담자에게 미칠 영향을 고려한다.
④ 내담자에게 심리검사 실시에 대한 동의를 받아야 하며, 심리 검사와 평가의 목적이나 평가 결과를 사용하는 범위에 대해서는 알릴 필요가 없다.
⑤ 심리평가 결과는 사생활 보호를 위해 어떤 경우라도 내담자 본인에게만 전달되어야 한다.

첫째, 심리검사에서 가장 중요한 것은 검사를 실시하는 사람의 자격이다. 상담 현장에서 사용하는 성격검사나 지능검사, 투사적 검사 등은 높은 수준의 심리학적 이해가 필요하며 심리검사 실시 및 평가 자격이 있는 사람에 의해 실시되어야 한다.

둘째, 검사를 실시하는 사람은 내담자 문제에 맞는 심리검사를 선택할 수 있는 역량을 갖추어야 하며 단순히 검사도구의 지시문을 읽어 주고 채점하는 수준을 넘어서서 내담자의 반응에 민감하며 긍정적 라포 형성에 유의하여 검사를 실시해야 한다.

셋째, 검사 결과는 내담자에게 미칠 긍정적이거나 부정적인 영향과 내담자의 배경을 고려하여 신중하게 해석한다.

📖 **오답 노트**

④ 내담자에게 심리검사 실시에 대한 동의를 받아야 하며, 심리검사와 평가의 목적이나 평가결과를 사용하는 범위에 대해서는 알릴 필요가 없다.

검사의 실시와 개인정보 활용에 관한 내담자의 사전 동의가 필수이며, 심리 검사 및 평가의 목적이나 평가결과를 사용하는 범위에 대해서도 충분히 설명해야 한다.

⑤ 심리평가 결과는 사생활 보호를 위해 어떤 경우라도 내담자 본인에게만 전달되어야 한다.

아동학대나 성폭력 등 중대 범죄와 관련된 경우 법원의 정보공개 명령에 의해 공개될 수 있다.

2) 심리검사와 해석상담 실시 과정

상담 과정에서 내담자 문제를 확인하고 상담목표 및 상담방향을 설정하기 위해 심리검사를 해석하는 경우도 있지만, 심리검사를 목적으로 실시하여 심리검사 해석상담을 단독으로 진행하는 경우도 많이 있다. 여기서는 심리검사 해석상담을 목적으로 진행하는 경우의 예를 설명하고 있으며 개인상담 내에서 해석상담이 필요한 경우에도 활용할 수 있다. 다음은 심리검사와 해석상담을 진행하는 과정을 도표로 요약한 것이다.

[그림 3-1] **심리검사와 해석상담의 과정**

이 절에서는 [그림 3-1]의 심리검사 신청에서 심리검사 실시까지 알아보고, 2절과 3절에서 나머지 과정을 살펴볼 것이다.

(1) 심리검사 신청

상담장면에서 심리검사를 신청하는 경우는 자신의 성격을 알고 싶다거나 진로문제에 대한 고민으로 직업적성 검사를 받고 싶다고 하는 등 나름의 이유를 가지고 있다. 내담자가 검사받으려는 이유에 맞는 검사를 제안하는 것도 상담자의 역량에 해당하므로 내담자의 요구를 충족시킬 수 있는 다양한 검사에 대해 알고 있어야 한다. 상담현장에서 사용되는 심리검사는 다면적 인성검사(MMPI)와 같은 표준화된 성격검사와 개인의 고유한 반응 특성을 평가하는 투사적 검사인 문장완성검사(SCT)가 많이 쓰인다. 그 외에도 웩슬러 지능검사, HTP, KFD, TCI, MBTI, Holland 직업적성검사 등이 활용되고 있다. 개인상담 신청에서와 마찬가지로 심리검사신청서를 작성하는 것은 필수적인 과정이며 개인정보 동의서와 함께 작성하도록 한다.

(2) 심리검사 면담

상담자는 심리검사 신청서를 토대로 내담자와 면담을 이어 나가게 되는데 개인상담 접수면접에서와는 다르게 심리검사에 초점을 맞추어 첫 질문을 이끌어 나가는 것이 중요하다. 내담자의 호소문제와 관련된 배경정보를 수집하는 것은 개인상담 접수면접과 같다. 설사와 불면 등의 신체증상과 불안을 경험하고 심리검사를 신청한 대학원생 민지씨(25세)의 사례를 통해 심리검사 면담의 일반적인 과정을 살펴보자.

3-1　**심리검사 면담**

상1: 이번에 민지씨가 심리검사를 신청해 주셨는데 이전에 심리검사를 하신 적이 있나요?
내1: 네. 직업적성 검사 같은 걸 한 적이 있고 다른 건 없어요.

상2: 그렇군요. 원하는 심리검사에 체크를 하지 않으셨는데 혹시 필요하다고 생각되는 심리검사가 있으신가요?

내2: 제가 심리검사에 대해 별로 아는 게 없어서요. 제가 요즘 성격에 대해 고민이 있어서 심리검사를 해 보려고 하는데 어떤 심리검사를 할 수 있을까요?

상3: 성격에 대해 어떤 고민이 있으신지 구체적으로 말씀해 주시면 제가 알맞은 검사를 추천해 드릴 수 있을 거예요.

내3: 제가 대학원에서 연구 프로젝트를 진행하는 중인데 결과를 내지 못할 것 같은 불안함 때문에 일상생활이 잘 안 되는 게 힘들었는데, 책에서 우연히 불안장애에 대한 글을 읽고 나도 혹시 그런 게 아닌가 싶어서 신청하게 되었어요.

상4: 자신의 증상이 불안장애가 아닐까 하는 생각에 확인을 하고 싶어서 검사를 신청하셨다는 말이네요? 생활하는 데 어떤 어려움이 있으신가요?

내4: 프로젝트를 생각하면 잠이 안 오고 배가 아파요. 설사도 자주 하고요.

상5: 잠을 못 자고 설사를 한다면 걱정이 많이 될 것 같네요. 프로젝트를 생각하면 어떤 마음이 들어요?

내5: 이걸 잘 끝낼 수 있을까 하는 생각에 마음이 놓이지가 않고 불안해요.

상6: 프로젝트를 잘 끝내지 못할까 봐 마음이 놓이지 않아서 불안하다는 거네요. 프로젝트를 하는 데 또 다른 어려움은 없나요?

내6: 교수님이 계속 지적을 하시니까 짜증이 날 때가 있고 기분이 갑자기 나빠져요. 내가 뭘 잘못했을까? 이런 생각도 하고요.

상7: 교수님이 지적을 하실 때 느끼는 부정적인 감정도 어려움 중 하나네요.

······(중략)······

상8: 그러면 다면적 인성검사와 문장완성검사를 해 보겠습니다. 궁금해 하시던 성격이나 지금 겪고 있는 어려움에 대해 좀 더 자세한 정보와 대안을 얻을 수 있을 거예요.

개입Tip

심리검사 신청서에 원하는 심리검사를 체크했다면 그 검사에 대해서 아는 것이 있는지 질문한다.
심리검사를 받은 경험이 있다면 해석상담을 받은 경험이 있는지도 질문한다.

심리검사를 위한 면담에서는 내담자가 심리검사를 하려는 이유를 명확히 하는 것이 중요하다. 3-1 사례의 **상담자 3**과 같이 내담자의 고민을 구체적으로 질문하여 심리검사를 제공하는 것이 적절한지, 심리검사를 실시한다면 어떤 검사를 추천할 것인지를 탐색해야 한다. 심리검사 면담에서는 심리평가의 중요한 요소 중의 하나인 행동 관찰을 통해 내담자에 대한 그림을 그려 나가는 데 필요한 자료를 수집해야 한다. 행동 관찰은 시간 순서로 어떤 시점에서 관찰한 기록인지 알 수 있도록 기록한다.

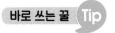

내담자의 무엇을 관찰하는가?

- **외모(키, 체격, 옷차림, 연령대)**: 신체적 특이점은 내담자 문제와 관련될 수 있음.
- **위생상태**: 내담자의 기본적인 기능 상태를 보여 줌.
- **눈맞춤**: 내담자의 자존감과 관련된 행동으로 해석할 수 있음.
- **비언어적 행동**: 표정, 목소리 강약, 말의 속도, 신체 동작 등.
- **검사 태도 및 특이점**: 심리검사를 하는 도중의 태도를 관찰 기록. 검사 결과의 타당도 확인에 중요함(예: MMPI-2 전반부와 후반부의 검사 태도가 많이 달랐다면 F(B)척도가 상승한 근거가 될 수 있음).

내담자의 행동 관찰 기록은 어떻게 하는가?

행동 관찰은 내담자를 만나는 순간부터 마치는 순간까지 계속적으로 이루어져야 한다. 내담자에 대한 객관적인 관찰을 기록하며 상담자의 주관이 많이 드러나지 않도록 유의한다.

예 1) 회색 재킷, 청바지, 흰색 운동화를 착용하였음. 대답을 할 때 눈을 맞추지 않음.
예 2) 상황에 맞지 않는 어색한 웃음을 지음.

예 2에서 '상황에 맞지 않는' '어색한' 등의 표현은 다소 주관적이라 볼 수 있으므로 어떤 상황인지 구체적으로 쓰는 것이 좋다.

상담 현장에서 사례보고서를 작성할 때 내담자에 대한 상담자의 주관적인 느낌을 적는 경우가 있는데, 이런 자료는 내담자의 방어나 전이, 역전이 등을 추론하는 단서로 활용되기도 하므로 기술할 수 있다.

(3) 심리검사 실시

일반적으로 상담기관에서는 객관적 심리검사인 다면적 인성검사(MMPI)와 투사적 검사인 문장완성검사(SCT)를 성격검사에 세팅하여 사용하는 경우가 많다. 다면적 인성검사 성인용 버전인 MMPI-2는 총 567문항으로 구성되어 있으며 '그렇다'와 '아니다'로 응답하는 자기보고식 질문지로 검사실시와 채점이 쉽고 객관적인 해석 방식 등으로 인해 널리 쓰인다. 검사대상은 만 19세 이상의 성인에게 실시가능하며 초등학교 6학년 수준 이상의 독해력을 가지고 있어야 한다. 검사지를 놓을 수 있는 책상과 편안한 의자를 준비하고 방해받지 않는 조용한 장소에서 검사를 실시하며, 컴퓨터를 사용하여 검사할 수도 있다. 심리검사는 검사 수행에 대한 표준 지시문대로 실시되어야 하며 내담자의 질문에는 "본인이 이해하는 대로 응답하면 됩니다."와 같은 반응으로 충분하다. 다음 사례에서 심리검사(MMPI-2, SCT)의 지시문을 내담자와 함께 확인하고 응답하는 방법을 안내하는 과정을 살펴보자.

3-2 심리검사 실시

〈MMPI-2 실시하기〉

상1: (내담자와 함께 검사지의 지시문을 보며) 이 검사는 민지씨의 일상생활에서 경험하는 여러 가지 문제에 관한 것입니다. 자신의 생각을 잘 나타내고 있거나 자신의 생각과 같으면 답안지의 '그렇다'에 빗금 표를 합니다. 또 자신을 잘 나타내지 않거나 자신의 생각과 다르면 답안지의 '아니다'에 빗금 표를 하세요. 때로 그렇다, 아니다를 판단하기 어려운 경우에는 조금이라도 가까운 쪽으로 응답하세요. 옳고 그른 답이 없으므로 민지씨의 생각 그대로를 답하시면 됩니다. 시간 제한은 없으나 되도록 빨리 읽고 빨리 답하는 것이 좋습니다.

내1: 지금이랑 예전이랑 좀 다를 때는 어떻게 답을 하나요?

상2: 현재를 기준으로 답하시면 됩니다.

내2: 어떤 게 맞는지 모르겠고 이해가 잘 안 되는 부분이 있어요.

상3: 민지씨가 이해하는 대로만 응답하시면 됩니다. 많은 사람이 이 검사를 했고 모두 검사를 잘 마쳤으니 편안하게 응답하세요.

〈SCT 실시하기〉

상1: 이 문장들은 뒷부분이 빠져 있습니다. 각 문장을 읽으면서 가장 먼저 떠오르는 생각이나 느낌을 뒷부분에 기록하여 문장을 완성해 주세요. 시간 제한은 없으나 가능한 한 빨리 기록해 주세요. 만약 문장을 읽고 생각이나 느낌이 떠오르지 않을 때에는 표시를 해 두었다가 나중에 완성하셔도 됩니다. 정답은 없으며 생각나는 대로 자연스럽게 쓰세요.

내1: 제가 글쓰는 걸 못하는데 어쩌죠?

상2: 글짓기 시험이 아니니 좋은 문장을 쓰려고 노력하지 않아도 됩니다.

내2: 짧게 써도 되나요?

상3: 처음 떠오르는 생각이나 느낌을 쓰는 게 중요하니 한 단어든 긴 문장이든 상관없습니다.

내3: 고쳐 쓰고 싶은데 어떻게 하면 되나요?

상4: 고치려는 단어 위에 가로 줄을 긋고 고쳐 쓰시면 됩니다.

〈검사 실시 후 추가 질문하기〉

상1: 이 문장에 답을 비웠는데 조금 설명해 주시겠어요?

내1: 아빠랑 싸웠던 일이 생각나서 뭐라고 쓸지 망설여졌어요.

상2: 그러면 그 생각난 것을 그대로 지금 써 주시면 좋겠네요.

상3: 이 문항에 "다르다."라고 간단히 적혀 있는 부분이 있는데 조금 더 자세히 적어 주세요.

3-2 사례에서 제시된 것처럼 해당 검사의 표준 지시문을 지켜 검사를 실시한다. 심리검사를 하는 동안에는 내담자의 검사 태도를 관찰하여 기록하고 심리평가 보고서에 활용한다.

개입Tip

검사를 하는 도중에 내담자가 하는 질문에는 구체적으로 지시하는 반응은 지양하고 '자신이 이해하는 대로' 응답하도록 피드백한다.

!! 실습해 보자!

심리검사를 위한 면담을 하며 행동 관찰 기록하기

내담자 A는 "담임 선생님이 심리검사를 받아야 한다고 했어요. 저는 별로 관심은 없지만요."라고 했다. 상담자는 어떤 말로 탐색을 이어 나갈 수 있을지 생각해 보자.

비자발적 내담자에게는 자신에게 검사를 권유한 사람이 왜 검사를 해 보라고 했는지에 대해 생각해 보도록 하는 질문을 하면서 내담자가 자신에 대해 가지고 있는 생각을 탐색해 보는 것이 좋다.

내담자와 상담자로 역할을 나누어 내담자의 심리검사 면담 연습을 하며 행동 관찰 기록을 해 보자.

2. 심리평가 보고서 작성하기

심리평가 보고서는 심리평가를 통해 검사목적에 맞는 결론을 내린 자료를 보고서의 형식으로 작성한 것을 말하며 평가결과를 내담자 및 관련된 사람에게 전달하고 소통하기 위한 목적으로 작성된다. 평가자는 평가목적에 맞게 결과를 전달하기 위해 보고서의 형식과 내용에 대한 일반적인 작성 원칙을 알고 있어야 한다. 여기서는 심리평가 보고서의 형식과 작성하는 방법을 구체적으로 알아보자.

 핵심포인트

심리평가 보고서에 포함되어야 하는 항목은 어떤 것일까?

- 제목
- 실시된 검사명
- 행동 관찰
- 치료적 제언
- 인적사항
- 검사 사유
- 검사 결과 기술 및 해석
- 검사 점수의 요약 및 심리검사 결과지 첨부

1) 심리평가 보고서의 형식

상담 현장에서 심리평가 보고서는 내담자에 대한 진단과 상담 개입 방향을 논의하기 위해 작성되거나, 내담자에게 해석상담을 해 주기 위한 근거로 활용된다. 심리평가 보고서의 형식을 살펴보면 제목과 인적사항, 실시한 검사와 검사 사유, 행동 관찰, 검사 결과 기술 및 해석, 치료적 제언 등의 항목이 포함되며 필요에 따라 검사 결과지를 첨부한다.

내담자의 이름, 나이, 직업과 같은 기본 정보가 인적사항에 해당하며, 검사 사유는 심리평가를 받게 된 이유인 '호소문제'와 '증상'을 내담자의 배경 정보와 함께 기술한다. 행동 관찰은 면담에서 관찰한 내용과 심리 검사할 때의 태도가 기술되어야 하며, 검사 결과는 내담자의 지적 영역, 정서적 영역, 성격 및 대인관계 영역을 실시한 검사에 맞게 제시하고 해석한다. 치료적 제언에는 주요 결과를 간결하게 요약하고 내담자에게 필요한 대안과 결론을 제시한다. 이와 같은 보고서의 형식을 숙지하고 보고서를 읽을 대상에 맞는 용어를 선택하여 간결하게 작성해 보자.

2) 심리평가 보고서 작성하기

심리평가 보고서는 내담자 문제에 정확히 접근하기 위해 심리검사 결과와 행동 관찰, 면담 전체의 맥락을 살펴 신중하게 작성되어야 한다. 심리평가 보고서의 형식에 포함되어야 하는 항목에 따라 보고서를 작성하는 순서를 [그림 3-2]에 제시하였다.

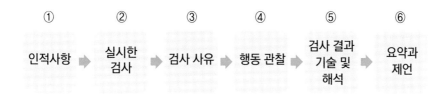

① 인적사항 ▶ ② 실시한 검사 ▶ ③ 검사 사유 ▶ ④ 행동 관찰 ▶ ⑤ 검사 결과 기술 및 해석 ▶ ⑥ 요약과 제언

[그림 3-2] **심리평가 보고서 작성 순서**

바로 쓰는 꿀 Tip

심리검사 결과는 어떻게 해석하는가?
-MMPI-2 · SCT-

1. 개별검사의 주요 사항을 요약한다.

〈예시〉
- Hy(68): 스트레스의 신체화 경향, 부인과 억압 방어
- 아버지는 화를 많이 낸다: 아버지에 대한 부정적인 생각

2. 개별검사 결과를 공통된 주제에 맞추어 비슷한 범주로 묶는다(내담자의 임상적 증상 및 성격 특성, 적응 수준 및 스트레스 대처방식, 대인관계 양상 등의 범주별 요약).

〈예시〉
- Hs(69), D(59), Hy(68): 1-3(전환증 V)코드타입으로 보임
- 내가 보는 나의 앞날은 불안해요(SCT), 나의 장래는 걱정되고 불안해요(SCT): 예기불안 시사

> – Hs(69), D(59), Hy(68), RC1(72), HEA(69)/나에게 이상한 일이 생겼을 때 설사가
> 난다(SCT): 스트레스 대처방식으로 신체화 양상 보임
>
> 3. 내담자의 생각, 감정, 욕구를 검사 결과에 비추어 논리적으로 기술한다.
> 4. 내담자의 핵심문제를 설명한다.
> 　내담자가 느끼는 주관적 고통감의 정도와 종류/대처방식/성격 및 대인관계

　다음은 [그림 3-2]의 심리평가 보고서 작성 순서에 따라 기술된 사례이다. 앞에서 제
시한 심리검사 결과 해석 방법을 활용하여 내담자의 핵심문제와 치료적 제언 등을 요
약하여 기술하고 있다.

3-3 심리평가 보고서 작성 사례

평가일: ○○년 ○월 ○일

심리평가 보고서

① 인적사항

1. 이름: 강민지 / 생년월일: ○○년 ○월 ○일 / 여 / 25세 / 대학원생

② 실시한 검사

2. 실시한 검사: MMPI-2, SCT(검사일: ○○년 ○월 ○일)

③ 검사 사유

3. 검사 사유: 내담자는 '불안하다' '잠을 잘 못 자고 설사를 한다' '기분이 좋지 않다'는
호소문제로 내방하였다. 내담자는 진행 중인 프로젝트를 제대로 마치지 못할 것 같
은 생각이 들 때 불안을 느끼고 지도교수의 말이나 행동에 기분이 갑자기 나빠지기
도 한다. 이와 함께 설사와 불면 증상을 경험을 한 후 자신이 불안장애가 아닌가 하
는 생각에 심리검사를 신청하였다.

④ 행동 관찰

4. 행동 관찰
　내담자는 160센티미터 정도의 키에 마른 체격으로 어깨까지 오는 단발머리, 후드 티
셔츠와 청바지 차림으로 위생 상태는 양호하였고 상담자와의 눈맞춤도 적절하였다. 면
담에서 부모와 관련된 가족사에 대한 구체적인 이야기를 꺼려 하는 듯했으나 눈물을
글썽이는 등 감정적인 동요는 잘 드러났으며 시간이 흐르면서 자신을 개방하는 정도가
높아졌다. SCT 검사에서 한숨을 쉬거나 책상을 펜으로 톡톡 치는 모습을 보였으나 상
담자의 안내에 따라 검사에 성실하게 임하였다.

⑤ 검사 결과
    기술 및 해석

5. 검사 결과 기술 및 해석

– MMPI-2 결과(SCT 상세 결과를 생략했으나 필요에 따라 기술한다.)

VRIN	TRIN	F	F(B)	F(P)	FBS	L	K	S	Hs	D	Hy	Pd	Mf	Pa	Pt	Sc	Ma	Si
43	51	57	49	44	64	43	44	45	69	59	68	59	39	58	57	48	40	55

Rcd	Rc1	Rc2	Rc3	Rc4	Rc6	Rc7	Rc8	Rc9	AGGR	PSYC	DISC	NEGE	INTR
69	72	48	54	45	62	60	47	50	49	57	47	66	52

ANX	FBS	OBS	DEP	HEA	BIZ	ANG	CYN	ASP	TRA	LSE	SOD	FAM	WRK	TRT
78	56	67	72	69	56	64	51	41	49	52	40	54	61	55

A	R	Es	Do	Re	Mt	PK	MDS	Ho	O-H	MAC-R	AAS	APS	GM	GF
59	52	49	34	57	69	64	54	52	55	38	48	48	34	60

작성Tip

내담자 호소문
제 및 증상을
명료하게 기술
한다.

작성Tip

내담자의 현
재 문제와 관련
된 특징(내담자
의 욕구, 감정,
행동)과 핵심문
제(주관적 고통
감, 대처방식,
대인관계방식)
를 가설적으로
기술한다.

내담자는 부모의 이혼으로 부와 함께 거주하고 있으며 가족 친밀도는 그리 높지 않은 것으로 보인다. 내담자의 호소문제는 SCT에서 '내가 어렸을 때는 많이 불안했다' '나에게 이상한 일이 생겼을 때 설사가 난다'로 드러나며 내용 척도에서 ANX(78), DEP(72), HEA(69)와 같이 불안, 우울, 신체증상으로 나타나고 있다.

특히 '내가 보는 나의 앞날은 불안하고 어떻게 될지 모른다' '내가 정말 행복할 수 있으려면 불안과 걱정이 없어야 한다'는 반응은 내담자의 예기불안을 시사하며 안전감에 대한 욕구가 클 것으로 보인다. 면담에서 보고한 어린 시절 어머니가 떠났던 기억(SCT: '내가 잊고 싶은 두려움은 엄마가 사라지는 것이다.')은 외상적 경험으로 존재하고 현재에도 영향을 미치는 것으로 보이나 어머니에 대해 구체적으로 이야기하는 것을 거부하였다. 어머니에 대한 의존적인 태도나(SCT: 어머니는 내게 중요한 사람, 대개 어머니들이란 헌신적이다. 내가 바라는 여인상은 나를 지켜주는 사람) 아버지에 대한 적대감이 있을 것으로 보인다(SCT: 내 생각에 가끔 아버지는 화를 많이 낸다. 아버지와 나는 친하지 않다. 내가 싫어하는 사람은 자기 생각을 강요하는 사람이다).

내담자는 1-3(전환증 V)코드타입으로 지속적인 스트레스의 결과로 신체증상을 호소하고 있다. 감정을 억압하고 스트레스 상황에 대한 고통을 부인하는 역기능적인 대처방식이 내담자 문제를 지속시키고 있으며, 내적인 분노도 상당할 것으로 보인다. 심리적 어려움을 억압하고 부인하는 태도가 예상되나, K(44)점수가 다소 낮고 내용 척도에서 불안과 우울이 드러나고 있어 어려움에 맞서 잘 지내는 것처럼 보이려던 자신의 노력을 포기하고 감정적 어려움을 호소할 것으로 보인다. 성취지향적이고 우호적인 대인관계 성향이 예측되며(Hy, 68) 내담자의 남자친구(SCT: 내가 가장 좋아하는 사람은 남자친구)를 지지자원으로 여기고 있어 심리상담에 연계된다면 치료에 적절히 반응할 것으로 생각된다.

⑥ 요약 및 제언

6. 요약 및 제언

내담자의 신체증상은 현재 스트레스에 대한 대처방식이므로 내담자의 고통이 현저할 것으로 보이며, 스트레스 상황에서 쉽게 지치고 저조한 감정을 보이는 것 같다. 내담자는 불확실한 상황에 대한 불안이 있을 것으로 보이며, 현재 진행하는 프로젝트가 어떻게 될지 알 수 없는 상황이 불안을 증폭시키는 것으로 여겨진다. 어린 시절 어머니와의 분리경험이 현재에도 영향을 미치고 있을 것으로 보이며, 예기불안과 안전감에 대한 욕구가 있을 것으로 생각된다. 내담자는 일정 수준의 자아강도를 가지고 있고 자신의 문제를 해결하고 싶어 하는 의지가 강점으로 보인다. 따라서 내담자가 자신의 스트레스와 감정을 표현하고 다룰 수 있도록 개인상담으로 연계하는 것이 필요하다.

!! 궁금해요!

✎ 심리검사 결과를 내담자에게 피드백을 할 때 주의할 점은 무엇일까요?

1. 내담자에게 검사 결과를 전달하는 수준을 결정한다. 내담자의 자존감을 무너뜨릴 수 있는 정보는 내담자를 위협하고 방어기제를 불러일으킬 수 있으므로, 내담자에게 좋은 영향을 미칠 수 있는 몇 가지의 평가 내용을 상담자가 미리 정하고 피드백한다.
2. 척도를 지칭할 때 척도명을 직접 언급하기보다는 내담자의 호소문제와 관련지어서 '불안 척도' '건강에 대한 걱정' '분노 척도' 등과 같이 자연스러운 단어를 사용한다.
3. 내담자가 검사 결과에 대해 '맞다'는 반응을 보일 때 그렇게 생각하는 예를 내담자의 실생활과 관련지어 이야기해 보도록 요청한다.
4. 내담자가 자신을 긍정적으로 느낄 수 있고 강점이 될 수 있는 부분을 먼저 언급하고 그 다음으로 자신에 대해 잘 알지 못했지만 새롭게 접근할 수 있는 방향으로 내담자 문제를 언급한다.

---

3. 심리검사 해석상담의 실제

내담자에게 검사 결과를 피드백할 때는 평가 보고서의 내용 전부를 피드백에 활용하지는 않는다. 내담자의 수용 능력이나 검사 결과의 전달이 내담자에게 긍정적인 영향을 줄 수 있는지를 확인하여 내용 전달에 한계를 설정하는 것이 바람직하다. 심리평가 보고서를 활용하여 해석상담을 하는 과정을 사례를 통해 살펴보자.

⚇ 내담자 민지씨의 사례

인적사항	• 이름(가명): 강민지 • 성별: 여 • 나이: 25세 • 직업: 대학원생
호소문제	불안감과 설사, 불면 등의 신체증상
내방경위	내담자는 현재 대학원에서 진행하는 프로젝트에 대한 불안감과 잠을 못 자거나 설사를 하는 등 신체증상을 겪으며 자신이 불안장애가 아닌가 하는 마음에 심리검사를 신청함.
가족관계	• 아버지(57세): 공무원 • 어머니(52세): 아버지와의 이혼으로 현재 타 지방에서 혼자 거주 • 동생(22세): 대학생

다음은 해석상담을 실시하는 과정을 도표로 요약한 것이다.

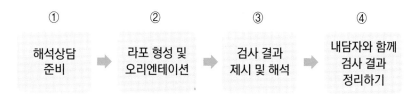

[그림 3-3] **해석상담 실시 과정**

[그림 3-3]에 제시된 해석상담 실시 과정의 구체적인 절차를 살펴보자. 심리평가 보고서를 작성한 것으로는 내담자에게 맞는 피드백 준비가 되었다고 볼 수 없기 때문에 심리검사 결과를 피드백하기 위한 세심한 준비가 필요하다. 내담자의 자아강도, 방어, 자기 자각 수준 등을 고려하여 내담자에게 맞는 해석상담을 준비해야 한다.

해석상담을 위한 준비

① 해석상담
준비

• 면담에서 내담자가 궁금해한 문제를 중심으로 심리검사 결과를 구조화한다.
– 내담자는 왜 잠을 못 자고 설사를 하는가?
– 내담자의 어려움이 심리검사에 어떻게 나타나는가?
– 그 문제를 해결하는 데 어떤 도움을 줄 수 있는가?

- 내담자의 자기 자각 수준을 고려하여 정보공개의 범위를 결정한다.
  - 내담자는 MMPI-2 결과로 자신의 문제를 부인할 수 있으나, 자아강도나 면담에서 보여 준 개방 정도로 보아 정보공개 수위를 점진적으로 높일 수 있는 수준이다.

- 내담자에게 가장 좋은 영향을 미친다고 생각되는 결과를 요약하여 순비한다.
  - 내담자의 신체증상에 대한 염려를 심리적인 문제와 관련시켜 긍정적인 부분부터 격려하고 부적응적인 대처방식으로 접근하여 자기 인식을 높인다.
  - 내담자의 불안, 우울이 생활에 미치는 영향을 탐색하여 해결 의지를 높인다.

내담자 민지씨는 대학원에서 진행하는 프로젝트에 대한 불안감과 자신의 능력에 대한 회의감, 지도교수에 대한 불만이 있고 최근에 불면증과 설사를 경험하였다. 민지씨는 이 경험으로 우울감이 커지고 더 이상 무엇인가를 해 보고 싶은 의욕을 상실하였으며 자신이 불안장애가 아닌가 하는 생각에 심리검사를 신청하였다. 민지씨의 심리평가 보고서(사례 3-3)와 함께 다음 해석상담 사례를 읽어 보자.

3-4 심리검사 해석상담의 과정 적용 사례	축어록 반응해설
② 라포 형성 및 오리엔테이션 **상1:** 안녕하세요? 민지씨. 자난번에 검사하신 심리검사 결과를 함께 이야기해 보도록 할게요. 지금 기분이 어떠세요? **내1:** 무슨 결과가 나왔을지 모르니까 좀 떨리고 불안해요. **상2:** 그럴 수 있지요. 이 검사를 하실 때는 어떠셨어요? **내2:** 좀 많아서 힘들더라고요. **상3:** 맞아요. 문항이 많아서 꽤 힘드셨을 것 같아요. 오늘 해석상담을 받으시면서 힘들게 검사를 하신 보람이 있었으면 좋겠네요. 자, 이 그래프가 민지씨의 MMPI-2 결과입니다. 자신에 대해 부정적으로 들리는 결과가 나오더라도 해당 부분에 대한 평가일 뿐이니 자신의 전부인 것처럼 생각하지 않았으면 해요. **내3:** 네. 알겠습니다. **③ 검사 결과 제시 및 해석** **상4:** 여기 보이는 각 항목은 민지씨가 경험할 수 있는 심리적인 어려움이 무엇인지를 반영하는 척도예요. 여기 그어진 가로선이 보일 거예요. 이 선을 중심으로 위로 올라갈수록 어떤 문제가	검사 해석 전에 라포 형성을 위해서 내담자가 불안이나 긴장감을 수용할 수 있도록 개입한다. MMPI-2에 대한 간단한 오리엔테이션을 진행한다.

있을 수 있다는 가능성을 말해 주는 거예요. 왼쪽에 있는 척도를 보면, 민지씨가 검사를 하면서 자신의 어려움이나 상태를 솔직하게 잘 응답하신 것으로 나타나고 있어요. 여기에 관해서 질문하실 게 있나요?

내4: 이 부분(FBS)이 좀 높게 올라간 것 같은데 아닌가요?

상5: 네. 그 부분은 민지씨가 얼마나 힘들어하고 있는지를 보여 주는 거예요. 아마 검사를 하실 때 많이 힘들었다는 것을 보고하신 것 같아요. 어떠세요?

내5: 맞아요. 그때 정말 겁나서 울고 싶었거든요.

상6: 그랬군요. 민지씨가 겁이 날 만큼 힘든 상황이었나 보네요. 그러면 먼저, 첫 번째 척도를 볼게요. 민지씨가 최근 설사를 한다든가 잠을 잘 못 잔다든가 하는 신체증상과 관련이 있어요. 아마도 자신의 신체증상에 대해 걱정을 좀 하신 것 같네요. 어떤 걱정을 하셨나요?

내6: 정말 그게 힘들었어요. 설사를 계속하니까 내가 무슨 병에 걸린 건가 의심도 되고 걱정을 많이 했어요. 와, 검사에서 그런 게 나오네요.

상7: 네. 걱정이 되셨을 것 같아요. 그런데 이 척도는 세 번째 척도와 함께 설명을 들으면 좋으실 거예요. 여기 세 번째 척도는 민지씨가 평소에 어려운 상황에서도 용감하게 문제를 해결하는 경향이 있음을 말해 주고 있어요. 민지씨가 평소에 어려운 일이 있을 때 어떻게 해결해 왔는지 듣고 싶네요.

내7: 음…… 다 그런 건 아니지만 대개 저 혼자서 해결해야 했기 때문에 힘들어도 부딪혀서 해결하고는 해요. 전에 말씀드렸듯이 엄마가 안 계시고 아빠는 화를 잘 내시니까 의논할 사람이 없었거든요. 친구들이 저한테 용감하다는 말을 많이 했던 것 같아요. 그게 겉으로는 용감하게 보였을지 모르겠지만 사실 저는 속으로 겁이 났을 때도 많았던 것 같아요.

상8: 겁이 났을 때도 있었지만 혼자서 용감하게 부딪혀서 해결해 왔네요. 의논할 사람이 없어서 민지씨가 힘들어도 위로받을 수가 없었을 것 같아요. 세 번째 척도는 자신에게 어려움이 있다는 것을 잘 인지하지 못하거나 직접적으로 말하지 않는 것과도 관련이 있어요. 민지씨는 자신이 어려움을 많이 겪었었다는 생각이 드시나요?

검사 결과의 타당도에 대한 설명부터 시작한다.

FBS척도가 약간 상승했으나 내담자가 고통을 호소하는 것으로 설명하여 자신의 어려움을 수용할 수 있도록 해 준다.

내담자의 실제 상황과 관련해서 질문하여 내담자의 호소문제를 타당화한다.

척도 3의 긍정적인 부분을 먼저 말하면서 내담자의 문제해결방식에 대해 접근한다.

역경을 이기고 용감하게 대처하는 내담자의 강점을 언급한 뒤, 자신의 어려움을 인지하지 못하거나 부인하는 경향에 대해서 탐색한다.

내8: 아마 예전에는 제가 그렇게 힘들다고 생각하지는 못했던 것 같아요. 심리검사를 하러 올 때도 내가 문제가 있나보다 라고 생각했어요. 방금 선생님 말씀을 들으면서 뭔가 제가 힘든 거를 티내는 게 불편한 것 같다는 걸 알게 되었어요.

상9: 그랬군요. 민지씨는 어려움을 겪으면서도 그것을 견디며 살아왔네요. 그런데 최근에 그렇게 견디는 일이 힘들어져서 설사나 불면 같은 증상을 경험하신 것 같아요. 대학원 프로젝트 결과를 걱정하며 설사 증상이 심해졌다고 하셨는데 그때 어땠나요?

내9: 그때는 진짜 너무 초조했고, 밥을 못 먹었어요. 그리고 남자친구와 갈등이 많아서 헤어지려고 마음을 먹기도 했었어요. 제가 그때 정말 스트레스가 많았어요.

상10: 스트레스가 많아 힘든 상황이었네요. 민지씨는 평소에 그런 스트레스를 어떻게 해결해 왔어요?

> 내담자의 실생활에서 드러나는 예를 찾아 자신의 문제를 자각하도록 돕는다.

내10: 음…… 별로 해결하려고 한 건 없는 것 같아요. 혼자서 무기력해지곤 했거든요.

상11: 민지씨는 자신의 힘든 점을 주변 사람들에게 이야기하고 위로 받기보다 혼자서 추스른 것 같네요. 그렇게 스트레스를 해소하지 못하게 되면 스트레스 상황에서 신체증상이 심해질 수 있어요.

내11: 신체증상이 제 스트레스와 관련된다니 정말 놀랐지만 그럴 수 있겠다는 생각이 들어요. 제가 힘든 걸 잘 말하지 않거든요.

상12: 그랬군요. 이제부터는 신체증상에 민감하게 반응하기보다는 자신이 어떤 스트레스를 받고 있나 살펴보고 해소하는 것이 더 필요할 것 같아요. 이 두 번째 척도는 우울한 감정을 나타내는데요. 점수가 아주 높지는 않지만 뒤에 나오는 우울감과 관련된 척도들이 더 있거든요. 여기(재구성 임상 척도, 내용 척도 등)를 보시면 무기력감이랑 우울감이 좀 높게 올라가고 있는 게 보이시죠? 전반적으로 우울감도 영향을 많이 줄 것 같은데 어떠신가요?

내12: 집에 돌아가면 너무 무기력해서 침대에서 못 일어나고 있을 때가 많았어요. 그러고 있으면 내가 아무것도 못할 것 같아서 더 걱정이 되고 불안해지기도 하고요.

상13: 그렇군요. 민지씨가 늘 어려움에 잘 대처해 왔기 때문에 자신이 아무것도 못할 것 같은 생각이 들면 더 불안해질 것 같아요. 여기 일곱 번째 척도는 그런 불안감을 말해 주는데 점수가 그리 높지는 않아요. 하지만 관련된 다른 척도들이 조금 높게 나타나고 있어서 민지씨가 불안에도 민감하실 수 있어요.

내13: 네 맞아요. 저는 사실 늘 뭔가 불안한 느낌을 가지고는 있었지만 거기에 대해서 특별히 생각해 보지는 않았어요. 원래 그랬으니까 그냥 그런가 보다 했고 되도록 생각하지 않으려고 했던 것 같기도 해요.

상14: 불안한데 그것을 생각하지 않으려고 했다는 거군요. 민지씨의 그런 방식이 신체증상을 만드는 것이라는 걸 이제 이해하셨을 것 같아요. 민지씨가 처음 와서 말씀하셨던 어려움과 관련지어 검사 결과를 설명드렸는데 어떠셨나요?

내14: 제가 이렇게 불안했구나 하고 새삼 알게 되었고요. 신체증상이 저의 스트레스와 관련된다는 걸 알고 나니 조금 안심이 되기도 해요. 혹시 다른 문제는 없나요?

④ 내담자와 함께 검사 결과 정리하기

상15: 이 부분 외에는 말씀드릴 만한 것은 없어요. 어떤 게 더 궁금하신가요?

검사 결과를 정리하는 데 내담자를 참여시켜 결과에 대한 수용도를 높인다.

내15: 제가 스트레스를 잘 해소하지 못하는 게 맞는 것 같아요. 계속 어떤 생각을 하면서 불안해지거든요.

상16: 스트레스나 불안해지는 것에 대해 더 알고 싶군요. 민지씨가 평소에 어떤 때 스트레스를 많이 받는 것 같으세요?

내16: 뭔가 지금 프로젝트처럼 내가 다 해낼 수 없을 것 같을 때, 그리고 교수님이 어떻게 말씀하실까 걱정될 때, 아니면…… 남자친구가 연락이 안 될 때인 것 같아요.

상17: 그럴 때 어떤 생각이 드는 걸까요?

내17: 뭔가 안 좋은 결과가 예상이 되요. 일에 실패하는 상상 같은 거요.

상18: 그렇군요. 민지씨가 불안할 때는 대개 어떤 좋지 않은 일이 일어날 것 같은 생각을 많이 하고 있을 때라고 정리해 보면 맞을까요?

내18: 아하…… 그게 맞는 것 같아요. 이제 어쩌죠? 그 생각을 정말 자주 하는 것 같아요.

상19: 그 생각을 평소에 자주 한다니 정말 걱정이 되실 것 같네요. 이런 부분에 대해서 자신의 문제를 더 깊이 상담받으실 수 있어요. 상담을 더 진행하시면서 민지씨의 불안에 대해 이야기를 할 수 있다면 걱정이 가벼워지리라는 생각이 들어요. 그래서 저희 기관에서 제공하는 개인상담을 신청하시는 것이 도움이 될 것 같은데 어떠신가요?

자신에 대해 알게 된 새로운 사실로 인해 발생하는 내담자의 불안이나 걱정에 대해 지지한다.

상담이 더 필요한 경우라고 판단되면 개인상담을 권유한다.

> 내19: 아, 어쩌면 상담을 받고 싶기도 해요. 그런데 이게 해결이 될까
> 하는 생각도 드네요.
> 상20: 상담에서 민지씨의 문제를 해결할 수 없을지도 모른다는 생각
> 이 드시나 봐요. 그렇지만 민지씨가 심리검사를 하러 오실 때
> 자신의 걱정을 해결하고 싶다는 마음이 있었을 거라고 생각하
> 는데 어떠세요?
> 내20: 그랬어요. 제가 문제가 있는지 시원하게 이야기를 듣고 싶었어
> 요. 오늘 검사 결과를 들으면서 내가 심리적으로 힘든 게 많았
> 는데 그동안 잘 모르고 지냈구나 하는 생각이 들었거든요. 그러
> 면 개인상담 신청을 할 수 있도록 안내를 받고 싶어요.
> 상21: 네. 그럼 신청서를 작성할 수 있도록 도와드릴게요.

제3장에서는 심리검사와 해석상담의 과정 및 심리평가 보고서 작성에 대해 알아보
았다. 심리검사는 개인의 상태를 평가하여 객관적인 자료를 얻기 위한 목적으로 실시
되므로 해당 심리검사 자격이 부여된 사람에 의해서 이루어져야 한다. 상담자는 내담
자의 심리검사 목적에 맞는 검사를 제안할 수 있도록 개별 심리검사를 이해하고 평가
할 수 있는 역량을 갖추는 것이 필요하다. 심리검사를 위한 면담에서는 주 호소문제를
중심으로 내담자의 배경과 행동 관찰 자료 수집이 이루어진다. 심리평가는 내담자 심
리검사 결과와 면담 및 행동 관찰을 종합하여 신중하게 이루어져야 하며, 해석상담은
내담자의 수용 능력을 고려하여 긍정적인 영향을 줄 수 있도록 실시되어야 한다. 이와
같이 살펴본 심리검사와 심리평가, 해석상담 대한 이해를 상담 현장에서 효과적으로
활용해 보자.

!! 초심상담자 수정씨의 고민

제가 해석한 검사 결과를 내담자가 부인해요.

상담자 수정씨는 심리검사 해석상담을 진행하면서 내담자가 검사 결과의 해석에 대해
'그렇지 않다'며 부인하는 상황을 경험하였다. 이러한 상황은 라포 형성의 실패와 내담자의
자아강도나 자기 인식 정도에 맞는 피드백 수준을 조절하지 못한 원인으로 발생했다고 볼
수 있다. 내담자가 받아들일 수 없는 수준의 결과를 공개하여 처음부터 내담자의 방어가

작동한 것이다. 이 내담자는 회피성 성격으로 평가되었고 자신을 방어적으로 감추고 있기 때문에 진정한 자기문제에 접근하기 어려운 내담자였다. 이러한 내담자의 특성을 고려하여 라포 형성에 특별히 주의를 기울여 내담자로 하여금 상담자와의 관계가 안전하다고 느낄 수 있도록 해야 한다. 타인의 부정적인 평가를 가장 두려워하는 내담자에게 심리검사 결과에서 드러나는 문제점을 있는 그대로 전달하는 것은 지양해야 한다. 내담자가 경험했음직한 수준의 결과를 공개하여 심리검사와 상담자를 신뢰할 수 있도록 하며 자신에 대해 어떤 것을 알고 있는지, 어떤 기대를 가지고 있는지를 다루어서 지지적으로 접근하는 것이 좋다. 이 사례에서 보듯이 해석상담에서 피드백 준비가 정말 중요하다는 것을 알 수 있다.

　내담자가 피드백을 계속 부인한다면 더 이상 해석상담을 진행하기 어려울 수 있다. 해석의 맞는 부분과 맞지 않는 부분에 대해 구체적으로 확인하여 내담자의 혼란을 줄여 주고 내담자의 반응을 그대로 인정한 뒤 동의를 구하여 다른 항목으로 넘어가도록 한다.

첫 회 상담을 잘하려면
어떻게 해야 할까

첫 회 상담은 상담 과정의 큰 틀을 세우고 내담자와 상담관계를 이루는 단계이다. 첫 회 상담에서의 상담자와 내담자 관계가 이후 상담의 질을 좌우할 수 있기 때문에 내담자의 어려움을 수용하는 과정을 통해 신뢰관계를 형성하는 것이 중요하다. 상담 초기는 전이나 역전이의 간여가 없는 시기라 볼 수 있으므로 내담자를 객관적으로 파악할 수 있는 중요한 기회다. 내담자의 현재 문제에서 나타나는 감정들을 먼저 파악하고 성장과정에서의 인간관계나 부모와의 관계를 탐색하는 과정을 통해 내담자의 문제의 원인을 찾고 이것을 기초로 상담계획을 수립할 수 있게 된다. 이 장에서는 내담자와 상담자의 신뢰관계를 만드는 방법과 첫 회 상담의 과정, 상담기법에 대해 살펴보고자 한다.

📖 제4장 한눈에 보기

1

첫 회 상담의 운영

- 내담자와 상담자 관계 조성
- 첫 회 상담의 과정

2

첫 회 상담을 위한 상담기법

- 공감적 경청, 공감적 질문
- 감정 반영

3

첫 회 상담 과정
적용 사례

- 내담자 지수씨의 사례

💡 제4장 들어가기 전에……

첫 회 상담과 관련하여 다음 사항에 대해 생각해 보자.

💬 내담자와 신뢰관계를 형성하기 위한 상담자의 자세는 어떤 것일까?

💬 첫 회 상담에서 확인해야 하는 과제는 무엇일지 떠올려 보자.

💬 상담구조화에서 다루는 내용에는 어떤 것이 있을까?

1. 첫 회 상담의 운영

첫 회 상담은 내담자 문제의 핵심을 파악하고 상담관계 형성의 기초를 만드는 단계이다. 이 시기에 내담자가 호소하는 문제를 공감적으로 탐색함으로써 신뢰감 있는 관계를 형성하고 앞으로의 상담방향을 명료화하여 상담동기를 높일 수 있다. 여기서는 상담관계 조성을 위한 상담자의 태도와 첫 회 상담의 과정에 대하여 알아보자.

1) 내담자와 상담자 관계 조성

상담에 처음 온 내담자는 불안하고 의기소침할 수 있으며 감정적 어려움으로 인해 방어적인 경우가 많다. 자신의 어려움에 대해 상담자가 어떻게 생각할지, 자신의 문제가 해결될 수는 있을지 등에 대해 불안한 느낌을 가질 수 있다는 것이다. 자신이 문제가 있는 사람이라는 인상을 상담자에게 주고 싶지 않은 나머지 무의식적으로 방어적인 태도를 보이는 내담자도 있다.

첫 회 상담에서 탐색해야 하는 많은 과제 때문에 상담자가 압박감을 느끼게 되면 불편하고 어색한 내담자의 상태를 배려하지 못하게 된다. 처음 만난 사람에게 자신의 내면을 드러내는 일이 쉽지 않다는 것을 이해하고, 이러한 내담자의 부담감을 상담자가 충분히 공감하면서 내담자에게 안전한 공간을 마련해 주는 데 관심을 기울여야 한다. 상담자의 따뜻하면서 전문적인 태도는 내담자의 불안을 낮추고 안전감을 느끼는 조건이 된다. 어려움에 처한 내담자에게 상담자가 따뜻한 관심을 보여 주는 것은 내담자에게 특별한 경험을 선물하는 것이다. 내담자가 상담자를 믿을 만한 사람이며 자신의 어려움을 해결하는 데 도움을 줄 수 있는 사람이라고 느낀다면 기본적인 상담관계가 형성된 것으로 볼 수 있다.

Question) 첫 회 상담에서 신뢰관계 형성을 위한 상담자의 태도로 바람직한 것을 모두 고르시오.

① 되도록 많은 정보를 얻기 위해 탐색적으로 질문을 많이 한다.
② 내담자가 긴장을 풀 수 있도록 농담과 장난을 많이 한다.
③ 내담자가 지금 겪고 있는 어려움이 무엇이고, 그것이 어떻게 내담자에게 문제가 되고 있는지 내담자의 심정을 이해하며 질문한다.
④ 내담자가 궁극적으로 상담에서 도움 받고자하는 것이 무엇인지 명료화하고 내담자의 입장에서 공감한다.
⑤ 내담자가 보고하는 내용에서 상담자가 궁금한 부분에 대해 집중적으로 질문한다.

첫 회 상담에서 내담자와 신뢰관계를 형성하는 일은 이후 상담에서 내담자가 자신의 문제를 적극적으로 해결해 나갈 의지를 가지는 데 중요한 요인이 된다. 내담자의 이야기에 관심을 가지고 공감적으로 들어주는 상담자의 태도는 신뢰관계 형성에 매우 중요하다. 자신이 충분히 이해받는다는 것을 느낄 때, 내담자는 스스로 자신을 개방하고 어려움을 말하게 된다. 첫 회 상담에서 내담자의 기대와 상담방향을 명료화하여 내담자의 상담동기를 높여 주는 것은 무엇보다 중요하다.

📧 오답 노트

① 되도록 많은 정보를 얻기 위해 탐색적으로 질문을 많이 한다.
상담자의 계속되는 질문은 내담자가 수동적으로 답하게 만들어 내담자의 적극성을 유도하기 어렵다. 내담자는 상담자의 요구에 응한다는 느낌을 받을 수 있으며 이로 인해 상담관계 형성에 부정적인 영향을 미칠 수 있다. 상담자는 최소한의 질문을 사용하여 정보 수집을 할 수 있도록 탐색과정에 대해 숙지해야 한다.

② 내담자가 긴장을 풀 수 있도록 농담과 장난을 많이 한다.
농담이나 장난이 불안을 감추거나 불편함을 피하려는 목적으로 사용되는 것은 내담자를 혼란스럽게 할 수 있다. 내담자의 긴장을 풀어 주려는 의도라면 내담자가 현재 느끼는 감정을 직접 질문하여 스스로 긴장하고 있다는 것을 알도록 하는 것이 더 좋다. 내담자의 긴장을 탐

색함으로써 자신의 느낌에 주의를 기울이도록 유도할 수 있다.

⑤ 내담자가 보고하는 내용에서 상담자가 궁금한 부분에 대해 집중적으로 질문한다.

내담자 보고를 구체화하는 것은 필요하지만 상담자의 궁금함에 초점이 맞춰지면 내담자가 추궁하는 듯한 느낌을 받게 되고 잘 모르겠다거나 문제가 없다는 말로 대화를 닫는 모습을 보일 수 있다. 내담자 정보를 파악하려는 상담자 의도가 드러날 때, 내담자는 안전감을 느낄 수 없다. 내담자의 흐름을 따라가되 내담자 스스로가 자신의 보고 내용을 명료하게 인식하도록 반영하는 것이 좋다.

‼️ 초심상담자의 실수

🖊 초심상담자 A의 사례

상담자 A는 다음과 같이 생각했다. 무엇이 문제가 되었을까?

> 첫 회 상담에서 내담자의 가족관계가 현재 문제를 다루는 데 중요하다고 생각해서 자세히 질문했더니 내담자가 "왜 이렇게 저한테 상처를 주세요!"라며 울음을 터뜨렸어요. 무엇이 문제인가요?

무엇이 문제가 되었을지 적어 보자.

상담자 A는 내담자의 핵심문제를 확인하고자 하는 의도를 가지고 내담자의 가족관계를 탐색하였다. 상담자는 신뢰관계 형성이 부족한 상태인 것을 인지하지 못하고 깊이 있는 수준의 정보까지 탐색하는 실수를 한 것이다. 아직 준비되지 않은 내담자가

불편해 할 수 있으므로 내담자가 꺼내는 이야기를 따라가며 조금 더 탐색적인 질문으로 유도해 나가는 것이 바람직하다.

내담자의 준비도를 고려한 접근에는 감정표현에 관한 것도 포함된다. 감정표현에 익숙하지 않은 내담자가 자신의 생각을 말하고 있다면 상담 초기에는 되도록 내담자의 표현을 수용할 필요가 있다. 상담자의 정서반응은 내담자가 자기정서를 인지하고 있는 정도에 따라 적절한 수준에서 조절해야 한다. 상담자의 공감 반응이 내담자의 정서적 환경과 너무 다르다고 느낀다면 거부감을 가질 수 있기 때문이다.

!! 셀프 슈퍼비전

첫 회 상담에서 나는 어떤 실수를 하였는지 적어 보자.

나의 실수 경험을 돌아보며 새로운 대안을 마련해 보자.

2) 첫 회 상담의 과정

핵심포인트

첫 회 상담에서 확인해야 하는 것은 무엇일까?

- 내담자는 상담에 어떻게 오게 되었는가?(상담동기, 자발성)
- 내담자의 현재 문제는 무엇인가?(호소문제와 촉발요인)
- 호소문제와 관련된 반복되는 감정(패턴)
- 아동기 중요 타인과의 관계 경험에서 받은 영향(핵심문제)
- 내담자가 상담자에게 느끼는 첫 느낌(상담자에 투사되는 감정)
- 내담자의 상담에 대한 기대

첫 회 상담에서는 내담자의 호소문제와 관련된 과거에 영향을 받은 인물이나 사건의 탐색을 통해 내담자의 내적 갈등을 찾고, 욕구가 좌절되었을 때 형성된 감정이나 행동 패턴에 접근해야 한다. 내담자의 핵심 갈등을 구체화하기 위해 내담자가 중요한 사건을 경험했던 때 느꼈던 감정을 구체적으로 탐색하여 무의식적인 감정을 표면화한다. 이렇게 내담자 내적 갈등이 드러나면 내담자의 어린 시절에 중요했던 타인과의 관계를 탐색해 나가는 작업을 통해 내담자 문제의 반복적인 패턴을 이해할 수 있다. 상담 초기에는 내담자 문제에 대한 해석은 하지 않고 감정에 대한 공감을 통해 내담자 어려움을 타당화하는 작업을 하는 것이 좋다. 다음은 첫 회 상담의 진행 과정을 도표로 제시한 것이다.

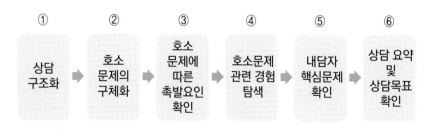

[그림 4-1] **첫 회 상담의 과정**

(1) 상담구조화

상담구조화의 가장 중요한 목적은 내담자가 상담에 잘 적응할 수 있도록 도움을 주기 위한 것이라고 할 수 있다. 상담구조화는 내담자가 상담에 대한 기본 정보를 알고 내담자의 역할에 대한 이해를 통해 상담에 적절히 참여하도록 촉진하는 기능을 한다. 상담에서 어떤 원리로 문제를 해결하는지, 상담을 통해 내담자가 어떤 도움을 받을 수 있는지에 대한 안내가 상담구조화에 포함된다. 시간, 장소, 비용, 비밀보장, 상담에 못 올 때 조율하는 방법 등에 대한 약속을 정하고 교육해야 한다. 다음은 불안감과 직무수행의 어려움을 호소한 직장인 지수씨(30세)의 사례로 상담구조화를 해 나가는 과정을 살펴보자.

4-1 상담구조화

상1: 반갑습니다. 지수씨. 저는 상담사 ○○○입니다. 지수씨와 이야기를 시작하기 전에 몇 가지 안내를 드릴게요. 먼저, 상담 내용은 철저히 비밀보장이 되며 종료 후 ○년이 지나면 폐기됩니다. 상담과 개인정보 수집에 관한 동의가 있어야 상담이 진행될 수 있어요. 또, 지수씨와 상담하는 내용을 녹음하는 것에 대한 동의인데요. 녹음 자료를 다시 듣고 놓친 부분이 있는지 확인하고, 상담이 잘 진행되고 있는지 슈퍼바이저 교수님께 지도를 받기 위한 자료로 사용하기 위해서 녹음을 하려고 합니다. 상담, 개인정보 수집 및 녹음에 동의하시는지 말씀해 주세요.

내1: 동의합니다.

상2: 상담시간에는 지수씨가 하고 싶은 이야기를 편안하게 하시면 됩니다. 저는 이야기를 들으면서 가끔 질문을 하거나 끼어들기도 하면서 지수씨가 무엇을 느끼는 지 이해할 수 있도록 도울 거예요.

내2: 무슨 이야기를 할지 정해 주시나요?

상3: 특별히 정해드리지는 않고요, 한 주간을 지나면서 상담시간에 해야겠다 싶은 내용이 있으면 그것을 이야기하시면 좋겠어요. 상담은 일주일에 한 번 ○요일 ○○시부터 ○○시까지 이 상담실에서 진행됩니다. 약속시간을 지킬 수 없을 때는 미리 연락을 해 주세요. 그럼 상담동의서와 개인정보 동의서, 녹음 동의서를 작성해 볼까요?

주의사항

상담동의, 개인정보수집 동의는 상담 진행에 필수적인 절차이나 녹음에 관한 동의는 내담자의 선택에 따르도록 유의한다.

4-1 사례의 **상담자** 1에서 상담자 소개와 비밀보장에 대한 안내, 상담 및 개인정보 수집에 대한 동의를 구하고 있다. 녹음에 대한 동의가 필요할 때는 녹음동의서도 작성해야 한다. **상담자** 2에서 상담자와 내담자의 역할을 다루고 있

는데 기본적으로 내담자는 말하고 상담자는 듣는 역할이다. 내담자는 접수면접에서 지시적인 상담을 경험한 이후에 첫 회 상담이 이루어지기 때문에 역할에 대한 약속이 분명해야 내담자가 혼란스럽지 않게 상담에 참여할 수 있다. **상담자 3**에서는 시간, 장소, 상담에 못 올 때 조율하는 방법에 대해 교육하고 있다. 이외에 내담자 특성에 따라 더 안내가 필요한 내용을 구조화하면 된다. 상담구조화는 상담성과를 가져오는 데 매우 중요한 요인으로 첫 회 상담에서 반드시 다룬다.

(2) 호소문제의 구체화

내담자가 이야기하는 주관적인 표현의 호소문제를 객관적으로 이해할 수 있도록 명료하게 구체화해야 한다. 내담자의 호소문제를 구체화하는 것은 현재 적응 수준을 확인하는 의미를 가진다. 내담자에게 지금 무엇이 문제가 되고 있는지를 확인하여 상담의 방향을 잡을 수 있도록 한다.

4-2 **호소문제의 구체화**

내담자 지수씨는 "불안한 느낌 때문에 힘들어요."라고 호소한다. 내담자의 호소문제를 어떻게 구체화할 수 있을까? 다음 예시의 상담자 A와 B의 반응을 살펴보자.

내: 최근에 불안이 심해진 것 같아요.
상A: 불안하시군요. 또 다른 힘든 것은 없나요?
내: 업무가 많아져서 너무 바쁜 게 힘들어요.

내: 최근에 불안이 심해진 것 같아요.
상B: 불안할 때 어떤 증상이 나타납니까?
내: 머리가 아프고 가슴이 답답해지는 느낌이 들어요.
상B: 주로 어떤 상황에서 머리가 아프고 가슴이 답답해지세요?
내: 회사에서 일을 시작할 때 특히 그런 것 같아요.
상B: 일을 시작할 때 불안을 느끼면 당신에게 어떤 어려움이 생깁니까?
내: 일의 효율성이 떨어지고 멍하게 있는 시간이 많아져서 업무를 처리하는 데 시간이 오래 걸려요.

4-2 사례에서 **상담자 A**는 내담자의 불안하다는 호소를 구체적으로 탐색하지 못하고 있다. "내담자가 불안해 하는구나." 정도로 이해하고 다른 이야기로 넘어가는 것을

볼 수 있다. 내담자가 상담에 와서 처음 꺼내는 이야기는 자신의 현재 어려움을 핵심적으로 요약한 반응일 가능성이 높은데, 상담자가 이를 구체화하는 작업을 놓치고 다른 이야기로 끌고 가 버린 셈이 된다. 첫 회 상담의 핵심작업인 호소문제의 구체화를 놓치면 상담의 방향을 잡는 데 오래 걸리게 되고 결과적으로 내담자의 고통을 가중하는 상황이 될 수 있으므로 내담자의 호소문제에 정확히 초점을 맞추고 구체화하도록 하자.

이에 반해 **상담자 B**는 "어떻게 불안한가?" "어떨 때 불안한가?" "지금 불안한 것이 어떻게 문제가 되고 있는가?"와 같은 구체화 질문을 함으로써 내담자의 문제가 명료하게 드러나고 있다. 이러한 질문을 통해 내담자가 자신의 어려움을 토로하고 좀 더 현실적으로 인지하게 됨으로써 내담자의 고통이나 불안 수준을 떨어뜨리는 효과도 생긴다. 따라서 내담자가 최대한 구체적으로 자신의 상태를 인지할 수 있도록 탐색하여 현재 내담자에게 문제가 되고 있는 호소문제를 명료화함으로써 상담의 방향을 확실하게 만들 수 있다.

(3) 호소문제에 따른 촉발요인 확인

내담자는 왜 지금 상담하러 왔는가?

내담자의 호소문제는 현재 상황의 요인이 과거의 배경과 복합적으로 작용하여 만들어진다. 내담자는 그동안 자신이 사용하던 대처방식이 더 이상 통하지 않는 순간이 오면서 혼자 힘으로 상황에 대처하기 어려워졌을 때 도움을 청하게 된다. 내담자에게 호소문제를 유발한 최근의 사건이나 상황이 존재하기 때문에, 호소문제가 드러나게 된 '촉발요인'을 확인하는 것이 중요하다. 촉발요인은 상담에 오게 된 지금, 내담자에게 강한 영향을 주고 있는 사건이나 사람, 상황이라 할 수 있다. 촉발요인은 내담자 문제의 반복되는 패턴과 맥락적으로 연결되어 있으므로 반드시 확인하여야 한다. 내담자 문제가 오랫동안 지속된 만성적인 문제라면 그동안은 상담을 받지 않다가 지금 상담을 받고자 하는 이유가 내담자 문제를 파악하는 데 큰 의미가 있다는 것이다.

호소문제에 따른 촉발요인은 "무엇이 내담자를 더 이상 견딜 수 없게 만들었는가?" "내담자는 상황을 어떻게 이해하고 어떻게 대처하였기에 적응적인 대처를 하지 못하고 있는가?" "내담자는 왜 이러한 대처방식을 쓰게 되었는가?"에 대해 초점을 맞추고 접근하는 것이 중요하다. 다음 사례에서 호소문제에 따른 촉발요인의 구체화 과정을 살펴보자.

4-3 호소문제에 따른 촉발요인 확인

상1: 최근에 회사에서 하는 일이 평소에 하던 것과 특별히 다른 점이 있나요?

내1: 네, 제가 다음 달에 새로 시작하는 프로젝트가 있어요. 지금은 그 프로젝트를 준비하는 중이에요.

상2: 새로운 프로젝트를 생각하면 어떤 마음이 들어요?

내2: 정말 도망치고 싶다? 그런 생각이 들어요. 뭔가 준비가 안 됐다⋯⋯. 어떻게 해야 될지 모르겠다는 생각이 들어요.

상3: 도망치고 싶다는 생각이 들만큼 힘드네요. 새로운 일을 시작하려고 준비를 어떻게 하고 있나요?

내3: 저는 원래 일을 시작할 때 차근차근 준비하고 되도록 기간을 넉넉하게 잡거든요. 그런데 이번 일은 갑자기 결정되어서 기간이 촉박하기도 하고, 회사에서도 처음 기획하는 일이라 정보가 너무 없다는 생각이 들어서 관련 담당자들에게 전화를 해 봐도 별 도움을 얻지 못했어요. 게다가 경력도 많으면서 무슨 앓는 소리하냐고 하니 더 모르겠다는 소리를 못하겠고요.

상4: 시간이 촉박하고 정보가 없어서 어떻게 해야 할지 모르겠는데, 주변 사람들이 엄살 부린다고 하니 더 힘들다는 말을 못했겠네요. 지수씨가 느끼기에 가장 힘든 건 어떤 부분일까요?

내4: 제가 찾을 수 있는 건 다 찾아봤는데 이제 더 알아볼 곳이 없고 제가 이 일에 대해서 구체적인 걸 모르는 것이 숨이 막혀요.

4-3 사례의 **상담자 1**에서 호소문제를 유발한 사건에 대해 탐색하고 있다. **상담자 2, 3**에서는 내담자가 상황을 어떻게 느끼고 대처하는지를 질문하여 평소 내담자가 대처하던 방식이 왜 지금 문제가 되고 있는지 탐색한다. **상담자 4**에서 내담자가 견딜 수 없는 것이 무엇인지 질문하여 핵심을 파악하고 있다. 내담자는 일을 촉박하게 진행해야 하는 것도 부담스럽지만 일에 대한 정보가 부족하여 자신이 구체적으로 알지 못하는 것에 가장 스트레스를 받고 있다. 내담자는 자신의 힘으로 더 이상 어떻게 해야 될지 모르는 상황에서 불안이 촉발되는 것으로 보인다.

(4) 호소문제 관련 경험 탐색

내담자가 호소하는 문제와 관련된 경험을 탐색하는 것은 내담자에게 현재 문제가 되고 있는 대처방식의 원인을 찾기 위한 과정이라 볼 수 있다. 내담자는 현재 기획하고 있는 프로젝트에 대해 준비가 부족하고 어떻게 해야 할지 모르겠다고 생각하고 있으며 이런 상황에서 심한 불안을 느낀다. 그렇다면 내담자의 불안은 이번이 처음인지 아니면 이전부터 비슷한 상황에서 불안을 느껴 왔는지에 대한 탐색이 중요하다. 따라서 상담자는 불안한 현재 상황과 관련된 내담자의 과거력을 질문해야 한다.

4-4   **호소문제 관련 경험 탐색**

상1: 지수씨가 할 수 있는 건 다 해 봤는데 해결방법이 없어서 불안하다는 거네요. 예전에도 구체적으로 알지 못하는 상황이나, 어떻게 해야 될지 모르겠다는 생각이 들 때 불안했던 적이 있었을까요?

내1: 학교 다닐 때 과제발표 같은 것을 하면 준비하는 데 시간을 많이 투자하고도 결과물이 어떻게 될지 몰라서 불안했어요.

상2: 그때 준비를 많이 하고도 불안했었네요. 다른 상황도 있었을까요?

내2: 대개 이렇게 불확실한 상황에서 제가 불안했던 것 같네요. 회사에서 프로젝트 발표를 할 때도 그랬고⋯⋯.

4-4 사례의 **상담자** 1, 2에서 내담자가 호소하는 불안에 관련되어 과거에도 유사한 경험이 있는지를 탐색하고 있다. 내담자 호소문제를 통해 촉발요인을 구체화하고, 촉발요인과 맥락적으로 연결된 과거 경험을 탐색해 나감으로써 내담자 문제의 반복되는 패턴을 추론할 수 있는 단서를 찾게 된다. "언제부터 그랬는가?"라는 질문을 통해서 과거와 현재를 연결할 수 있다. 내담자가 처해 있었던 전반적인 상황(가족관계, 학교생활, 친구관계 등)을 함께 질문하면서 내담자의 배경을 탐색해 나가는 것이 좋다.

내담자는 구체적으로 알지 못한다거나 어떻게 해야 될지 모르겠다는 생각이 들면 불안해지고, 이러한 경험은 "언제부터 그랬는가?" 또는 "예전에도 그런 일이 있었는가?" "다른 상황에서도 그랬나?"라는 질문으로 내담자의 삶에서 종종 경험되는 반복적인 패턴이라는 것이 탐색되었다.

(5) 내담자 핵심문제 확인

▶ **증상과 핵심문제 비교하기** ◀

증상이란 호소문제와 관련된 심리적, 신체적 증상을 말하며 두통, 수면장애, 섭식장애 등의 신체증상이나 우울과 불안 등의 심리적 증상으로 나타날 수 있다.

핵심문제는 내담자가 호소하는 현재 문제의 뿌리를 의미하며, 내담자 문제가 만성적인 것이라면 내담자의 과거 경험에 문제의 원인이 있다.

현재 촉발요인이 없어지면 증상은 줄어들 수 있다. 그러나 만성적인 문제는 이와 유사한 촉발요인에 의해 언제든지 다시 증상을 유발하게 된다. 내담자의 증상과 핵심문제를 구분하여 다루는 것은 현재 증상의 감소만이 목표가 아니라 핵심문제에 대한 개입을 통해 내담자 문제가 근본적으로 해결되어야 하기 때문이다.

지수씨의 사례에서 확인되는 증상과 핵심문제는 어떻게 구분할 수 있는지 살펴보자.

내담자 지수씨의 사례에서 증상과 핵심문제 비교하기

지수씨는 최근 회사에서 새로 진행하는 프로젝트를 준비하며 자신이 더 이상 할 수 없다고 생각하게 되면서 머리가 아프고 가슴이 답답하며 불안한 증상이 나타났다. 탐색결과, 지수씨는 과제발표를 오랫동안 준비하고도 불안했던 과거력이 있었고, 이와 유사한 불확실한 상황에서 불안이 반복되고 있으므로 통제할 수 없는 불확실한 상황에서의 불안이 핵심문제가 될 수 있다. 내담자의 불안이 지금과 비교해서 어느 시점부터 다른 점이 있는지를 비교하면서 핵심문제의 원인을 탐색해 가는 것이 좋다.

사례에서 살펴본 것과 같이 현재 진행하고 있는 새로운 프로젝트가 마무리되면 지수씨의 증상은 사라질 것이다. 그러나 또 다른 유사한 상황이 되면 내담자 문제는 반복되므로 증상만 해결하는 것은 의미가 없다. 내담자의 삶에서 반복되는 문제 패턴을 찾아내고 그와 관련된 성장 환경에서의 경험을 탐색하여 핵심문제를 명료화하는 것이 중요하다. 내담자의 핵심문제를 어떻게 구체화할 수 있는지 다음 사례를 통해 확인해 보자.

4-5 내담자 핵심문제 확인

내1: 대개 이렇게 불확실한 상황에서 제가 불안했던 것 같네요. 회사에서 프로젝트 발표를 할 때도 그랬고……

상1: 회사에서나 학교에서 발표할 때 불안했다면 그전에, 좀 더 어렸을 때는 어땠나요?

내2: 아마도…… 제가 기억하는 한 어렸을 때도 불안한 느낌이 많았던 것 같아요.

상2: 그렇군요. 어린 시절 기억이라고 하면 어떤 것이 생각나세요?

내3: 음…… 제가 마당에 서 있어요. 아빠는 선풍기 같은 물건을 던졌고…… 제가 그걸 보고 있어요.

> 상3: 지수씨에게 그 상황이 어떻게 느껴졌을까요?
>
> 내4: 확실히 떠오르지 않는데…… 뭔가 잘 모르겠다? 이게 무슨 상황인지 누가 말해 줬으면 좋겠다. 어떻게 해야 되는 거지? 이런 생각을 하는 것 같아요.
>
> 상4: 어떻게 해야 될지 몰라서 그때 지수씨의 감정은 어땠을까요? 그때 감정을 기억하지 못해도 지금 그때를 떠올리면 어떤 감정이었을지 생각해 볼 수 있어요.
>
> 내5: 아마…… 불안했을 것 같아요. 맞아요. 불안한 거예요.
>
> 상5: 그 상황이 뒤에 어떻게 되었는지 기억나세요?
>
> 내6: 아니요. 기억이 없고요. 근데 이때가 네다섯 살 무렵인데 다른 일이 더 생각나요. 엄마가 눈물을 닦으며 앉아 있는 뒷모습을 제가 보고 있어요.
>
> 상6: 그때 지수씨의 마음은 어땠는지 기억하나요?
>
> 내7: 잘은 모르겠지만 엄마가 왜 우는지 몰라서 불안한 것 같아요.
>
> 상7: 지수씨가 기억하는 그때 엄마와 아빠를 떠올리면 어떤 느낌이에요?
>
> 내8: 아빠는 너무 무서웠어요. 그리고 엄마는…… 함께 무언가를 했던 기억이 없어서…… 그냥 아무 느낌이 없는 사람?
>
> 상8: 엄마가 지수씨를 보살펴 주지는 않았네요?
>
> 내9: 네. 그냥 저 혼자 골목길을 내내 돌아다녔던 생각이 나요. 어른들과 함께 있었던 기억이 없어요.
>
> 상9: 그랬군요. 아빠가 무서웠던 건 어떤 이유가 있나요?
>
> 내10: 아빠한테 많이 맞고 자랐어요. 아빠와 같이 있었던 기억이 혼나고 맞는 거네요.
>
> 상10: 아빠와 함께 있었던 기억이 혼나고 맞는 거였다니 마음이 아프네요.

개입Tip

"그 이전에는 어땠나?"라는 질문으로 지금 상황과 비교해 나가며 내담자의 기억을 탐색하면 좋다.

4-5 사례에서 내담자의 불안에 대한 과거력 탐색을 통해 어린 시절 양육자와의 관계 속에서 이미 불안과 관련된 문제가 있다는 것이 드러났다. 내담자의 핵심문제는 어머니의 보살핌이 없이 혼자서 세상에 내던져진 느낌으로 불안하고, 아버지의 폭력에 노출되어 불안과 두려움이 증폭된 것으로 볼 수 있다.

(6) 상담 요약 및 상담목표 확인

첫 회 상담을 마무리하는 단계에서 내담자의 성장배경과 부모관계를 탐색한 결과를 통해 추론된 내담자의 핵심문제를 내담자와 함께 정리하고 상담의 방향을 잡아야 한다. 이와 함께 내담자의 상담에 대한 기대를 확인하고 상담에서 어떤 것을 다룰 수 있는지 안내하여 내담자의 상담 의욕을 높이는 것도 중요하다. 상담 내용을 요약하고 상담목표를 확인하는 과정을 다음 사례에서 확인해 보자.

4-6	상담 요약 및 상담목표 확인

상1: 오늘 나눈 이야기를 정리해 볼게요. 지수씨는 지금 새로운 일을 앞두고 도망가고 싶은 마음이 들고 불안해져서 가슴이 답답하고 업무를 효율적으로 처리하기 힘든 상황이라고 했어요. 그동안 혼자서 정보를 찾아보고 어떻게든 문제를 해결해 보려고 애썼지만 더 이상 자신의 힘으로 정리를 못하게 되니까 불안이 심해지는 것 같다고 하셨어요. 제가 잘 이해했나요?

내1: 맞아요. 진짜 제가 그 일을 해낼 수 있을지 정말 걱정이 돼요.

상2: 더 이상 다른 해결책이 없을 것 같이 느껴져서 많이 걱정될 것 같아요. 지수씨는 상담을 통해 이 문제가 어떻게 해결되었으면 하고 바라시나요?

내2: 음…… 제가 이 일을 할 수 있을지에 대한 불안한 마음 없이 편안해졌으면 좋겠어요. 사실 일이 힘든 게 아니라 불안하니까 일을 못하게 되는 것 같아요.

상3: 불안한 마음 없이 편안하게 일할 수 있으면 좋겠다는 거군요. 지수씨가 어렸을 때 어떻게 해야 될지 잘 모르겠다는 불안한 기억이 있었는데, 지수씨가 성장과정에서 불안한 상황에 노출되어 있었던 것이 지금 느끼는 불안과 관련이 큰 것 같아요. 상담에서 부모님과의 관계에서 가졌던 지수씨의 불안감을 해소해 나가면 지금 느끼는 불안도 많이 정리가 될 것 같아요. 어떠세요?

4-6 사례의 **상담자** 1에서 상담자가 전체적인 상담 내용을 요약하고 있다. 상담자가 요약하는 것이 효율적일 수 있으나 내담자에게 상담 내용에 대해 질문하여 함께 요약, 정리하는 것도 좋다. **상담자** 2에서는 상담에 대한 내담자의 바람을 확인하고 있으며 **상담자** 3에서 상담의 방향과 목표를 내담자의 입장에서 이해하기 쉽게 제시하고 있다.

> **‼ 궁금해요!**
>
> 🖉 **호소문제와 관련된 기억을 탐색하기 위해 언제부터 그랬는지 물어도 기억을 못해요.**
>
> 언제부터 그랬는지 모른다면 현재에 가까운 과거부터 질문해서 탐색해 보자. 작년에는 어땠는지? 고등학교 때는 어땠는지? 그 이전에는 어땠는지? 이렇게 질문하면서 내담자의 경험이나 배경을 함께 탐색해 나갈 수 있다. 일반적으로 내담자는 현재 문제와 관련된 과거 요인을 기억하지 못하거나 기억이 있더라도 현재 문제와 관련되어 있다고 생각하지 못하는 경우도 많다. 내담자의 현재 문제와 관련지을 수 있는 과거력을

탐색할 수 없을 때는 초기 기억과 관련된 일화를 탐색해 나가는 것이 도움이 된다. 호소문제와 관련된 초기 경험을 탐색하는 질문을 제시하면 다음과 같다.

– 가장 어렸을 때의 기억은 어떤 것일까요?(내담자는 특별한 의미가 있는 기억이 없다고 느끼는 경우가 많으므로 사소하고 단편적인 기억에 대해 질문한다.)
– 그때의 기분이나 느낌은 어떨까요?(감정을 기억하지 못하는 경우도 많다.)
– 지금 어른인 내가 그때를 생각해 보면 나는 어떤 기분이었을까요?
– 어린 시절에 중요했던 사람에 대한 느낌은 어떤 것일까요?

✏ 질문을 자연스럽게 못하겠어요. 화제가 뚝뚝 끊기는 것 같아요.

상담자가 묻고 싶은 것이 가득할 때 내담자를 자연스럽게 따라가는 질문을 하기보다는 상담자가 궁금한 내용을 질문하게 되고 화제가 계속 바뀌게 된다. 내담자가 대답하기 불편해 할 때 상담자가 더 물어보지 못하게 되기도 한다. 이는 상담자 역전이와 관련되어 있을 가능성이 높으므로 상담자 문제를 먼저 보는 것이 좋다. 내담자가 대답하기 불편해 할 때는 그 내용을 묻기보다는 그 말을 하는 것이 어려운 이유가 무엇인지에 대해 질문하는 것이 더 중요하다. 내담자가 말이 없을 때는 '지금 기분이 어떠세요?'라는 질문으로 내담자가 경험하고 있는 것은 표면화하도록 하자.

 더하기+

상담동기 강화하기!

자신의 문제에 대한 명료한 인식과 문제해결에 대한 희망을 고취하기

내담자가 호소하는 문제해결에 대한 기대와 바람을 확인하는 것은 내담자의 상담동기를 강화하는 데 중요하다. 호소문제의 이면에 탐색되는 보다 근본적인 내담자 문제를 탐색한 후 상담에 대한 내담자의 기대를 질문하는 것이다.

"당신의 문제에 대해 어떤 도움을 받고 싶나요"

"제가 어떤 도움을 주었으면 하는 기대가 있나요?"

이러한 질문 후에 내담자의 답을 토대로 내담자의 욕구를 정확히 읽어 주고 그 욕구를 어떻게 해소할 것인지에 대한 계획이 수립되면 내담자의 상담에 대한 의욕이 높아진다. 따라서 첫 회 상담의 말미에 상담 목표와 방향을 명료하게 제시하는 것이 매우 중요하다.

2. 첫 회 상담을 위한 상담기법

상담관계는 내담자의 능동적 참여가 전제되어야 하며 상담자에 대한 신뢰가 가장 중요한 과제이다. 라포(rapport)는 사람 사이의 상호 신뢰관계를 나타내는 용어로, 무슨 일이라도 털어놓고 말할 수 있으며 마음이 서로 통한다고 느껴지는 관계를 말한다. 관계에 속한 당사자가 서로 상호작용을 통해 신뢰를 쌓아 가는 일반적인 관계와는 달리, 상담관계에서는 상담자가 라포를 형성하는 데 책임이 있다. 로저스(Rogers)는 '무조건적 긍정적 관심' '공감적 이해' '진실성'이라는 상담자 속성을 치료에서 중요한 요인으로 보았다. 상담자가 이러한 세 가지 자질을 기르는 것은 상담관계에서 라포를 형성하는 데 중요한 조건이 된다. 상담자는 내담자를 인격적으로 존중하고 내담자의 주관적인 경험과 내적 세계를 정확하게 이해하며 자신의 내면에서 일어나는 감정에 일치하도록 진술하게 표현하고 인정하는 태도로 상담관계를 수립해야 한다. 여기서는 라포 형성을 위한 상담기법으로 공감적 경청과 공감적 질문, 감정 반영을 살펴보도록 하자.

1) 공감적 경청, 공감적 질문

듣는다는 것은 단순히 상대방이 하는 말에서 사실이나 자료를 가져오는 수준에 그칠 수도 있고, 말에 담긴 상대방의 동기나 감정을 이해하면서 집중하여 들을 수도 있다. 공감적 경청은 단순한 듣기를 넘어서 내담자의 표현을 내담자의 입장에서 이해하는 것이라 할 수 있다. 상담에서 내담자의 이야기를 경청하는 것은 내담자의 어려움을 알기 위한 과정이기도 하지만, 내담자의 이야기에 포함된 내담자의 생각이나 감정을 이해하고 반영하기 위한 치료적 개입의 과정이다. 다음 사례를 통해 공감적 경청과 공감적 질문에 대해 공부해 보자.

> **4-7 공감적 경청, 공감적 질문**
>
> **상1**: 아빠는 어떨 때 지수씨를 때렸어요?
>
> **내1**: 아빠는 술을 많이 드시고 오면 우리를 때리거나 벌을 세우고 오랫동안 훈계를 했어요. 지금 생각하면 푸념 같은 것이었을 텐데……. 도망갈 수도 있었는데 저는 아빠가 하는 말을 끝까지 다 들어줬어요.
>
> **상2**: 아빠가 술 드시고 올 때마다 몇 시간씩 얘기를 들어주는 게 쉽지 않았을 것 같은데 그렇게 했네요. 어떤 마음에서 그렇게 했어요?
>
> **내2**: 진짜 힘들었어요……. 그냥 아빠가 기분을 빨리 풀어야 평화가 온다? 그렇게라도 해서 상황을 좀 나아지게 하고 싶었던 것 같아요.
>
> **상3**: 그때 엄마는 어떻게 하셨어요?
>
> **내3**: 엄마는 항상 없었어요. 밖으로 나가 버려서…….
>
> **상4**: 아빠의 마음을 누그러뜨리려고 엄마도 없는데 지수씨는 혼자서 그렇게 했네요?
>
> **내4**: 그러니까요……. 엄마가 했어야 되는 일인데. 자기는 뒤로 빠져서 아무 말 없이 밖으로 나가 버리고 오롯이 우리가 다 감당할 수밖에 없었어요.

4-7 사례의 **상담자 2**에서 내담자가 아버지의 괴롭힘을 견디면서 느꼈을 어려움을 담담하게 공감해 주고 있다. 내담자의 어려움을 공감함과 동시에 내담자의 바람을 질문함으로써 내담자가 자기이해에 이르도록 개입하고 있음을 알 수 있다. 내담자는 가족들 사이의 평화를 바랐던 자신을 볼 수 있었고, **상담자 4**의 공감적 질문을 통해 어머니의 태도를 다른 관점으로 볼 수 있게 된다. 내담자는 자신이 떠맡고 있던 어머니 역할에 대한 분노와 자기 연민을 느끼며 치유적 경험을 하게 된다. 이처럼 상담자가 공감적 경청을 통한 공감적 질문으로 내담자를 자기이해로 이끌며 치료적 개입을 실천하고 있는 것을 확인할 수 있다.

2) 감정 반영

반영은 내담자가 경험하는 감정을 알아채고 상담자가 이해한 것을 내담자에게 전달하는 것으로, 내담자 이해와 라포 형성을 위해 매우 중요하다. 내담자의 감정을 탐색하여 반영하는 것은 내담자 자신의 경험에서 형성된 내적 정서를 자각하고 표현하는 것을 돕기 위해서이다. 해결되지 못한 감정은 내담자의 내면에 남아 역기능적인 정서 상태를 만들고 내담자 문제의 원인이 되기 때문이다. 내담자들은 자신이 경험하는 감정에 대해 모호하거나 혼란스럽고 오히려 냉담해져 있는 경우도 많다. 내담자가 자신의 감정에 진실하게 접촉할 수 있을 때 비로소 자기이해가 가능하기 때문에 내담자의 표현 속에 들어 있는 감정을 정확하게 반영하는 것이 중요하다. 다음 사례를 통해 감정 반영 기법을 살펴보자.

4-8   감정 반영

상1: 그때 엄마를 생각하면 어떠세요?

내1: 엄마가 자기 불편한 것만 생각했다는 섭섭함이 있어요.

상2: 그렇겠어요. 어렸을 때 엄마에 대한 다른 기억이 있나요?

내2: 어렸을 때 엄마를 생각해 보면 선명한 기억이 딱 하나 있어요. 네다섯 살쯤인데 엄마가 조그만 손수건에 포도 몇 알, 복숭아 조각이랑…… 과일을 조금 가져와서 우리들에게 먹여줬어요. 그때가…… 좀 기억에 남아요.

상3: 그때 엄마는 지수씨에게 어떤 느낌으로 남아 있어요?

내3: 따뜻한 느낌? (내담자 침묵)

상4: 지금 어떤 마음이세요?

내4: 엄마를 내가 그리워했구나. 그런 엄마가 그리웠어요. (내담자 눈물)

상5: 그때 느꼈던 따뜻하고 좋은 엄마를 지수씨는 늘 그리워했군요.

내5: 맞아요. 그렇게 웃는 엄마를 보고 싶었는데 그때가 처음이자 마지막이었어요.

4-8 사례에서 내담자는 탐색을 통해 환하게 웃으며 따뜻하게 대해 주는 어머니를 그리워하고 있었다는 것을 알게 되었다. 내담자는 그때 느꼈던 따뜻한 어머니와 그렇지 못한 현실 속 어머니와의 괴리가 무의식적인 갈등을 일으켜 왔을 것으로 보인다. **상담자** 5의 감정 반영을 통해 내담자는 좋은 어머니에 대한 자신의 그리움을 있는 그대로 받아들일 수 있게 되는 치유적 경험을 하고 있다. 내담자가 바랐던 어머니는 이상화된 존재였고 현실에서는 충족될 수 없는 바람이라는 것을 알지 못했기 때문에 현실의 어머니에게 충분히 기댈 수 없었던 것이다.

> ‼️ **실습해 보자!**
>
> ### 감정 반영하기 연습
>
>   내담자는 직장에서 사이가 좋지 않은 동료가 자신에게 지난 일요일에 뭐했는지를 질문한 상황에 대해 이야기한다. 내담자의 이야기에 감정 반영기법으로 반응하는 연습을 해 보자.
>
> 내담자: 처음에는 그냥 집에서 쉬었다고 했는데, 휴일에 친구도 안 만나냐는 말을 하길래 '내가 지금 추궁당하는 건가?' 하는 생각에 불편했어요.
>
> 1) 당신은 _____ 때문에 _____ 라고 느끼시는군요.
>   당신이 _____을 느끼고 있는 것처럼 들립니다.
>   당신이 정말 _____ 했을 것 같네요.
>
> 2) 짝과 함께 감정 반영 형식을 참고하여 연습해 보자.

3. 첫 회 상담의 과정 적용 사례

지금까지 살펴본 첫 회 상담은 상담구조화, 호소문제의 구체화, 촉발요인 확인, 호소문제 관련 경험 탐색, 핵심문제 확인, 상담 요약 및 상담목표 확인의 순서로 진행되었다. 단편적으로 제시되었던 지수씨의 사례 전체를 연결하여 첫 회 상담의 과정을 다시 한번 확인해 보자.

👤 내담자 지수씨의 사례

인적사항	• 이름(가명): 한지수 • 성별: 여 • 나이: 30세 • 학력: 대졸 • 직업: 사무직 회사원
호소문제	불안감, 직무수행 어려움

내방경위	내담자는 현재 직장에서 새롭게 맡게 된 업무에 대해 부담을 가지게 되면서 불안 증상으로 일상생활에 어려움을 느껴 상담을 신청함.
가족관계	• 아버지(61세): 고졸, 자영업(식당) • 어머니(57세): 고졸, 마트 계산원 • 여동생(27세): 무직

지수씨는 최근 회사에서 새롭게 맡은 프로젝트를 진행하면서 머리가 아프고 가슴이 답답한 불안 증상을 경험하여 상담을 신청하였다. 탐색결과 내담자는 일을 할 때 '어떻게 해야 될지 모르겠다'는 생각이 드는 상황이 되면 불안이 심해졌으며, 그동안 어떻게든 그런 상황을 만들지 않으려고 사전 준비를 철저히 하면서 자신의 불안을 눌러 왔다. 최선을 다했지만 혼자서 더 이상 감당할 수 없다는 생각을 일으킨 최근의 회사 프로젝트 사건이 문제의 촉발요인으로 작용하였다. 내담자의 불안은 성장과정에서 내담자의 어머니에게 보살핌을 받지 못했고, 아버지의 폭력과 괴롭힘에 노출되었던 경험에서 비롯된다는 것이 확인되었다. 내담자와 부모의 관계에서 경험한 불안을 핵심문제로 보고 감정을 해소해 나가는 상담목표를 수립하여 내담자와 협력해 나가야 한다. 이와 같은 과정을 사례로 정리해 보자.

	4-9 첫 회 상담 과정 적용 사례	축어록 반응해설
① 상담구조화	**상1:** 반갑습니다. 지수씨. 저는 상담사 ○○○입니다. 지수씨와 이야기를 시작하기 전에 몇 가지 안내를 드릴게요. 먼저, 상담 내용은 철저히 비밀보장이 되며 종료 후 ○년이 지나면 폐기됩니다. 상담과 개인정보수집에 관한 동의가 있어야 상담이 진행될 수 있어요. 또, 지수씨와 상담하는 내용을 녹음하는 것에 대한 동의인데요. 녹음 자료를 다시 듣고 놓친 부분이 있는지 확인하고, 상담이 잘 진행되고 있는지 슈퍼바이저 교수님께 지도를 받기 위한 자료로 사용하기 위해서 녹음을 하려고 합니다. 상담, 개인정보 수집 및 녹음에 동의하시는지 말씀해주세요. **내1:** 동의합니다.	비밀보장에 대한 안내와 상담, 개인정보 수집, 녹음에 대한 내담자의 동의를 구한다.
	상2: 상담시간에는 지수씨가 하고 싶은 이야기를 편안하게 하시면 됩니다. 저는 이야기를 들으면서 가끔 질문을 하거나 끼어들기도 하면서 지수씨가 무엇을 느끼는지 이해할 수 있도록 도울	내담자와 상담자 역할에 대해 구조화한다.

거예요.

내2: 무슨 이야기를 할지 정해 주시나요?

상3: 특별히 정해드리지는 않고요, 한 주간을 지나면서 상담시간에 해야겠다 싶은 내용이 있으면 그것을 이야기하시면 좋겠어요. 상담은 일주일에 한 번 ○○요일 ○○시부터 ○○시까지 이 상담실에서 진행됩니다. 약속시간을 지킬 수 없을 때는 미리 연락을 해주세요. 그러면 상담동의서와 개인정보 동의서, 녹음 동의서를 작성해 볼까요? (동의서 작성) 오늘 어떤 문제를 이야기하고 싶으신가요?

> 상담시간에 할 이야기 주제, 시간, 장소, 상담에 못 올 경우 조율하는 방법 등에 대해 교육한다.

> 동의서를 작성한다.

내3: 최근에 불안이 심해진 것 같아요.

② 호소문제의 구체화

상4: 불안할 때 어떤 증상이 나타나나요?

> 호소문제를 구체화하는 질문으로 불안할 때의 증상을 탐색한다.

내4: 머리가 아프고 가슴이 답답해지는 느낌이 들어요.

상5: 주로 어떤 상황에서 머리가 아프고 가슴이 답답해지세요?

> 불안해지는 상황을 탐색한다.

내5: 회사에서 일을 시작할 때 특히 그런 것 같아요.

상6: 일을 시작할 때 불안을 느끼면 지수씨에게 어떤 어려움이 생기나요?

> 내담자의 불안이 어떤 문제를 일으키는지 탐색한다.

내6: 일의 효율성이 떨어지고 멍하게 있는 시간이 많아져서 업무를 처리하는 데 시간이 오래 걸려요.

③ 호소문제에 따른 촉발요인 확인

상7: 최근에 회사에서 하는 일이 평소에 하던 것과 특별히 다른 점이 있나요?

> 호소문제를 유발한 상황이 있는지 탐색한다.

내7: 네, 제가 다음 달에 새로 시작하는 프로젝트가 있어요. 지금은 그 프로젝트를 준비하는 중이에요.

상8: 새로운 프로젝트를 생각하면 어떤 마음이 들어요?

내8: 정말 도망치고 싶다? 그런 생각이 들어요. 뭔가 준비가 안 됐다…… 어떻게 해야 될지 모르겠다는 생각이 들어요.

상9: 도망치고 싶다는 생각이 들만큼 힘드네요. 새로운 일을 시작하려고 준비를 어떻게 하고 있나요?

> 내담자의 대처방식을 확인한다.

내9: 저는 원래 일을 시작할 때 차근차근 준비하고 되도록 기간을 넉넉하게 잡거든요. 그런데 이번 일은 갑자기 결정되어서 기간이 촉박하기도 하고, 회사에서도 처음 기획하는 일이라 정보가 너무 없다는 생각이 들어서 관련 담당자들에게 전화를 해 봐도 별 도움을 얻지 못했어요. 게다가 경력도 많으면서 무슨 앓는 소리하냐고 하니 더 도와달라는 소리를 못하겠고요.

상10: 시간이 촉박하고 정보가 없어서 어떻게 해야 할지 모르겠는데, 주변 사람들이 엄살 부린다고 하니 더 힘들다는 말을 못했겠네요. 지수씨가 느끼기에 가장 힘든 건 어떤 부분인가요?

> 무엇이 내담자를 견딜 수 없게 만드는지 질문하여 핵심을 파악한다.

내10: 제가 찾을 수 있는 건 다 찾아봤는데 이제 더 알아볼 곳이 없고 제가 이 일에 대해서 구체적인 걸 모르는 것이 숨이 막혀요.

④ 호소문제 관련 경험 탐색

상11: 지수씨가 할 수 있는 건 다 해 봤는데 해결방법이 없어서 불안하다는 거네요. 예전에도 구체적으로 알지 못하는 상황이나 어떻게 해야 될지 모르겠다는 생각이 들 때 불안했던 적이 있었나요?

> 호소문제와 관련된 과거 경험을 탐색한다.

내11: 네. 제가 뭔가를 준비하는 상황이면 종종 불안했던 것 같아요.

상12: 예를 들면 어떤 상황인가요?

내12: 학교 다닐 때 과제발표 같은 것을 하면 준비하는 데 시간을 많이 투자하고도 결과물이 어떻게 될지 몰라서 불안했어요.

상13: 그때 준비를 많이 하고도 불안했었네요. 다른 상황도 있었어요?

> 호소문제와 관련된 다른 경험을 탐색한다.

내13: 대개 이렇게 불확실한 상황에서 제가 불안했던 것 같네요. 회사에서 프로젝트 발표를 할 때도 그랬고…….

상14: 회사에서나 학교에서 발표할 때 불안했다면 그 전에, 좀 더 어렸을 때는 어땠나요?

> 호소문제와 관련된 성장 환경에서의 경험을 탐색한다.

내14: 아마도…… 제가 기억하는 한 어렸을 때도 불안한 느낌이 많았던 것 같아요.

상15: 그렇군요. 어린 시절 기억이라고 하면 어떤 것이 생각나세요?

내15: 음…… 제가 마당에 서 있어요. 아빠는 선풍기 같은 물건을 던졌고… 제가 그걸 보고 있어요.

상16: 지수씨에게 그 상황이 어떻게 느껴졌을까요?

내16: 확실히 떠오르지 않는데…… 뭔가 잘 모르겠다? 이게 무슨 상황인지 누가 말해 줬으면 좋겠다. 어떻게 해야 되는 거지? 이런 생각을 하는 것 같아요.

⑤ 내담자 핵심문제 확인

상17: 어떻게 해야 될지 몰라서 그때 지수씨의 감정은 어땠을까요? 그때 감정을 기억하지 못해도 지금 그때를 떠올리면 어떤 감정이었을지 생각해 볼 수 있어요.

> 내담자의 아버지와 관련된 감정을 탐색한다.

내17: 아마…… 불안했을 것 같아요. 맞아요. 불안한 거예요.

상18: 그 상황이 뒤에 어떻게 되었는지 기억나세요?

내18: 아니요. 기억이 없고요. 근데 이때가 네다섯 살 무렵인데 다른 일이 더 생각나요. 엄마가 눈물을 닦으며 앉아 있는 뒷모습을 제가 보고 있어요.

상19: 그때 지수씨의 마음은 어땠는지 기억하나요?

> 내담자의 어머니와 관련된 감정을 탐색한다.

내19: 잘은 모르겠지만 엄마가 왜 우는지 몰라서 불안한 것 같아요.

상20: 지수씨가 기억하는 그때 엄마와 아빠를 떠올리면 어떤 느낌이
예요?

내담자의 부모님
에 대한 표상을
탐색한다.

내20: 아빠는 너무 무서웠어요. 그리고 엄마는…… 함께 무언가를 했
던 기억이 없어서…… 그냥 아무 느낌이 없는 사람?

상21: 엄마가 지수씨를 보살펴 주지는 않았네요?

내21: 네. 그냥 저 혼자 골목길을 내내 돌아다녔던 생각이 나요. 어른
들과 함께 있었던 기억이 없어요.

상22: 그랬군요. 아빠가 무서웠던 건 어떤 이유가 있나요?

내22: 아빠한테 많이 맞고 자랐어요. 유일하게 아빠와 같이 있었던
기억이 혼나고 맞는 거네요.

상23: 아빠와 함께 있었던 기억이 혼나고 맞는 거였다니 마음이 아프네
요. 아빠는 어떨 때 지수씨를 때렸어요?

내23: 아빠는 술을 많이 드시고 오면 우리를 때리거나 벌을 세우고
오랫동안 훈계를 했어요. 지금 생각하면 푸념 같은 것이었을 텐
데…… 도망갈 수도 있었는데 저는 아빠가 하는 말을 끝까지
다 들어줬어요.

상24: 아빠가 술 드시고 올 때마다 몇 시간씩 얘기를 들어주는 게
쉽지 않았을 것 같은데 그렇게 했네요. 어떤 마음에서 그렇게
했어요?

내24: 진짜 힘들었어요…… 그냥 아빠가 기분을 빨리 풀어야 평화가
온다? 그렇게라도 해서 상황을 좀 나아지게 하고 싶었던 것 같
아요.

상25: 그때 엄마는 어떻게 하셨어요?

내25: 엄마는 항상 없었어요. 밖으로 나가 버려서…….

상26: 아빠의 마음을 누그러뜨리려고 엄마도 없는데 지수씨는 혼자
서 그렇게 했네요?

내26: 그러니까요…… 엄마가 했어야 되는 일인데. 자기는 뒤로 빠져
서 아무 말 없이 밖으로 나가 버리고 오롯이 우리가 다 감당할
수밖에 없었어요.

상27: 그때 엄마를 생각하면 어떠세요?

내27: 엄마가 자기 불편한 것만 생각했다는 섭섭함이 있어요.

상28: 그렇겠어요. 어렸을 때 엄마에 대한 다른 기억이 있나요?

내28: 어렸을 때 엄마를 생각해 보면 선명한 기억이 딱 하나 있어요.
네다섯 살쯤인데 엄마가 조그만 손수건에 포도 몇 알, 복숭아 조
각이랑…… 과일을 조금 가져와서 우리들에게 먹여 줬어요. 그
때가…… 좀 기억에 남아요.

상29: 그때 엄마는 지수씨에게 어떤 느낌으로 남아 있어요?

내29: 따뜻한 느낌? (내담자 침묵)

상30: 지금 어떤 마음이세요?

내30: 엄마를 내가 그리워했구나. 그런 엄마가 그리웠어요. (눈물)

상31: 그때 느꼈던 따뜻하고 좋은 엄마를 지수씨는 늘 그리워했군요.

내31: 맞아요. 그렇게 웃는 엄마를 보고 싶었는데 그때가 처음이자 마지막이었어요.

상32: 그랬군요. 아빠가 혼내고 때릴 때 엄마라도 옆에 있었으면 좀 덜 불안했을까요?

내32: 제가 그런 생각은 못해 봤는데 정말 그랬던 것 같아요. 엄마가 있었으면 좋았을 것 같아요.

⑥ 상담 요약 및 상담목표 확인

상33: 그래요. 지수씨는 어렸을 때 엄마와 아빠와의 관계에서 불안을 많이 느끼셨던 것 같아요. 오늘 나눈 이야기를 정리해 볼게요. 지수씨는 지금 새로운 일을 앞두고 도망가고 싶은 마음이 들고 불안해져서 가슴이 답답하고 업무를 효율적으로 처리하기 힘든 상황이라고 했어요. 그동안 혼자서 정보를 찾아보고 어떻게든 문제를 해결해 보려고 애썼지만 더 이상 자신의 힘으로 정리를 못하게 되니까 불안이 심해지는 것 같다고 하셨어요. 제가 잘 이해했나요?

　상담 내용을 요약·정리한다.

내33: 맞아요. 진짜 제가 그 일을 해낼 수 있을지 정말 걱정이 돼요.

상34: 더 이상 다른 해결책이 없을 것 같이 느껴져서 많이 걱정될 것 같아요. 지수씨는 상담을 통해 이 문제가 어떻게 해결되었으면 하고 바라시나요?

　내담자가 상담을 통해 해결하고 싶은 것이 무엇인지 확인한다.

내34: 음…… 제가 이 일을 할 수 있을지에 대한 불안한 마음 없이 편안해졌으면 좋겠어요. 사실 일이 힘든 게 아니라 불안하니까 일을 못하게 되는 것 같아요.

상35: 불안한 마음 없이 편안하게 일할 수 있으면 좋겠다는 거군요. 지수씨가 어렸을 때 어떻게 해야 될지 잘 모르겠다는 불안한 기억이 있었는데, 지수씨가 성장과정에서 불안한 상황에 노출되어 있었던 것이 지금 느끼는 불안과 관련이 큰 것 같아요. 상담에서 부모님과의 관계에서 가졌던 지수씨의 불안감을 해소해 나가면 지금 느끼는 불안도 많이 정리가 될 것 같아요. 어떠세요?

　상담 목표와 방향을 의논한다.

내35: 어린 시절에 있었던 그 일이 관련된다니 좀 놀라웠어요. 제가 불안하지 않게 일을 할 수 있다면 그렇게 하고 싶어요.

상36: 좋아요. 우리가 함께 그 문제를 의논해 나간다면 충분히 가능할 거라 생각해요. 그럼 다음 주에 만나요.

제4장에서는 내담자와 상담자의 신뢰관계를 만드는 방법과 첫 회 상담의 과정, 상담기법에 대해 알아보았다. 첫 회 상담에서 형성된 상담자와 내담자의 관계는 상담성과 측면에서 큰 차이를 가져오는 요인이 되기 때문에 내담자의 어려움을 수용하는 상담자의 태도가 중요하다는 것을 확인하였다. 첫 회 상담의 과정을 요약해 보면 상담구조화를 시작으로 하여 내담자의 호소문제를 구체화하고 촉발요인을 탐색한다. 촉발요인은 내담자의 현재 상황을 구체적으로 탐색하는 질문을 통해서 확인할 수 있었다. 다음으로, 내담자의 호소문제와 관련된 현재와 과거 경험을 탐색하여 내담자의 핵심문제를 확인하였다. 내담자의 어려움을 공감적으로 경청하고 감정을 반영하는 상담기법을 활용하여 내담자 감정을 명료화해 주고 상담자의 마음을 공감적으로 전달하는 것이 중요하다. 끝으로, 내담자 부모와의 관계와 성장배경을 탐색하여 찾은 내담자 문제의 원인을 기초로 내담자와 함께 상담방향을 정하는 과정을 살펴보았다. 첫 회 상담의 과정을 숙지하고 면담 실제에서 적용한다면 첫 회 상담의 여러 과제를 충분히 해결해 낼 수 있을 것으로 기대된다.

 초심상담자 정현씨의 고민

첫 회 상담의 탐색 과제를 마무리하지 못했어요.

첫 회 상담에서 상담자 정현씨는 거리낌없이 자신의 이야기를 하고 큰소리로 웃는 내담자에게 압도되는 느낌을 받았다. 내담자는 쉴 새 없이 말하고 자신의 부정적인 감정을 웃음으로 날려 버리는 등 시종일관 유쾌한 태도를 보였다.

정현씨는 첫 회 상담의 과제를 머릿속에 생각하면서 시간이 갈수록 초조해졌다. 상담시간 동안 할 말이 많은 내담자의 말을 자르지 못해 결국 마지막에 "어떤 도움을 받고 싶으세요?"라는 질문을 끝으로 첫 회 상담을 마무리하였다. 상담자가 들은 이야기는 다른 내담자의 경우보다 훨씬 많았으나 내담자 문제가 무엇인지, 어떤 방향으로 상담을 진행해야 될지 명확한 것이 없는 채로 첫 회 상담을 마무리한 것이 이후 상담에서도 영향을 주어 정현씨는 상담방향을 잡는 데 한동안 어려움을 겪었다.

첫 회 상담의 과제가 많기 때문에 구체적인 상담 과정을 인지하고 있더라도 확인해야 할 과제를 다 탐색하지 못하는 경우가 생기기 마련이다. 내담자의 이야기를 충분히 들어 주되 "당신의 이야기는 ~하다는 말이군요."라는 요약 반응으로 내담자의 이야기를 정리하면서 상담자가 필요한 질문을 해 나가는 요령이 필요하다. 그러나 이렇게 요약 반응을 해 나갔음에도 불구하고 시간이 부족했다면, 다음 2, 3회 안에 첫 회 상담 과제를 반드시 다루자.

사례개념화하기

　사례개념화란 상담자가 내담자와 관련된 정보를 토대로 상담자 자신의 이론과 경험을 활용하여 내담자 문제의 원인에 대한 일련의 가설을 세우고 이를 토대로 내담자의 문제해결을 위해 상담 목표 및 전략을 세우는 과정이다. 즉, 내담자로부터 얻어진 정보를 포괄적으로 통합하여 내담자를 보다 깊이 이해하는 작업이라 할 수 있다. 접수면접과 첫 회 상담, 내담자의 심리검사 실시를 통해 수집된 내담자의 정보를 어떻게 엮어 낼 것인가는 경험이 많지 않은 초심상담자에게는 어려운 일이다. 이 장에서는 내담자 정보를 추론하여 사례개념화하고, 사례개념화에 따른 목표와 전략을 설정하는 전 과정을 살펴보고자 한다.

제5장 한눈에 보기

1 내담자 정보를 활용한 핵심문제 파악 ➡ • 내담자 정보를 바탕으로 추론하기
• 내담자 핵심문제 파악하기

2 사례개념화 실제 ➡ • 추론된 정보로 사례개념화하기
• 사례개념화를 바탕으로 상담 목표 및 전략 수립하기

제5장 들어가기 전에……

사례개념화와 관련하여 다음 사항에 대해 생각해 보자.

💬 접수면접, 첫 회 상담, 심리검사를 통해 수집된 정보를 근거로 어떻게 내담자를 이해할 수 있을까?

💬 사례개념화하는 방법은 무엇이며, 상담 목표와 전략은 어떻게 수립할까?

💬 초심상담자의 슈퍼비전을 위한 상담보고서에는 어떤 내용이 포함되어야 할까?

1. 내담자 정보를 활용한 핵심문제 파악

첫 상담을 시작하여 초기 과정을 거치면서 상담자는 내담자에게 현실적으로 시급하거나 내담자의 변화 욕구와 밀접히 관련된 문제 영역이 무엇인지 확인하고 이 영역에 대한 많은 정보를 탐색하게 된다. 내담자를 입체적으로 이해하기 위해서는 내담자로부터 얻은 정보를 잘 분석하고 활용하는 역량이 필요하지만 초심상담자는 숙련된 상담자에 비해 내담자 문제를 입체적으로 이해하는 것에 어려움을 겪는다. 초심상담자는 내담자가 보고한 내용 이면의 드러나지 않은 정보를 통한 핵심문제 추론의 과정이 서툴고 익숙하지 않기 때문이다. 따라서 이 장에서는 초심상담자가 사례개념화 작업을 쉽게 할 수 있도록 사례를 통해 내담자 핵심문제를 추론하는 과정을 함께 살펴보도록 하겠다.

1) 내담자 정보를 바탕으로 핵심문제 추론하기

사례개념화는 상담자의 상담이론과 상담경험에 근거하여 내담자의 문제에 관한 다양한 단서나 정보를 종합하여 내담자 핵심문제를 설명해 내는 것이다. 흔히 상담 초기에 상담자들이 '내담자를 그려 본다'라고 이야기하곤 하는데, 내담자가 현재 처해 있는 어려움을 구체적으로 이해할 수 있어야, 앞으로 진행될 상담에서도 개입할 수 있는 영역을 초점화 할 수 있다. 상담자는 앞에서 배운 접수면접과 첫 회 상담, 심리검사 실시를 통해 다양한 내담자 정보를 얻게 되는데, 그 수집된 정보를 내담자가 현재 겪고 있는 문제와 연결하고, 문제가 발생하게 된 발달적 맥락, 내담자의 성격적 특성, 환경적 특성을 시각적이고 입체적으로 이해하기까지는 더 많은 연습과 경험이 필요하다.

다음은 한 초심상담자가 작성한 사례보고서 예시이다. 예시를 통해 내담자 정보를 바탕으로 사례보고서 작성을 어떻게 작성하는지, 내담자 핵심문제를 파악하기 위해 추가로 파악하고 추론해야 하는 부분은 무엇인지 살펴보도록 하자.

5-1 예시를 통한 사례보고서 작성방법

※ 제시된 사례는 모범답안이 아니라 초심상담자가 작성한 사례보고서 예시이다. 제시된 사례 정보를 통해 어떤 추론을 할 수 있는지, 어떻게 보완해 나가야 할지에 초점을 두고 살펴보자.

"사람들한테 거부당할까 봐 불안해요"

💬 **작성 tip**
- 사례 제목은 사례를 관통하는 주제, 내담자의 기대를 반영하여 작성한다.
  예시) "사람들한테 거부당할까 봐 불안해요." / "사람들과 자연스럽게 어울리고 싶어요."

Ⅰ. 내담자에 대한 기본 정보

1. 내담자 인적사항
- 여, 20세, 대학교 1학년.

2. 내담자 내방경위
- 지도교수 상담에서 내담자가 우울과 불안이 높다고 하자, 교수님이 학생상담센터 상담을 권유하여 자발적으로 내방했다.

💬 **작성 tip**
- '인적사항과 내방경위'를 보고 대략적인 내담자의 현재 상황이 그려질 수 있어야 한다.
- 내방경위는 촉발요인 탐색을 위한 것이다.
- 지금 시점에 상담에 참여한 이유가 드러나도록 해야 한다.
- 의뢰자가 있을 경우 의뢰자의 관찰내용도 중요하다.

📄 **보완할 부분**
- 지도교수가 내담자가 우울하다고 말을 하자 학생상담센터를 단순히 안내한것인지, 수업시간에 내담자가 보이는 특별한 정서적 행동적 특성이 있었는지 파악해 봐야 한다.

✅ **추론되는 점**
- 대학교 1학년은 새로운 환경, 학교 적응의 문제가 있을 수 있다. 정해진 틀을 따르기만 했던 고등학교와 달리 새로운 관계를 맺고 유지하는 것에 어려움이 있을 수 있는 나이이며 자기 주도성, 자율성, 시간관리, 독립과 관련된 역량이 요구됨으로 인해 겪는 어려움이 있을 수 있음을 염두에 두자.

3. 주 호소문제

– 대인관계에서 내 의견을 말하고 싶다.

– 우울감을 줄이고 싶다.

– 친밀한 관계를 원하지만, 거부당할까 봐 두렵다.

※ 신청서 작성내용

'우울, 불안, 신경증이 매우 심해서'라고 적음.

자살 시도 경험 묻는 문항에 '생각해 본 적 있다, 어릴 때부터 많이 자주'라고 응답함.

📋 작성 tip

• '주 호소문제' 작성 시 상담 과정에서 내담자가 호소하는 내용을 내담자의 언어로 구체적이고 명료하게 기재해야 한다.

• 표면적인 어려움이 아닌 내담자의 진정한 어려움을 탐색하여 기재해야 한다.

📄 보완할 부분

• 자살 시도 경험은 양상 및 횟수와 빈도에 대해 구체적으로 확인하여 기술할 필요가 있다.

• 내담자가 관계에서 자신의 의견을 말하고 싶고, 친밀해지고자 하는 대상이 주로 누구인지(친구, 가족, 남자친구) 파악하고, 그들과의 관계 양상이 드러나야 주 호소문제가 구체화될 수 있다.

✅ 추론되는 점

• 자살 사고가 '어릴 때부터 많이 자주'라고 언급된 것으로 보아, 내담자의 우울이 최근의 일이 아니라 어린 시절부터 시작되었음을 짐작해 볼 수 있다.

4. 가족관계

관계	연령	학력	직업	동거 여부	자신과의 관계 정도
아버지	55세	고졸	화물차 운전	○	무뚝뚝, 무관심, 대화부족
어머니	41세	고졸	주부	○	내게 관심이 너무 많음
남동생	19세		고등학생	○	좋음

– **아버지(55세):** 화물차 운전을 하고 출장이 잦은 직업으로, 평일 퇴근 후 거의 자거나, 친구들 만나러 나가는 일이 많다. 말이 없고 표현이 적어 무뚝뚝한 편이지만 딸인 내담자에게는 관심이 많고, 때때로 필요한 게 없는지 물어봐 줘서 내담자에게는 좋았던 기억이 있다.

- **어머니(41세):** 내담자의 외할머니가 50세에 늦둥이로 어머니를 낳았다. 위에 오빠 2명이 있는데 열 살 이상 차이가 난다. 내담자가 기억하는 어린 시절부터 어머니는 하루 1병 소주를 마셨다고 하며, 내담자 중학교 때부터 우울증 약, 갑상선 약을 복용했고, 불면증으로 수면제도 함께 복용했다고 한다. 내담자에게 잘해 줄 때는 잘 챙겨 주다가 갑자기 사소한 문제에 감정적으로 대하거나 화를 내고, 큰 목소리로 말하는 경우가 많다고 한다. 내담자가 아르바이트해서 번 돈을 강제로 입금시키는 등 내담자의 의견을 존중해 주기보다 자신의 뜻을 관철하는 모습을 보인다고 한다.
- **남동생(19세):** 어릴 때 내담자와 함께 놀이를 하며 가깝게 지냈다고 한다. 표현을 잘하는 편이고 가끔 "누나가 있어서 좋다."라고 하며, 남자친구와의 관계에서 힘들 때 남동생의 위로가 힘이 된다고 한다.

📑 작성 tip
- '가족관계'에서는 가족구성원과 내담자와의 관계 양상을 구체적으로 파악하여야 한다.
- 내담자와의 관계에서 가족이 어떻게 행동하는지, 그 상황에서 내담자가 느끼는 것은 무엇인지 드러나야 한다.

📋 보완할 부분
- 어머니와 아버지의 나이 차이가 크다. 어머니는 내담자를 스물한 살에 낳았는데 어머니의 결혼과정과 양육과정에 대한 탐색이 필요하다.
- 외할머니가 50세에 늦둥이로 낳은 딸인 어머니의 성격적 특징은 무엇인가? 어머니는 매일 소주 1명을 마셔야 할 만큼 무엇이 그토록 힘들었는지, 출장이 잦은 아버지와 어머니의 부부관계는 좋았는지, 연년생을 키워야 하는 양육부담이 어머니에게만 집중되지는 않았는지, 어머니의 특징(감정기복 심함, 통제적, 우울)이 시작된 시점 및 내담자의 현재 증상(우울, 불안)과의 관련성이 있는지도 확인하여 기술할 필요가 있다.

✅ 추론되는 점
- 아버지는 화물차 운전으로 부재하는 시간이 많아 내담자가 필요한 만큼의 애정을 충족시켜 주지 못하였을 가능성이 엿보인다. 동생은 미약하지만 내담자가 필요로 하는 안심을 주는 관계이자 애정을 주는 대상으로 보인다.

5. 내담자 인상 및 행동 관찰
- 160센티미터 정도의 키, 보통체격, 가슴까지 오는 긴 머리, 하얀 치아, 하얀 얼굴, 윗 덧니, 새하얀 운동화. 여리고 약해 보이는 인상. 상담자와 눈이 마주칠 때마다 민망한 표정, 어색한 웃음을 자주 지음

📋 작성 tip
- '내담자의 인상 및 행동 관찰'은 내담자의 외모, 언어적 비언어적 태도를 기재한다.
- 상담자의 주관적인 표현이 들어갈 때는 근거를 함께 기재해야 한다.

📄 보완할 부분
- 내담자의 전반적 인상(하얀 얼굴, 긴 머리, 하얀 치아)이 상담자는 어떻게 느껴졌길래 여리고 약해 보인다고 판단하였는지 내담자에 대한 상담자 느낌의 근거를 기술한다.

✅ 추론되는 점
- 민망한 표정, 어색한 웃음은 대인관계에서의 어려움과 관련되어 있을 가능성이 있다.

II. 내담자 문제의 이해

1. 발달사 및 성장배경
- 일곱 살 때 유치원에서 상 받아서 부모님이 좋아해 줬던 기억, 9세 무렵. 빨래 개는 엄마 옆에서 엄마랑 장난치다가 의도하지 않게 엄마 엉덩이를 치게 되자 엄마가 급변하며 "엄마한테 이래도 되냐?"라고 화를 내어 땀이 나고 무서웠던 기억, 초등학교 5학년까지 공부를 안 하면 동생과 함께 엄마한테 회초리 맞았던 기억이 있다.
- 초등학교 6학년때 같이 다니는 친구와 갈등이 없는데도 친구가 떠나갈까 봐 전전긍긍했고, 자신이 뭔가 잘못한 게 있을까 늘 살피는 마음이 있어 조심스러웠다고 하며, 학창시절 내내 같이 다니는 무리 있었으나 마음속으로 친하다는 느낌을 받지 못했다고 한다.
- 고등학교 1학년 때 어머니가 수면제를 다량 복용하여 응급실로 실려 갔는데도, 그런 어머니를 향해 아버지가 무관심하게 대응하여 놀랐던 기억이 있다.
- 현재 남자친구와 3개월째 사귀고 있지만, 학점관리 및 전공공부에 매진하여 열심히 사는 남자친구와 함께 있으면 자신이 투명인간이 된 듯한 느낌이 들어 서운하다고 한다.

📋 작성 tip
- 발달사와 성장배경은 사건 중심이 아닌 가족 내 역동이 드러날 수 있도록 작성되어야 한다.
- 주요 사건이 내담자에게 어떤 영향을 주었는지가 확인되어야 한다.
- 되도록 가족관계에서 제시된 정보와 중복되지 않는 내용을 제시하는 것이 좋다.

📄 보완할 부분
- 고등학교 1학년 때 어머니가 수면제를 다량 복용한 것과 관련된 주변 상황, 가족 내 사건 등이 있었는지, 아버지가 그 사건을 무관심하게 대한 이유는 무엇인지, 그 사건을 기억하는 내담자의 느낌과 감정은 무엇인지 구체적으로 확인하여 기술한다.

☑ **추론되는 점**

• 어머니가 떠나갈 것(수면제 복용으로 인한 자살 시도)에 대한 두려움과 불안이 있을 수 있고, 이러한 두려움이 어머니와의 관계에서 내담자의 자기 표현을 막고 있었을 가능성 있다.

• 새로 사귄 남자친구가 자신의 일을 열심히 하자 마치 어머니에게 충족되지 못한 의존욕구가 다시 한번 좌절되어 서운함을 넘어 우울과 불안 증세를 심화시키고 있는 것으로 보인다.

2. 심리검사 결과 및 해석

※ 아래 심리검사는 지면상 일부 내용만 수록했다.

– SCT(실시: ○○○○년 ○○월 ○○일 ○○분 소요)

어머니	13. 나의 어머니는 늘 아프다. 26. 어머니와 나는 다르면서 비슷하다. 49. 나는 어머니를 가깝다 생각하면서도 가끔 멀리 있는 사람처럼 느낀다.
두려움	5. 어리석게도 내가 두려워하는 것은 사람들이 나를 싫어해서 떠나 버리는 것이다. 21. 다른 친구들이 모르는 나만의 두려움은 친구가 없다는 것이다. 43. 때때로 내가 두려운 생각에 휩싸일 때 나는 도움이 필요하다.
문제대처	1. 나에게 이상한 일이 생겼을 때 나는 아프다. 34. 나의 가장 큰 결점은 남의 시선을 신경 쓰는 것이다. 38. 행운이 나를 외면하면 나는 슬프다.
과거	17. 어렸을 때 잘못했다고 느끼는 것은 남을 너무 배려한 것이다. 27. 내가 저지른 가장 큰 잘못은 남을 너무 배려하여 하고 싶지 않은 일을 억지로 한 일이다.
미래	30. 나의 야망은 내가 좋아하는 사람이 온전히 나만 보는 것이다.

– MMPI-2(실시: ○○○○년 ○○월 ○○일 ○○분 소요)

1) 타당도 척도와 임상 척도

VRIN	TRIN	F1	F(B)	F(P)	FBS	L	K	S
45	62	57	43	50	62	43	44	48

Hs	D	Hy	Pd	Mf	Pa	Pt	Sc	Ma	Si
51	64	58	54	34	58	72	61	43	76

심리검사 종합 해석

내담자는 MMPI 2-7 척도의 상승에서 알 수 있듯, 우울, 불안하고 긴장되어 있으며 걱정이 많고 예민하다. 어떤 문제가 생기기도 전에 그 문제를 예상하고 걱정하며 실제적이거나 상상적인 위협에 취약하여 사소한 자극에도 과민반응을 보일 수 있으며 정서적으로 쉽게 불안정해질 수 있다. 비관적인 생각이 많고 죄책감을 자주 느끼며 신체증상과 지연된 사고등이 나타날 가능성이 있다. SCT에서도 드러난 것처럼 어머니에게 양가감정을 느끼고, 타인의 시선을 신경쓰며, 가까운 사람이 자신이 떠나갈 것에 대해 염려하고 있는 것으로 나타나고 있다.

💬 작성 tip

- '심리검사 종합 해석'은 주 호소문제와 연결될 수 있는 인지, 정서, 대처행동, 대인관계 양상 등을 중심으로 간략하게 정리하고 상담자의 해석을 기록한다.
- 구체적인 내용은 제3장의 '심리검사 보고서 작성하기'를 참고하라.

📄 보완할 부분

- 위 상담자가 작성한 심리검사 종합 해석은 MMPI 상승된 척도의 일반적인 특징을 나열하듯 기술되어 있다. 개별검사 결과를 공통된 주제에 맞추어 비슷한 범주로 묶어 내담자의 특성 및 현재 문제와 연결시키는 것이 핵심이다(내담자의 임상적 증상 및 성격 특성, 적응 수준 및 스트레스 대처방식, 대인관계 양상 등의 범주별 요약).

✅ 다시 작성해 본다면……

- '좋았다-화냈다'를 반복하는 비일관적인 어머니와의 관계를 타인과의 관계에 투사하면서, 대상으로부터 '사랑받지 못할까 봐, 거절당할까 봐' 불안을 크게 느끼고 있으며(PT, 72) 상처받을 것 같으면 먼저 철수해 버리거나, 갈등 상황을 피하기 위해 자기표현을 하지 않고 순응해 버리고 어색한 웃음으로 회피해 버리는 대처양식을 취하고 있다(Si, 76/MF, 35).
- 이러한 대처양식으로 인해 충분히 표현하지 못한 자신의 욕구나 사랑에 대한 충족되지 못하는 갈망은 내담자를 우울하고 무기력하게 만들며 일상에 대한 흥미 저하와 대학생활 과업 수행에 어려움을 유발하고 있다(D, 64).
- SCT에서도 내담자의 관계 불안이 드러나고 있다(친구들이 모르는 나만의 두려움은 친구가 없다는 것, 어리석게도 내가 두려워하는 것은 다른 사람이 나를 싫어해서 떠나 버리는 것, 나의 가장 큰 결점은 다른 사람 신경 쓰는 것). 내담자의 궁극적인 기대는 SCT에서 '내가 좋아하는 사람이 온전히 나만 보는 것'으로 나타나고 있다. 어머니처럼(어머니를 가깝다 생각하면서도 멀리 있는 사람처럼 느낀다) 기복이 심하지 않고 편안하고 안심되고 자신에게 애정을 줄 수 있는 대상(친구, 남자친구)을 찾으나, 그들이 그것을 충족시키지 못한다고 느껴지면 바로 좌절, 우울 등의 증상이 나타나는 것으로 보인다.

5. 상담자가 본 내담자 문제의 이해

　내담자는 어린 시절 어머니와의 관계가 안정적이지 않았을 것으로 추측된다. 친구처럼 잘해 줬다가 갑자기 돌변하여 화를 내는 어머니의 비일관적인 태도는 어린 자녀들에게 불안하고 편안하지 않은 양육환경을 제공했을 가능성이 높다. 사랑받고자 혹은 거절당하지 않으려고 어머니뿐 아니라 타인과의 관계에서도 수동적이고 자기표현을 못하는 내담자는 최근 남자친구가 학점관리와 자격증 준비로 바빠지면서 서운하고 자주 우울하고 무기력해진다. 또한 내담자는 어머니에게 충족되지 못한 사랑을 현재 친구나 남자친구와의 관계에서 갈망하고 있다. 자기만 바라봐 주고, 끊임없이 사랑을 확인할 수 있게 해 주었으면 하고 애정표현을 더 해 줄 것을 바라는 마음이 크지만, 이것은 오히려 상대방을 부담스럽게 하여 오히려 친구관계, 이성 관계를 어렵게 하는 요인이 되기도 한다.

🗒 작성 tip
- '내담자 문제 이해'는 내담자의 주 호소문제의 특징을 구체적으로 파악하고 그에 따른 원인을 발달력과 가족역동을 통해 추론하여 작성해야 한다.
- 기술 순서는 내방경위 및 호소문제, 촉발요인, 증상의 원인, 핵심문제, 상담의 개입방향의 순이다.

📄 보완할 부분
- 모와의 관계가 안정적이지 않고 어린시절 편안하지 않은 양육환경을 제공했다는 말은 내담자의 문제 및 발생배경의 특성이 구체적으로 드러나지 않는 일반적인 문장이다. 내담자만이 겪어왔던 독특한 특성이 구체적으로 나타나도록 작성해야 내담자를 정확하게 이해할 수 있다.

✔ 다시 작성해 본다면……
- 제5장의 '2. 사례개념화 실제 1) 추론된 정보로 사례개념화, 문장 작성하기'를 참조하라.

III. 상담 목표와 전략

1. 상담목표
1) 어머니나 남자친구, 친구와의 관계에서 자신이 하고 싶은 말을 적절하게 표현해 본다.
2) 우울한 기분을 개선한다.

2. 상담전략
1) 어머니와 타인에게 표현하지 못한 생각과 감정을 표현할 수 있도록 의사소통 교육을 실시한다.
2) 산책 등 운동을 통해 우울한 기분을 관리하고 조절할 수 있도록 활동지를 제공한다.

📑 **작성 tip**
- '상담목표'는 내담자의 호소문제를 어떻게 해결해 갈 것인가를 작성해 가는 것이므로 호소문제와 연결되어 있어야 한다.
- '상담전략'은 상담목표를 달성하기 위한 상담자의 구체적인 행동지침이다.

📄 **보완할 부분**
- 상담목표로는 내담자의 변화를 관찰할 수 있는 구체적인 목표를 제시해야 하는데 우울한 기분을 개선한다는 목표는 구체적이지 않다.
- 상담전략은 상담목표 재수립을 통해 재작성되어야 한다. 내담자의 우울한 기분이 단순히 활동지 제공으로 개선될 것이 아니기 때문에 상담방향에 맞는 전략수립이 필요하다.

✔️ **다시 작성해 본다면……**
- 제5장의 '2. 사례개념화 실제 2) 상담목표와 상담전략 다시 작성해 보기'를 참조하라.

이와 같이 사례개념화를 잘하기 위해서 상담자는 드러난 정보와 드러나지 않은 정보(추론을 통해 파악할 수 있는 정보) 사이의 연결고리를 발견하고, 그 연결고리를 통해 내담자의 핵심문제를 파악할 수 있는 능력이 필요하다. 하지만 여기서 유의할 점이 있다. 추론을 한다고 해서 정보나 근거에 기반하지 않은 채, 상담자가 자기식으로 넘겨 짚거나 단정 짓는 것은 지양해야 한다. 어디까지나 가설로, 잠정적인 가정임을 잊지 않아야 할 것이다.

2) 내담자 핵심문제 파악하기

내담자의 핵심문제란 내담자가 현재 겪고 있는 문제 중 반복적으로 내담자를 고통에 빠트리는 양상이다. 상담 과정에서 현재 내담자가 겪는 어려움을 구체적이고 생생하게 파악해 나가다 보면 겉으로 드러난 증상 뒤에, 내담자를 힘들게 하는 다양한 인지적·정서적·행동적 특성이 있기 마련이다. 내담자의 현재 문제 및 문제가 발생한 배경 그리고 발달사와 가족력을 파악한 상담자라면 이제 본격적으로 내담자의 핵심문제를 구체적으로 정의하려는 시도가 필요하다. 내담자의 핵심문제를 찾아내는 것이 사례개념화의 중요한 뼈대가 되기 때문이다. 예를 들면, 강박 증상이라는 이면에는 엄격하고 통제적인 양육환경에서 자란 탓에, 감정을 억압하고 완벽을 추구하는 환경적, 가족사적, 성격적 요인이 자리 잡고 있을 수 있다.

따라서 내담자가 보고하는 내용 중에서 무엇이 내담자를 힘들게 하는지를 파악하는 것이 중요하다. 그러기 위해 상담자는 내담자가 그 상황을 어떻게 받아들였는지, 어떻게 대처하고 있는지, 그것이 어떤 패턴을 유지하고 있는지 확인해야 한다. 패턴이 확인되었다면 내담자가 왜 이런 대처를 하게 되었는지에 대해 내담자의 정서를 따라가며 탐색해야 한다. 내담자의 핵심문제를 정리하는 데는 다음 세 단계를 거치는 것이 도움이 될 수 있다.

(1) 호소문제의 명료화

내담자의 핵심문제를 파악하기 위한 첫걸음은 호소문제의 특징을 명료화하는 것에서부터 시작된다. 현재 내담자의 문제와 증상이 어떻게 드러나고 있는지 구체화하고 그 문제와 증상을 내담자가 어떻게 대처하고 있는지를 파악해야 진정 내담자만이 특징적으로 겪는 고통과 어려움이 무엇인지 명료하게 드러난다.

`5-1` 사례의 내담자의 경우를 살펴보자. 상담신청서에 우울과 불안, 신경증이 매우 심해서라고 자신의 호소문제를 적었으나 첫 회 상담을 통해 '새로 사귄 남자친구가 학업과 자격증 준비로 바빠지자 자신에게 소홀한 것 같고 애정을 확인할 수 없어 우울하다'로 보다 구체화되었다. 남자친구의 소원함을 대처하는 내담자의 행동 패턴을 살펴보면, 남자친구로부터 사랑을 확인할 수 없어 우울하고 불안해 하면서도, 남자친구가 외면하고 떠나갈까 봐 표현을 하지 못하고 혼자 마음 앓이를 하는 것으로 나타난다. 애정을 갈구하는 마음이 큼에도 불구하고, 상대에게 표현하지 못하고 수용하는 태도를 보일 수밖에 없는 것에서 오는 좌절과 외로움이 내담자 호소문제의 특징이 될 수 있다.

(2) 촉발요인의 구체화

촉발요인은 왜 지금 시점에서 내담자가 찾아왔는지이다. 내담자의 호소문제는 과거의 역사적 배경과 현재의 상황요인이 복합적으로 작용하여 나타난다. 내담자는 이전에도 비슷한 경험을 했을 수 있는데 현재 시점에 찾아왔다는 것은 어떤 상황요인이 문제를 촉발하였음을 의미한다. 앞에서 정리한 내담자의 호소문제에서 보여 주듯, 남자친구의 자격증 준비로 자주 만날 수 없게 되는 상황(촉발요인)으로 불안과 우울이 심화되어 상담실에 찾아오게 된 것이다.

(3) 증상의 원인(발달력, 가족력, 환경적 요인) 파악

내담자의 주 호소문제는 역사적인 배경을 가지고 있는 경우가 많다. 그러므로 내담자의 발달사를 따라가며 주 호소문제가 언제부터 시작되었는지, 이전에는 어떤 양상이었는지, 어떻게 발전하였는지를 파악하는 과정이 필요하다. 내담자의 성장 및 발달과정은 내담자의 성격형성에도 영향을 주기 때문에 내담자의 성격적 특징, 대인 관계 패턴, 대처양식을 파악하는 데 도움이 되기도 한다. 또한 대개 내담자의 성격적 특징을 형성하는 데는 가족의 영향력이 개입되는 경우가 많으므로, 내담자의 부모, 형제관계 등을 살펴보고 이들이 내담자나 내담자 현재 문제에 어떻게 영향을 미치는지 살펴볼 필요가 있다.

5-1 사례에서 보면, 내담자의 우울과 불안의 원인은 다음과 같이 내담자의 가족의 특성에서부터 추론해 볼 수 있다. 내담자의 불안은 잘해 주던 어머니가 돌변하여 화를 냈던 것처럼 상대가 나를 거부할까 봐 늘 불안하기 때문에, 현재 남자친구와의 관계에서도 거부당하지 않는다는 표시(애정표현)에 집착하게 되는 것으로 보인다. 어머니에 대한 분노감, 양가감정이 있지만 어머니가 떠나갈까 봐(아프거나 자살 시도) 자신의 감정을 억압하고 적절하게 표현하지 못했던 것처럼, 남자친구와의 관계에서도 더 사랑받고 싶은데 소원해지는 관계 속에서 힘든 마음을 표현하지 못하고 있는 것이 우울로 나타나고 있는 것으로 보인다. 내담자는 떠나지 않을 대상으로부터 안심되는 경험이 충분하지 않았다. 관계에서 내담자의 기대와 욕구는 SCT에서 나타나듯 나를 좋아하는 사람이 온전히 나만 바라봐 주길 바라는 마음으로 드러나고 있다.

이처럼 내담자의 핵심문제를 상담자가 정확하게 파악하고 있다면 상담목표를 설정하고, 개입방향을 세우는 데 도움이 될 뿐 아니라 내담자로 하여금 상담자를 신뢰하고, 상담에 적극적으로 임할 수 있게 하는 동기부여가 될 수 있다.

제시된 사례의 내담자 핵심문제를 도식화해 보면 다음 [그림 5-1]과 같다.

①
주 호소문제 명료화
(증상 구체화
+대처방식 평가)

〈증상의 구체화〉
• 우울
• 불안
• 관계 집착

〈대처방식 평가〉
• 남자친구에게
  서운하지만 떠나
  갈까 봐 표현을
  못함.
• 어머니의 통제가
  힘들어도 더
  수용하는척을 함.

②
촉발요인 구체화

• 최근 남자친구가
  바빠져 연락이 잘
  되지 않자 몹시
  불안하고 우울해짐.

• 입학 후 대학친구
  들 사이에서 친밀
  감이 느껴지지
  않음.

③
증상의 원인 파악
(발달력, 가족력,
환경적 요인)

• 어머니의 우울, 잘
  해 줬다 돌변하여
  화를 내는 특성

• 주 양육자와의 관계
  에서 안심이 되지
  않는 관계경험

④
내담자 핵심문제

• 어머니에 대한 양가감정이 있지만 어머니가 떠나갈까 봐(아프거나 자살
  시도, 유약함) 적절하게 표현하지 못하고 우울로 나타남.
• 잘해 주던 어머니가 돌변하여 화를 냈던 것처럼 상대가 나를 거부할까 봐
  늘 불안함. 남자친구의 애정표현에 집착함.
• 관계에서 안심되는 경험을 원함. 나를 좋아하는 사람이 온전히 나만 바라
  봐 주길 바라는 기대가 있음.

[그림 5-1] 제시된 사례의 핵심문제 도식화

‼️ 기억해 두기!

핵심문제를 파악하기 위한 세 가지 질문

🖉 왜 지금 이 시기에 내담자가 왔는가?

내담자의 문제는 이전에도 존재했을 가능성이 높다. 그런데 왜 지금 다시 문제가 되는지 촉발요인을 탐색해 가는 것은 다음과 같은 이유로 중요하다. 상담자가 내담자의 촉발요인을 확인할 때, 어떤 상황인지, 누구와 벌어진 일인지, 그 일에 어떻게 대처했고, 어떤 생각과 감정을 느꼈는지를 확인하게 된다. 내담자를 자극한 촉발요인을 면밀히 탐색해 가면, 대체로 내담자의 핵심문제 양상과 유사하기 때문에 내담자 호소 문제 파악에 도움이 된다.

🖉 내담자의 현재 문제가 발생하게 된 경로나 원인은 무엇인가?

내담자는 자신의 문제를 해결하고 싶으나 혼자 힘으로 처리되지 않아 상담실을 찾는다. 내담자가 자신의 문제를 해결하지 못하고, 반복하고 지속하고 있는 원인에는 내담자의 발달사 및 성장 과정을 통한 성격적 특징, 가족 및 환경적 특징 등이 영향을 미치고 있다. 어린 시절, 가족 내에서 자기감정 및 할 말을 제대로 하지 못했거나, 억압한 경우 다른 사람과의 관계에서도 자기주장 및 감정표현에 서툴 수밖에 없다. 이처럼 내담자의 현재 문제가 발생한 경로나 원인을 구체적으로 파악한다면 내담자가 현재 겪고 있는 문제에 대해 입체적으로 이해할 수 있다.

🖉 내담자의 현재 문제는 무엇이며 어떻게 대처하고 있는가?

같은 문제라도 문제가 되는 사람과 그렇지 않은 사람이 나뉘는 것은 대처방식의 차이 때문이다. 내담자의 대처방식과 방어기제는 내담자의 삶에서 자신이 살아남기 위해 채택한 삶의 방식이다. 그것이 이전에는 유용하게 작용하였으나, 이제는 도움이 되기는커녕, 내담자를 더욱 고통스럽게 만들 때 내담자가 상담실을 찾게 되는 것이다. 이처럼 대처방식에 대한 파악은 내담자의 역기능적인 패턴을 이해하는 데 도움이 된다.

2. 사례개념화 실제

이번 장에서는 앞서 공부한 내용을 바탕으로 내담자에게서 얻은 정보와 상담자가 추론한 내용을 기초로 하여 사례개념화, 목표설정 및 전략을 문장으로 작성하는 과정을 살펴보도록 하겠다.

1) 추론된 정보로 사례개념화, 문장 작성하기

내담자 정보를 활용한 핵심문제를 파악한 것을 **5-2** 와 같이 사례개념화 형식에 맞춰 문장으로 다시 작성해 보도록 하자.

> **5-2** **내담자 문제 이해 사례개념화 문장으로 다시 작성해 보기**
>
> ① 주 호소문제의 명료화(증상 구체화 + 대처방식 평가)
> - **내방경위 및 주 호소문제의 구체화**: 수업시간에 자주 엎드려 자는 내담자를 지도교수가 면담을 한 후 우울과 불안이 높다는 내담자에게 상담센터 방문을 권유하여 내방하였다. 내담자의 호소문제는 '대인관계에서 내 의견을 말하고 싶다' '우울감을 줄이고 싶다' '친밀한 관계를 원하지만, 거부당할까 봐 두렵다'이다.
> - **내담자의 대처방식**: 내담자는 연인이나 친구관계에서는 자기만 바라봐 주고 끊임없이 애정을 확인해 줄 수 있는 친밀한 관계를 원하면서도, 상대로부터 거부당할까 봐 불안에 떨거나 상처받기 전에 먼저 관계를 철수해 버리는 대처방식을 취하고 있다.
>
> ② 촉발요인 구체화
> - 3개월 전부터 사귀기 시작한 새 남자친구가 최근 학점 관리와 자격증 준비를 이유로 바빠지면서 소원해지자 자신이 상대로부터 거부당하고 있다는 것에 대한 불안, 친밀한 관계에 대한 갈망이 증폭되면서 우울감, 무기력감을 느끼게 된 것으로 보인다.
>
> ③ 증상의 원인 파악(발달력, 성격 및 가족특성, 환경에 따른 원인)
> - 내담자의 관계에 대한 불안은 특히 어머니와의 관계에서 비롯된 것으로 보인다. 9세 경 내담자가 장난으로 빨래를 개던 엄마의 엉덩이를 쳤는데 평소와 달리 돌변하여 "엄마한테 이게 무슨 짓이야."라며 엄마가 화를 냈다고 한다. 이러한 일이 내담자가 상대의 눈치를 살피고 다른 사람이 언제 기분이 나빠질지 모른다는 불안감을 가지게 하는 원인이 되었을 것으로 여겨진다.

- 내담자의 어머니는 내담자가 힘들 때 힘듦을 충분히 받아 주기보다 '내가 더 힘들다' '니가 내 말 들어줘야지'라며 어머니가 더 의존하는 모습을 보여 내담자가 의지하거나 자신의 속마음을 드러내기 어려웠을 것으로 보인다. 그리고 내담자가 아르바이트를 해서 번 돈을 내담자의 의사와는 무관하게 모두 강제로 통장에 입금해 버리는 등의 강압적인 어머니의 태도는 내담자에게 무력감과 우울감을 느끼게 했을 것으로 보인다.
- 어머니와 달리 아버지는 남동생보다 자신을 더 예뻐해 주었다는 기억을 가지고 있으나, 출장이 잦고 표현이 적었기에 내담자의 사랑받고 싶은 욕구를 채워 주기에는 부족했을 것으로 추측된다.

④ 내담자 핵심문제

이상의 내담자 보고를 근거로 내담자는 친구관계에서 친밀감을 원하지만 거부당할까 봐 두려워하고, 가족 내에서 충족되지 못한 사랑받고 싶은 욕구를 남자친구에게 갈구하는 형태로 드러내고 있는 것으로 보인다. 어머니처럼 기복이 심하지 않으면서 편안하고 안심되며 자신에게 애정을 줄 수 있는 대상(친구, 남자친구)을 찾으나, 그들이 그것을 충족해 주지 못한다고 느끼면 바로 좌절, 우울 등의 증상을 보이고 있다.

⑤ 상담을 통한 개입방향

- 내담자는 상담자와의 관계에서 자신을 떠나거나 거부하지 않을 안전한 관계의 경험이 필요하다.
- 이후 우울의 근원을 확인하기 위해서는 내담자가 상담을 통해 어머니에 대한 양가감정을 안전하게 표현하고, 표현된 감정을 공감받을 수 있도록 허용적인 분위기를 제공하는 것이 필요해 보인다.
- 또한 사랑받고자 하는 열망과 거부당할 것에 대한 불안감이 현재 관계에 어떠한 영향을 미치고 있는지 스스로 이해하고 통찰할 수 있도록 도울 필요가 있어 보인다.
- 어머니에 대한 감정이 어느 정도 표출되고 나면, 내담자가 관계에서 보이는 패턴인 타인의 반응(거부, 애정)에만 주목하던 내담자의 관심을 자기에게로 돌려 자신의 감정과 감각에 좀 더 집중할 수 있도록 할 필요가 있다.

‼️ 궁금해요!

✏️ 사례개념화할 때 문장 작성이 어려워요. 어떻게 쓰면 되나요?

내담자가 보고한 내용에 근거하여 상담자의 전문적인 소견을 읽는 사람이 이해하기 쉽게 작성하면 된다. 상담자의 전문적인 소견이라고 해서 지나치게 이론적이고 추상적인 용어를 사용하는 것은 삼가는 것이 좋다. 초심상담자들이 사례개념화 문장 작성 시 흔히 하는 실수는 다음 예시와 같다.

〈사례개념화 문장 작성 시 초심상담자들이 흔히 하는 실수〉

① 내담자의 독특성이 결여된, 지나치게 일반적인 가설을 포함한 문장

예: 내담자는 불안정한 양육환경에서 부모로부터 안정적 애착을 경험하지 못하여 대인관계의 어려움을 겪고 있다.

② 지나치게 이론적이고 어려운 말만 가득한 문장

예: 내담자에게는 인지적으로 과잉일반화, 흑백 논리, 정신적 여과, 개인화와 같은 왜곡사고가 자주 발견되며, 이로 인해 과도한 불안, 두려움, 낮은 자아효능감, 우울 같은 정서적 문제를 야기하는 것으로 보인다. 또한 이에 대한 대처로 단조로운 자기표현, 무기력, 신경질적인 의사소통 등의 행동 반응을 나타내고 있다. 또한 착한아이 콤플렉스를 가진 내담자가 요구받는 역할 사이에서 불안이 높아지면, 억압, 투사, 반동형성, 전치와 같은 방어기제를 과하게 사용하다가 더 이상 참을 수 없는 상황이 오면 극단적인 행동을 보인 후, 다시 죄책감에 빠져드는 부정적인 패턴으로 발달했을 것으로 파악된다.

2) 사례개념화를 바탕으로 상담 목표 및 전략 수립하기

사례개념화를 통해 내담자 문제에 대한 진단 및 파악이 되었다면, 이제 상담자는 '내담자를 어떤 상태로 변화시킬 것인가'라는 과제가 남는다. 내담자의 어려움이 어떤 상태로 도달하게 만들것인지가 바로 상담목표이다. 변화해야 할 목표점 없이 단순히 사례개념화를 통한 내담자 문제를 이해한 것에 그친다면 상담의 유용성이나 가치가 있다고 말하기는 어려울 것이다. 즉, 상담목표란 내담자 문제에 대한 이해에 근거해서 상담을 통해 도달하고자 하는 장기적·단기적 실천계획이고, 상담전략은 상담목표에 도달하기 위한 구체적인 방법을 의미한다. 상담목표와 상담전략은 서로 연결성이 있어야 한다.

상담전략은 각각의 상담목표를 달성하기 위해 상담자가 어떤 수행을 할 것인가, 어느 부분에 초점을 맞추어 개입할 것인가가 드러나게 작성되어야 한다. 상담목표와 전략을 설정할 때 고려해야 할 몇 가지는 다음과 같다.

2. 사례개념화 실제 **141**

(1) 상담목표는 구체적이고 측정가능하고 달성가능하고 현실적인 것일수록 좋다

상담목표가 구체적으로 기술된다면 어떤 종류의 행동 변화가 얼마나 일어났느냐에 따라 판가름할 수 있는 명확한 기준이 생겨, 이후 상담에서의 목표달성 및 상담 성공 여부에 대한 평가가 가능하다.

(2) 목표에 대한 상담자와 내담자의 상호 합의가 중요하다

목표에 도달하기 위해서는 상담자뿐 아니라 내담자의 참여와 노력이 큰 변수로 작용하므로 상담목표 설정이 상담자만의 일방적인 것이 되지 않아야 한다. 내담자가 가장 불편을 겪고 있고 변화하고 싶어하는 부분을 우선으로 하되, 상담자가 추가할 목표가 있는 경우에는 이것을 반영할 수도 있다.

(3) 내담자의 자아강도 및 발달 수준은 어떠한지, 통찰이 가능한지 고려해야 한다

내담자가 합의한 목표를 실행할 수 있는 능력이 있는지를 살펴보는 것이다. 자아강도와 발달 수준, 통찰 수준이 낮다면 내담자의 통찰을 불러일으키는 접근보다는 지지적인 치료로 전략을 구성하는 것이 바람직하다.

5-3 상담목표와 상담전략 다시 작성해 보기

① 상담목표

1) 표현하지 못했던 다양한 감정(어머니에 대한 미움, 부족한 사랑에 대한 갈망 등)을 상담에서 충분히 표현해 본다.
2) 어머니와의 관계가 타인과의 관계(남자친구 등)에서 반복되고 있음을 이해한다.
3) 타인에게 애정을 기대하지 않고 자신 스스로 위로하는 의식적 행동을 찾아보고 실천해 본다 (그림그리기, 화장하기, 자신 쓰다듬기 등).

② 상담전략

전반적으로 상담 과정에서 관계 불안이 높은 내담자이므로 초기 상담에서 상담관계를 안전하게 느끼도록 돕는다.

1-1) 초반에는 어머니와 타인에게 표현되지 못하고 억압된 감정이 충분히 여러 번 표현될 수 있도록 촉진하여 자신을 되돌아볼 수 있는 여유를 확보한다.
2-1) 어머니와의 관계 역동을 이해함으로써, 사랑받고자 하는 열망과 거부당할 것에 대한 불안감에 현재 관계에 어떠한 영향을 미치고 있는지 이해할 수 있도록 한다.

3-1) 타인의 반응(거부, 애정)에만 주목하던 내담자의 관심을 자기에게로 돌려 자신의 감정과 감각에 좀 더 집중할 수 있도록 한다.

3-2) 내담자가 희망하는 관계(친밀한, 사랑받는 관계)를 언어로 구체화해 보도록 하며 그 정도와 수준을 객관적으로 바라볼 수 있도록 한다.

3-3) 관계에 대한 이분법적인 생각(애정하거나 거부하거나)에서 다차원적인 관계 수준을 이해할 수 있도록 한다. 또한 자신의 관계 패턴을 이해하고, 건강한 관계에 도움이 되는 행동과 도움이 되지 않는 행동을 구별해 볼 수 있도록 한다.

예시에서 보면, 내담자는 대학생으로 통찰이 가능한 지적 수준과 자아강도를 갖고 있다. 상담목표는 내담자가 충분히 어머니에게 표현하지 못한 감정을 상담실에서 표현하도록 하고, 자신의 행동 패턴을 이해하며, 자기감을 찾는 활동을 해 나가는 것을 목표로 삼고 있다. 상담자의 이론은 어린 시절 주요 대상과의 관계에서 느꼈던 감정과 행동 패턴이 현재의 관계에도 영향을 미친다는 관점으로 내담자 문제를 바라보고 있다. 이와 같은 목표를 달성하기 위한 전략으로 어머니와의 억압된 감정의 표현을 촉진하는 것을 우선시하며, 자신의 관계를 통찰하고 객관화할 수 있도록 돕는 전략을 취하고 있다.

!! 궁금해요!

✎ 사례개념화는 언제 하는 게 가장 좋은가요?

사례개념화를 지나치게 빨리 하면 장님 코끼리 만지기 식이 되는 건 아닌지 궁금할 수 있다. 사례개념화는 초기 단계에만 이루어지는 것이 아니라, 상담을 진행하는 과정에 따라 수정, 보완되는 과정이다. 하지만 초기에 내담자 문제에 대한 이해 및 사례개념화 없이 상담을 진행한다면, 지도 없이 항해하는 것과 같으므로 초기에 정리해 두는 것이 좋다.

✎ 사례개념화는 정보가 많을수록 좋은 건가요?

무조건 많은 정보가 있다고 해서 사례개념화를 잘할 수 있는 것은 아니다. 보이는 객관적인 정보 이면의 상담자가 경험적, 이론적으로 해석한 내담자의 문제에 대한 이해가 더 도움이 되는 경우도 있다.

　제5장에서는 내담자에 대한 수집된 정보를 바탕으로 추론 과정을 더해 사례개념화를 하는 과정을 살펴보았다. 사례개념화를 하기 위해서는 내담자의 핵심문제를 파악해야 한다. 내담자 핵심문제를 파악하기 위해서는 호소문제의 특징을 명확히 하는 것이 그 시작이다. 현재 내담자가 가장 답답하고 해결하고 싶은 문제를 생생하게 드러나게 하려면, 내담자의 증상을 구체화하고 내담자의 대처방식을 평가하는 것이 필요하다. 여기서 왜 지금 왔는가에 대한 촉발요인에 대한 탐색도 필요하다. 이러한 호소문제의 원인(가족력, 발달력, 환경적 요인)에 대한 탐색을 통해 내담자의 핵심문제의 발생과 유지되는 원인에 대한 파악이 그 다음 과정이라 할 수 있다. 사례개념화를 통해 내담자 문제에 대한 진단 및 파악이 되었다면, 이제 내담자의 어려움이 어떤 상태로 도달하게 할 것인가에 대한 상담목표를 정하게 된다. 상담목표는 구체적이고 측정가능하며 현실적인 것으로 정하는 것이 좋으며, 이는 내담자의 자아강도를 고려하여야 한다. 이러한 과정을 통해 내담자 문제를 입체적으로 이해하는 것은 초심상담자들의 상담 진행 과정에서 중요한 좌표가 될 수 있음을 명심하자.

‼️ 초심상담자 미진씨의 고민

슈퍼비전을 받고 나면 좌절감이 밀려와요.

　미진씨는 대학교 학생상담센터 인턴 상담원이다. 슈퍼비전을 받고 나면 좌절감이 밀려온다는 고민을 토로하고 있다. 첫 사례를 받아 진행하던 중 센터 사례 회의에서 슈퍼비전을 받기로 했다. 첫 슈퍼비전이라 두근거리는 마음으로 사례보고서를 작성하고, 사례회의에서 발표를 했는데, 슈퍼바이저로부터 "내담자 이해가 충분히 되지 않은 거 같다." "내담자가 잘 그려지지 않아 사례보고서를 읽는 것이 힘들었다." "내담자가 무엇이 힘든지 귀 기울이고 주목하기보다 자신이 해석한 대로 조언하고 충고하는 반응이 많은 것 같다." 등의 피드백을 들었다.

　조언하고 나무라는 어머니에게 늘 위축되고 눈치 보는 것이 습관이 되어 다른 사람들과의 관계에서도 눈치 보는 내담자가 안타깝고, 소극적인 내담자를 적극적으로 끌어 보고자 하는 마음이 컸는데, 자신이 내담자의 어머니와 똑같이 하고 있다는 피드백을 듣는 순간 상담자 미진씨는 좌절감이 밀려왔다. 사례개념화도 제대로 하지 못하는 자신은 상담자의 길을 갈 자격이 없다는 생각도 들었다. 내담자에게도 미안한 마음이 들어 미진씨는 눈물이 찔끔 났다.

➡ 슈퍼비전은 자신의 초심상담자로서 자신의 부족한 면을 알고, 전문상담자로 발달하기 위한 과정이다. 오히려 슈퍼비전을 잘 받으려고, 사례보고서에 자신의 실수한 반응을 누락시켜 제출해서는 상담 실력 향상에 전혀 도움이 되지 않는다. 자신의 부족한 점을 인정하고, 이전보다 성장하는 데 주목하며 슈퍼바이저의 지적을 자신의 인격이나 개인적인 문제에 대한 지적으로 받아들이지 않는 것이 필요하다.

제2부

상담의 중기와 종결

반복되는 핵심문제 다루기

　상담의 중기는 내담자의 확인된 핵심문제가 생활 전반에 어떻게 반복되면서 부적응 상황을 이어가고 있는지를 자각하고 통찰하게 하는 과정이다. 상담자는 내담자의 핵심문제가 현재 증상과 연결되어 있다는 것을 내담자 스스로 인식하도록 돕는 과정이 필요하다. 내담자가 자신의 문제를 이해하고 수용하는 과정은 지금까지의 삶과 다른 관점을 가져야 하는 점에서 큰 두려움과 저항이 생길 수 있다. 이 저항을 잘 극복하여 다양한 관점에서 자신의 삶을 바라볼 수 있게 된다면 내담자는 다른 선택을 할 수 있게 되고 마침내 상담은 종결을 앞둘 수 있다. 이 모든 과정을 상담 중기라고 볼 때, 제6장에서는 그 첫 단계인 내담자의 반복되는 핵심문제를 다루는 것에 초점을 맞추어 알아보고자 한다. 내담자가 보고하는 일상 속의 다양한 어려움이 핵심문제와 연결되어 있다는 것을 내담자가 자각하기 위해서는 상담자가 어떻게 개입할 수 있는지 알아보고자 한다.

제6장 한눈에 보기

1 → • 상담 초기 이후 상담 개입
  • 내담자의 현재 증상과 핵심문제의 연결

핵심문제 알아차리기

2 → • 과거와 만나기 위한 상담기법(구체적 상황 연상하기)
  • 감정정화를 위한 상담기법(감정에 머무르기와 표현
    격려)

핵심문제 개입을 위한 상담기법

3 → • 내담자 두현씨의 사례

핵심문제 다루기 적용 사례

제6장 들어가기 전에……

상담 중기에서 핵심문제를 어떻게 다룰지 생각해 보자.

💬 내담자의 다양한 호소내용 중 어디에 중점을 두어야 할까?

💬 내담자의 핵심문제와 현재 증상을 어떻게 연결할까?

💬 핵심문제를 현재 증상과 연결했다면, 그후 어떻게 해야 증상이 완화될 수 있을까?

1. 핵심문제 알아차리기

상담자가 내담자의 핵심문제를 알아차리는 것이 왜 중요할까? 상담이란 정해진 기간 안에 내담자의 심리적 불편함을 해소하여 일상에 적응하도록 돕는 것이다. 다양한 어려움을 호소할 수 있는 것이 내담자의 입장이라면, 상담자는 현상 중에서 내담자가 현재 적응적 어려움을 겪게 된 원인과 유지 요인을 빠르게 파악하여 내담자 스스로도 인지할 수 있도록 돕는 것이다. 이를 위해서는 상담자는 내담자가 호소하는 다양한 어려움 속에서 반복되는 핵심문제를 파악하는 것이 우선이다. 핵심문제를 파악한다는 것은 상담방향을 잡아 주고 내담자의 심리적 불편감을 어떻게 해소할 수 있는지를 알려주는 길라잡이 역할을 할 수 있다. 핵심문제를 파악하고 있다면 내담자가 매 회기 호소하는 이야기들 속에서 상담자가 어디에 중점을 두고 상담을 이끌어 가야 할지 알 수 있을 것이다.

1) 상담 초기 이후 상담 개입

(1) 매회 상담 시작하기

상담자는 정해진 시간 안에 내담자가 자신의 심리적 어려움을 잘 표현할 수 있도록 이끌어 주는 것이 필요하다. 그에 따른 첫 방안으로, 상담자가 '첫 대화를 어떻게 시작하는 것이 좋을지'에 대해 고민해 볼 필요성이 있다. 내담자는 상담자의 질문에 따라 답변을 하는 성향이 있기 때문에 첫 대화가 어떻게 이루어지냐에 의해 해당 회기의 상담의 내용이 달리질 수 있기 때문이다.

중기 상담은 내담자가 자유롭게 하는 얘기에서 핵심문제가 어떻게 발현되고 있는지를 상담자가 파악하여 다루는 과정이다. 내담자는 다양한 주제나 덜 중요한 일상의 보고를 할 수도 있으므로 상담자는 내담자가 자신의 현재 증상과 관련된 이야기를 할 수 있도록 이끄는 것이 중요하다. 좀 더 쉽게 이해하기 위해 다음과 같은 예를 생각해 보자.

| 점검해 보기 |

  ☍ **기존의 상담 시작 방식 점검하기**
- 이렇게 시작해 볼 수 있어요.

> 어서 오세요.
> 한 주간 어떻게 지냈어요?

상담자: 어서오세요. 한 주간 어떻게 지냈어요?

내담자: 이번 주에는 친구들이랑 놀러 갔다가 그 뒤에는 계속 과제만 했었어요. 그 뒤는 딱히 없었어요.

개입Tip

단, 말을 꺼내는 것조차 어려운 내담자도 있을 수 있다. 이럴 경우 무작정 내담자에게 주제 선정 기회를 주기보다는 어떤 점에서 말을 하는 것이 어려운지를 다루는 것이 도움이 된다.

상담 초기에는 정보 탐색과 관계 형성을 위한 개입이 이루어지는 반면에, 상담 중기부터는 확인된 핵심문제가 현재 생활 속에서 어떻게 나타나는지 계속적인 확인이 필요하다.

이를 위해서는 내담자의 문제가 현재 생활에서 어떤 식으로 나타나는지 알 수 있도록 내담자가 화제를 선정할 수 있는 구조화를 해 보자. 상담자가 '한 주간 어떻게 지냈어요?'라고 질문을 하게 되면 내담자는 한 주 동안 지낸 장황한 상황 설명으로 이어지거나 곁가지 이야기로 새기 쉽다. 그럴 경우 상황 설명이 길어지느라 한정된 상담시간을 핵심적으로 다루기에는 어려움이 생길 수 있다. 반면, 내담자가 이야기의 주제를 선정할 수 있도록 상담자가 안내한다면 내담자는 상담의 주도성을 느끼며 본인이 가진 현실의 불편감을 드러낼 것이므로 좀 더 효과적으로 해당 회기에 다루어야 할 본론에 빠르게 접근할 수 있다.

| 점검해 보기 |

  ☍ **상담 시작 방식의 제기**
- 이렇게 시작해 볼 수 있어요.

> 오늘은 어떤 이야기를
> 하고 싶으세요?

상담자: 오늘은 어떤 이야기를 하고 싶으세요?

내담자: 이번 학기 성적이 나왔는데 부모님께 제 성적을 말할 수 없어요. 부모님께 어떻게 말해야 할지 모르겠어요. 그 생각만 하면 아무것도 안 하고 싶어요.

(2) 내담자 호소내용에서 무엇을 개입해야 하나?

내담자가 주제 선정을 하여 회기가 시작되었다면 이것을 어떻게 다룰 것인가가 고민이 될 것이다. 중요한 것은 내담자가 호소하는 내용에서 정서를 따라가며 질문을 해야 한다.

Question) 내담자가 다음과 같이 보고하였다. 다음 중 어떤 내용에 초점을 두고 개입하는 것이 적절할지 고르시오.

내담자: 엊그제 친구와 싸웠어요. 그 친구는 항상 저에게 무시하는 말을 하곤 하거든요. 그때도 그 친구가 제가 한 일을 가지고 "너는 항상 그런 방식으로 일을 처리 하는 게 문제가 돼."라고 말하는 거예요.

① 그래서 결과가 어떻게 됐나요?
② 친구가 그렇게 했을 때 어떻게 대처했나요?
③ 친구의 그 행동에 심정이 어땠나요?
④ 다른 사람들 반응은 어땠나요?

적절한 개입 방법은 ③번으로 내담자 말 속에 포함된 정서에 대해 집중하는 것이 중요하다. 정서를 따라 개입한다는 것은 그 상황이 내담자에게 어떤 영향을 주었는가, 어떻게 작용했는지를 알 수 있고 이러한 과정을 통해 내담자 스스로도 자기이해를 높일 수 있다. 내담자가 사건의 현상이 아닌 자신의 내면에 주의를 기울이게 된다.

그렇다고 ①번, ②번, ④번이 적절하지 않다는 것은 아니다. 다만 ①번처럼 스토리만을 따라가다 보면 현상에만 집중하게 되어 상황 속에서 내담자가 영향 받은 내적 세계를 이해하기 어렵게 된다. ②번은 내담자의 대처방식을 알 수 있는 질문으로 나쁘지 않으나, 내담자가 사건에서 어떤 패턴과 어려움을 겪고 있는지 충분히 파악한 후에 질문해도 늦지 않다. ④번의 경우는 타인의 반응을 통해 내담자가 새로운 관점과 느낌을 가질 수 있게 돕는 질문이나 내담자의 정서를 먼저 표현하게 한 후 추가적인 질문으로 관점을 확장해 주는 것이 더 적절하다.

!! 셀프 슈퍼비전

✎ 반복되는 핵심문제를 다루지 못한 경험이 있었나요?

예) 대인관계에서 어려움을 겪고 있는 내담자의 이야기를 매번 에피소드를 듣는 데서 끝나고 있어요.

✎ 그 상황에서 반복되는 핵심문제를 다루기 위해 어떤 질문을 해 볼 수 있을까요?

2) 내담자의 현재 증상과 핵심문제의 연결

초심상담자일수록 내담자의 핵심문제를 파악한 뒤, 무엇을 해야 할지 몰라 당황하는 경우가 많다. 상담 중기의 과제는 '내담자가 보고하는 일상 속 어려움을 어떻게 핵심문제와 연결할 수 있을까'이다. 상담자가 내담자의 현재 증상이 핵심문제와 연결되어 있다는 것을 내담자 스스로 알아차리도록 돕는 것이다. 그 연결 짓는 방식은 매 회기 다음과 같은 과정을 통해 진행된다.

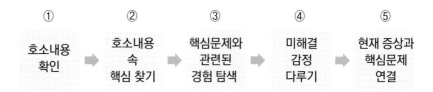

[그림 6-1] 상담 중기의 현재 증상과 핵심문제 연결 과정

내담자의 증상 속에 숨겨진 핵심문제를 [그림 6-1] 과정처럼 어떻게 연결하고 개입할 수 있는지 다음의 사례를 통해 살펴보자.

(1) 호소내용 확인

앞서 매회 상담 시작하기와 같이, 내담자가 상담에서 다루고자 하는 주제를 꺼낼 수 있도록 개입한다.

6-1 호소내용 확인

상1: 오늘은 어떤 이야기를 하고 싶으세요?
내1: 이번 주에 너무 기분이 안 좋았어요. 무기력하게 보내게 되고 그게 또 기분을 더 안 좋게 만드는 거 같아요.

상담자가 어떤 이야기를 하고 싶냐는 개방 질문을 함으로써 내담자가 '이번 주에 기분이 너무 안 좋다'는 주제를 말했다. 이것은 내담자가 다루고 싶은 주제가 무엇인지 명확성을 나타냄과 동시에, 상담 주제를 내담자가 선정함으로서 상담의 주체는 내담자라는 인식을 가질 수 있다.

(2) 호소내용 속 핵심 찾기

내담자가 보고하는 내용 중에서 무엇이 내담자를 힘들게 하는지를 파악하는 것이 중요하다. 그러기 위해서는 상담자는 내담자가 그 상황을 어떻게 받아들였는지, 그래서 어떻게 대처하고 있는지, 그것이 어떤 패턴을 유지하고 있는지 확인해야 한다. 패턴이 확인되었다면 내담자는 왜 이런 대처를 하게 되었는가를 내담자의 정서를 따라가며 탐색해야 한다.

> **/ 핵심요약 /**
> 내담자 이야기 속의 정서를 따라가며 어떤 생각과 느낌을 가지는지 구체적으로 확인한다.

6-2 **호소내용 속 핵심 찾기**

상1: 아무것도 하기 싫을 만큼 힘든 것 같은데, **부모님께 말씀드리면 어떨 거 같으세요?**

내1: 아마 저를 정말 야단치고 비난할 거예요. 곧 졸업인데 취업은 어찌할 건지 한심하게 볼 것 같아요. 경제적 지원을 대학교까지 해 준다고 하셨거든요. 사실 1학기에는 성적이 괜찮았거든요. 근데 2학기에 더 나빠졌어요.

상2: 부모님이 두현씨를 이해해 주지 않는군요. **그럴 때 두현씨는 어떠세요?**

내2: 망했다고 생각하는 거 같아요. 그냥 열심히 하던 게 다 하기 싫어져요. 내가 과제 하느라 애쓰고 중간고사 잘 보려고 밤 샜던 게 어차피 결과적으로 다 상관없으니까 막 다 포기하게 돼요. 무기력해진다고 해야 하나.

상3: 결과가 안 좋으면 열심히 하던 걸 포기하는군요. **어떤 심정으로 그렇게 되나요?**

내3: 어차피 몰라주니까요. 내가 이렇게 한들 중요한 건 성적이 잘 나와야 되고 그래서 취업을 해야 되는 거죠. 이렇게 성적이 엉망으로 나와 버리면 그냥 하나 마나 한 애가 돼 버리는 거예요.

6-2 사례의 두현씨는 성적이 안 좋으면 부모님이 비난할 것이며, 자신을 한심하게 볼 것으로 생각하고 있다. 이것은 내담자가 결과가 좋지 않다 예상되면 모든 걸 손 놓아버리고 무기력해지는 상태를 불러일으킨다. 여기서 중요한 것은 내담자가 왜 그런 대처를 하게 됐는지 그 사정에 대해 상담자가 공감함으로써 내담자의 감정은 타당화되고 스스로를 이해하게 하는 것이다.

(3) 핵심문제와 관련된 경험 탐색

"

/ 핵심요약 /

"언제부터?"를 잘 사용하면 과거 탐색을 수월하게 할 수 있다.

내담자가 왜 이런 대처를 하는지 탐색되었다면 그것이 시작된 시점을 확인하며 현재 반복되는 핵심과 관련된 과거 경험을 탐색하는 것이 필요하다. 시점을 확인함으로써 그런 대처를 하게 된 원인을 명확히 알 수 있게 된다.

6-3 **핵심문제와 관련된 경험 탐색**

상1: 결과에 따라 두현씨의 가치가 결정되는 듯하네요. **언제부터 이렇게 결과에 신경 썼나요?**

내1: 어릴 때부터 쭉 부모님께 "네가 공부를 잘해야 동생들도 본받는다. 엄마, 아빠가 너에게 모든 것을 걸었다." 같은 말씀을 많이 들었어요. 아빠는 저녁마다 영어단어 테스트를 하실 정도였죠.

6-3 사례에서 핵심문제와 관련된 경험을 탐색하는 상담자의 질문을 통해서 내담자가 결과에 연연하게 된 시점과 내담자가 그럴 수밖에 없었던 원인을 확인했다. 상담자의 질문에 답하면서 내담자는 자신이 살아온 방식에 대한 이해와 수용을 할 수 있게 있다.

(4) 미해결 감정 다루기

핵심문제와 관련된 경험 속 해소되지 못한 감정을 확인하고 다루어야 한다. 먼저, 해소되지 못한 감정을 왜 다루어야 하며, 어떤 식으로 접근하는지 다음 사례에서 알아보자.

감정을 다룬다는 것은 어떤 의미일까요?

내담자의 증상은 과거 경험에서 해소되지 못한 감정이 현재까지 영향을 주어 생기는 문제이므로 핵심문제와 관련된 해소되지 못한 감정을 정화할 수 있도록 돕는 것이 치료적 개입의 핵심이다. 감정을 다루는 과정에서 내담자는 좌절되었던 욕구를 통해 '자신이 진정으로 원했던 것이 무엇이었는지'에 대한 자기이해와 '이제는 그렇게 하지 않아도 된다'는 자기 수용을 경험하도록 돕는 것이다.

6-4　**미해결 감정 다루기**

상1: 지금 생각하면 평소에 어떤 걸 바랐을까요?
내1: 그냥 관심이죠. 동생 같이 그냥 말만 해도 예뻐하는 눈빛. 동생하고 이야기하실 때 아빠 눈빛을 잊을 수 없어요. 나도 저런 표정 한번 받아 보고 싶다. 가슴이 아파 올 만큼 간절하게 원했던 게 기억이 나요.

6-4 사례에서 상담자가 정말로 바랐던 것은 무엇이었는지 질문을 하자 내담자는 그냥 관심, 즉 사랑을 원했다고 말하고 있다. 과거에 욕구가 좌절된 채 해소되지 못한 감정을 미해결된 감정이라고 한다면 내담자는 미해결된 감정을 가지고 지금껏 지내 왔다. 적응하기 위해 억압한 채 지낸 것이 현재에는 증상을 일으키는 핵심 요인이 되고 있으므로 과거 해소되지 않았던 정서적 재경험을 하면서 내담자는 진정으로 바랐던 욕구를 알아차리고 지금까지 그럴 수밖에 없었던 자신을 수용할 수 있게 된다.

(5) 현재 증상과 핵심문제 연결

내담자가 자신의 대처가 왜 그렇게 할 수밖에 없었는지 이해되었다면 핵심문제와 현재 증상이 연결되어 있다는 것을 내담자가 자각할 수 있도록 돕는 것이 필요하다. 이를 통해 내담자 스스로 자신의 증상에 대한 통찰을 할 수 있다.

6-5 현재 증상과 핵심문제 연결

상1: 지금 마음이 좀 어떠세요?

내1: 선생님 앞에서 너무 펑펑 울어서 민망하기도 하고…… 왠지 모르게 속이 좀 시원하네요.

상2: 표현을 하니 시원하면서도 제가 신경이 쓰였나 봐요. 두현씨가 어린 시절 아빠에게 바랐던 마음을 표현해 보니 어떠세요?

내2: 제가 바랐던 건 그냥 있는 그대로의 관심이었는데 거기에 연연하다 보니 제가 공부 잘하는 아이, 성공해야 하는 사람에 집착했던 거 같아요. 그게 곧 관심받는 길이고 못하면 사랑은커녕 쓸모없다고 생각했네요.

상3: 결과에 집착할 수밖에 없었던 자신이 안쓰럽게 여겨지네요. 그럼 평소에 성적이 좋지 않으면 부모님께 비난받을 것 같다고 했는데 이 문제는 어떻게 이해되나요?

내3: 성적이란 결과가 좋지 않으면 '부모님께 인정받지 못하겠구나'라는 생각이 먼저 든 것 같아요. 그러니까 내가 하고 싶어서 뭔가를 한다기보다 결과에만 초점이 맞춰지다 보니, 무기력해지고 학과 공부도 재미없어서 집중을 못했네요. 하…… 왜 그렇게 성적에 집착하고 결과가 뜻대로 안 될 때마다 사라지고 싶을 만큼 우울했는지 알겠어요.

개입Tip

내담자의 통찰 여부를 확인한 후, 내담자가 그것을 현재의 증상과 연결하지 못한다고 생각됐을 때는 상담자가 직접 연결지은 후, "저의 말이 어떻게 들리세요?"라고 물어볼 수 있다.

내담자가 진정으로 바랐으나 좌절되었던 욕구를 확인하고 난 뒤, 그것이 지금의 증상과 어떤 연관이 있는지 스스로 인지할 수 있도록 상담자가 질문을 한다. 이 과정을 통해 내담자는 자신의 현재 문제에 대한 깊은 이해와 자기 위로를 할 수 있다.

!! 궁금해요!

✎ 매회 마무리는 어떻게 하나요?

　매회 상담을 어떻게 시작하느냐에 따라 상담 진행이 달라질 수 있듯이, 상담의 마무리를 어떻게 하느냐에 따라 매회 상담의 성과 파악 및 향후 상담방향을 조절할 수 있다. 소감을 물어보는 방식으로 마무리하는 것이 도움이 된다. 상담자가 생각한 것과 내담자가 생각하는 중요 주제가 다를 때가 있으므로 내담자가 한 회기에서 통찰, 성과, 해결되지 않은 것 여부를 소감을 통해 확인할 수 있다. 상담자는 내담자의 소감으로 한 회기 상담의 점검 및 다음 상담의 방향성을 구체화할 수 있다.

✎ 지난 회차에 시간이 부족해서 다 다루지 못한 이야기가 있을 땐 어떻게 하나요?

　중요한 내용이라 생각되면 다음 회기의 시작을 다 다루지 못한 주제로 시작하는 것이 좋다.

2. 핵심문제 개입을 위한 상담기법

　핵심문제의 개입이란 과거에 해결되지 않았던 문제에 대한 감정을 표현할 수 있도록 돕는 것이다. 감정표현은 상담 과정에서 핵심문제의 미해결된 감정을 재현하고 이전과 다른 경험을 함으로써 치유되는 결과를 얻을 수 있다는 점에서 매우 중요하다. 내담자가 마음속에 남아 있는 '미해결된 감정'을 상담장면에서 잘 표현할 수 있도록 상담자가 어떻게 개입해야 하는지 상황별로 알아보고자 한다.

1) 과거와 만나기 위한 상담기법

(1) 과거 탐색을 할 때는 생생하고 구체적으로 연상할 수 있도록 도와야 한다

기억나지 않거나 기억하기 힘든 과거를 떠올리기 위해 당시 상황을 눈앞에 그리듯이 연상하도록 돕는다. 당시의 상황을 필름으로 찍듯이 내담자가 보고 느껴지도록 구체적인 상황 질문을 해 볼 수 있다. 또한, 가족역동이 드러날 수 있도록 중요하게 여기는 가족구성원에 대해서도 질문을 해서 내담자의 생각과 감정을 끌어내는 것이 중요하다. 상황의 전후에 대한 기억을 함께 연상시키는 것도 과거 연상에 도움이 될 수 있다.

6-6 **생생하게 과거를 연상할 수 있도록 돕기**

내1: 어릴 때부터 쭉 부모님께 "네가 공부를 잘해야 동생들도 본받는다. 엄마, 아빠가 너에게 모든 것을 걸었다." 같은 말씀을 많이 하셨어요. 아빠는 저녁마다 영어단어 테스트를 하실 정도였죠.

상1: 부모님의 기대가 컸군요. 아빠가 저녁마다 영어단어를 확인했다면 엄마는 어땠나요?

내2: 엄마는 별말씀 안 하세요. 그냥 항상 "아빠가 다 너 잘 되라고 그러는 거야."라고 했어요. 그리곤 제가 공부할 때 항상 동생을 데리고 먼저 자러 들어갔었죠.

상2: 엄마가 아빠의 입장에서 말씀하셨네요. 엄마가 동생을 데리고 자러 들어가면 마음이 어땠어요?

내3: 서운했나? 잘 모르겠어요. 사실 엄마에 대한 마음보다 아빠가 내 방 쪽으로 오는 발소리만 들어도 심장이 쿵쾅거렸던 거 같아요. 단어 테스트 볼 때는 손에 땀이 엄청 났었거든요.

상3: 아빠가 오는 순간부터 긴장의 연속이군요. 지금 그때에 잠시 머물러 볼까요?

내4: 갑자기 손에서 땀이 나네요.

상4: 그때 생각을 하면 손에 땀이 날만큼 긴장이 되네요. 테스트할 때 아빠는 어땠나요?

내5: 뭔가 사감 선생님 같았어요. 딱딱하고 무서웠죠.

상5: 무서웠군요. 테스트 결과에 따라 잘했을 때와 잘 못했을 때 어떻게 하신 것 같아요?

내6: 잘했을 때는 목소리도 올라가고 웃으면서 칭찬해 주시죠. 기분이 좋아 보였어요. 결과가 안 좋은 날은 최악이죠. 아빠 마음에 안 든 날은 굉장히 무뚝뚝한 말로 '좀 더 열심히 해라.' 하곤 나가세요.

상6: 테스트 결과가 좋았던 날과 안 좋았던 날의 아빠 기분이 확연히 다르게 느껴졌군요. 아빠가 동생을 예뻐한다고 했는데 어떤 걸 보고 그렇게 생각하셨나요?

내7: 아빠가 동생에게는 테스트를 하지 않았어요. 저에게만 엄격하셨죠. 둘은 서로 장난도 잘 쳤고 동생이 학교 시험을 잘 못 본 날에도 애교를 떨거나 힘들다고 찡얼대면 아빠는 웃으면서 달래 줬어요. 하지만 제가 성적이 안 좋았던 날에 그 실망한 눈빛을 잊을 수가 없어요. 아무 말씀도 안 하셨어요.

내담자가 과거 장면을 회상하며 아빠에 대한 일화를 보고할 때, 다른 가족에게는 어떤 영향을 받았을지 입체적으로 볼 수 있도록 엄마의 반응 및 동생과는 어떻게 달랐는

지 등을 물어볼 수 있다. 또한 한 사건의 전후 상황을 물어보는 것이 내담자가 어떤 분위기에 어떤 느낌으로 있었는지 생생하게 느끼는 데 도움이 된다.

(2) 상황을 연상하면 느낌을 물어라

과거의 장면이 회상되었다면, 내담자가 어린 내가 된 것처럼 그 순간의 느낌을 생생하게 표현할 수 있도록 개입하는 것이 필요하다.

6-7 **연상되는 상황 속 느낌 탐색**

내1: 아빠가 동생에게는 테스트를 하지 않았어요. 저에게만 엄격하셨죠. 둘은 서로 장난도 잘 쳤고 동생이 학교 시험을 잘 못 본 날에도 애교를 떨거나 힘들다고 찡얼대면 아빠는 웃으면서 달래 줬어요. 하지만 제가 성적이 안 좋았던 날에 그 실망한 눈빛을 잊을 수가 없어요. 아무 말씀도 안 하셨어요.

상1: 실망한 눈빛을 보면 어때요?

내2: (침묵 4초) 뭔가 무너져 내리는 거 같았어요. 가슴이 쿵 하고 떨어지는 거 같아요. 아, 지금도 살짝 울컥하는데.

상2: 울컥하는군요.

내3: (가슴 만지며) 마음이 좀…… 뭐라고 해야 되지. 눈물이 날 것 같고 좀, 이상해요.

상3: 차 있던 감정이 많으면 그럴 수 있어요. 내가 느낀 감정을 스스로 이해해 주어도 해소되는 느낌을 받을 때도 있거든요. 잠시 실망한 아빠의 눈빛을 떠올리며 그때 느꼈던 여러 가지 감정을 떠올려 보면 어떨까요?

6-7 사례에서 내담자는 아버지의 눈빛을 보는 순간 실망한 눈빛을 잊을 수 없다고 한다. 이때 내담자가 표현하는 정서에 공감을 하면서 더 생생한 감정을 느낄 수 있도록 섬세하게 물어 주는 것이 필요하다. 질문에 답하는 과정에서 내담자의 연상과 감정이 확장될 수 있으며 자신의 감정을 재경험할 수 있게 된다.

2) 감정정화를 위한 상담기법

(1) 감정을 충분히 느끼도록 개입해야 한다

내담자가 감정이 올라왔을 경우, 그런 감정을 느끼는 것이 이상하다고 생각되지 않도록 상담자의 시선을 의식하지 않고 자신만의 감정에 충분히 젖어 있을 수 있도록 하는 것이 중요하다. 표현되어진 감정에 머무를 수 있게 여유와 안정감을 조성하되, 내담자가 감정을 충분히 느끼고 있는지 상담자는 민감하게 지켜보다가 그렇지 않다고 판단되는 상황에서는 확인이 필요하다.

6-8 감정을 충분히 느끼도록 개입하기

내1: 전 그냥 그거 하나 바랐는데…… (침묵) 제가 너무 불쌍한 거 같아요 (눈물) 왜 이렇게 화가 나죠. 마음이 복잡해요.

상1: 충분히 그러실 수 있어요. 여러 감정이 올라오는 것 같아요. 잘 찾아가고 계시네요.

내2: (흐느끼며 울며) 내가 뭐 큰 거 바란 것도 아닌데 그걸 안 해 주고. 또 그걸 그렇게 절절히 바라고 있는 내 모습이 너무 불쌍하고 처량해요. (펑펑 욺)

상2: 그렇게 절절히 바랐던 마음이 느껴지네요. 그 아이의 마음이 돼서 함께 있어 봅시다.

내3: (펑펑 욺)

내담자가 감정에 젖어 있을 때 상담자는 함께하지만 내담자가 자신의 감정에 온전히 느낄 수 있는 편안함을 제공하는 동시에 내담자를 면밀히 지켜보고 있어야 한다. 증폭된 감정이 갑자기 가라앉거나 혹은 감정에 빠져 있는 것이 아니라 다른 곳에 더 신경 쓰는 것이 보이면 침묵을 깨고 확인을 할 필요성이 있다. 앞의 사례와 같이 내담자가 다양한 감정에 혼란스러워 할 경우, 자연스러운 감정임을 타당화하여 감정을 유지할 수 있도록 돕는다. 내담자가 온전히 자신의 감정에 이입한 경우에는 과거의 자신에게 위로할 수 있도록 여유를 가지는 것이 좋다.

/ 핵심요약 /

내담자가 자신의 감정에 빠져 있지 않고 상담자의 눈치를 본다고 생각되는 경우에는 '지금 어떤 생각이 드세요?' 질문으로 확인을 해 볼 수 있다. 그리고 '왜 신경 쓰일 수밖에 없는지 '그 원인에 대해 탐색하는 것이 필요하다.

앞서서 감정표현을 촉진하는 개입에 대해 알아보았다. 이때, 내담자가 자신의 감정을 잘 표현할 수도 있지만 현장에서는 그렇지 않은 경우도 종종 만날 수 있다. 예를 들어, **6-9** 추가 사례처럼 내담자가 자신의 감정에 빠져 있기보다는 상담자의 눈치를 살피는 경우에는 어떻게 개입할 수 있는지 다음을 통해 확인해 보자.

6-9 추가 사례	축어록 반응해설
내1: (10분째 눈물을 흘리다 한 번씩 할 말이 있는 듯 상담자를 쳐다보지만 이내 말을 하지 못하고 계속 눈물만 흘림)	
상1: (어떤 자극도 주지 않고 가만히 내담자를 바라만 보고 있음)	내담자가 감정을 느끼고 생각할 여유를 둔다.
내2: (8분을 더 침묵한 채 눈물 흘림. 간간히 크게 울음이 나기도 하고 잦아 지기를 반복하다가 상담자를 쳐다보며 멋쩍다는 듯이 웃음) 헤헤…… 무슨 말을 해야 하죠?	
상2: 꽤 긴 시간 동안 눈물을 흘리고 있는 걸 봤어요. 그동안 어떤 경험들을 했는지 얘기해 주겠어요?	감정표현 후 떠 오른 생각들이 드러날 수 있도 록 질문한다.
내3: 그냥 어릴 때 생각이 났어요. 제가 아빠 때문에 그렇게 울 때 엄마가 아무 말도 안 하고 있는 게 너무 야속하더라구요. 근데 선생님을 올려 다 봤는데 아무 말씀도 하지 않으시니 제가 어떻게 해야 할지 모르겠 고…… 가만히 생각해 보니 또 제가 다른 사람이 나를 대신 구해 주길, 알아주길 기다리고 있구나. 과거 나를 방관했던 엄마가 원망스럽다는 마음이 처음으로 들었어요.	
상3: 원망스럽군요. 그 마음에 대해 좀 더 자세히 말해 줄래요?	내담자가 자신의 감정을 더 바라 보고 표현할 수 있도록 질문한다.
내4: 왜 엄마는 혹독하게 공부시키는 아빠를 두고 나를 위한다고 했을까? (눈물이 다시 흐름) 그동안은 엄마에게 감정이 없다고 생각했는데 지금 은 그냥 밉다고 느껴지네요.	

6-9 추가 사례처럼 내담자가 감정표현을 해 본 적이 없거나 불편한 감정을 느끼는 대상자가 가까운 관계인 경우, 표현하는 자체가 어색하고 힘들 수 있다. 내담자는 자 신의 감정에 빠져 있다가도 상담자의 눈치를 볼 수 있는데, 이때 상담자가 빠르게 알아 차리고 반응하는 것이 필요하다. 상담자를 신경 쓰고 있는 내담자의 상태를 물어볼 때 에는 비난하기 위한 것이 아닌, 내담자가 감정에 몰입하지 못하는 이유에 대해 공감하 는 태도가 중요하다. 눈치를 본 순간, 파생되는 생각들을 구체화해서 내담자 무엇 때 문에 감정이입에 방해가 되는지 알 수 있도록 한다.

> !! 실습해 보자!
>
> ### 다음과 같이 보고했다면 어떻게 할까?
>
> "한참 울고 나니 내가 뭘 하고 있었는지 잘 모르겠고, 그냥 선생님이 너무 의식됐어요. 어떻게 해야 될지 몰라 가만히 있었던 거예요."
>
> **1) 어떻게 반응할 것인지 적어 보자.**
>
>> **상담자가 할 수 있는 반응 예시**
>> ① 어떻게 해야 될지 모르셨군요. 제가 의식됐다고 하셨는데 어떤 생각들이 떠오르셨어요?
>> ② 그렇게 말씀해 주시니 ○○씨가 어떤 마음인지 이해되네요. 지금 이 말씀을 하고 나서는 어떠신가요?
>> ③ 제가 의식되셨군요. 자신의 감정에 젖어 있는 순간에도 타인의 눈치를 보고 있네요.
>
> **2) 이때 상담자가 느낄 수 있는 감정과 대처에 대해 점검해 보자.**
>
>> 상담자가 오히려 당황하거나 '내가 뭘 잘못했나?' 싶어서 자책을 할 수 있다. 상담자의 감정을 빨리 알아차린 후, 자신의 탓으로 돌리기보다 '남의 눈치'를 살피는 내담자의 특성을 빨리 파악하는 것이 필요하다. 내담자가 자신의 그런 상태를 'here & now'로 알아차릴 수 있도록 질문을 해 볼 수 있다.

3. 핵심문제 다루기 적용 사례

앞서 이 장에서는 핵심문제를 다루는 과정과 감정을 재경험하는 데 적용할 수 있는 기법에 대해 알아보았다. 이러한 과정과 기법을 한 회기로 연결해 본다면 어떻게 적용되는지 전체적인 흐름에서 확인해 보자.

⚇ 내담자 두현씨의 사례

인적사항	• 이름(가명): 김두현 • 성별: 남 • 나이: 23세 • 직업: 대학생
호소문제	"우울감과 무기력감을 느껴서 개선하고 싶어요." "평소 학과 수업에 집중을 잘 못하는 것이 괴로워요."
내방경위	학과 성적이 잘 안 나와서 우울감이 들고, 낮은 성적표를 부모님께 알리는 것이 힘들고 혼자 감당하기 힘들어 방문함.
가족관계	• 아버지(56세): 대졸, 공무원 • 어머니(51세): 대졸, 초등교사 • 여동생(20세): 대학생

이 사례는 성적 저하로 우울감이 들고, 무기력하다는 상담 주제를 가지고 온 내담자의 사례이다. 호소문제로부터 내담자의 핵심문제를 어떻게 찾아내고, 관련 발달력과 연결 지어 통찰을 이끌어 낼 수 있는지 알아보자.

6-10 핵심문제 다루기 사례 적용	축어록 반응해설
상1: 오늘은 어떤 이야기를 하고 싶으세요?	내담자가 주제를 선택하도록 한다.
내1: 이번 주에 너무 기분이 안 좋았어요. 무기력하게 보내게 되고 그게 또 기분을 더 안 좋게 만드는 거 같아요.	
상2: 기분이 안 좋으셔서 힘드셨군요. 기분이 안 좋을 일이 있으셨나요?	기분이 안 좋아진 원인을 파악한다.
내2: 아…… 사실 이번 주에 성적이 나왔어요. (한숨) 근데 저번 학기보다 안 좋아서 부모님께 제 성적을 말할 수 없어요. 장학금을 받기는커녕…… 성적이 나쁘다는 걸 부모님께 어떻게 말해야 될지 모르겠어요. 그 생각만 하면 아무것도 안 하고 싶어요.	
① 호소내용 확인 **상3**: 부모님께 성적을 알리는 게 고민이군요. 거기에 대해서 좀 더 자세히 말해 주시겠어요?	감정의 원인을 해석하면서 내담자의 생각을 구체적으로 탐색한다.
내3: 전공과목의 학점이 안 나왔거든요. 출석 미달이 그렇게 됐어요. 아마 엄마, 아빠는 제가 학교 공부에 성의가 없어서 성적이 안 나오는 걸로 알 거예요.	
상4: 부모님께 잘 나오지 않은 성적을 말하는 게 힘들어 보이네요.	내담자의 호소문제를 명료화한다.

내4: 네. 그것만 생각하면 기분이 너무 울적하고 아무것도 하기 싫어요.

상5: 아무것도 하기 싫을 만큼 힘든 것 같은데, 부모님께 말씀드리면 어떨 거 같으세요?

> 내담자가 궁극적으로 두려워하는 것이 무엇인지 확인한다.

내5: 아마 저를 정말 야단치고 비난할 거예요. 곧 졸업인데 취업은 어찌할 건지 한심하게 볼 것 같아요. 경제적 지원을 대학교까지 해 준다고 하셨거든요. 사실 1학기에는 성적이 괜찮았거든요. 근데 2학기에는 더 나빠졌어요.

상6: 부모님이 동정적이 아니고 도리어 야단치고 비난할 거 같군요.

> 내담자의 생각을 명료화한다.

내6: 네, 아빠는 확실히 그럴 거예요. 엄마는 어쩔지 모르겠는데 아빠는 이런 일에는 이해심이 없어요. '의지가 없어서 그런 거야.'라고 말할 거예요.

상7: 부모님이 두현씨를 이해해 주지 않는군요. 그럴 때 두현씨는 어떠세요?

> 내담자 심정을 반영하면서 사고의 흐름을 탐색한다.

내7: 망했다고 생각하는 거 같아요. 그냥 열심히 하던 게 다 하기 싫어져요. 내가 과제 하느라 애쓰고 중간고사 잘 보려고 밤 샜던 게 어차피 결과적으로 다 상관없으니깐 막 다 포기하게 돼요. 무기력해진다고 해야 하나.

상8: 결과가 안 좋으면 열심히 하던 걸 포기하는군요. 어떤 심정으로 그렇게 되나요?

> 대처방식의 이유를 확인한다.

내8: 어차피 몰라주니까요. 내가 이렇게 한들 중요한 건 성적이 잘 나와야 되고, 그래서 취업을 해야 되는 거죠. 이렇게 성적이 엉망으로 나와 버리면 그냥 하나 마나 한 애가 돼 버리는 거예요.

② 호소내용 속 핵심 찾기

상9: 결과가 안 좋으면 지금까지 한 게 아무 쓸모가 없네요.

> 내담자의 사고 패턴을 명료화한다.

내9: 결과가 곧 나예요. 그렇지 않으면 다 쓸모없어요. 잘 돼야지 의미가 있는 거잖아요. 아니면 누가 나를 보려고 하겠어요. 부모님조차 나를 봐 주시지 않는데. 모래처럼 흐트러지는 느낌이에요. 너무 허무하고 우울해요. 그래서 어떻게든 성적을 내려 했던 거 같아요.

③ 관련 과거 경험 탐색

상10: 결과에 따라 두현씨의 가치가 결정되는 듯하네요. 언제부터 이렇게 결과에 신경 썼나요?

> 언제부터 증상이 시작되었는지 확인한다.

내10: 어릴 때부터 쭉 부모님께 "네가 공부를 잘해야 동생들도 본받는다. 엄마, 아빠가 너에게 모든 것을 걸었다." 같은 말을 많이 하셨어요. 아빠는 저녁마다 영어단어 테스트를 하실 정도였죠.

상11: 부모님의 기대가 컸군요. 아빠가 저녁마다 영어단어를 확인했다면 엄마는 어땠나요?

> 내담자가 언급한 대상 외의 가족에 대해 질문한다.

내11: 엄마는 별말씀 안 하세요. 그냥 항상 "아빠가 다 너 잘되라고 그러는 거야."라고 했어요. 그리곤 제가 공부할 때 항상 동생을 데리고 먼저 자러 들어갔었죠.

상12: 엄마가 아빠의 입장에서 말씀하셨네요. 엄마가 동생을 데리고 자러 들어가면 마음이 어땠어요?

→ 다른 가족의 태도에 대한 내담자의 생각과 느낌을 탐색한다.

내12: 서운했나? 잘 모르겠어요. 사실 엄마에 대한 마음보다 아빠가 내 방 쪽으로 오는 발소리만 들어도 심장이 쿵쾅거렸던 거 같아요. 단어 테스트 볼 때는 손에 땀이 엄청 났거든요.

상13: 아빠가 오는 순간부터 긴장의 연속이군요. 지금 그때에 잠시 머물러 볼까요?

→ 감정을 표현하는 순간은 충분히 느낄 수 있게 한다.

내13: 갑자기 손에서 땀이 나네요.

상14: 그때 생각을 하면 손에 땀이 날만큼 긴장이 되네요. 테스트할 때 아빠는 어땠나요?

→ 상황의 전후를 탐색한다.

내14: 뭔가 사감 선생님 같았어요. 딱딱하고 무서웠죠.

상15: 무서웠군요. 테스트 결과에 따라 잘했을 때와 잘 못했을 때 어떻게 하신 것 같아요?

→ 영향받은 사건을 잘 연상할 수 알 수 있도록 질문한다.

내15: 잘했을 때는 목소리도 올라가고 웃으면서 칭찬해 주시죠. 기분이 좋아 보였어요. 결과가 안 좋은 날은 최악이죠. 아빠 마음에 안 든 날은 굉장히 무뚝뚝한 말로 '좀 더 열심히 해라.' 하곤 나가세요.

상16: 테스트 결과가 좋았던 날과 안 좋았던 날의 아빠 기분이 확연히 다르게 느껴졌군요. 아빠가 동생을 예뻐한다고 했는데 어떤 걸 보고 그렇게 생각하셨나요?

→ 영향받는 원인을 반영하며, 다른 가족과의 역동을 확인한다.

내16: 아빠가 동생에게는 테스트를 하지 않았어요. 저에게만 엄격하셨죠. 둘은 서로 장난도 잘 쳤고 동생이 학교 시험을 잘 못 본 날에도 애교를 떨거나 힘들다고 찡얼대면 아빠는 웃으면서 달래 줬어요. 하지만 제가 성적이 안 좋았던 날에 그 실망한 눈빛을 잊을 수가 없어요. 아무 말씀도 안 하셨어요.

④ 미해결 감정 다루기

상17: 실망한 눈빛을 보면 어때요?

→ 내담자가 영향을 받았던 중요한 순간의 감정에 대해 질문한다.

내17: (침묵 7초) 뭔가 무너져 내리는 거 같았어요. 가슴이 쿵 하고 떨어지는 거 같아요. 아, 지금도 살짝 울컥하는데.

상18: 울컥하는군요.

→ 내담자의 감정을 반영하며 머무른다.

내18: (가슴 만지며) 마음이 좀…… 뭐라고 해야 되지. 눈물이 날 것 같고 좀, 이상해요.

상19: 차 있던 감정이 많으면 그럴 수 있어요. 그때는 몰랐던 감정을 지금의 내가 이해해 주어도 해소되는 느낌을 받을 수도 있어요.

잠시 **실망한 아빠의 눈빛을 떠올리며 그때 느꼈던 여러 가지 감정을 떠올려 보면 어떨까요?** | 감정의 원인을 탐색한다.

내19: (글썽거림) 지금은 괜찮은 편이긴 한데 어렸을 때는 아빠가 나를 안 좋아한다고 생각했어요. 동생은 정말 그냥 예뻐하는 게 보이는데 저한테는 공부 잘하고 장남다운 태도를 원했거든요. 저에게 웃어 주셨을 때는 제가 성적이 잘 나올 때밖에 없었어요. 그러면서 아빠한테는 뭔가 말을 안 하게 된 거 같아요.

상20: 성적이 잘 나올 때 칭찬을 받으셨군요.

내20: 뭐 그랬던 거 같아요.

상21: 지금 생각해 보면, 평소에 **어떤 걸 바랐을까요?** | 미해결된 감정을 탐색하는 질문을 한다.

내21: 그냥 관심이죠. 동생 같이 그냥 말만 해도 예뻐 하는 눈빛. 동생하고 이야기하실 때 아빠 눈빛을 잊을 수 없어요. 나도 저런 표정 한번 받아 보고 싶다. 가슴이 아파 올 만큼 간절하게 원했던 게 기억이 나요.

상22: 아버지의 관심을 원하셨군요. **그냥 예뻐해 주기를 바라는 마음을 생각하니 지금 어떠세요?** | 좌절된 욕구를 통찰한 후 느낌을 탐색한다.

내22: 전 그냥 그거 하나 바랐는데…… (침묵) 제가 너무 불쌍한 거 같아요. (눈물) 왜 이렇게 화가 나죠. 마음이 복잡해요.

상23: **충분히 그러실 수 있어요. 여러 감정이 올라오는 것 같아요. 잘 찾아가고 계시네요.** | 다양한 감정이 생기는 것에 타당화를 하며 안정감을 조성한다.

내23: (흐느끼며 울며) 내가 뭐 큰 거 바란 것도 아닌데 그걸 안 해 주고…… 또 그걸 그렇게 절절히 바라고 있는 내 모습이 너무 불쌍하고 처량해요.

상24: **그렇게 절절히 바랐던 마음이 느껴지네요. 그 아이의 마음이 돼서 함께 있어 봅시다.** | 내담자가 정서에 공감하며 머물 수 있도록 분위기를 만들어 준다.

내24: (펑펑 욺)

상25: 지금 마음이 좀 어떠세요?

내25: 선생님 앞에서 너무 펑펑 울어서 민망하기도 하고, 왠지 모르게 속이 좀 시원하네요.

상26: 표현을 하니 시원하면서도 제가 신경이 쓰였나 봐요. **두현씨가 어린 시절 아빠에게 바랐던 마음을 표현해 보니 어떠세요?** | 내담자의 통찰 여부를 확인한다.

내26: 제가 바랐던 건 그냥 있는 그대로의 관심이었는데 거기에 연연하다 보니 제가 공부 잘하는 아이, 성공해야 하는 사람에 집착했던 거 같아요. 그게 곧 관심 받는 길이고 못하면 사랑은커녕 쓸모없다고 생각했어요.

⑤ 현재 문제와 연결

상27: 결과에 집착할 수밖에 없었던 자신이 안쓰럽게 여겨지네요. 그럼 평소에 성적이 좋지 않으면 부모님께 비난받을 것 같다고 했는데 이 문제는 어떻게 이해되나요? — 현재 문제와 연결한다.

내27: 성적이 좋지 않으면 '부모님께 인정받지 못하겠구나'라는 생각이 먼저 든 것 같아요. 그러니깐 내가 하고 싶어서 뭔가를 한다기보다 결과에만 초점이 맞춰지다 보니, 무기력해지고 학과 공부도 재미없어서 집중을 못했네요. 하…… 왜 그렇게 성적에 집착하고 결과가 뜻대로 안 될 때마다 사라지고 싶을 만큼 우울했는지 알겠어요.

상28: 그런 마음이었다면 정말로 무기력하고 우울했겠어요. 무던히 애쓰셨어요. 지금은 어떠세요? — 내담자의 현재 상태 및 통찰 여부를 확인한다.

내28: 뭔가 홀가분해요. 왜 이렇게 마음이 힘들었는지 좀 알 것 같아요. 항상 이렇게 우울한 게 내가 못나서라고 생각했는데 지금은 아니에요. 내가 그냥 안쓰럽네요. 이렇게 저를 조금씩 더 알아가고 싶어요.

상29: 스스로를 못났다고 여겼던 마음이 지금은 안쓰럽군요. 충분히 자신을 위로해 주세요. 오늘은 여기서 마칠까요? — 내담자의 마음을 지지하며 마무리한다.

내29: 네, 좋아요.

제6장에서는 상담의 중기에 다루어야 하는 내용 중 초기에 파악한 내담자의 핵심문제가 현재 생활 속에서 어떻게 재현되고 있으며 이를 어떻게 다룰 것인가에 대해 살펴보았다. 상담자의 적절한 개입은 내담자 스스로 반복되는 문제 패턴을 인식하고 자신의 대처방식이 잘못되었음을 자각할 수 있게 도울 수 있다. 그러기 위해서 상담자는 내담자의 대처방식이 생겨날 수밖에 없었던 원인에 대해 알 수 있도록 돕고, 알게 되는 순간 생겨나는 감정들을 잘 표현할 수 있게 조력해야 한다. 이러한 과정을 통해 내담자는 좌절된 욕구에 대한 이해와 잘못된 대처방식에 대한 수용을 경험하게 된다. 이 장에서는 내담자의 변화 원리를 상담장면에서 어떻게 실제적으로 다룰 것인지에 초점을 맞추어 알아보았으므로 초심상담자들이 적극적으로 활용해 보기를 권한다.

초심상담자 하영씨의 고민

내담자의 감정이 너무 잘 이해돼서 언급했는데,
내담자는 모르겠대요.

 상담자 하영씨는 내담자의 감정이 너무 잘 이해되었으나 정작 내담자는 상담자의 질문에 '잘 모르겠다'고 반응하였다. 상담자는 내담자가 언급하지도 않은 감정을 '정말 ~했겠네요'라며 먼저 언급하였다. 이는 내담자가 빨리 자신의 상태나 감정을 알아차렸으면 하는 상담자의 바람에서 생겨난 행동으로, 상담의 진행을 방해할 수 있다. 내담자의 변화는 '몰랐던 감정을 알아차리는 것'에서 일어나는 것이 아니라, '감정을 알아차리는 과정에서 자신을 수용하는 경험을 할 때' 일어나는 것이다. 아무리 그랬을 법한 감정이라도 내담자 스스로 경험하지 않고 떠먹여 준다면 내담자는 단순히 인지하는 것에 머무를 수 있다. 이러한 현상이 반복된다면, 내담자는 상담자가 언급한 감정이 마치 자신의 것처럼 무조건적으로 받아들일 가능성 또한 있다. 상담의 궁극적인 목적이 내담자의 주체성을 회복하는 것임을 기억한다면, 항상 한 발짝 뒤에서 내담자를 따라가 주는 것이 필요하다.

상담 중기의 저항 다루기

제6장에서는 내담자에게 반복되는 핵심문제가 일상에서 어떻게 나타나는지에 대해 알아보고 이와 관련한 감정을 표현할 수 있도록 도왔다. 이 과정에서 내담자는 핵심문제와 관련된 경험 속 억압해 놓았던 감정이 되살아날 수 있다. 동시에 이전의 패턴에서 벗어나기 두려운 마음으로 인해 새로운 대처방식에 대한 저항을 보이게 된다. 저항은 지금껏 내담자가 자신을 지켜 온 방식에 대한 고수로, 존중받아야 함과 동시에 상담에서 반드시 극복되어야 하는 과제이다. 저항을 하지 않아도 괜찮다는 것을 느낄 때, 내담자는 다양한 관점에서 자신을 이해하고 새로운 선택을 할 수 있을 것이다. 이 장에서는 내담자가 저항을 보이게 되는 이유와 어떤 양상으로 저항을 보일 수 있는지에 대한 이해를 돕고, 상담자가 어떻게 개입할 수 있는지에 대해 알아보고자 한다.

제7장 한눈에 보기

1 변화에 대한 저항 이해하기

- 내담자는 왜 저항하게 될까
- 핵심문제에 따른 저항의 양상 이해하기

2 저항에 대한 개입 방법

- 저항을 다루는 상담기법
- 상담자의 역전이 활용하기

3 저항 다루기 적용 사례

- 내담자 수한씨의 사례

제7장 들어가기 전에……

초심상담자들은 상담 중기 내담자의 변화양상을 어떻게 바라보는지 생각해 보자.

💬 '내담자가 왜 이러나' 하는 마음이 생기는 경우는 언제일까?

💬 내담자의 저항 태도를 어떻게 이해할까?

💬 내담자가 저항하는 것을 어떻게 도울 수 있을까?

1. 변화에 대한 저항 이해하기

상담을 진행하다 보면 상담자 입장에서 내담자가 자신의 문제가 무엇인지 알아차렸다고 생각되지만 변화가 일어나지 않은 순간들이 있다. 또는 내담자가 문제되는 태도를 고수하거나 상담에 불성실하게 참여하는 등 다양한 방식으로 정체현상이 나타날 수 있다. 이때 초심상담자는 내담자의 불성실한 태도에 어떻게 반응할지 당황하거나 내담자에게 불편한 감정을 가질 수 있다. 이를 해결하기 위해서는 우선, 내담자의 저항이 왜 생기는지에 대한 이해가 필요하다. 내담자의 저항현상을 어떻게 바라볼 것인지에 따라 내담자를 대하는 상담자의 마음과 태도가 달라지기 때문이다.

1) 내담자는 왜 저항하게 될까

내담자의 저항을 이해하기 위해 다음과 같은 상황을 생각해 보자.

| 생각해 보기 |

만약 당신이라면 어떨 거 같나요?

당신이 만약 20년을 입을 것 못 입고 먹을 것 못 먹고 직장생활을 하면서 모았던 돈(각자의 기준에서 가장 큰 액수를 떠올려 보자)을 가장 믿던 친구에게 사기를 당하고 돈을 날렸다고 가정해 보자. 또 다른 친구가 나에게 돈을 빌려 달라며 다가왔을 때 그 사람에 대해 어떤 마음이 들 것 같은가? 그리고 어떻게 대처하게 될 것 같은가?

사람은 자신이 경험한 고통에 대해 각자의 방식으로 대처를 한다. 만약 그 고통이 강렬하고 오래 지속되었을수록 대처방식은 더 견고해졌을 것이다. 앞서 제시한 사례와 같이 가장 믿었던 사람에게 사기를 당했다면 타인을 믿기 어려워졌을 것이다. 누군가 선의를 가지고 다가온다고 해도 과거의 상처로 인해 본능적으로 상대방을 경계할 수 있다. 이것이 한 번이 아니라 두 번, 세 번 또는 아주 오랫동안 지속된 상처라면 더 더욱 상대를 신뢰하기는 어려울 것이다.

내담자는 과거 상처의 두려움으로 인해 '타인과 경계를 유지하는 삶의 방식'을 고수하게 되었다고 하자. 이것은 내담자가 상처받지 않고 자신을 지키기 위해 생겨난 대처방식으로, 이것을 바꾼다는 것은 다양한 의미에서 두려움을 줄 수 있다. 내담자의 입장에서 대처방식을 바꾼다는 것은 자신이 살아온 삶에 대해 부정당하는 것 같거나, 지금까지 해 오던 것을 버리고 다른 방식으로 사는 것에 대한 두려움을 극복해야 하는 것이다. 그래서 내담자가 자신의 부정적 대처방식을 인지적으로 알아차린다고 해도 행동이 교정되지 않는 경우를 자주 마주할 수 있다. 새로운 대처방식을 내담자 스스로 행할 수 있으려면 더 이상 저항하지 않아도 괜찮다는 자기수용을 경험해야 한다.

이러한 내담자의 저항을 잘 이해하기 위해 적개심과 죄책감이 어떻게 유발되는지 알아보자.

| 개념 이해하기 |

내담자가 가지는 적개심, 죄책감이란 무엇일까?

➡ 적개심은 어떨 때 생기는 것일까?

> 왜 날 사랑해 주지 않냔 말이야!

➡ 죄책감은 어떨 때 생기는 것일까?

> 이런 마음을 가졌다간 사랑 못 받는 거 아냐?

/ 핵심요약 /
- 적개심은 '사랑받고자 하는 마음'이 좌절되었을 때 생긴다.
- 죄책감은 사랑받지 못할 것에 대한 불안으로 적개심을 억압해서 생긴다.

제1장을 통해 핵심문제의 발생과정과 어떤 개입 과정을 통해 심리적 고통을 해소해 나갈 수 있는지 알아보았다. 이 과정에서 내담자가 경험하는 적개심과 죄책감을 이해해야만 내담자의 저항을 공감적으로 개입할 수 있다. 상담자가 초점을 두어야 하는 것은 '내담자는 사랑받고 싶다'는 것이다. 이 마음에서 시작되어 내담자가 적개심이 생기고, 죄책감

이 유발된다. 저항과 관련된 정서를 이해했다면, 다음 수한씨의 사례를 통해 적개심과 죄책감이 어떻게 저항으로 나타나는지 알아보자.

⚇ 내담자 수한씨의 사례

인적사항	• 이름(가명): 김수한 • 성별: 남 • 나이: 34세 • 직업: 회사원
호소문제	"실수한 게 계속 생각나서 죽고 싶을 만큼 우울감이 들고 회사 사람들과도 자주 트러블이 나요."
내방경위	회사에서 중요 프레젠테이션을 하던 중 큰 실수를 하여 자책감과 우울감이 커져서 내방을 하게 됨.
가족관계	• 아버지(68세): 고졸, 건축업(목수) • 어머니(64세): 고졸, 주부 • 여동생(30세): 대학원생
상담자가 파악한 내담자 이해	장남으로서 항상 잘해야 한다는 부모님의 요구로 인해 많은 것을 억압하며 살아왔고 자기 뜻대로 살지 못한 것에 대한 적개심이 있음. 그렇지만 부모님께 미움받을 것이 두렵고 부모님을 욕하는 것은 패륜아라는 무의식적 죄책감으로 인하여 순응하고 살아옴. 내담자는 적개심을 알아차려도 죄책감으로 인해 마주하는 것이 어려워 다양한 양상으로 저항이 나타날 수 있음.

사례의 수한씨는 사회생활에서 중대한 발표 때마다 실수를 하고 그후에 오는 우울감과 자책감이 일상생활을 어렵게 해서 상담을 신청했다. 아무도 자신의 힘듦을 알아주지 못한다는 생각에 사소한 것에도 발끈하여 대인관계에 문제가 생기는 어려움 또한 겪고 있다. 상담자가 파악한 수한씨의 어려움은 '내가 원하는 것을 내 마음대로 할 수 없으며' 사랑받기 위해 부모님께 거스르지 않는 삶을 살아왔으나 현재는 나혼자 애쓰는 것을 아무도 몰라준다는 점에서 적개심이 발생하여 자책감이나 우울감으로 증상이 나타나고 있다. 이 부분을 다루는 과정에서 수한씨가 적개심을 온전히 표현한다면 더할 나위 없이 반가운 현상이지만 그렇지 못할 수도 있음을 이해해야 한다. 저항은 다양한 형태로 나타날 수 있는데 어떤 양상으로 나타날지 점검해 보는 것이 필요하다. 또한 상담자가 저항 현상을 수한씨의 핵심문제와 연결지어 해석할 수 있다면 내담자를 좀 더 입체적으로 이해할 수 있다.

모든 저항은 내담자의 애정욕구와 연관 있으며, 변화를 두려워하는 마음 이면에는 애정을 받지 못할 것에 대한 두려움, 내 부모 비난했을 때에 죄책감이 발생한다는 것을 이해해야 한다. 상담자가 이러한 내담자의 두려움을 공감할 수 있어야 내담자가 보이는 저항을 이해하고 개입할 수 있다.

!! **저항으로 점검하는 상담자의 역전이**

✎ **초심상담자 A씨는 다음과 같이 슈퍼바이저에게 도움을 요청하였다.**

　내담자가 충분히 자신의 문제를 알고 있는 것 같은데 변화하지 않는 것이 이해되지 않아요. 자신이 지금 대처하는 방식이 잘못된 것임을 알고 고치도록 개입하려면 어떻게 해야 하나요?

✎ **A씨는 무엇이 문제가 되고 있을까?**

상담자 A씨는 내담자의 미해결된 감정을 도우려는 마음이 앞서서 교정을 하려는 마음이 있는지 점검할 필요성이 있다. 상담자의 마음이 조급해서 앞서가다 보면 내담자가 보이는 현상을 놓칠 수 있다. 내담자가 자신의 문제를 인식하고 있지만 변화가 일어나지 않는 것을 반항이 아닌 저항으로 이해해야 한다. 상담자는 내담자가 변화하고 싶지 않은 불안을 다룰 수 있어야 한다.

　상담이 진행되면서 점차 부모에 대한 적개심이 의식화되면, 무의식적으로 부모를 비난한 것에 대한 죄책감 역시 함께 높아질 수 있다. 이때 미움받거나 버림받을 것에 대한 막연한 불안이 생기기도 하고 부모라는 의존 대상 없이 홀로 서야 한다는 것에 대한 불안이 생기기도 한다. 이러한 내담자의 불안을 해소해 가는 과정으로서 저항을 개입해야 한다. 아직 어린아이와 같은 마음에서 살고 있기 때문에 느끼는 이 불안함을

다루면서, 이제는 더 이상 어린아이와 같은 마음이 아닌 성숙한 어른으로 현재를 바라
볼 수 있도록 도와야 한다.

2) 핵심문제에 따른 저항의 양상 이해하기

상담 과정 중 수한씨의 핵심문제에 따른 다양한 저항이 나타날 수 있다. 다음은 그
에 대한 예상 경우이다. 어떤 식으로 발현될 수 있는지 확인해 보자.

| 예상해 보아요 |

수한씨의 핵심문제에 따른 저항에는 어떤 것들이 있을까?

① 상담시간에 자주 지각을 하거나 결석을 하는 경우
② 상담장면에서 '생각이 안 난다'거나 '잘 모르겠다'고 하는 경우
③ 상담에 대한 불만감이나, 상담자에 드는 감정을 말하지 못하거나 인식조차 못하는 경우
④ 상담자가 '상담사'라는 직업 때문에 자신에게 좋은 소리, 위로되는 말을 하는 거라 생각하는
　경우
⑤ 상담자가 이끄는 대로 잘 수긍하고 금방 자신의 문제가 해결되었다고 보고하며 조기 종결을
　원하는 경우
⑥ 불편한 감정을 수동공격으로 나타내는 경우

①번은 부모에 대한 적개심을 상담장면에서 표현할 수
있었지만 상담이 끝나면 내 부모를 비난했다는 죄책감이
발생하여, 지각을 하거나 상담시간을 망각하는 양상으로
나타날 수 있다. 또한 상담자에 대한 전이감정으로 자신의
직접적인 불편함을 표현하지 못하고 상담출석에 대한 거

> **보충설명**
>
> 이 사례의 전이감정이란 수한씨가 부모
> 님에게 자신의 불편한 감정을 표현하지
> 못하고 살아왔듯이, 상담자에게도 부모님
> 에게 느꼈던 감정을 표현하지 못하는 것
> 이다.

부반응으로도 나타날 수 있다. 내담자가 적개심을 표현한 것에 대해 '죄책감'이 저항을
일으킨다.

②번은 내담자의 억압으로 자신의 기억이나 감정을 묻어 두었을 가능성이 크다. 기
억하지 않는 것이 더 안전했을 만큼 내담자가 감당하지 못할 정도의 고통을 겪었던 것
으로 이해해야 한다. 상담자는 내담자의 과거를 다 알아야만 내담자를 이해할 수 있다

는 생각에서 답답함이 생길 수 있지만, 이 역시 내담자가 겪은 그 당시의 정서 상태를 알게 해 주는 현상이다.

③번은 부모님에게 순종하거나 자기표현을 할 수 없었던 내담자가 상담자에게도 같은 전이감정이 생겨, 상담에서 생긴 불편한 감정과 생각을 말하지 못하는 경우이다. 내담자는 미해결된 감정이 상담장면에서도 반복되고 있는지 모를 수 있다. 이런 경우 상담자가 즉시성을 사용하여 내담자의 통찰을 도울 수 있다.

④번은 상담자가 하는 말은 '어차피 상담사라는 직업 때문에 진실되게 애기하는 게 아니고 무조건 좋게 애기한다.'라는 일종의 상담자를 믿지 못하는 마음이다. 이 마음을 반대로 뒤집어 보면 내담자는 그 말을 너무 믿고 싶으나 상처가 큰 나머지 '아니면 어쩌지?'라는 불안이 높다는 것을 알 수 있다. 상담자는 '믿고 싶지만 아닐 경우에 상처받을 두려움'에 대한 내담자의 심정을 이해하는 것이 필요하다.

⑤번은 자신의 문제가 잘 해결되었다고 생각해서 상담의 종결을 희망하지만 그 이면에는 상담 과정 중 느끼는 죄책감과 분노 감정 등 부정적인 감정을 경험하는 것이 감당하기 힘든 경우일 수 있다. 일종의 회피하는 방식으로 기존의 부모님에게 수긍했던 방식을 그대로 고수하는 것이다. 이럴 경우 상담자가 아직 준비되지 않은 내담자에게 직면이나 해석 등 선급하게 다가간 것은 아닌지 점검해 보고, 내담자가 건디기 두려워하는 그 이면을 알아주는 과정이 필요하다.

⑥번은 내담자가 불편한 감정을 상담자에게 전면에 드러내기는 힘들어 자신도 모르게 표현하는 것으로, 상담자는 내담자에게 짜증이나 불편한 감정을 느끼는 경험을 할 수 있다. 내담자도 무의식중에 상대방에게 전달하게 하고 있을 가능성이 크기 때문에, 내담자에게서 느껴지는 감정에 중점을 두기보다는 그 감정을 해석하는 것이 중요하다. 내담자가 대인관계에서도 이러한 방법으로 살아가고 있음을 이해하는 것이 필요하다.

이와 같이 수한씨의 핵심문제에 따른 저항을 예측해 봄으로써 내담자를 더 입체적으로 이해할 수 있으며, 저항이 발생했을 때에 빠르게 대처할 수 있을 것이다.

!! 궁금해요!

✎ 상담자가 저항을 인지하지 못하는 경우에는 어떻게 하나요?

답변: 인지하지 못했다는 것에서 이미 상담자가 아닌, 사람 ○○○로서 느끼는 불편한 감정에 휩싸여 있을 수 있다. 이를 예방하기 위해서는 수시로 슈퍼비전 내지는 동료 슈퍼비전을 통해서 상담자의 역전이를 점검하는 것이 필요하다. 그리고 내담자에게서 느껴지는 감정을 분리하고, 그것을 통해 내담자의 현상을 이해할 수 있을 것이다.

✎ 저항인 줄 알았지만 어떻게 해야 될지 모를 때는(예: 상담자의 감정이 격해질 때) 어떻게 하나요?

답변: 초심상담자는 항상 슈퍼비전을 통해 점검받는 것을 게을리하지 않아야 한다. 저항인 것을 인식했다고 하나, 감정이 격해져 있다는 것은 충분한 여유와 객관적인 시선을 유지하기 어렵다는 뜻이기도 하다. 상담자 역시 상담에서 발생하는 감정으로 인해 여러 가지 불안이 따라 올 수 있으므로 지도감독자의 슈퍼비전을 통해 상담의 방향성을 점검하고 상담자로서의 안정감을 찾는 것이 중요하다.

2. 저항에 대한 개입방법

지금까지 내담자의 저항은 왜 생기는 것이며, 핵심문제에 따라 어떤 다양한 양상으로 나타날 수 있는지에 대해 알아보았다. 그렇다면 이러한 저항을 어떻게 개입할 수 있는지 알아보도록 하자.

1) 저항을 다루는 상담기법

(1) 저항을 공감하기

앞서 본 수한씨는 부모님께 순응하는 삶을 살며 애정을 원했으나 자신이 원하는 대로 살지 못한 것으로 인해 생겨난 적개심으로 불편감을 가지고 있다. 이 사례에서 다룰 저항 양상은 수한씨가 상담자에게도 순응하며 자신의 문제가 빠르게 해결되었다고 느끼고 있는 형태이다. 상담자가 저항을 다룬다는 것은 '내담자가 변화를 두려워하여 상담장면에서도 되돌아갈 수밖에 없는 마음 자체를 공감하는 것'이다. 반복되는 태도에 대해 비난이나 불성실하다고 질책하지 않고 변화를 두려워하는 마음이 너무나 당연함을 공감해야 한다. 상담자가 내담자의 핵심문제를 안다면 그 저항이 어디에서 비롯한 것이고 무엇이 두려운 것인지에 대해 해석할 수 있고, 이 현상을 내담자가 느끼고 알 수 있도록 도울 수 있다.

다음 사례는 수한씨가 상담자에게 불편함을 드러내지 않고 상담의 성과만을 보이려는 점을 상담자가 감지하고 개입하는 과정이다. 어떻게 접근하는지 알아보도록 하자.

7-1 저항을 공감하기

내1: 요즘에는 편안한 거 같아요. 다 좋아요. 저번 주에 회사에서 동료가 빌려 간 만 원이 계속 신경 쓰였지만 그건 뭐 별거 아니죠. 이전에 비하면 저 정말 좋아졌죠?

상1: 편안하다니 저도 반갑네요. 그런데 신경 쓰인 일이 있는데도 그건 별일 아니라고 하는군요.

내2: 그냥 이전에 비하면 별일 아니기도 하고 신경이 쓰이기도 했지만 일상이 편안해졌다고 느껴서 그걸 선생님께 전달해야겠다는 마음이 컸어요.

상2: 저에게 수한씨의 좋아진 상태를 알려 주고 싶었군요. 어떤 마음에서 알려 주고 싶었나요?

내3: 아…… (침묵 10초) 선생님께서 제가 발전한 걸 알면 기뻐하실 거 같았어요. 좋은 일 아닌가요?

상3: 물론 좋은 일이죠. 다만, 신경 쓰이는 일이 있었던 건 제쳐 두고 저에게 수한씨의 좋아진 점을 알려 주시는 게 마음이 쓰이네요.

내4: (침묵 15초) 음, 제가 계속해서 반복되는 비슷한 문제를 말씀드리면 선생님도 지치고 힘들 거 같아요. 안 그래도 선생님은 항상 남의 힘든 얘기만 들으실 거 아니에요. 그래서 저도 모르게 좋아진 점만 말하고 싶었나 봐요.

상4: 수한씨를 위한 시간에 상담자가 지칠 것을 신경 쓰고 있군요. 일상에서도 이렇게 타인을 의식하며 살고 있나요?

내5: 아니…… 그런 게 아니라…… 그냥 제가 나아진 모습을 보여야지 선생님이 성취감을 맛볼 수 있지 않을까 하는 생각이 들었어요.

상5: 상담자가 성취감을 느끼지 않으면 안 되는 것처럼 들리네요. 계속해서 나아진 점이 없으면 어떨 거 같은가요?

내6: (침묵 30초) 지쳐서…… 나를 싫어할 거 같아요. (울음) 아마도 나를 떠나 버리겠죠.

상6: 계속해서 힘든 얘기를 하면 떠나갈 것 같군요. 그렇다면 정말 말하기 힘들었을 것 같아요.

내7: 진짜 그랬어요. 뭔가 무서웠던 거 같아요. 그런데 생각해 보니 선생님을 실망시키고 싶지 않았나 봐요. 저는 그 어떤 사람한테도 미움받고 싶지 않아요. 어떡하죠? (눈물)

상7: 미움받기 싫었군요. 상담자를 만족시키면 자기를 좋아해 줄 것 같았네요.

내8: 다른 사람들이 나로 인해 행복해지면 좋았어요. 그렇게만 생각했는데, 그게 내 안의 불안 때문인지 몰랐어요. 내 마음을 내가 몰라줬어요.

상8: 수한씨가 그동안 얼마나 남의 눈치를 보며 자신을 맞춰 왔는지를 생각하니 마음이 아프군요.

수한씨가 상담자에게 불편한 점은 제쳐 두고, 좋아진 점을 강조하려는 장면에서 '어떤 심정에서 그렇게 하고 싶었는지' 질문함으로써 내담자가 마음을 인식할 수 있도록 한다. 내담자의 '왜 그럴 수밖에 없었는지'에 대한 이유가 드러났을 때 질책이나 의문이 아닌 심정 그 자체를 있는 그대로 공감해 주는 것이 중요하다. 그렇게 해야 비로소 내담자는 왜 그런 내면아이와 같은 마음으로 살 수 밖에 없는지에 대한 타당화와 함께 자기수용이 일어날 수 있다.

(2) 저항을 느끼는 지금-여기에서 감정을 다룬다

상담자는 내담자의 저항이 확인되었을 때, 내담자의 핵심문제를 이해하고 저항에 개입하는 것이 필요하다. 그리고 내담자의 저항이 일어나는 현상을 지금-여기에서 다루는 것이다. 예를 들어, 상담에 올 때 어떤 마음으로 왔는지, 상담자에게 말을 할 때 어려움이나 눈치가 보이지는 않는지, 지금의 침묵은 어떤 의미인지 등의 즉시성을 활용하여 저항을 다룰 수 있다. 잊지 말아야 하는 것은 이러한 저항도 내담자가 상담자에게도 사랑받고 싶은 마음에서 생기는 현상임을 이해해야 한다. 다음의 사례를 통해 어떻게 개입할 수 있는지 알아보자.

7-2   저항을 느끼는 지금-여기의 감정 다루기

상1: 수한씨가 그동안 얼마나 남의 눈치를 보며 자신을 맞춰 왔는지를 생각하니 마음이 아프군요.

내1: (말없이 한참을 흐느낀 후) 아, 정말 몰랐어요. 많이 좋아진 줄로만 알고 있었는데. 아직도 이러고 있다니……

상2: 한참을 우셨는데 지금 어떠세요? 어떤 생각이 떠오르나요?

내2: 상담에서도 좋은 점만 보이려고 했다니 당황스러워요. 알고 나니 제가 왜 그동안 상담이 끝나고 찜찜한 마음이 있었는지 알겠어요. 상담에서 불편한 감정을 온전히 말 못 한 거 같아요. 사실 지금 이 순간도 그래요. 이 말을 하면서도 선생님이 실망하시는 건 아닌지 걱정이 돼요.

상3: 수한씨를 싫어할까 봐 불안하다는 말로 들리네요. 수한씨가 불편한 감정을 드러낸다고 해서 저는 수한씨를 싫어하지 않아요. 불편한 감정을 표현한다면 어떨 거 같나요?

내3: 계속해서 얘기하면 선생님이 지치고 싫어할 거 같아요. 그리고 지금 떠오르는 건 선생님은 상담자니깐 제가 힘들다고 하면 속으로는 나를 이상하게 생각하면서 그냥 위로하기 위해서 좋은 말을 해 줄 거라 생각하는 거 같아요.

상4: 속으로 이상하게 여길 거라 생각된다면 솔직하게 말씀하는 게 어렵겠네요.

내4: 네, 진짜 그랬어요. 근데 생각하고 한 게 아니에요. 그냥 본능적으로 나의 불편함을 드러낼 수 없어요.

상5: 그 말은 수한씨가 그동안 불편한 감정을 드러냈을 때 받아들여지지 않았다는 말로도 들리네요.

내5: 한 번도 없었어요. 그런 말도 잘 안 하는데 힘들다고 했을 때 엄마는 '너만 그런 거 아니다.'라고 넘어갔어요. 더 말하려고 해도 엄마는 항상 피곤하고 아프셨죠. 내가 엄마 말을 잘 들었을 때만 반응을 보여 주셨어요.

상6: 사랑을 받기 위해 엄마의 눈치를 볼 수밖에 없었네요. 그 마음을 알고 나니 어떤가요?

내6: 제가 왜 그렇게 사람들의 눈치를 볼 수밖에 없었는지, 심지어 상담장면에 와서도 겁이 났다니 놀라워요. 계속 누군가를 실망시키면 안 되는 게…… 다른 사람을 중심에 두고 살고 있네요. 아, 이런 얘기를 할 수 있다는 게 편하면서도 좀 답답한 마음이 생겨요.

이 사례에서 수한씨는 자신의 불편함이 드러난 장면에서 상담자가 어떻게 생각할지 불안해 하고 있다. 이는 내담자가 상담자에 대한 전이 감정이 일어난 것으로 상담자가 부모와 다른 반응을 하는 것이 중요하다. 내담자의 마음을 이해하고 상담자의 마음을 표현해 줌으로써 내담자는 다른 정서적 재경험을 할 수 있게 된다. 그리고 상담자의 질문에 답하는 과정을 통해서 내담자는 이 불안한 마음이 어디에서 왔는지 이해하고 수용할 수 있을 것이다.

2) 상담자의 역전이 활용하기

(1) 상담자의 역전이 알아차리기

상담에 있어 내담자와 상담자의 관계는 상담의 성과를 좌우하는 중요한 요소이다. 상담의 관계는 내담자의 '전이 감정'과 상담자의 '역전이 감정'으로 형성된다고 볼 수 있으며, 이것을 어떻게 다루는지가 상담의 성과를 좌우할 수 있다. 그러므로 앞선 제6장 '반복되는 핵심문제 다루기'에서 내담자의 전이 감정을 알아보았다면, 이번 제7장에서는 '저항 다루기'를 통해서 상담자의 역전이 감정에 대해 알아보도록 하자. 먼저, 상담자가 자신의 역전이를 알아차리기 위해서 다음과 같은 질문을 통해 점검해 보자.

- 내담자가 상담관계에서 상담자에게 어떤 마음을 불러일으키고 있는가?
- 상담자가 내담자의 마음에 지나치게 공감하고 있지는 않은가?
- 상담자가 내담자의 부모와 같은 역할을 하고 있지는 않은가?

이와 같은 질문을 통해 상담자는 내담자에게 드는 감정을 스스로 점검해 볼 필요성이 있다. 구체적으로 다음 7-3 사례를 통해 어떻게 접근하는지 알아보자.

7-3　상담자의 역전이 알아차리기

내1: 좋아졌다고 느꼈고, 그래서 이제 곧 상담을 그만둬도 되겠다는 생각이었는데 아직도 이렇게 해결해야 될 문제가 많다는 생각에 답답해요.

상1: 해결해야 될 문제가 많이 남았다는 생각에 답답하셨군요.

내2: 네, 저는 상담에 오면 제가 생각했던 모든 문제가 빨리 해결될 거라 생각했거든요. 선생님, 그럼 앞으로 상담 과정이 어떻게 되는 걸까요? 지금까지 한 게 아무 소용없는 건 아니겠죠? 저는 어떻게 해야 할까요?

상2: 문제를 빨리 해결해야 될 것 같아 보이네요. '아직도 해결해야 될 게 많다'면 어떠세요?

내3: 초조해요. 이러다가 나는 아무리 해도 좋아지지 않을까 봐 겁이 확 나요.

상담자는 항상 '내담자가 상담자에게 불러일으키는 감정'을 '내담자의 핵심문제'와 연결해서 생각할 필요성이 있다. 7-3 사례에서 수한씨는 자신이 나아지지 않았다는 생각이 들면서 불안이 생겼으며 그것을 인식하지 못한 채 '답답하다'는 것으로 표현되고 있다. 이러한 불안이 상담자에게 계속 질문을 하는 현상으로 나타나고 있는데 상담

상담자의 역전이는 '생기면 안 되는 감정'으로 이해하기보다는 '어떻게 해석하는지'가 중요하다.

자가 이것을 어떻게 받아들일지가 중요하다. 내담자의 '나아지지 않았다'는 말에 초점이 맞춰져 상담자가 똑같이 불안을 느끼거나 자격지심을 느낄 수 있다. 혹은 내담자의 부모와 똑같은 반응으로 '그건 네가 잘못 생각하는 거야.'라고 훈계 형식으로 개입하고 싶은 마음은 없는지 점검이 필요하다. 우선, 상담자가 내담자에게서 느껴지는 마음을 부정하지 말고 있는 그대로 느끼는 것이 필요하다. 그리고 그것이 의미하는 바가 무엇인지 해석하고, 그 마음을 가지고 내담자의 현상을 이해하는 것이 중요하다.

(2) 상담자의 역전이를 상담자의 문제와 분리하기

상담자의 역전이를 알아차렸다면 상담자 자신의 문제와 떨어뜨려서 볼 수 있어야 한다. 내담자에게 느끼는 감정을 내담자의 핵심문제와 연결해서 이해하는 것이 필요한데, 상담자 개인의 해결하지 못한 문제에 걸리는 것은 아닌지 점검하는 것이다. 이 두 가지 상황을 어떻게 구분할 수 있는지 다음의 수한씨의 사례를 통해 예상해 보고, 역전이를 어떻게 해석할 수 있는지 알아보자.

| 점검해 보기 |

수한씨의 핵심문제에 따른 상담자의 역전이 점검하기

① 상담 과정에서 계속해서 다양한 질문을 하는 내담자에게 '왜 이렇게 상담 과정을 지식으로 이해하려고 하지?'라는 귀찮은 마음
② '상담자의 능력을 의심하나?'라는 상담자의 자격지심으로 인한 불안한 마음
③ 내담자가 (수동공격으로 인해) 왜인지 모르게 얄미운 느낌이 드는 것이 상담자로서 가져서는 안 되는 감정으로 생각되어 자책하는 마음
④ 올 때마다 상담의 성과를 말하며 상담자의 말에 순응하는 모습에, 상담자조차 무엇 때문에 좋아진지 모르겠는 찜찜한 마음
⑤ 자주 연락도 없이 지각이나 결석을 하는 내담자가 상담자를 무시하는 것 같아서 화가 나는 마음

①번은 내담자가 자신의 불안을 인식하지 못하고 '빨리 좋아지고 싶은 마음'을 질문하는 형태로 표현할 수 있으며 이것을 상담자가 알아채지 못하면서 귀찮은 감정을 느

낄 수 있다.

②번은 내담자는 불안한 마음을 표출한 것인데 상담자는 '상담의 효과를 느끼지 못했다'는 것으로 받아들여서, 상담자가 자격지심을 가질 수 있다.

③번은 불편함을 있는 그대로 표현하지 못하는 내담자가 수동공격적으로 자신의 감정을 표출함으로써 상담자는 내담자에게 얄밉거나 불쾌한 감정을 가질 수 있다. 이를 해석하지 못하면 상담자로서 내담자에게 느껴서는 안 되는 감정이 생겼다고 자책을 할 수 있다.

④번은 부모에게 순응하였듯이 상담장면에서도 상담자를 만족시키기 위해 다 좋다고 말하는 내담자로 인해 상담효과의 객관적 평가 없이 상담자 역시 '상담이 잘되었다'고 착각하는 것이다.

⑤번은 내담자가 상담 중에 생긴 죄책감에 대한 불안으로 인해 출석에 문제가 생길 수 있다. 이를 해석하지 못하고 상담자를 무시해서 오지 않는 것으로 생각하여 화가 날 수 있다.

이렇게 상담자에게 일어날 수 있는 다양한 역전이에 대해 알아보았다면 역전이를 알아차리지 못했을 상황에 대해서도 다음 사례를 통해 예상해 보자.

7-4　**역전이를 알아차리지 못했을 경우**

내1: 네, 저는 상담에 오면 제가 생각했던 모든 문제가 빨리 해결될 거라 생각했거든요. 선생님 그럼 앞으로 상담 과정이 어떻게 되는 걸까요? 지금껏 한 건 아무 소용없는 건 아니겠죠? 저는 어떡해야 할까요?

상1: 지금 그 말씀은 저와 작업했던 상담시간이 도움이 안 되었다는 말로 들리는군요. 어떤 점들이 도움이 안 되었는지 나누어 볼까요?

내2: 아, 아니에요. 도움이 안 되었던 건 아니에요. 저는 단지 앞으로 어떻게 해야 될지 막막해서요.

상2: 그러셨군요. 저 역시 수한씨의 얘기를 들으니 답답함이 드네요. 우리가 어떤 점이 부족했는지 나누는 게 어떨까요?

내3: 네, 좋아요. 저는 아무한테도 말할 수 없었던 회사생활 얘기를 여기 와서 하니 쌓였던 스트레스가 해소되었어요.

상3: 그랬군요. 그럴 수 있었던 점들은 무엇 때문이라고 생각하세요?

내4: 음. 이런 얘기는 해 본 적이 없는데 처음으로 할 수 있었던 것도 있어요.

7-4 사례는 내담자가 불안을 인지하지 못하고 상담의 과정에 대한 질문을 많이 하는 형태로 표현될 때, 상담자가 역전이를 눈치채지 못했을 경우에 일어날 수 있는 상황이다. 부모님처럼 내담자를 괜찮다고 달래거나, 내담자의 비위를 맞춰 주거나 상담자의 자격지심 혹은 불안으로 내담자를 비난하는 태도로 대할 수 있다. **상담자 1**에서는 불안이 올라온 상담자가 내담자에게 진짜 상담의 성과가 없었는지 나눠 보자는 형식으로 내담자의 마음을 받아 주지 않았다. 상담자가 부모님처럼 조목조목 따져서 내담자를 설득함으로써 내담자가 자신의 불편한 감정을 드러낼 수 없게 된다. 이럴 경우 상담자는 내담자의 불안이 '상담이 아무 도움도 안 되었어요.'로 받아들여 '상담자가 능력이 부족하다.'라고 이해한 건 아닌지 점검해 볼 필요성이 있다.

/ 핵심요약 /

상담자 중심이 아닌, 내담자 중심이어야 한다. 단, 상담자의 마음을 활용할 수 있어야 한다.

7-5 역전이를 알아차리고 분리하여 개입한 경우

내1: 네, 저는 상담에 오면 제가 생각했던 모든 문제가 빨리 해결될 거라 생각했거든요. 선생님 그럼 앞으로 상담 과정이 어떻게 되는 걸까요? 지금껏 한 건 아무 소용없는 건 아니겠죠? 저는 어떡해야 할까요?

상1: 문제를 빨리 해결해야 될 것 같아 보이네요. '아직도 해결해야 될 게 많다'면 어떠세요?

내2: 초조해요. 이러다가 나는 아무리 해도 좋아지지 않을까 봐 겁이 확 나요.

상2: 아무리 해도 안 될 거 같은 마음이 든다면 어떤가요?

내3: 정말 불안해요. 이 안 좋은 감정이 뭔지 알겠네요. 지금껏 잘해 왔다고 생각했는데 갑자기 '내가 아직도 이 모양이구나'하고 생각되니깐 '나는 역시 안 되는 건가'라는 불안감이 확 들었어요.

상3: 수한씨가 자신의 불편한 마음을 잘 표현해 주시니 훨씬 더 잘 이해되고 반갑네요. 빨리 해결되지 않는 것에 불안함을 느꼈군요. 지금 이렇게 자신의 감정을 잘 알아차리고 있는데 어떤가요?

내4: (글썽거림) 그러네요. 항상 혼자서 알아서 잘해야 됐던 게 버릇이 됐나 봐요. 빨리 해결해야지 내가 괜찮은 사람이고, 나를 싫어하지 않을 거라고 생각했어요.

상4: 혼자서 해결해야 됐다니 정말 애썼어요. 수한씨가 정말 바랐던 건 뭔가요?

내5: 그냥, (울음) 좀 힘들 때, 내가 하고 싶지 않을 때 '하고 싶지 않다'고 말하면 '그랬구나' 하고 알아주길 바랐어요. 아, 그거 하나였는데 그게 그렇게 간절했어요.

상5: 그랬군요. 힘들다고 말하면 알아주길 바랐던 그 마음에 잠깐 머물러 볼까요?

내6: (눈물) 참 그 어린아이의 마음으로 아직도 이러고 있었네요. 이전까지 화났던 마음도 얘기하고, 내 문제가 뭔지도 이해하고 있는 거 같은데 왜 항상 마음 한편에서는 찝찝한 마음이 있을까 막연하게 고민됐어요.

상6: 지금은 어떠세요?

내7: 제가 정말 무엇 때문에 불안하고 어떤 식으로 현실에서 생활하고 있는지 이전에 머리로 알았다면, 오늘은 피부로 와닿았어요. 빨리 상담을 잘 끝내고 싶다는 마음이 컸는데 지금은 아니에요. 천천히 선생님께 저의 불편한 마음을 이야기하면서 알아가 보고 싶네요.

7-5 사례에서는 상담자가 상담 과정에 대한 계속적인 질문을 하는 내담자를 감지하였다. '어떤 마음에서 수한씨는 상담 과정을 알고 싶을까?'라는 고민과 함께 핵심문제와 연결하여 파악한 상담자는 '아, 수한씨가 많이 불안하구나. 이런 불편한 감정을 표현한 적이 없어서 본인도 모르게 많은 질문을 하고 있구나.'라고 이해한 것이다. 그래서 수한씨의 상태를 그대로 읽어 주고 어떤 마음인지 볼 수 있게 질문한 다음, 그 마음에 공감하는 반응을 보였다. 그러자 내담자는 자신의 상태를 금방 알아차렸고, 자신의 불편함을 있는 그대로 표현해도 받아주는 정서적 재경험을 하면서 통찰이 일어난다.

> **⁈ 상담전문가의 조언**
>
> ✏ **상담자의 역전이를 어떻게 볼 것인가?**
>
> **역전이를 잘 활용하면 내담자를 깊이 이해할 수 있다.**
>
> 상담자가 느끼는 역전이는 두 가지로 구분할 수 있다. 첫째, '고전적 역전이'로서 상담자 본인의 문제가 해결되지 않아, 내담자의 특성과 별개로 상담자의 역동 속에서 내담자를 느끼는 것이다. 이는 상담자 이전에 사람이다 보니, 상담자 본인의 문제를 해결해 나가는 과정에서 생기는 문제로 볼 수 있다. 둘째, 내담자가 불러일으키는 '투사적 동일시'에 의한 역전이로, 상담자가 느껴서는 안 되는 감정이 아니라 그 무엇보다 내담자를 잘 이해할 수 있는 '내담자 고유의 특성'이다. 두 가지를 구분해 나가기 위해서는 먼저 상담자가 자신의 내면을 끊임없이 바라보면서 자신의 문제에 대해서 잘 알고 있어야 한다. 그리고 상담자가 '투사적 동일시'로 느끼는 역전이를 내담자의 핵심문제와 연결해서 해석한다는 것은, 내담자의 살아 숨 쉬는 고통의 증거를 확인하는 것과 같다. 초심상담자는 슈퍼비전을 통해서 상담자 자신과 내담자를 보호하면서 발전을 해 나갈 수 있으므로 역전이에 대해 앞서 걱정하지 않아도 된다.

!! 실습해 보자!

저는 선생님이 설명하려고 할 때마다 저희 엄마가 저에게
설득하는 거 같아서 머리가 멍해져요.

✎ 어떻게 반응할 것인지 적어 보자.

✎ 상담자가 어떤 생각이 드는지 점검해 보자.

3. 저항 다루기 적용 사례

앞서 내담자가 자신의 문제를 수용해 가는 과정에서 방해 요소들이 어떻게 작용되고 있는지 살펴보았다. 그리고 이러한 저항을 상담자가 어떻게 바라보고 다룰 것인지에 대해서 알아보았다. 부분적으로 알아본 과정을 한 회기로 연결하여 본다면 어떻게 적용되는지 전체적인 흐름에서 확인해 보자.

👤 내담자 수한씨의 사례

전제조건

상담자는 앞선 상담들을 통해서 내담자가 항상 상담자의 말에 순응하는 반응을 하며 상담으로 인해 너무 좋아졌다고만 하는 것 (내담자 저항)을 미리 감지하고 있다.

이 사례는 장남의 역할로 순종하는 삶을 살아온 수한씨가 자신의 불편한 감정을 드러내는 것에 어려움을 겪고 있는 사례이다. 내담자의 핵심문제가 일상생활에서 어떻게 반복되고 있는지 다루는 과정에서 내담자의 저항이 어떤 식으로 나타날 수 있고, 상담자가 어떻게 개입할 수 있는지 하나의 사례로 연결하여 확인해 보도록 하자(이 사례의 내방경위 및 사례소개는 제7장 초반에 소개되었으므로 참고 바람).

7-6 저항 다루기의 적용 사례	축어록 반응해설

내1: 요즘에는 편안한 거 같아요. 다 좋아요. 저번 주에 회사에서 동료가 빌려 간 만 원이 계속 신경 쓰였지만 그건 뭐 별거 아니죠. 이전에 비하면 저 정말 좋아졌죠?

상1: 편안하다니 저도 반갑네요. 그런데 신경 쓰인 일이 있는데도 그건 별일 아니라고 하는군요.

> 내담자가 슬쩍 넘어가는 부분을 짚어 준다

내2: 그냥 이전에 비하면 별일 아니기도 하고 신경이 쓰이기도 했지만 일상이 편안해졌다고 느껴서 그걸 선생님께 전달해야겠다는 마음이 컸어요.

상2: 저에게 수한씨의 좋아진 상태를 알려 주고 싶었군요. 어떤 마음에서 알려 주고 싶었나요?

> '왜 그러고 싶었는지' 이유를 탐색한다.

내3: 아…… (침묵 10초) 선생님께서 제가 발전한 걸 알면 기뻐하실 거 같았어요. 좋은 일 아닌가요?

상3: 물론 좋은 일이죠. 다만 신경 쓰이는 일이 있었던 건 제쳐두고 저에게 수한씨의 좋아진 점을 알려 주시는 게 마음이 쓰이네요.

> 내담자의 상태에 대해 상담자의 마음을 표현하여 반영한다.

내4: (침묵 15초) 음, 제가 계속해서 반복되는 비슷한 문제를 말씀드리면 선생님도 지치고 힘들 거 같아요. 안 그래도 선생님은 항상 남의 힘든 얘기만 들으실 거 아니에요. 그래서 저도 모르게 좋아진 점만 말하고 싶었나 봐요.

상4: 수한씨를 위한 시간에 상담자가 지칠 것을 신경 쓰고 있군요. 일상에서도 이렇게 타인을 의식하며 살고 있나요?

> 내담자의 상태를 반영하며 질문으로 내담자의 의식을 깨운다.

내5: 아니, 그런 게 아니라…… 그냥 제가 나아진 모습을 보여야지 선생님이 성취감을 맛볼 수 있지 않을까 하는 생각이 들었어요.

상5: 상담자가 성취감을 느끼지 않으면 안 되는 것처럼 들리네요. 계속해서 나아진 점이 없으면 어떨 거 같은가요?

> 궁극적으로 두려운 것이 무엇인지 질문한다.

내6: (침묵 30초) 지쳐서…… 나를 싫어할 거 같아요. (울음) 아마도 나를 떠나 버리겠죠.

① 저항을 공감하기 **상6**: 계속해서 힘든 얘기를 하면 제가 떠나갈 것 같군요. 그렇다면 정말 말하기 힘들었을 것 같아요.

> 두려웠던 그 감정 자체에 대해 공감을 한다.

내7: 진짜 그랬어요. 뭔가 무서웠던 거 같아요. 그런데 생각해 보니 선생님을 실망시키고 싶지 않았나 봐요. 저는 그 어떤 사람한테도 미움받고 싶지 않아요. 어떡하죠? (눈물)

상7: 미움받기 싫었군요. 상담자를 만족시키면 자기를 좋아해 줄 것 같았네요.

> 내담자의 마음을 명료화하여 공감한다.

내8: 다른 사람들이 나로 인해 행복해지면 좋았어요. 그렇게만 생각했는데…… 그게 내 안의 불안 때문인지 몰랐어요. 내 마음을 몰라줬어요.

상8: 수한씨가 그동안 얼마나 남의 눈치를 보며 자신을 맞춰 왔는지를 생각하니 마음이 아프군요.

> 내담자가 감정을 느낄 수 있도록 충분한 여유와 안전감을 제공한다.

내9: (말없이 한참을 흐느낀 후) 아, 정말 몰랐어요. 많이 좋아진 줄로만 알고 있었는데 아직도 이러고 있다니.

② 저항을 느끼는 지금-여기에서 감정을 다룬다

상9: 한참을 우셨는데 지금 어떠세요? 어떤 생각이 떠오르나요?

> 내담자의 반응을 확인하여 지금-여기를 다룬다.

내10: 상담에서도 좋은 점만 보이려고 했다니 당황스러워요. 알고 나니, 제가 왜 그동안 상담이 끝나고 찜찜한 마음이 있었는지 알겠어요. 상담에서 불편한 감정을 온전히 말 못한 거 같아요. 사실 지금 이 순간도 그래요. 이 말을 하면서도 선생님이 실망하시는 건 아닌지 걱정이 돼요.

상10: 수한씨를 싫어할까 봐 불안하다는 말로 들리네요. 수한씨가 불편한 감정을 드러낸다고 해서 저는 수한씨를 싫어하지 않아요. 불편한 감정을 표현한다면 때 어떨 거 같나요?

> 내담자의 마음을 해석하고 상담자의 마음을 표현하여 정서적 재경험을 제공한다.

내11: 계속해서 얘기하면 선생님이 지치고 싫어할 거 같아요. 그리고 지금 떠오르는 건 선생님은 상담자니깐 제가 힘들다고 하면 속으로는 나를 이상하게 생각하면서 그냥 위로하기 위해서 좋은 말을 해 줄 거라 생각하는 거 같아요.

상11: 속으로 이상하게 여길 거라 생각된다면 솔직하게 말씀하는 게 어렵겠네요.

> 공감을 표현하며, 감정의 심화를 돕는다.

내12: 네, 진짜 그랬어요. 근데 생각하고 한 게 아니예요. 그냥 본능적으로 나의 불편함을 드러낼 수 없어요.

상12: 그 말은 불편한 감정을 드러냈을 때 받아들여지지 않았다는 말로도 들리네요.

> 해석하여 과거 미해결과제로 들어갈 수 있도록 돕는다.

내13: 한 번도 없었어요. 그런 말도 잘 안 하는데 힘들다고 했을 때 엄마는 '너만 그런 거 아니다.'라고 넘어갔어요. 더 말하려고 해도 엄마는 항상 피곤하고 아프셨죠. 내가 엄마 말을 잘 들었을 때만 반응을 보여 주셨어요.

상13: 사랑을 받기 위해 엄마의 눈치를 볼 수밖에 없었네요. 그 마음을 알고 나니 어떤가요?

> 내담자가 통찰할 수 있는 질문을 한다.

내14: 제가 왜 그렇게 사람들의 눈치를 볼 수밖에 없었는지, 심지어 상담장면에 와서도 겁이 났다니 놀라워요. 계속 누군가를 실망시키면 안 되는 게…… 다른 사람을 중심에 두고 살고 있네요. 아, 이런 얘기를 할 수 있다는 게 편하면서도 좀 답답해요.

상14: 불편했던 감정을 얘기할 수 있게 돼서 편안하게 보이네요. 답답한 감정은 어떤 마음일까요?

> 내담자의 상태에 구체적 확인을 한다.

내15: 좋아졌다고 느꼈고 그래서 이제 곧 상담을 그만둬도 되겠다는 생각이었는데 아직도 이렇게 해결해야 될 문제가 많다는 생각에 답답하게 느껴져요.

③ 상담자의 역전이 알아차리기

상15: 해결해야 될 문제가 많이 남았다는 생각에 답답하셨군요.

> 내담자의 마음을 명료화한다(상담자가 순간 드는 마음을 점검한다).

내16: 네, 저는 상담에 오면 제가 생각했던 모든 문제가 빨리 해결될 거라 생각했거든요. 선생님 그럼 앞으로 상담 과정이 어떻게 되는 걸까요? 지금까지 한 게 아무 소용없는 건 아니겠죠? 저는 어떡해야 할까요?

④ 상담자의 역전이를 상담자의 문제와 분리하여 개입하기

상16: 문제를 빨리 해결해야 될 것 같아 보이네요. '아직도 해결해야 될 게 많다'면 어떠세요?

> 내담자가 궁극적으로 두려워하는 것에 대한 질문을 한다.

내17: 초조해요. 이러다가 나는 아무리 해도 좋아지지 않을까 봐 겁이 확 나요.

상17: 아무리 해도 안 될 거 같은 마음이 든다면 어떤가요?

> 내담자의 마음을 명료화할 수 있는 질문을 한다.

내18: 정말 불안해요. 이 안 좋은 감정이 뭔지 알겠네요. 지금껏 잘해 왔다고 생각했는데 갑자기 '내가 아직도 이 모양이구나.'하고 생각되니깐 '나는 역시 안 되는 건가?'라는 불안감이 확 들었어요.

상18: 수한씨가 자신의 불편한 마음을 잘 표현해 주시니 훨씬 더 잘 이해되고 반갑네요. 빨리 해결되지 않는 것에 불안함을 느꼈군요. 지금 이렇게 자신의 감정를 잘 알아차리고 있는데 어떤가요?

> 내담자의 마음을 독려하며 현재의 상태를 반영해 줌으로서 통찰할 수 있도록 돕는다.

내19: (글썽거림) 그러네요. 항상 혼자서 알아서 잘해야 됐던 게 버릇이 됐나 봐요. 빨리 해결해야지 내가 괜찮은 사람이고 나를 싫어하지 않을 거라고 생각했어요.

상19: 혼자서 해결해야 됐다니 정말 애썼어요. 수한씨가 정말 바랐던 건 뭔가요?

> 공감하며 미해결 문제에 대한 통찰질문을 한다.

내20: 그냥, (울음) 좀 힘들 때, 내가 하고 싶지 않을 때 하고 싶지 않다고 말하면 '그랬구나' 하고 알아주길 바랐어요. 아…… 그거 하나였는데 그게 그렇게 간절했어요.

상20: 그랬군요. 힘들다고 말하면 알아주길 바랐던 그 마음에 잠깐 머물러 볼까요?

> 내담자가 감정을 느낄 수 있도록 여유를 둔다

내21: (눈물) 참 그 어린아이의 마음으로 아직도 이러고 있었네요. 이전까지 화났던 마음도 얘기하고, 내 문제가 뭔지도 이해하고 있는 거 같은데 왜 항상 마음 한편에서는 찜찜한 마음이 있을까 막연하게 고민됐어요.

상21: 지금은 어떠세요? ——————————————   통찰한 것을 표
                                                                현할 수 있도록
내22: 제가 정말 무엇 때문에 불안하고 어떤 식으로 현실에서 생활   돕는다.
      하고 있는지 이전에 머리로 알았다면, 오늘은 피부로 와닿았어
      요. 빨리 상담을 잘 끝내고 싶다는 마음이 컸는데 바뀌었어요.
      천천히 선생님께 저의 불편한 마음을 이야기하면서 알아가 보
      고 싶네요.

상22: 수한씨가 다른 것에 신경 쓰기보다 자신의 감정에 대해 집중   오늘 상담의 요
      하기 시작한 거 같아 저도 좋네요. 앞으로 불편한 감정들에 대   약을 하며 정리
      해 말하는 것에 다른 걸림돌이 생기면 이렇게 다루면 됩니다.   한다.
      오늘 마쳐도 될까요?

내23: 네. 좋아요.

    제7장에서는 상담의 진행 과정 중 생길 수 있는 내담자의 저항에 대해서 알아보았
다. 상담은 내담자가 지금까지 살아온 패턴을 전환하는 과정이기에 내담자의 저항은
자연스러운 현상이며, 새로운 방향으로 나아가기 위한 최대의 난관이라 할 수 있다.
상담에서 내담자의 저항을 극복하는 것이 중요한 만큼, '상담자가 저항을 어떻게 이해
하냐'는 것이 저항을 다룰 수 있는 시작이 될 것이다. 이 장에서는 상담자가 저항을 바
라보는 관점과 어떻게 개입하는지에 대해 실질적으로 접근하였으므로 상담장면에서
겪는 내담자의 저항에 적용할 수 있기를 기대해 본다.

> **‼️ 초심상담자 민환씨의 고민**
>
> ## 내담자가 종결을 원하니 어쩔 수 없이 종결했어요.
>
>    초심상담사 민환씨의 미해결 문제는 어머니에게 돌봄받지 못한 것에
> 대해 억울함이 있는 것으로, 그것을 잘 알고 있는 상태였다. 어느 날 상
> 담을 진행하던 중 내담자가 현실적인 이유를 말하며 조기 종결을 원하
> 였는데, 민환씨는 그것이 내담자의 저항이라고 생각되었다. 초심상담자
> 로서 누구보다 사례를 연구하며 상담을 하고 있었는데 내담자가 종결
> 을 원하니, '어쩔 수 없지. 내담자의 마음이 저 정도밖에 감당할 수 없
> 는걸.' 하고 조기 종결에 응하며 상담을 종결하였다. 그후 슈퍼비전을 통해서 알게 된 사
> 실은 상담자 민환씨가 돌봄받지 못한 것에 대한 억울함이 작용하였다는 것이다. 상담자는

내담자를 위해 애쓰고 노력했는데 내담자가 상담자의 마음을 못 알아주는 것에 서운함과 억울함이 작용하여 조기 종결에 응해 버렸던 것이다. 이렇듯 상담자는 자신의 문제를 잘 파악하고 있다고 생각하지만, 그 문제가 어떤 식으로 발현될지 예상하지 못하거나, 상황이 진행되고 있을 때는 내담자의 문제와 자신의 역동을 구분해 내기가 쉽지 않다. 초심상담자가 구분하기 어려운 것은 자연스러운 현상이므로 좌절이나 자책하기보다는 슈퍼비전을 통해 반복되지 않게 수련하는 것이 필요하다.

새로운 방식으로 기능하도록 돕기

제7장에서는 내담자가 왜 저항을 보이며, 상담자는 어떻게 개입할 수 있는지에 대해 알아보았다. 저항을 극복하고 나면 내담자는 이전과 다른 패턴으로 살아가고 싶은 의지가 생성되는데, 막상 어떻게 다르게 살아야 할지 모를 수 있다. 그렇다면 상담자는 어떻게 내담자가 스스로 다른 선택을 할 수 있도록 도울 수 있을까? 내담자가 다른 대처를 취할 수 있게 되는 것은 반복되는 현실문제를 이전과 다른 관점에서 바라볼 수 있을 때 가능하다. 이 장에서는 내담자가 새로운 방식으로 기능하기 위해 필요한 '관찰적 자아'의 힘을 어떻게 기를 수 있는지 점검해 보고자 한다. 또한 상담자가 내담자의 '관찰적 자아'를 촉진해서 핵심문제와 현실문제를 어떻게 분리하도록 개입하는지 알아보자.

제8장 한눈에 보기

1

내담자의 핵심문제 자각
훈습 조력하기

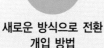

- 내담자의 관찰적 자아의 힘은 어떻게 키울 수 있을까
- 핵심문제와 현실문제를 분리하는 과정 알기

2

새로운 방식으로 전환
개입 방법

- 새로운 선택을 할 수 있도록 조력하기
- 내담자의 결정과 책임을 독려하기

제8장 들어가기 전에……

내담자가 새로운 방식으로 적응하도록 어떻게 도울 수 있는지 생각해 보자.

💬 훈습은 무엇을 하는 과정일까?

💬 관찰적 자아의 힘을 어떻게 키울 수 있을까?

💬 내담자는 어떻게 새로운 대안을 선택하게 될까?

1. 내담자의 핵심문제 자각 훈습 조력하기

내담자가 저항을 극복하고 나면 새로운 방식으로 삶을 살아가고자 한다. 이 과정에서 내담자는 통찰을 통해 자기수용이 일어났음에도, 어떻게 다른 선택을 해야 할지 당황할 수 있다. 이때 상담자는 내담자가 스스로 객관적 시점에서 자신을 바라보고, 대처하는 방식을 습득할 수 있도록 안내하는 것이 필요하다. 이러한 과정을 상담자가 어떻게 개입할 수 있는지 알아보고자 한다.

1) 내담자의 관찰적 자아의 힘은 어떻게 키울 수 있을까

훈습이란 내담자가 반복되는 자기문제를 객관적으로 바라보고, 현실문제와 분리해서 생각할 수 있도록 훈련하는 과정이라고 할 수 있다. 그러기 위해서는 자신의 상황에 빠지지 않고, 떨어져서 조망할 수 있는 '관찰적 자아'의 능력이 필요하다. 이런 관찰적 자아는 상담 초기부터 내담자가 자신의 문제를 조망해 보는 것에서 출발하여 점차 역량이 발달할 수 있다. 관찰적 자아의 힘을 키우기 위해서는 상담 중기에서 다루었던 다양한 과정을 한 회기 안에서도 내담자가 체감할 수 있도록 개입할 수 있다. 이 과정이 반복되면서 내담자는 현실문제에서 자신의 핵심문제를 분리하여 바라볼 수 있게 될 것이다. 다른 대처를 하기 위해서 필수적 요소인 '관찰적 자아'에 대해 좀 더 자세히 알아보자.

내담자의 관찰적 자아란 무엇일까?

용어가 다소 생소할 수 있으나, 예를 들어 자신의 상황을 '1인칭 주인공 시점'에서 '1인칭 관찰자 시점' 및 '3인칭 관찰자 시점' 혹은 '전지적 작가 시점'으로 옮겨서 바라볼 수 있는 것이라 할 수 있다. 다른 시점에서 바라보는 것이 중요한 이유는 어디서 보는지에 따

> / 핵심요약 /
> 관찰적 자아 → 다양한 관점 →
> 다양한 생각 → 다양한 대처

라 무엇을 바라보는지가 결정되기 때문이다. 어느 시점에서 보느냐에 따라 내담자가 이해하는 내용이 달라질 수 있고 이것은 내담자가 다른 대안을 생각할 수 있는 초석이 될 것이다. 그렇다면 내담자의 관찰적 자아는 어떻게 키울 수 있을까? 관찰적 자아는 훈습 과정에서 강화될 수 있으므로 훈습의 원리를 먼저 살펴보자.

(1) 훈습의 과정

내담자가 불편한 감정이 생겼을 때, 그 감정을 다루어 정화하는 것이 필요하다. 상담자가 감정에 충분히 공감한다면 내담자는 앞선 회기들을 통해 연습되었던 감정표현을 큰 저항 없이 발산하며 정화할 수 있을 것이다. 내담자가 차오르던 감정이 해소되고 나면, 자신의 상황을 본인의 핵심문제와 연결지어 볼 수 있는 안정적 정서가 된다. 이때 상담자는 내담자가 지금의 문제 역시 기존에 다루었던 패턴과 동일한 것이라는 걸 통찰할 수 있도록 도와야 한다. 훈습 단계에서 상담자의 역할은 내담자가 스스로 감정정화와 자각까지 할 수 있도록 조력하는 것이다. 그 과정 속에서 상담자는 내담자가 혼란스러워 할 수 있는 부분을 명료화하고, 내담자가 스스로 자립하는 과정을 지지해 주는 것이 필요하다. 이러한 과정을 하나의 도식으로 표현한다면 다음과 같다.

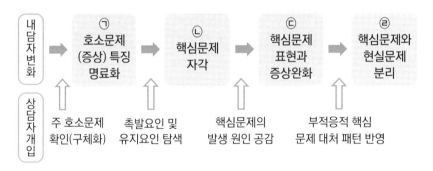

[그림 8-1] **핵심문제 개입에 따른 내담자의 변화**

앞의 그림은 제1장에서 이미 제시되었던 바 있다. 제1장에서는 내담자의 핵심문제 개입에 따른 내담자의 변화원리를 설명하기 위해 제시되었다면, 제8장에서는 이 과정이 훈습의 흐름임과 동시에, 한 회기 안에서도 진행될 수 있으며, 어떻게 이루어지는지 보여 주고자 한다. 다음 사례를 통해 구체적으로 살펴보자.

2) 핵심문제와 현실문제를 분리하는 과정 알기

다음의 정화씨의 사례를 통해 훈습의 과정을 어떻게 다루는지 살펴보고자 한다. 한 회기 안에서 감정정화 후 내담자의 관찰적 자아가 어떻게 확장되어, 자신의 핵심문제와 분리해서 바라보게 되는지 사례를 통해 알아보자.

♟ 내담자 정화씨의 사례

인적사항	• 이름(가명): 이정화 • 성별: 여 • 나이: 38세 • 직업: 회사원
호소문제	"다른 사람들이 나와 의견이 다를 경우, 너무 화가 나고, 기분이 급격히 다운돼요." "남편에게 힘들다는 얘기를 못하니 혼자서 모든 걸 해결해야 해서 힘들어요."
내방경위	워킹맘인 내담자가 육아와 일 두 가지를 남편의 도움 없이 해내며 지내다가, 직장에서 상사로 진급을 하면서 동료들과 의견이 달라지는 입장이 되면, 왠지 모를 외로움과 죽고 싶다는 마음이 생겨 상담을 신청함.
가족관계	• 남편(42세): 직장인으로 무뚝뚝하다고 표현함. • 아들(8세): 개구쟁이로 밝은 성격이나 한 번씩 버겁다고 함. • 딸(6세): 착하고 내담자를 잘 도와준다고 함.
상담자가 파악한 내담자 이해	신체적으로 아프고, 아버지와 사이가 좋지 않아 정서적으로 힘들었던 어머니를 보고 자란 내담자가 자신의 어려운 감정을 말하지 못하고 자랐음. 초등학교 때부터 숙제 등 해야 할 일들을 혼자서 처리해 오며 아무도 알아주지 않는 것에 대한 외로움과 '내가 다 해야 한다'는 부담감이 있음. 자신의 힘든 것을 말하면 더 힘들어 보이는 엄마가 사라져 버릴지도 모른다는 두려움이 커, 자신의 감정보다는 상대방의 눈치를 보며 맞춰 지내는 것에서 안정감을 가지며 생활해 옴. 직장에서 상사로 진급하며 동료들을 관리하고 의견이 반대되는 입장이 되니, '자신을 몰라주고 혼자라는 외로움'이 커지며 우울과 자살 사고로 증상이 나타났음. 또한 가정에서도 워킹맘으로서 사는 어려움을 남편과 나누지 못하고 혼자서 다 해내야 한다는 부담감, 억울함에 번아웃 현상이 나타나고 있음.

개입Tip ▶

상담의 실제에서는 [그림 8-1]과 같이 순서대로 상담이 진행되기보다, 사례 **8-1** 과 같이 핵심문제 자각(㉠)과 핵심문제 표현과 증상완화(㉡)가 순환적으로 일어날 수 있다. 이때 상담자는 내담자의 내용을 따라가며 계속 자각할 수 있도록 개입하는 것이 중요하다.

8-1 핵심문제와 현실문제를 분리하는 과정 알기	축어록 반응해설
내1: 이번 주말에 남편과 함께 집안일을 하는데 너무 마음이 안 좋았어요. 저는 청소도 하고 빨래도 하고, 설거지까지 하고 있는데 남편은 책상 정리를 한다고 했는데, 나중에 보니 자고 있더라구요. 그때까지만 해도 많이 피곤했나 보다 했어요. 근데 제가 식사 준비를 다 하고 나서야 일어나 놓고는, 내일 여행 갈 준비를 다 했냐고 물어볼 때는 갑자기 화가 너무 나더라구요.	
상1: 혼자 많은 걸 하시면서 분주하셨네요. 어떤 부분에서 화가 그렇게 나셨던 거 같으세요?	내담자의 감정의 원인을 구체화하는 질문을 한다.
내2: 아마, 제가 혼자 다 집안일을 한 것도 참았는데, 본인은 쉬고 일어나서 다음 할 일까지 나에게 떠넘기는 기분이 짜증났던 거 같아요.	
상2: 남편은 몰라주고 혼자 애쓰신 점이 억울하셨을 것 같네요.	내담자의 감정을 명료화하며 공감한다.
내3: 맞아요. 그랬어요. 또 나 혼자만 애쓰고, 상대방은 몰라준다는 게 억울했어요. 그래도 그 부분은 잘 넘어갔는데 티비 프로그램을 같이 보다가 한 연예인을 두고 남편과 저의 의견이 달랐어요. 남편은 그 연예인이 멋있다고 하는데 저는 전혀 아니었거든요. 그래서 제 생각을 말하는데도 남편이 계속 본인의 생각을 말하는 걸 보니깐 점점 기분이 나빠지는 거예요.	
상3: 기분이 나빠졌다는 게 어떤 건지 구체적으로 말씀해 주시겠어요?	내담자 스스로 자신의 감정을 파악할 수 있도록 안내한다.
내4: 음, 마치 전에도 그랬던 적이 있는 거 같은데 (침묵 5초) 뭔가 혼자라는 기분이 들었어요.	
촉발요인 및 유지 요인 탐색 ── **상4:** 내 의견에 동조를 안 한다는 사실이 혼자라는 느낌을 주는군요. 전에도 그랬다고 하셨는데 어떤 게 떠오르셨어요?	받은 영향을 반영하며 내담자가 자신의 패턴과 연결하여 볼 수 있도록 질문한다.
㉠ 핵심문제 자각 ── **내5:** 직장에서도 동료들이 내 의견에 따라 주지 않으면 급격하게 기분이 다운되었어요. 화가 난 적도 있었구요. 기분이 우울해졌던 거 같아요. 그냥 항상 기분이 안 좋다고만 느꼈었는데, 오늘 말한 느낌과 같아요.	
상5: 사회생활 속에서도 사람들이 나의 의견과 같지 않으면 혼자라는 느낌이 드는군요. 그런 상황이었다면 상당히 자주 경험했겠네요.	내담자의 정서에 공감하며 표현을 독려한다.
내6: 네, 두렵다고 느낄 정도예요. 근데 선생님, 내 의견과 다르다고 해서 세상에서 혼자라는 느낌이 든다거나 그 감정을 느낄까 봐 두렵다는 사실이 너무 괴로워요.	

상6: 그 사실이 괴롭다면 정화씨가 자신을 있는 그대로 받아들이기 힘들겠네요. 어떤 점이 정화씨를 괴롭게 만들까요?

> 내담자가 감정정화를 하는 데 방해하는 요소를 확인할 수 있도록 돕는다.

내7: 제 자신이 이해가 안 돼요. 그동안의 상담을 통해서 이렇게 기분이 안 좋아지는 순간은 조금씩 눈치채는 거 같아요. '아~ 내 기분이 또 비슷한 장면에서 안 좋아지는구나'라구요. 그러니깐 이전처럼 그렇게 나락으로 떨어지는 기분이거나 죽고 싶다는 생각까지는 안 하게 돼요. 근데 혼자 생각을 정리하다 보면 결국 나는 '내 의견에 맞춰 주지 않으면 혼자라는 기분이 들고 그게 너무 과하니깐 제가 고쳐야 된다'는 생각이 들어요.

핵심문제의 발생 원인 공감

상7: 나에게 일어나는 마음을 논리적으로 따졌을 때 과한 반응이라 생각되니 고쳐야 된다는 생각이 드는군요. 스스로 이해되지 않아서 많이 혼란스럽네요.

> 내담자의 현상을 명료화하여 반영한다.

내8: 네, 정말 그래요. 나를 좀 이해했다고 생각했는데 막상 비슷한 일이 생기니 어찌해야 될지 모르겠어요. 내 문제의 원인을 알고 있어서 마음의 동요는 좀 덜 하지만 해결은 안 되는 느낌이 들어요.

상8: 해결이 안 되는군요. 남편이 정화씨의 마음을 몰라주는 것이 왜 그렇게 힘들까요?

> 내담자의 감정을 공감하며 핵심문제를 바라볼 수 있도록 안내한다.

㉠ 핵심문제 자각
동시에 표현도 이루어짐

내9: 그건 전에 나누었듯이, 어렸을 때 엄마가 너무 힘들어 보여서 나 스스로 혼자 알아서 잘해야 했던 때의 고단함에서 오는 거겠죠. 뭔가 내 의견은 말하지 못하고 눈치만 봐 왔던 시절들이 너무 힘들고 외로웠어요. (눈물) 그렇게 혼자서 알아서 해 왔는데 이제는 내 마음을 알아줄 거 같은 가까운 사람이 내 마음을 몰라준다 생각하니 너무 화가 나는 거 같아요.

상9: 혼자서 애써 왔던 고단함을 알아주기 바라셨군요. 얼마나 외로우셨나요?

> 내담자 감정에 공감하며 표현을 독려한다.

㉠ 핵심문제 자각
동시에 표현도 이루어짐

내10: (눈물) 진짜 내가 얼마나 힘들었는지, 애썼는지 알아주기만 해도 그렇게 서럽진 않았을 거 같은데, 알아주길 바라면서 그걸 표현 못하니, 화가 났던 거 같아요. 정말 순간이지만 '이 사람과 살아야 하나?' 할 정도의 분노였어요.

상10: 알아주지 못한 것에 화가 나셨군요. 정화씨와 의견이 다를 때 혼자인 것 같다고 하셨는데 어떤 생각들이 떠오르셨나요?

> 내담자가 감정에 대한 통찰을 할 수 있도록 관련된 사고를 질문한다.

내11: 남편이 자신의 생각을 계속해서 얘기하니, '나를 중요하게 생각하지 않나? 자기 얘기만 하고, 자기만 생각하네.' 이런 생각이 스쳐 지나간 거 같아요. 물론 아주 잠깐 스친 생각이에요. 굳이 말하자면 그렇다는 거죠.

상11: 정화씨를 중요하게 생각하지 않는다면 어떠세요? ———— 좌절된 욕구를 탐색한다.

내12: 아무런 의미가 없죠. 유일하게 나를 이해해 주길 바라는 사람인데 그래서 최선을 다하는데 아니라면…… (울음) 저는 어떡하나요?

상12: 내 의견에 동조해 주길 바랐던 것은 어떤 마음이셨나요? ———— 핵심문제를 표현하도록 돕는다.

ⓛ **핵심문제 표현과 증상완화**

내13: '그렇구나, 너는 그렇구나.'라는 인정? 내 생각을 알아주길 원했어요. 그냥 나 자체를 알아주길 원한 것도 같아요, 맞아요 꼭 내 의견과 같아야 되는 건 아니에요. 그냥 '아~ 너는 그렇구나.'라는 알아주는 마음이 필요했나 봐요.

부적응적 핵심문제 대처 패턴 반영

상13: 나를 있는 그대로 알아주길 원하셨군요. 그런데 남편이 내가 원하는 방식으로 몰라줄 때 감정이 생기네요. 정화씨는 원하는 것을 표현하기보다는 상대방이 알아주길 바라고 있네요. 제 얘기가 어떻게 들리세요? ———— 내담자의 부적응적 핵심 패턴을 반영한다.

내14: 맞아요. 제가 못하니깐 남편이 해 주길 바라는 거죠. 죽어도 제가 원하는 건 말 못하겠어요. 원인은 알겠어요. 엄마가 너무 힘들어 보였고, 나라도 알아서 잘하지 않으면 사라져 버릴 거 같은 두려움 때문에 어떤 불편함도 얘기하지 못했다는 건 앞선 시간을 통해 충분히 알았어요. 그래도 여전히 그 마음이에요. 어떡하죠?

상14: 그렇군요. 그 아이의 마음이라면 어떻게 말할 수 있을까요. 내가 힘들다고 말할 수 있었을까요? ———— 내담자가 표현할 수 있도록 발생 원인에 깊은 공감을 표한다.

내15: (침묵 10초) (울음) 엄마가 당장이라도 죽을 거 같았어요. 엄마 죽으면 어떡하지? 이런 걱정을 했던 게 생각나요.

핵심문제의 발생 원인 공감

상15: 많이 두려웠겠어요. 정화씨가 그 마음으로 살고 계셨네요. ———— 공감 및 독려

ⓗ **핵심문제 자각**

내16: 정말 그래요. 항상 막연하게 내 마음을 절대 말할 수 없다고만 생각했지, 얼마나 강력한 마음인지 느껴 본 적이 없어요. 근데 엄마가 죽을 거 같은 두려움이었다면 진짜 내가 무서웠겠구나 싶어요. 그 강력한 마음을 성인인 지금도 느끼고 있다는 거네요. 다 알았다고 생각했는데 왜 이렇게 매번 다시 겪는 느낌일까요? 어린 시절의 그 두려움이 지금도 여전히 남편에게 말을 못하게 하고 있네요.

상16: 만약 남편에게 불편한 마음을 전하면 어떨 거 같으세요? ———— 새로운 관점을 볼 수 있도록 안내한다.

ⓛ **핵심문제 표현과 증상완화**

내17: 아무 일도 안 일어나겠죠? 제 두려움에 말 못하고 있는 거니깐. 그렇다면 그냥 화를 내기보다 내 마음을 좀 알아달라는 말을 할 거 같아요. 나 혼자 일을 다 해서 화난 게 아니라, 당신이 조금만 내 심정을 알아주는 것만으로도 좋을 거 같다고요.

ⓛ 핵심문제 표현
과 증상완화

상17: 지금 어떠세요?

내18: 사실 이제 내 문제를 이해했다고 생각했는데 현실에서 똑같은 감정이 일어나니 답답했어요. 무엇보다 내 감정을 알아차렸는데도 상대방이 내 의견을 안 들어준다고 이런 감정이 생기는 내가 너무 쪼잔해 보여 받아들이기가 힘들었어요. 근데 오늘 얘기를 나눠 보니 알 것 같아요. 표면적으로는 상대방이 나의 의견을 따라 주지 않는 걸로 화가 나지만 단순하게 그런 문제가 아니라, 나에게는 세상에 혼자 남겨지는 그런 큰 두려움이 있었으니 어떻게 얘기할 수 있었겠어요. 그 마음이었어요. 내가 너무 겁이 나서 혼자 알아서 다 하고, 힘들 때도 나눌 수가 없었네요.

상18: 정화씨가 말 못했던 그 어린 시절을 받아들인 걸로 보이네요. 지금의 정화씨는 어떻게 하고 싶으세요?

ⓒ 핵심문제와
현실분리

내19: 내 감정, 불편한 마음을 표현한다는 거 자체가 너무 무서웠어요. 그래서 말하기 전에 알아주길 바랐나 봐요. 지금은 조금 도와달라고 해 보고 싶어요. 남편에게 "내가 이런 것 때문에 지쳐 있으니, 당신이 조금만 나를 이해해 주고 설거지만이라도 해 주면 안 될까?" 이렇게 시작해 보고 싶네요.

상19: 한결 편안해 보이시네요. 정화씨의 선택을 응원합니다.

내담자의 변화 상태를 탐색한다.

내담자의 새로운 관점을 탐색한다.

정화씨의 사례를 통해 내담자가 평소 불편해 하는 감정이 발생했을 때, 한 회기 안에서 내담자가 어떻게 조망 능력을 촉진해서 다른 대처를 하게 되는지까지의 과정을 살펴보았다. 내담자의 관찰적 자아가 강화되려면 먼저 감정정화를 하도록 도와서 내담자가 안정된 정서를 가지는 것이 중요하다. 그리고 현재의 상황을 반복되는 패턴과 연결 짓는 작업을 통해 '지금 이 순간에도 과거의 마음으로 살고 있구나' 하는 통찰이 일어날 수 있다. 내담자가 자신의 '내면아이'를 수용하고 나면 '지금은 다르게 해 보아도 괜찮구나' 하는 마음과 함께 관찰적 자아가 강화될 수 있다. 한 발짝 물러난 거리에서 자신의 상황을 조망하게 되면 이전과는 다른 대처를 하고자 하는 의지가 생긴다. 이와 같은 과정이 내담자가 자립하기까지 반복되는 훈습의 과정이라 할 수 있다. 한 회기 안에서도 내담자의 변화원리가 순환적으로 반복되면서 내담자는 핵심문제와 현실을 분리할 수 있게 된다.

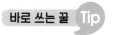

훈습 과정 중 상담자가 알아 두어야 할 사항들에 대해 살펴보자.

- 내담자는 앞선 회기들을 통해 자신의 문제를 통찰하고 감정 정화하는 시간을 가졌기 때문에 모든 문제가 해결되었다고 착각할 수도 있다.
  → 상담자 반응: 상담자는 '그럴 수 있다'는 마음으로 내담자를 대하되, '문제는 사라지는 것이 아니라 조절해 나가는 것'임을 전달할 필요가 있다.

- 계속되는 반복 현상에 내담자가 '나는 바뀌지 않는다'고 좌절하거나 포기하고 싶어 할 수 있다.
  → 상담자 반응: 반복되는 이것이 쌓여야 습(習)이 된다는 것을 유념하고 상담자가 든든하게 버텨 주는 것이 필요하다. 상담자는 아집을 경계해야 하지만 '자기 확신'이 있어야 내담자를 지지할 수 있다.

2. 새로운 방식으로 개입 전환 방법

앞의 절에서는 훈습 과정에서 내담자가 현재 느끼고 있는 문제상황을 다양한 시각으로 바라봄으로써 지금까지와는 다른 대처를 하도록 조력하는 과정에 대해 알아보았다. 이것이 내담자의 자립심을 키우는 과정이었다면, 이 절에서는 상담자가 내담자를 조금 더 적극적인 방법으로 다른 관점을 바라볼 수 있도록 돕는 과정에 대해 알아보고자 한다.

1) 새로운 선택을 할 수 있도록 조력하기

앞선 과정을 통해 내담자의 관찰적 자아가 강화되었지만, 감정이 격양되거나 문제가 발생했을 때, 그 기능이 원활히 발휘되지 않을 수도 있다. 이때 상담자가 내담자의 관찰적 자아가 어떤 장면에서, 어떻게 발휘해야 되는지 조금 더 적극적으로 알려 주는 것도 내담자가 스스로 조망능력이 생기기까지 학습할 수 있는 하나의 방법이 될 수 있다. 이런 상황에서 상담자가 어떻게 접근해야 하는지 알아보도록 하자.

☞ 내담자 정수씨의 사례

인적사항	• 이름(가명): 이정수 • 성별: 남 • 나이: 26세 • 직업: 대학생
호소문제	"취업이 걱정돼요."
내방경위	취업을 못하면 집에서 내쫓길 것 같은 마음에 잠이 안 오고, 공부에 집중이 안 돼서 상담 신청함.
가족관계	• 아버지(57세): 대졸, 회사원 • 어머니(52세): 대졸. 회사원 • 여동생(21세): 대학생

8-2 사례를 통해 내담자가 새로운 선택을 하는 과정에서 상담자가 어떻게 내담자의 새로운 선택을 할 수 있도록 개입하는지 알아보도록 하자.

개입Tip

내담자가 감정적인 대처를 하는 순간을 잘 파악하여, 그 이면에는 어떤 좌절된 마음이 있었는지를 자각할 수 있는 질문을 하는 것이 필요하다.

	8-2 새로운 선택을 할 수 있도록 조력하기	축어록 반응해설
	내1: 어제 공부하고 있는데 엄마가 본인 심부름을 좀 해달라고 했어요. 그래서 공부해야 되니깐 엄마 거는 엄마 스스로 하라고 했더니 그때부터 막 욕을 하기 시작했어요. 아직 취업도 못 한 기생충 같은 게 엄마가 해 준 게 얼만데 그러냐고 퍼부었어요.	
① 내담자의 감정을 탐색	상1: 그랬을 때 정수씨는 어떠셨어요?	내담자가 생각과 감정을 표현할 수 있도록 질문한다.
	내2: 처음에는 당황스럽고 놀랐는데 너무 억울한 거예요. 그래서 저도 같이 대응했어요. 엄마는 나한테 해 준 게 뭐 있는데 사람한테 계속 그렇게 말하냐고.	
② 감정의 타당화	상2: 그만큼 많이 놀라고 억울하셨군요. 정수씨는 어떤 마음에서 엄마의 심부름을 거절하셨어요?	내담자가 감정을 공감하며, 행동에 대한 내담자의 의도를 파악한다.
	내3: 시험에 꼭 합격하고 싶은데 시간이 별로 없어요. 요즘따라 공부에 집중이 잘 안 돼서 불안한 마음도 있었거든요. 근데 엄마가 도와주지는 못할 망정 시간을 뺏으려 하니 화가 났죠.	

③ 감정 반영 및 대처방식 반영	**상3**: 불안한 마음이 있으셨군요. 애초에 엄마가 취업을 안 한 나를 언제 내쫓을지 모른다는 생각에 불안하셨는데 결과적으로는 엄마와 더 큰 싸움을 하게 되었네요. 어떻게 생각하세요?	내담자가 감정과 현 상황을 그대로 반영하여 내담자가 볼 수 있도록 한다.
	내4: 그건 그렇지만, 엄마랑 잘 지내고 싶은데도 막상 엄마가 욕을 하고 그러면 어떻게 해야 할지 모르겠어요. 그때는 감정적으로 대응하게 돼요.	
④ 내담의 바람과 현실의 차이 반영	**상4**: 엄마랑 잘 지내고 싶으신 마음이 있는데 그 순간에는 감정적으로 대응하시는군요.	내담자의 욕구와 달리 대처가 부적절함을 반영한다.
	내5: 맞아요. 그때는 감정에 휩싸여서 나도 더 이상 당하면 안 되겠다는 마음에 맞서게 되고 나중에는 후회를 해요. 그때는 심장도 빨리 뛰어요.	
⑤ 반복되는 패턴에 다른 선택을 할 수 있는 지점 알기	**상5**: 심장이 빨리 뛸 만큼 감정이 격해지는군요. 그 순간에 대응하는 걸 잠시 멈추고 심호흡을 세 번 해 보는 건 어떨까요. 그 시간 동안 똑같이 화를 내게 된다면 이전과 같은 상황이 반복된다는 걸 깨닫는 거죠.	감정적으로 대응하지 않도록 다른 방안을 제안해 본다.
	내6: 괜찮은 거 같아요. 그다음 어떻게 하죠? 화가 나는건 어떡해요?	
⑥ 내담자의 좌절된 욕구 즉, 감정 발생의 원인 알기	**상6**: 정수씨는 무엇 때문에 그렇게 화나셨어요?	감정이 생긴 좌절된 욕구를 볼 수 있도록 안내한다.
	내7: 엄마가 몰라주니까 억울하죠. 저는 불안한 마음을 애써 누르며 공부하고 있는데 엄마는 되려 자기 일을 내게 시키잖아요.	
⑦ 좌절된 욕구 수용 및 언어로 표현해 보기	**상7**: 억울함이 화로 표현되는군요. 그걸 말로 전달해 보는 건 어떠세요? 중요한 건 내 마음을 전달하는 건데 그게 화로 표출될 때는 더 역효과였으니 화를 내지 않고도 표현할 수 있는 경험을 해 보는 거죠.	진정으로 원하는 것을 알 수 있도록 하면서 그것을 위한 다른 대처방식을 생각해 본다.
	내8: 그러네요. 전 지금껏 엄마와 같은 방식으로 전달하고 있었네요. 잘 될지는 모르겠지만 말로 표현해 보고 싶어요. 말하는 걸 연습해 보고 싶네요.	

8-2 사례에서 정수씨는 엄마와의 갈등관계에서 엄마와 같은 방식으로 대응함으로써 분란을 계속 유지해 나갔다. 그러한 대처방식이 내담자가 궁극적으로 바라는 삶의 방식이 아님을 확인하고, 내담자가 희망하는 삶을 점검하면서 다른 대처를 해 보는 것을 독려한다. 이 과정에서 구체적인 행동 방안을 의논해 보고, 계획을 세워 봄으로써 내담자가 실행하고 실패하는 것을 통해 무엇이 안 돼서 실패하는지 점검할 수 있도록 하는 것이 중요하다. 즉, 내담자가 이 연습을 통해 상담이 종료되었을 때도 혼자 힘으

로 문제상황에 대처할 수 있는 능력을 기르는 것이다.

2) 내담자의 결정과 책임 독려하기

내담자가 자신의 문제를 분리해서 바라볼 수 있게 되면 이전의 패턴과 다른 선택을 할 수 있게 된다. 이때 내담자가 어떻게 해서 다른 관점을 가지게 되었으며, 왜 대안을 선택하게 됐는지 상담자가 물어봐 줌으로써 내담자는 자신의 생각을 다시 한번 정리할 수 있다. 이 과정을 통해 내담자는 앞으로 부딪히는 현실의 어려움 속에서도 주체성을 가지고 문제를 해결해 나갈 수 있다는 자신감을 가지게 된다. 그러므로 이러한 결정을 하게 되었을 때, 내담자가 주체성을 발휘하는 것에 충분히 독려하고 불분명한 인생의 선택에 있어서 책임감을 가지는 자세가 최선이라는 것을 깨닫는 것이 필요하다.

🖎 내담자 진서씨의 사례

인적사항	• 이름(가명): 김진서 • 성별: 여 • 나이: 24세 • 직업: 대학생
호소문제	"무엇을 해야 할지 모르겠어요."
내방경위	졸업을 앞두고, 무엇을 해야 할지 몰라 막연히 공무원 시험 준비를 하다가 너무 집중이 안 돼서 ADHD인가 하는 생각이 들며 상담을 신청함.
가족관계	• 아버지(58세): 대졸, 회사원 • 어머니(55세): 고졸, 주부

8-3 사례를 통해 내담자가 새로운 선택을 하는 과정에서 상담자가 어떻게 내담자의 결정에 대해 지지를 하고 자기 확신을 가질 수 있도록 돕는지 알아보도록 하자.

> **개입Tip**
>
> 내담자가 결정을 하게 된 원인을 정리할 수 있도록 계속해서 추가 질문을 함으로써 내담자의 이면에 숨겨진 진정한 바람을 알아차릴 수 있도록 하는 것이 중요하다.

	8-3 내담자의 결정과 책임 독려하기	축어록 반응해설

내1: 이번 주에 졸업을 앞두고 제 진로에 대해서 생각해 봤는데, 공무원 시험은 안 보기로 했어요.

① **내담자의 결정 과정 탐색**

상1: 어떻게 해서 그런 결정을 하셨어요?

> 내담자의 변화 원인을 확인함으로써 내담자가 생각 정리를 할 수 있도록 돕는다.

내2: 저는 지금껏 제가 안정적인 삶을 지향한다고 생각해서 공무원 시험 준비를 하고 싶었어요. 근데 상담을 통해 알게 된 건 관계에서 버려질 것을 걱정해서 돈에 민감하고, 안정적인 직업을 원했다는 걸 알았어요.

② **변화의 원인 탐색**

상2: 무엇을 보고 그런 사실을 알게 됐을까요?

> 변화의 원인을 확인함으로서 내담자도 자각할 수 있도록 한다.

내3: 제가 좋아하고 집중할 수 있는 일은 반복되는 일을 하는 것보다 제가 생각해 낸 콘티로 만화를 그리고, 그걸 누가 봐 줄 때 너무 기분이 좋고, 살아 있다는 걸 느꼈거든요. 내가 두려워하는 걸 회피하려는 수단이 안정적인 직업과 돈이었지, 내가 진짜로 원하는 건 아니라는 걸 알았어요.

③ **대안 확인하기**

상3: 본인이 정말로 원하는 걸 찾으셨군요. 지금은 어떻게 하고 싶으세요?

> 내담자의 새로운 선택을 탐색한다.

내4: 일단 알바를 하면서 제 밥값은 제가 벌고요, 웹툰 공모전에 응시해 볼 생각이에요.

④ **내담자의 결정에 대한 감정 다루기**

상4: 새로운 결정을 하셨군요. 처음에 진서씨가 돈을 중요시했던 이유가 있었을 텐데, 그 사실에 대해 지금은 어떻게 생각하세요?

> 내담자의 이전 선택에 대한 갈등을 드러나도록 한다.

내5: 맞아요. 사실 그 부분을 생각하면 아직도 불안해요. 근데 내가 두려운 건 이 집에서 제 역할을 못하면 아무도 나를 안 좋아할 것 같은 마음에서 두려운 거니깐 그걸 잘 자각해서 피하지 않고 사는 쪽으로 시도해 보고 싶어요.

⑤ **내담자의 자각을 인식하도록 돕기**

상5: 어떻게 해서 그렇게 생각하게 됐나요?

> 변화요인을 내담자가 자각하여 앞으로도 스스로 도울 수 있도록 연습한다.

내6: 저번 차 사고 때, 엄마가 차보다 저를 먼저 걱정하더라구요. 어쩌면 내가 이 집에서 기능하지 않으면 버려질 것 같은 마음은 나의 착각일 수도 있겠다는 생각이 들었어요. 그래도 이 생각이 아주 없진 않아요. 여전히 불안한 것도 사실이구요. 하지만 이제는 내가 왜 그렇게 불안했는지 이해되니깐, 앞으로는 제가 정말 하고 싶은 걸 해 보고 싶어요.

⑥ **내담자의 선택을 지지하기**

상6: 진서씨가 자신의 경험을 믿고, 새로운 시도를 해 본다고 하니 그 선택을 존중합니다. 불안함도 자연스러운 현상이에요.

> 내담자의 감정을 공감하며 선택을 지지한다.

내7: 네, 이제는 완벽한 확신은 없다는 걸 알겠어요. 그냥 나 자신을 믿고 선택을 하고 잘못된다 하더라도 제가 책임질 수 있는 용기가 중요한 거 같아요. 그런 사람이 되고 싶어요.

⑦ 내담자의 책임
을 독려하기

상7: 진서씨의 생각에 동감합니다. 선택에 있어 불안할 수 있지만, 선택에 책임을 지는 자신을 기특하게 여기는 게 중요해요.

내8: 네, 해 보고 싶어요.

내담자의 주체성을 지지하며 책임지는 삶을 응원한다.

8-3 사례에서 진서씨는 관계 불안에서 오는 두려움을 경제력으로 방어하기 위해 노력하였던 내담자이다. 그러나 상담을 통해 자신이 진정으로 원하는 것을 발견하고, 자신의 진로 선택이 불안을 없애기 위한 것이었음을 이해하고 새로운 선택을 하고자 한다. 이때 상담자는 내담자가 왜 그런 선택을 하게 되었는지, 자기 이해와 수용이 되었는지 점검을 통해 내담자가 올바른 선택을 하도록 도울 수 있다. 위 과정을 통해 상담의 궁극적인 목표인 내담자의 자기 확신과 자립심을 지지할 수 있다.

바로 쓰는 꿀 Tip

★ 훈습의 과정이 반복되는 중 점검해야 할 사항은 어떤 것들이 있나요?

① 상담의 목표는 현재 어떻게 진행되었나?
② 현재 내담자가 궁극적으로 바라는 점이 초기 상담목표와 일치하나?
③ 일치한다면 목표를 달성하기 위해 구체적 실천계획은 어떤 것들이 있나?
④ 일치하지 않는다면 남은 상담과제를 어떻게 할 것인가?
⑤ 남은 회기 동안 현실적으로 이룰 수 있는 과제는 어떤 것들이 있나?

⇨ ① 목표점검을 해 봄으로써 남은 회기 안에서 내담자가 주체성을 가지고 살아갈 수 있기 위해서는 어떤 걸 더 다루어야 할지 명확해질 수 있다.
⇨ ② 만약, 초기 상담목표와 현재의 상담목표가 다르다면 어떻게 해서 달라졌는지, 내담자가 그것을 어떻게 인식하고 있는지 점검을 통해 변화된 내담자의 자기 인식을 높일 수 있다.
⇨ ③ 상담자가 초기 설정한 사례개념화가 상담장면에서 실천되고 있는지, 그것이 내담자 변화를 이끌어 냈는지 등을 점검할 수 있다.
⇨ ④ 사례개념화에서 세운 목표전략이 상담장면에서 실천되지 않은 이유를 점검하고 남은 기간 동안 내담자에게 적용 가능한지, 혹은 미해결문제로 다루어야 할지 확인할 수 있다.
⇨ ⑤ 남은 회기를 점검함으로써 내담자가 실제 생활에서 적응하며 사는 데 꼭 필요한 것을 상담에서 다룰 수 있는 마지막 기회를 가질 수 있다.

제8장에서는 내담자의 관찰적 자아가 성장하여 핵심문제와 현실문제를 분리할 수 있도록 하기 위해 상담자가 어떻게 접근해야 하는지에 대해 알아보았다. 훈습의 과정이라고도 볼 수 있는 이 과정에서 중요한 것은 내담자가 자신의 문제를 어떻게 다르게 바라볼 수 있게 하는지가 관건이다. 관찰적 자아는 앞서 상담 과정에서 다루었던 많은 맥락을 통해서 서서히 길러지는 것이다. 중기 후반으로 갈수록 한 회기 안에서도 관찰적 자아가 강화되어 다른 대처방법을 결심할 수 있다는 점을 보여 주고자 하였다. 이때 상담자는 내담자의 관찰적 자아가 촉진될 수 있도록 내담자의 반응에 따라 끊임없이 추가적 질문을 하여, 내담자 스스로 자각하고 주체성을 가질 수 있도록 조력하는 것이 중요하다. 훈습의 과정에서 상담자는 '내담자가 자신의 문제를 조절하고 스스로 선택하여 새로운 결정대로 살아갈 수 있는 존재'라는 것을 깨닫도록 하는 것에 힘을 쏟아야 한다. 이러한 경험을 통해서 내담자는 생활에서 새로운 어려움이 닥쳐도 다양한 관점에서 현상을 바라보고 주체적인 결정을 할 수 있게 될 것이다. 이 장을 통해 상담자가 훈습의 과정에서 구체적으로 해야 될 방안들을 체득하여 실행해 보도록 하자.

‼️ 초심상담자 서윤씨의 고민

내담자가 상담 종결을 거부해요.

초심상담사 서윤씨는 10회로 구조화되어 있는 상담을 하던 중 6회 즈음에 내담자가 호소하던 문제가 해결되었다고 보고하며 상담시간에 어려움보다는 편안해졌다는 얘기를 주로 하였다. 서윤씨는 자신이 해야 될 일이 없어졌다고 생각되고 내담자의 보고에서도 상담을 그만해도 될 거 같은 생각에 7회에 상담 종결을 제안하였으나 내담자는 지금이 너무 편안해서 정해진 회기를 다 채우고 싶다고 하였다. 순간 당황하였으나 태연하게 잘 대처하고 7회 상담을 종료 후, 마음이 답답하고 불안한 자신을 발견하였다. 떠오르는 생각은 '더 이상 할 게 없는데 뭘 해야 하지?'였다. 여기서 서윤씨가 점검해 볼 사항은 '상담자가 문제를 해결해 주는 사람'이라고 생각하진 않는지, 혹은 '무언가를 해 주었을 때 느끼는 성취감이 과한 건 아닌지'에 대한 것들이다. 상담자는 문제를 해결해 주는 사람이 아닐 뿐더러, 내담자의 복지를 최우선으로 생각해야 하는 사람이다. 초심상담자로서 '무엇을 해야 할지 몰라' 불안은 생길 수 있으나, 문제가 완화된 듯한 내담자의 상태를 견디지 못하는 경우는 자기 점검을 해 볼 필요성이 있다.

상담 종결하기

　모든 인생사가 그러하듯. 상담에도 만남이 있으면 헤어짐이 있다. 첫 회 상담이 내담자와 상담자가 상담관계를 시작하는 단계라면 상담 종결은 그동안의 상담성과를 정리하고, 앞으로 남은 과제를 정리하는 단계이다. 내담자가 처음에 가져 왔던 호소문제가 어느 정도 해결되어 상담을 마무리해야 할 시점이 되면, 초심상담자들은 언제 어떻게 종결할 것인지에 대해 고민하기 시작한다. 상담 과정을 통해 쌓아 왔던 내담자의 힘과 역량을 바탕으로, 상담을 마친 후 일상에서도 상담성과를 유지할 수 있도록 하려면, 종결에도 절차와 과정이 필요하다. 이 장에서는 종결 준비 및 종결 시기 정하기, 종결에 대한 감정 다루기, 종결회기 개입, 추수상담에 대해 알아보고자 한다.

📖 제9장 한눈에 보기

1 종결 준비하기

➤
- 종결 시점 평가
- 종결에 대한 감정 다루기

2 종결회기 다루기

➤
- 상담성과 및 미해결 과제 확인하기
- 추수상담

3 종결상담 적용 사례

➤
- 내담자 미라씨의 사례

💡 제9장 들어가기 전에……

초심상담자들은 상담 종결 시 어떤 고민을 할까?

💬 내담자가 종결하자고 하는데, 상담을 종결해도 될까?

💬 종결에 따른 내담자와 상담자의 감정을 어떻게 다루고 표현할 수 있을까?

💬 내담자가 상담이 끝나고 혼자서 잘 지낼 수 있을까?

1. 종결 준비하기

종결은 마지막 회기에 갑작스럽게 하는 것이 아니라 사전에 준비가 필요한 작업이다. 내담자가 초기에 가져 왔던 급한 문제들이 어느 정도 해소된 후 본격적인 내담자의 통찰이 이루어지는 상담 중기를 지나, 내담자의 문제해결력이 다져지면 상담자는 종결 시점에 대한 고민을 시작하게 된다. 혹은 상담자가 미처 준비가 되기 전에, 내담자 측에서 먼저, 이제 상담이 더 이상 필요 없을 것 같다며 종결을 요청하기도 한다. 상담 종결의 시점을 어떻게 판단할 수 있으며, 내담자가 종결을 요청할 시, 어떻게 대처하는 것이 바람직한지에 대해 알아보자.

1) 종결 시점 평가

내담자가 애초에 가져온 호소문제가 어느 정도 해소되고, 진전과 성과를 이룬 후, 종결을 고민해 볼 수 있다는 것은 반가운 일이다. 그러나 상담 경험이 많지 않은 초심상담자들은 도대체 언제가 종결할 시점인가라는 판단이 잘 서지 않는다. 상담자, 내담자가 서로 협의하여 종결 시점을 결정할 수 있는 상황이라면 가장 바람직하겠지만, 그렇지 않은 경우들도 종종 발생한다.

먼저, 상담 시작 시점부터 종결 시점이 결정되어 있는 경우가 있다. 청소년상담복지센터나 대학학생상담센터 등은 무료로 상담이 제공되지만, 보다 많은 대상자에게 서비스를 제공하기 위하여 10~20회기 사이의 회기가 제한되어 있기 때문에 정해진 기간 내에 상담을 마쳐야 한다. 하지만 이 경우도 정해진 회기 중 어느 시점부터 종결을 준비하고 계획해야 하는지가 고민일 수 있다. 다른 경우로는, 상담자가 미처 종결에 대한 준비를 하지 않았는데 내담자 측에서 먼저 종결을 제안하는 경우도 있을 수 있다. 이처럼 여러 가지 종결 상황에서 상담자가 당황하지 않고 상담의 종결을 계획하고 준비하기 위한 방안들을 구체적으로 살펴보자.

(1) 상담회기가 제한되어 있는 경우

전체 회기 중 어느 시점부터 종결을 준비할지 결정하는 것은 전문적 판단을 요한다. 상담 과정에서 종결을 논의하기 위해서는 몇 가지 검토해야 할 부분이 있다. 첫째, 상담목표가 어느 정도 달성되었나, 둘째, 내담자의 증상과 호소문제가 상담 초기에 비해 어떻게 달라지고 변화하였나, 셋째, 내담자가 스스로 문제를 해결할 능력이 갖추어졌는가이다. 일반적으로 종결 준비 기간은 상담을 진행한 총 회기에 따라 다를 수 있다.

만약 상담 회기가 정해져 있는 경우라면, 종결 준비를 언제부터 할 것인지 상담자는 상담 초기부터 구체적으로 계획을 세울 필요가 있다. 상담 진행에만 급급하여 종결단계가 소홀하게 지나가지 않도록, 상담 가능한 총 회기에서 종결을 위한 시간을 미리 계획해야 한다. 보통 3개월 이상 지속된 상담관계에서는 마지막 3~5주 동안은 종결의 영향에 대해 서로 논의하는 시간이 필요하다고 볼 수 있다. 종결 시기를 정하는 과정은 [그림 9-1]과 같다.

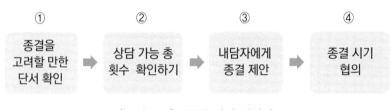

[그림 9-1] 종결 시기 정하기

상담자가 종결에 대한 판단이 섰다고 하더라도, 내담자의 의사를 고려하여 종결이 실시되어야 한다. 상담자와 내담자가 적절한 시기에 종결에 대해 미리 논의를 해야 하는 중요한 이유는, 내담자 스스로 남은 회기 동안 종결에 대한 생각을 할 수 있도록 기회를 제공할 수 있기 때문이다. 즉, 내담자와 상담자가 남은 회기 동안의 시간을 효율적으로 활용하게 되고, 의미 있게 관계를 마무리하는 데 필요한 적절한 여유를 확보할 수 있다. 상담자로서 종결제안의 이유를 내담자에게 자세히 설명해 주는 과정도 필요하다. 어떤 내담자들은 곧바로 종결할 것으로 기대하는 반면, 종결작업을 효과적으로 하기 위해서 여러 번의 상담회기를 통해 내담자를 설득해야 하는 경우도 있기 때문이다.

!! 궁금해요!

✎ 만약 총 5회의 제한된 회기 동안 상담을 진행할 수 있다면 언제부터 종결
　에 대한 준비를 해야 할까?
〈보기〉① 1, 2회기　　② 3, 4회기　　③ 5회기

정답: ②

　5회기는 단기 상담이다. 상담을 구조화하는 단계에서부터 내담자에게 회기가 제한되어 있음을 알리고, 상담자는 적어도 3, 4회기에는 상담의 마무리를 어떻게 할 것인지 준비를 시작하여야 한다. 늦어도 4회기에는 다음 회기가 마지막임을 알리고, 단기이지만 현재까지 변화 내용을 점검하고, 상담의 성과를 돌아보는 시간을 가질 필요가 있다.

(2) 내담자의 요구에 따른 종결 시점 협의

상담자가 종결에 대한 고려를 미처 하지 못한 상태에서, 내담자가 더 이상 상담받을 필요가 없다며 먼저 종결을 제안할 수도 있다.

| 생각해 보기 |

🔗 **대담자가 종결의사를 통보하는 다양한 방법**

"더 이상 이야기할 것이 없습니다."
"요즘은 별로 달라지는 것이 없습니다."
"상담에서 이야기하는 것이 별로 도움이 되지 않는 것 같습니다."
"모든 문제가 (드라마틱하게) 다 해결되었습니다."
"(도움받은 건 없지만) 이제 마음은 편해졌습니다."

내담자가 종결 의사를 표현할 때 가장 중요한 것은 내담자가 왜 그 말을 하게 되었는지 파악하는 일이다. 즉, 내담자가 종결을 제안하는 이유가 이사나 전학과 같이 물리적 환경의 변화로 종결을 해야 하는 경우라면 상담을 종결할 수밖에 없을 것이다. 하지만 내담자가 상담 혹은 상담자에 대한 불만과 오해로 인해 종결을 제안한 것이라면, 그것에 대해 솔직하게 이야기를 나누는 것만으로도 상담의 새로운 국면을 맞이할 수 있는 계기가 된다. 그것은 내담자의 대인관계 패턴을 알 수 있는 중요한 단서가 될 수도 있기 때문이다.

이때 상담자는 내담자 쪽의 일방적인 선언에 대해 당황하지 않고, 상담에서 충분히 일어날 수 있는 일임을 인정하고 받아들이는 태도가 필요하다. 자신이 '무능하고 상담을 잘 이끌어 내지 못해서가 아닐까'라는 수행불안을 잠시 접어 두고 내담자의 종결제안 의미가 무엇인지, 어떤 이유에서 종결을 제안하는지 면밀히 파악하는 일이 우선이다. 내담자가 종결을 제안할 때 [그림 9-2]와 같이 할 수 있다.

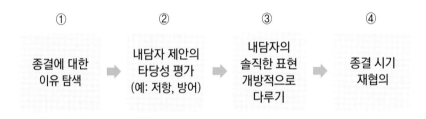

[그림 9-2] 내담자가 종결 의사 통보 시 개입 방법

먼저, 상담자는 내담자가 상담에 대한 회의를 품고 있다고 느껴지거나 종결을 희망할지도 모른다는 예상이 될 때, 바로 개입할 수 있는 민감성을 키워야 한다. 내담자가 상담시간에 자주 지각하거나 상담약속을 자주 지키지 못하는 경우에도 저항의 표현이거나, 종결을 희망하면서도 수동적으로 표현하고 있는 가능성일 수 있음을 상담자는 염두에 두어야 한다.

다음은 불면, 무기력, 체중 증가, 지나친 타인 의식 등을 호소하며 내방한 대학교 4학년 미라씨(24세)에 대한 개입이다. 내담자가 상담 종결을 제안할 때 개입할 수 있는 방법을 9-1 사례를 통해 살펴보자.

9-1 상담자에게 상담 종결을 통보하는 24세 대학생 미라씨의 사례	축어록 반응해설

내1: 이제 상담을 그만하고 싶어요. 상담해도 별로 나아지는 게 없는 거 같아서요.

① 종결 통보에 대한 이유 탐색

상1: 기대만큼 변화가 없다고 여겨지나 보네요. 왜 그런 마음이 들었을까요?

내2: 어렸을 때부터 하기 싫은 일도 버티면서 하다 보니, 누가 저에게 뭘 시키면 별로 하고 싶지 않아도 버티면서 끝까지 했거든요. 그런데 상담이 길어지면서 제가 상담도 버티면서 하는 것이 아닌가 하는 회의를 갖게 되었어요. 상담이 편하지도 않고.

② 내담자 제안의 타당성 평가 (저항, 방어)

상2: 상담이 이전에 누가 시켰을 때 억지로 하던 일과 같다고 생각이 되었나 보네요. 어떤 부분이 편하지 않았는지 이야기해 줄 수 있나요?

→ 내담자가 종결을 통보한 구체적 이유를 탐색한다.

내3: (침묵 10초) 사실은…… 선생님이 좀 더 도와줬으면 좋겠는데 항상 그러지는 않으시고 제 스스로 하길 바라시는 것 같아서…… 그게 많이 부담스러웠어요. 상담 오는 것도 더 힘들고. 저는 아직 힘이 없는데…… (눈물)

③ 내담자의 솔직한 표현 개방적으로 다루기

상3: 여태껏 혼자서 다 해내며 살아온 게 가뜩이나 버거운데, 상담 선생님마저 도와주는 사람이 아니라 혼자 해내길 바라는 사람이라 생각이 들었으니 많이 힘들었겠네요! 솔직하게 이야기해 줘서 고마워요. 미라씨가 잘 해내고 있는 걸 지지해 주고 칭찬해 주고 싶었던 마음이 온전히 다 전달되지 못했던 것 같아 저도 마음이 아프네요. 이야기하고 나니 지금 마음은 어때요?

→ 내담자의 핵심문제(혼자 해내야 한다는 압박감)을 공감하고 타당화한다.

내4: 좀 시원한 거 같기도 하고. 괜히 말했나 후회가 좀 들기도 하고.

④ 종결 시기 재협의

상4: 그래요. 지금처럼 솔직하게 미라씨가 느끼고 있는 것들, 다른 곳에서 이야기하지 못하는 것들을 나누는 자리가 상담이었으면 좋겠네요. 오늘 미라씨가 이야기한, 혼자서 해내는 것이 버겁고 부담스러운 부분…… 이런 부분에 대해 2~3회기 더 나누고 그때 종결에 대해 다시 이야기 나누는 것은 어떨까요?

→ 내담자의 종결제안에서 드러난 내담자의 핵심문제를 다시 다루며 종결 시기를 다시 협의한다.

내5: 음…… 몇 회 더 하는 건 괜찮을 거 같아요.

9-1 사례에서 내담자는 상담에서조차 자신이 하기 싫어도 해내야 한다는 압박감을 느끼며 더 이상 상담을 지속할 수 없다는 생각에 종결의사를 밝히고 있다. 변하지 않는 자신에 대한 실망감, 상담을 해도 별로 나아지지 않는다는 생각도 하나의 이유가 되겠지만, 결정적으로 상담자에 대한 전이 감정(아직 준비가 되지 않은 자신은 도와줄 사람이 필요한데 아무도 도와주지 않는다)이 종결의사를 밝힌 촉발 요인이 되었을 가능성이 있다. 이처럼 내담자의 종결제안에 대한 원인이 탐색이 되었다면 이 부분을 다시 상담에서 활용하면서 종결 시기를 논의할 수 있다. 9-1 사례의 경우, 버티면서 혼자 해내려 안간힘을 쓰던 내담자가 상담자에게 "솔직하게 더 이상 상담 못하겠다." "상담자가 부담스럽다."라고 이야기할 수 있을 정도가 된 것은 상담성과로 볼 수도 있는 것이다. 내담자에게 자신의 생각과 감정을 표현할 수 있게 된 것도 상담이 진전된 측면이라는 것을 비춰 주고, 내담자가 변화할 수 있는 힘을 가졌다는 사실을 지지하며, 상담 지속 여부 혹은 상담 종결에 대해 재논의를 해 볼 수 있다.

‼️ 궁금해요!

✏️ **종결 시점에 대한 의견대치! 종결 시점을 논의할 때 상담자의 전문가적 입장과 내담자의 요구가 다를 수 있다. 이럴 때 어떻게 대처하면 좋을까?**

내담자는 모든 문제가 다 해결되었고, 마음도 편안해졌다며 종결을 요청하고 있으나 상담자의 판단은 다를 수 있다. 본격적으로 자신을 통찰하고, 행동 변화 전략을 꾀할 단계에서, 변화에 대한 두려움으로 인해 내담자가 저항하며 상담 종결을 제안하는 경우라면 상담자는 아직 종결할 시점이 아니라고 판단할 수 있을 것이다. 이 경우, 내담자와 상담자는 상담성과 및 목표달성에 대한 점검이 필요하다. 내담자가 저항하고 있다면 상담동기를 불러일으켜 상담을 지속하게 하는 방법도 있을 수 있다. 그럼에도 내담자가 상담을 그만하겠다는 의지가 확고하다면, 억지로 상담을 끌고 갈 수는 없다. 현실적 한계를 인정하고 2~3회기 동안 충실하게 종결작업을 해야 한다.

2) 종결에 대한 감정 다루기

상담 종결을 앞두고 내담자는 다양한 감정을 경험하게 된다. 상담은 상담자와 내담자의 만남 속에서 이루어지는 관계이므로 상담 종결로 인한 이별이 내담자에게는 힘들고 어려울 수 있다. 특히 의존적인 내담자의 경우라면 이별로 인한 분리불안은 매우 클 수 있다. 상담자는 이런 감정을 다루어 나가면서 내담자가 종결과정을 통해 스스로 설 수 있도록 지지하는 것이 필요하다.

(1) 내담자의 심정 떠올려 보기

상담 종결 시점에 이르면, 내담자는 고마움과 기대감을 경험하는 동시에, 슬픔, 상실, 두려움과 이별의 아쉬움을 경험하게 된다. 대체로 내담자들은 상담을 통한 변화 부분을 자각하면서도, 일이 잘못되어 다시 상담실을 찾아와야 될지도 모른다는 불안감도 느낀다. 그동안 의지했던 상담자와 헤어져 혼자 문제를 해결해야 한다는 점이 막막하고, 아쉬운 마음이 들 수도 있으며 상담자에게 더 의존하고 싶은 내담자도 있을 수 있다. 내담자라면 상담자가 종결 이야기를 꺼내는 순간, 상담자로부터 받는 관심이 사라질 것에 대한 불안, 마치 버려지고 내쳐지는 것과 같은 느낌을 받을 수도 있다. 상담이 종결되면 상담자로부터 지원과 이해를 받을 수 없다고 생각하기 때문이다. 만약 내담자에게서 이러한 불안감이 느껴지면 상담자는 상담이 종결되기 전에 이 점에 대해 내담자와 함께 이야기를 나누어야 한다.

| 생각해 보기 |

🔖 **종결을 앞두고 대담자는 어떤 심정일지 떠올려 보자.**

- 혼자 해 나가야 한다는 막막함
- 상실에 대한 두려움과 불안
- 이별에 대한 슬픔과 아쉬움
- 버려지고 내쳐지는 느낌
- 함께한 상담자에 대한 고마움
- 미래에 대한 기대감

(2) 종결과 관련된 감정표현 독려하기

종결과정에서 내담자와 상담자는 모두 종결과 관련된 감정을 경험한다. 이런 종결 감정은 개인적 특성, 상담기간, 상담 개입형태, 상담관계의 형성 정도에 따라 매우 다양하게 나타난다. 내담자는 종결과 관련된 감정들은 억압하거나 회피하려는 경향이 있기 때문에 이를 직접적으로 다루기 어려운 경우가 많다. 내담자의 감정표현을 촉진하는 방법은 상담자가 내담자의 감정변화에 관심을 기울이며, 공감적 태도로 그 감정에 대해 질문하는 방법이 있을 수 있다. "어떤 마음으로 오셨나요?" "종결 이후 두려운 부분은 어떤 부분인가요?" 등의 방법으로 질문을 하고 내담자가 표현한 감정을 충분히 그럴 수 있다고 타당화하면서 감정을 다루어 가게 된다. 이처럼 종결 시 나타나는 내담자의 감정을 다루기 위해서는 [그림 9-3]과 같이 개입할 수 있다.

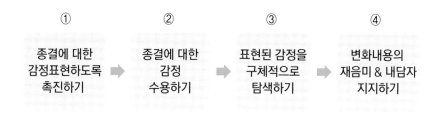

[그림 9-3] **종결 감정 다루기 개입 과정**

이러한 과정을 통해 내담자는 자신의 감정을 솔직하게 표현하고, 수용받으며 상담자와 깊은 공감을 한다. 내담자가 종결과 관련된 다양한 감정을 솔직하게 표현하고 성숙하게 이를 받아들이도록 하는 것은 상담의 성과를 다지는 과정이 될 수 있다. 종결을 받아들이기 어려워하며 마지막 회기까지 종결에 대한 불안감을 표현할 때 개입할 수 있는 방법을 9-2 사례를 통해 알아보자.

	9-2 종결을 불안해하는 내담자	축어록 반응해설
① 종결에 대한 감정 표현하도록 촉진하기	**상1:** 오늘이 상담 마지막 회기네요. 그동안 상담 종결에 대해 이야기해 오긴 했는데. 오늘 상담 오면서 어떤 마음이 들었나요?	종결에 대한 내담자 감정을 탐색한다.
	내1: 아직은 아무래도 준비가 안 된 것 같은데, 상담하지 않고도 혼자 잘할 수 있을까 불안했어요. 무슨 일이 또 벌어질지 모르고. 선생님 도움 없이 혼자서는 잘 해내지 못할 것 같아요. 원래 상태로 곧바로 돌아갈 것 같아요.	
② 종결에 대한 감정 수용하기	**상2:** 자신에게 어떤 일이 생길지 모르고, 혼자 해결하지 못할 것 같은 두려운 마음이 들었네요. 충분히 그런 마음 들 수 있어요.	내담자의 종결에 대한 두려움을 타당화해 준다.
	내2: 네, 불안했어요.	
③ 표현된 감정 구체적으로 탐색하기	**상3:** 어떤 점이 그렇게 불안했는지 한번 살펴볼까요?	감정의 구체화를 시도한다.
	내3: 언제까지나 선생님께 의지할 수는 없는 일인걸 저도 알고 있어요. 그렇지만, 어릴때 엄마가 말없이 떠나간 후로 제게 이별은 늘 어렵고 힘든 일 같아요.	
	상4: 그렇군요. 상담을 끝내는 것이 엄마와의 이별처럼 힘들게 느껴졌네요. 지금까지 실제 생활에서 잘 대처를 해 왔지만 아직 가보지 않은 길이기 때문에 상담 이후에도 "스스로 잘 해낼 수 있을까?"라는 불안감이 들 수 있어요.	
	내4: (눈물) 네…… 마치 그때 엄마에게서 버려진 것처럼, 내가 또 버려지는 것 같은 느낌을 받았어요. 또 다시 내 손을 잡아 줄 사람이 없구나 싶은 게. 나 혼자 해낼 자신이 없었다기보다 사실 그게 불안했던 거 같아요. 아무도 없다는 느낌.	
	상5: 혼자라는 느낌…… 그 마음이 이해가 돼요.	표현된 감정을 상담자가 수용한다.
	내5: 그동안 선생님 덕분에 제가 자신감도 많이 찾고, 교수님이나 친구들과의 관계에서도 안정을 찾을 수 있었어요. 여전히 쉽진 않지만 필요할 땐 제 할 말도 할 수 있게 되었구요. 감사해요.	
④ 변화 내용 재음미 & 내담자 지지하기	**상6:** ○○씨가 상담에서 해결한 문제들은 또 살면서 다시 반복될 수도 있어요. 하지만 그 문제가 다시 찾아와도 상담에서 그 문제를 한번 해결해 봤기 때문에 이전과 다를 수 있어요. 찬찬히 내가 어떻게 대처했었는지 떠올려 보고 그대로 실천해 보면 돼요. 처음엔 어색하기도 하고, 힘들 수도 있지만, 여기서도 잘 해왔던 것처럼 미라씨는 혼자서도 잘해 나갈 수 있을 거에요. 그리고 정말 도움이 필요할 때는 다시 상담을 요청해도 되구요.	감정을 다룰 수 있는 내적 힘을 비춰 준다.

9-2 사례와 같이 상담자가 보기에 종결할 시점이 되었고, 내담자 또한 이러한 상담자의 의견에 동의하면서도, 쉽게 종결을 받아들이지 못하는 내담자를 만날 수 있다. 내담자는 자신의 문제가 아직 혼자 해결할 만큼은 아니라며 종결에 대한 확신이 서지 않는다고 호소한다. 이때 상담자는 내담자의 불안한 마음을 수용할 필요가 있다. 상담자가 종결을 앞두고 일어나는 상실과 헤어짐으로 내담자가 불안할 수밖에 없다는 것을 인정하고 기다려 주면, 내담자는 서서히 종결을 받아들일 수 있게 된다.

앞의 사례 축어록 **내담자 3**처럼, 내담자가 종결회기임에도 불안해 하는 근본적 원인에 대해 구체적으로 탐색할 필요도 있다. 과거 어머니에게 버려졌던 경험을 종결을 통해 재경험하는 내담자의 두려움과 슬픈 마음을 나누면서 내담자 스스로 자신을 더 깊이 이해할 수 있는 계기가 될 수 있다. 또한 상담성과에 대해 다시 한번 이야기 나누면서 내담자가 스스로도 잘해 나갈 수 있음을 지지하고 격려해 줄 필요가 있다. 상담 이후에 추수상담 등과 같이 종결의 후유증을 최소화하고 내담자에게 안정감을 줄 수 있는 방안에 대해서도 함께 이야기 나눌 수 있다. 성숙한 이별이란 허전함이나 아쉬움에도 불구하고 그것을 이겨내고 극복하며 단단해지는 과정이라 할 수 있다.

바로 쓰는 꿀 Tip

★ 종결과 관련된 내담자의 감정표현을 촉진하는 질문

"오늘 종결을 하는데 마음이 어떠세요?"
"오늘 오시면서 어떤 마음으로 오셨나요?"
"충분히 그러실 수 있습니다."
"종결로 어떻게 마음이 힘드신지 더 이야기해 보시겠어요?"
"종결하면서 우려되는 것이 있나요?"
"종결하면서 어떤 점이 아쉬운 가요?"

⁉️ **궁금해요!**

✏️ **종결하기로 한 날 갑자기 증상이 심해졌어요.**

　의존성향이 강한 내담자의 경우, 종결이 다가오면 다시 문제 행동을 보이기도 하고 퇴행 행동을 보이기도 한다. 상담 과정에서는 이전과 달라진 모습이 있었으나 종결이 다가오면서 다시 문제가 심해지는 경우이다. 이때 내담자는 자신의 문제가 해결되지 않았음을 보여 주며, 상담이 지속되길 바라는 마음을 표현하기도 한다. 이럴 때 상담자는 내담자의 이별과 상실에 대한 마음을 충분히 수용하면서도 종결은 상담의 성과이고 자립은 가치 있는 것임을 강조해야 한다.

✏️ **혼자 해낼 자신이 없다며 상담자 개인 휴대전화로 연락하고 싶어해요.**

　내담자는 상담이 종결된 이후에도 상담자와 좋은 관계를 유지하고 싶어 할 수 있다. 종결회기에 내담자는 상담자에게 개인 전화번호나 이메일 주소를 물으면서 이러한 마음을 표현할 수 있다. 상담자 윤리강령(한국상담심리학회)에는 "상담심리사는 내담자와 상담실 밖에서 연애관계나 기타 사적인 관계(소셜미디어나 다른 매체를 통한 관계 포함)를 맺거나 유지하지 않는다."라는 조항이 있다. 상담자는 이 내용을 근거로 개인적 연락을 지속하는 것은 어렵지만 공식적 연락이나 기관 내에서의 만남은 가능하다는 것을 안내하면 된다.

2. 종결회기 다루기

　종결회기는 종결 상담 과정의 여러 단계에서 일어난 변화의 종류와 내용을 재음미하고 요약하는 최종회기이다. 내담자가 상담 및 상담자에 대한 감정을 충분히 이야기하고, 종결에 대한 정서를 충분히 탐색하면서, 상담성과를 구체적으로 평가하는 시간이기도 하다. 또한 상담에서 충분히 다루지 못한 미해결과제를 탐색하고, 상담을 통해 얻은 긍정적인 결과를 탐색하여 밝히는 과정을 말한다. 상담의 성과를 평가하는 방법과 미해결과제를 다루는 법, 추수상담에 대한 안내가 어떻게 이루어지는지 구체적으로 알아보자.

1) 상담성과 및 미해결과제 확인하기

종결회기가 되면, 상담에서 도움받은 부분이 무엇인지 확인을 하게 된다. 내담자의 치료적 변화를 강화하고 상담종결 이후의 긍정적 행동을 유지하기 위해 상담의 전반적 과정을 회상하며 성과를 되돌아본다. 즉, 상담을 통해 내담자가 상담목표를 성취했는지, 내담자의 실생활에서 갈등이 줄어들고 삶의 만족과 생산성을 높이고 있는지 등을 확인하는 과정이라 할 수 있다. 또한 다루기로 했었으나 실제 상담 과정에서는 다루지 못한 문제나 실제 상담 과정에서 다루기는 하였지만 남아 있는 문제 그리고 앞으로 상담을 끝냈을 때 일어날 가능성 있는 예견되는 문제 등 미해결과제에 대한 전반적인 탐색을 함께하게 된다.

먼저, 상담성과 탐색은 상담목표와 관련된 성과를 구체화하는 것과 전반적 성과를 구체화하는 것으로 구분할 수 있다. 가령 내담자가 "좋아졌다."라고 말을 한다면 "상담목표와 관련해서 좋아진 것은 구체적으로 무엇입니까?" 또는 "상담목표와 관련해서 좋아졌다고 느꼈던 최근의 상황은 무엇이었나요?" "그 외 전반적으로 좋아진 부분은 무엇인가요?" 등으로 질문해 볼 수 있다. 다음으로, 미해결과제를 명료화하고 이 문제에 대한 대안을 어떻게 설정할 것인지에 대해서도 함께 이야기 나눌 수 있다. 재상담 가능성에 대한 언급과 함께 상담교육, 훈련 프로그램, 관련 도서 등에 대한 정보를 제공

바로 쓰는 꿀 Tip

★ 종결회기에 내담자에게 던질 수 있는 질문

"우리가 목표한 것은 무엇이었나요?"
"그것이 어느 정도 달성된 것 같은가요?"
"0~10을 기준으로 몇 정도로 평가할 수 있을까요?"
"구체적으로 무엇이 달라졌나요?"
"어떤 점이 아직 해결되지 않은 것 같은가요?"
"어떤 것이 문제를 해결하는 데 방해가 된 것 같은가요?"
"상담을 종결하고 난 다음에 이전에 힘들었던 문제가 다시 생기면 어떻게 대처할 수 있을까요?"

하는 것도 미진한 부분을 보완하는 하나의 조치가 될 수 있다. 상담성과 및 미해결과제를 확인하기 위해서는 [그림 9-4]와 같이 개입할 수 있다.

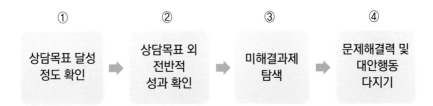

[그림 9-4] **상담성과 및 미해결과제 확인하기 과정**

이 과정을 통해 내담자는 상담 종결 후, 스스로 꾸려 갈 삶에 필요한 자신만의 긍정적 자원을 다지게 된다. 상담을 마무리하는 과정이기 때문에 통찰보다는 지지적 개입을 하는 것이 좋다. 분석 및 해석 또는 직면을 통해 내담자의 심층적 문제들을 자극하기보다는 내담자의 대체방식을 점검하고 구체적인 대안을 수립하는 수준에서 지지적으로 개입하는 것이 유용하다. 즉, 내담자의 욕구나 기대를 중심으로 목표를 설정하고, 문제의 원인 및 대처방안에 대한 내담자의 생각들을 구체화하며, 더 나아가 내담자가 스스로 실천할 수 있고 책임질 수 있는 행동과제를 스스로 설정할 수 있도록 조력하는 것이 필요하다. 그리고 미해결된 과제에 대한 대안을 설정하고 방법을 모색함으로서, 종결로 인한 불안감을 다소 감소시킬 수도 있다. 9-3 사례를 통하여 [그림 9-4] 과정이 어떻게 적용되는지 살펴보자.

9-3 상담성과를 두루뭉술하게 이야기하는 24세 대학생 미라 씨 사례	축어록 반응해설
상1: 우리가 처음 만났을 때와 지금 모습이 많이 다른 거 같은데 본인은 어떠세요? **내1:** 친구들이나 가족들도 얼굴 좋아졌다고 하고. ① 상담목표 달성 정도확인 **상2:** 얼굴이 확실히 생기 있어졌어요. 불면증과 매사에 의욕이 없고 무기력해서 활력을 찾기 위해 상담을 시작했는데, 상담 시작할 때와 지금을 비교하면 함께했던 목표 중에 본인은 어떤 점이 가장 변화되었다고 생각하나요?	상담목표의 달성 및 성과를 확인하는 질문을 한다.

내2: 그냥 좋아진 거 같아요. 전반적으로. 마음도 편해지고.

상3: 이전보다 마음이 편해졌네요. 그럼 마음이 편해진 정도만 놓고 보았을 때, 아주 만족한 상태를 10이라고 가정하고, 반대로 불만족한 상태를 0이라고 한다면 지금 상태는 몇 점 정도일까요?

내3: 음…… 처음엔 거의 0점이었는데 지금은 7점 정도.

상4: 많이 좋아졌네요. 구체적으로 어떤 변화가 있었나요?

내4: 그땐 하고 싶은 것도 없고, 무기력하고, 하는 것도 없으면서 늘 불안했어요. 뭘 해 보려 해도 집중도 안 되고, 잠을 잘 못 자니 낮에 생활도 엉망이고. 학점도 곤두박질치고. 선생님과 약속한 산책하기, 운동 시작하기가 도움이 많이 되었던 거 같아요. 몸을 움직이니 밤에 잠도 잘 오고, 잘 자기 시작하니 낮 생활도 서서히 원래대로 돌아오고. 그러면서 마음도 편해진 거 같아요.

② 상담목표 외 전반적 성과 확인

상5: 7점 정도면 만족 정도가 높은 점수네요…… ==마음이 안정된 것 말고 또 다른 변화들이 있다면요?==

전반적 성과를 구체적으로 탐색한다.

내5: 음…… 체중도 줄었죠. 6개월 전에 비해 한 5키로 정도는 빠진 거 같아요. 아, 또 있네요. 연애를 시작했네요. 하하하. 새롭게 관계를 맺고, 또 그 관계를 유지하는 데 이전보다 덜 스트레스 받는 것 같아요.

상6: 외적인 변화 말고도, 관계에 대한 자신감도 증가했네요. 이렇게 변화할 수 있었던 것은 무엇 때문이라고 생각하나요?

내6: 글쎄요…… 상담받으면서 선생님이 믿어 주고 응원해 주시는 게 힘이 많이 되었던 것 같아요. '내가 소중한 사람이다.'라는 생각을 할 수 있게 되었어요.

③ 미해결과제 탐색

상7: 자신을 소중하게 생각한다는 말이 반갑네요. 그럼 ==아직 해결되지 않은 어려움이 있다면 어떤 걸까요?==

해결되지 못한 부분에 대한 탐색을 한다.

내7: 남을 신경 쓰는 거…… 다른 사람이 나를 어떻게 볼까 봐 걱정하는 것에서 완전히 자유로워지지 못한 것 같아요. 사실 어젯밤에도 잠이 안 오더라구요. 이제 마지막인데. 내가 잘할 수 있을까 싶은 게. 아무리 생각해도 자신은 없는데 여긴 학생들 위해 무료로 상담해 주는 곳이니까 저 말고도 다른 학생들한테도 기회를 줘야 하는 거 잖아요. 내가 너무 이기적인가 싶구요.

상8: 마지막이라 생각하니 걱정이 되었나 봐요. 그럴 수 있지요! 그런데 이기적이라고 느낀 것은 어떤 부분인지 궁금하네요.

내8: 음…… 사실 전 상담을 조금 더 했으면 좋겠거든요. 근데…… 이미 센터에서 양해를 해 주셔서 정해진 회기 이상으로 상담을 길게 받았는데 또 연장하고 싶다는 마음이 드는 게…… 내가 다른 학생들이 상담받을 기회를 뺏는 거 같아 이기적으로 느껴지고……

상9: 더 상담 받고 싶은 마음이 드는 건 자연스러운 거예요. 이기적인 것이 아니라. 이번 상담은 종결하지만 또 어려운 일이 있으면 언제든 다시 상담을 시작할 수 있습니다.

내9: 네, 감사합니다.

④ 문제해결력 및 대안행동 다지기

상10: 상담을 받는다고 모두가 다 미라씨처럼 좋아지는 건 아니거든요. 미라씨 안에서 변화를 가능하게 한 힘을 찾아본다면요?

변화를 가능하게끔 한 문제해결력을 탐색한다.

내10: 음…… 노력. 시작은 어렵지만 한번 하면 꾸준히 하는 힘 그런 건 있는 거 같아요. 운동도. 하기 싫고 그만두고 싶을 때 많았는데. 다 지키진 못했지만 70%는 목표한 횟수만큼 하고.

상11: 맞아요. 미라씨의 강점이죠. 성실함. 꾸준함. 상담도 그렇게 성실하고 꾸준하게 매주 왔기 때문에 이런 변화를 이룰 수 있었겠죠.

9-3 사례에서 내담자는 상담성과를 확인하는 과정에서 "그냥 좋아진 것 같아요."라고 두루뭉술한 표현으로 이야기한다. 상담자는 그것을 다시 구체화하는 질문을 하게 되는데 이렇듯 상담성과를 구체화하는 데는 두 가지 이유가 있다. 첫째, 말 그대로 상담 성과에 대한 정확한 평가를 위해서이다. 상담자가 생각한 성과와 내담자가 지각한 성과의 차이를 확인하고 나아가 종결을 할 것인지 혹은 언제 할 것인지에 대한 기준을 찾는 과정이기도 하다. 둘째, 내담자가 구체적으로 자신의 긍정적인 변화를 진술함으로써 자신만의 장점과 자원을 스스로 인식할 수 있게 도울 수 있기 때문이다. 축어록 **상담자 10**에서 상담성과를 가져온 내담자 안의 변화 요인을 찾아보라는 질문을 던짐으로서 상담성과의 공을 내담자에게 돌려주는 방법을 취하고 있다. 종결 이후 내담자 스스로 변화된 부분을 유지하기 위해서는 자신감, 자아존중감 등 자신에 대한 긍정적 인식이 중요하다. 상담성과의 공을 내담자에게 돌려주는 방법은 내담자가 변화의 요인이 자신에게 있었음을 알고, 상담의 성과를 계속 다지고 유지할 수 있도록 돕는다.

2) 추수상담

추수상담은 상담 종결 후 일정 기간이 지난 후에 내담자의 행동 변화의 지속 상태를 점검하면서 내담자가 잘하고 있는 점, 부족한 점을 확인하여 잘하는 점을 강화해 주고 결핍된 점을 보완해 주는 상담이다. 추수상담은 내담자가 상담의 목표를 지속적으로 수행하고 있고 새로운 변화에 잘 적응하는가를 확인해 보는 기회가 된다.

> **‼️ 상담전문가의 조언**
>
> 종결회기 이후에도 내담자가 상담성과를 유지하고 상담에서 깨달은 것들을 자신의 것으로 체화하기 위해 일상에서 스스로 노력할 수 있는 다양한 방법을 제시해 보자.
>
> ① 독서하기
> - 상담 및 심리치료와 관련 있는 책 읽기
> - 평소에 독서를 통해 전문가의 도움 없이 스스로 책을 통해 자신의 어려움을 관리할 수 있도록 격려하기
> ② 나의 생각, 감정이 행동에 미치는 영향 알아차리기
> - 어떤 사건에서 일어나는 나의 생각, 감정을 알아차리고 그것이 행동에 어떻게 영향을 주고 있는지 돌아보기
> ③ 감사일기를 통한 좋은 습관 형성하기
> - 어려움 가운데서도 감사한 일을 찾아봄으로써 나와 타인에 대한 관용성을 키워 가기
> ④ 문제 예방하기
> - 문제가 생기기 전에 예방할 수 있는 방안 마련하기
> ⑤ 긍정적 기운 촉진하기
> - 매일 자신을 위해 즐거운 일을 찾고 즐거움을 주변 사람과 나누며 긍정적 기운 촉진하기

또한 상담자에게도 자신이 이해한 내담자 문제와 해결과정이 적합했는지, 제대로 작용하는지에 대한 통찰을 제공한다. 상담에서 미진했던 부분, 아쉬웠던 부분 등 상담과정에서 남아 있는 여운을 정리하고, 내담자가 새로운 출발을 할 수 있도록 매개체 역할의 기능을 하기도 한다.

상담 종결이 된 후 일정 시간이 흐른 다음 다시 한번 만나서 변화가 유지되는지 확인을 하는 것은 종결로 인해 일시적 의존 욕구가 좌절된 내담자에게 안정감을 줄 수 있다. 종결 후 한두 달 이후 만나서 상담효과의 지속성 및 내담자의 적응 정도를 확인하는 것이다.

3. 종결상담 적용 사례

지금까지 종결 다루기의 과정과 기법을 살펴보았다. 다음에 제시된 사례는 앞서 제시한 종결하기의 과정에서 단편적으로 제시된 내용을 모아 회기 전체로 제시하고 있다. 앞서 배운 과정을 적용하여 내담자 미라씨의 사례를 읽어 보자.

내담자 서미라의 사례

인적사항	• 이름(가명): 서미라 • 성별: 여 • 나이: 24세 • 직업: 대학생
호소문제	불면, 무기력, 체중 증가, 지나친 타인 의식
내방경위	대학 4학년 · 취업준비를 해야 한다는 압박감으로 인해 불안, 조조, 주의집중 곤란 등의 증세를 동시에 보여 자발적으로 상담센터에 방문함.
가족관계	• 할머니(70세): 부모 이혼 후 내담자 양육 • 아버지(53세): 고졸, 식당 영업 • 어머니(51세): 내담자 9세 때 이혼 후 집을 나감. 이후 연락한 적 없음

내담자 미라씨는 24세 여대생으로 불면, 무기력, 체중 증가, 지나친 타인 의식 등의 주 호소문제로 내방하였다. 졸업반으로 취업준비를 해야 한다는 압박감으로 인해 불안, 초조, 주의집중 곤란 등의 증세를 동시에 보이고 있다. 9세 때 부모의 이혼으로, 어머니가 집을 나가 할머니와 함께 생활하였으며, 외로움을 핵심감정으로 갖고 있다.

	9-4 24세 대학생 미라씨의 종결상담 적용 사례	축어록 반응해설
① 종결에 대한 감정 표현하도록 촉진하기	**상1:** 오늘이 상담 마지막 회기네요. 그동안 상담 종결에 대해 이야기해 오긴 했는데, 오늘 상담 오면서 어떤 마음이 들었나요? **내1:** 아직은 아무래도 준비가 안 된 것 같은데, 상담하지 않고도 혼자 잘할 수 있을까 불안했어요. 무슨 일이 또 벌어질지 모르고, 선생님 도움 없이 혼자서는 잘 해내지 못할 것 같아요. 원래 상태로 곧바로 돌아갈 것 같아요.	종결에 대한 내담자 감정을 탐색한다.

② 종결에 대한 감 정 수용하기	상2:	자신에게 어떤 일이 생길지 모르고, 혼자 해결하지 못할 것 같 은 두려운 마음이 들었네요. 충분히 그런 마음 들 수 있어요.	표현된 감정을 상 담자가 수용한다.
	상2:	네. 불안했어요.	
③ 표현된 감정 구 체적으로 탐색 하기	상3:	어떤 점이 그렇게 불안했는지 한번 살펴볼까요?	표현된 감정을 깊 이 있게 표현할 수 있도록 구체화 하는 질문을 한다.
	내3:	언제까지나 선생님께 의지할 수는 없는 일인걸 저도 알고 있어 요. 그렇지만, 어릴 때 엄마가 말없이 떠나간 후로 제게 이별은 늘 어렵고 힘든 일 같아요.	
	상4:	그렇군요. 상담을 끝내는 것이 엄마와의 이별처럼 힘들게 느껴 졌네요. 지금까지 실제 생활에서 잘 대처를 해 왔지만 아직 가 보지 않은 길이기 때문에 상담 이후에도 스스로 잘 해낼 수 있는 지 불안감이 들 수 있어요.	내담자가 감정 에 머물 수 있도 록 표현된 감정 을 다시 한번 반 영한다.
	내4:	(눈물) 네…… 마치 그때 엄마에게서 버려진 것처럼, 내가 또 버 려지는 것 같은 느낌을 받았어요. 또 다시 내 손을 잡아 줄 사 람이 없구나 싶은 게. 나 혼자 해낼 자신이 없었다기보다, 사실 그게 불안했던 거 같아요. 아무도 없다는 느낌.	
	상5:	혼자라는 느낌…… 그 마음이 이해가 돼요.	
	내5:	그동안 선생님 덕분에 제가 자신감도 많이 찾고, 교수님이나 친 구들과의 관계에서도 안정을 찾을 수 있었어요. 여전히 쉽진 않 지만 필요할 땐 제 할 말도 할 수 있게 되었구요. 감사해요.	
④ 변화 내용 재음 미 & 내담자 지 지하기	상6:	미라씨가 상담에서 해결한 문제들은 또 살면서 다시 반복될 수 도 있어요. 하지만 그 문제가 다시 찾아와도 상담에서 그 문제 를 한번 해결해 봤기 때문에 이전과 다를 수 있어요. 찬찬히 내 가 어떻게 했는지 떠올려 보고 그대로 실천해 보면 돼요. 처 음엔 어색하기도 하고 힘들 수도 있지만, 여기서도 잘해 왔던 것처럼 미라씨는 혼자서도 잘해 나갈 수 있을 거예요.	내담자의 강점 및 문제를 다룰 수 있는 내적 힘 을 비춰 주며 지 지한다.
	내6:	제가 그렇게 할 수 있을까요?	
	상7:	그럼요. 우리가 처음 만났을 때와 지금 모습이 많이 다른 거 같 은데 본인은 어떠세요.	
	내7:	친구들이나 가족들도 얼굴 좋아졌다고 하고.	
⑤ 상담목표 달성 정도확인	상8:	얼굴이 확실히 생기 있어졌어요. 불면증과 매사에 의욕이 없고 무기력한 걸로 상담이 시작되었구요. 상담 시작할 때와 지금을 비교하면 함께했던 목표 중에 본인은 어떤 점이 가장 변화되었 다고 생각하나요?	상담목표의 달성 및 성과를 확인 하는 질문을 한 다.
	내8:	그냥 좋아진 거 같아요. 전반적으로. 마음도 편해지고.	
	상9:	이전보다 마음이 편해쳤네요. 그럼 마음이 편해진 정도만 놓고 보았을 때, 아주 만족한 상태를 10이라고 가정하고, 반대로 불만	

족한 상태를 0이라고 한다면 지금 상태는 몇 점 정도일까요?

내9: 음…… 처음엔 거의 0점이었는데 지금은 7점 정도. 그땐 하고 싶은 것도 없고, 무기력한데 하는 것도 없으면서 늘 불안했어요. 뭘 해 보려 해도 집중도 안 되고, 잠을 잘 못 자니 낮에 생활도 엉망이고. 학점도 곤두박질치고. 선생님과 약속한 산책하기, 운동 시작하기가 도움이 많이 되었던 거 같아요. 몸을 움직이니 밤에 잠도 잘 오고, 잘 자기 시작하니 낮 생활도 서서히 원래대로 돌아오고. 그러면서 마음도 편해진 거 같아요.

상10: 7점 정도면 만족 정도가 높은 점수네요……. 마음이 안정된 것 말고 또 다른 변화들이 있다면요?

⑥ 상담목표 외 전반적 성과 확인 (척도질문 등)

전반적 성과를 구체적으로 탐색한다.

내10: 음…… 체중도 줄었죠. 6개월 전에 비해 한 5키로 정도는 빠진 거 같아요. 아, 또 있네요. 연애를 시작했네요. 하하하. 새롭게 관계를 맺고, 또 그 관계를 유지하는 데 이전보다 덜 스트레스받는 것 같아요.

상11: 외적인 변화 말고도, 관계에 대한 자신감도 증가했네요. 이렇게 변화할 수 있었던 것은 무엇 때문이라고 생각하나요?

내11: 글쎄요……. 상담받으면서 선생님이 믿어 주고 응원해 주시는 게 힘이 많이 되었던 거 같아요. '내가 소중한 사람이다.'라는 생각을 할 수 있게 되었어요.

⑦ 미해결과제 탐색

상12: 자신을 소중하게 생각한다는 말이 반갑네요. 그럼 아직 해결되지 않은 어려움이 있다면 어떤 걸까요?

해결되지 못한 부분에 대한 탐색을 한다.

내12: 남을 신경 쓰는 거…… 다른 사람이 나를 어떻게 볼까 봐 걱정하는 것에서 완전히 자유로워지지 못한 것 같아요. 사실 어젯밤에도 잠이 안 오더라구요. 이제 마지막인데. 내가 잘할 수 있을까 싶은 게. 아무리 생각해도 자신은 없는데 여긴 학생들 위해 무료로 상담해 주는 곳이니까 저 말고도 다른 학생들한테도 기회를 줘야 하는 거잖아요. 내가 너무 이기적인가 싶구요.

상13: 어떤 부분이 이기적으로 느껴졌나요?

내13: 음…… 사실 전 상담을 조금 더 했으면 좋겠거든요. 근데…… 이미 센터에서 양해를 해 주셔서 정해진 회기 이상으로 상담을 길게 받는데 또 연장하고 싶다는 마음이 드는 게…… 내가 다른 학생들 상담받을 기회를 뺏는 거 같아 이기적으로 느껴지고…….

상14: 상담 더 받고 싶은 마음이 드는 건 자연스러운 거예요. 이기적인 것이 아니라. 이번 상담은 종결하지만 또 어려운 일이 있으면 언제든 다시 상담을 시작할 수 있습니다.

내14: 네. 감사합니다.

⑧ 문제해결력 및 대안행동 다지기

상15: 상담을 받는다고 모두가 다 미라씨처럼 좋아지는 건 아니거든요. 미라씨 안에서 변화를 가능하게 한 힘을 찾아본다면요? —— 변화를 가능하게끔 한 문제해결력을 탐색한다.

내15: 음…… 노력. 시작은 어렵지만 한번 하면 꾸준히 하는 힘 그런 건 있는 거 같아요. 운동도 하기 싫고 그만두고 싶을 때 많았는데. 다 지키진 못했지만 70%는 목표한 횟수만큼 하고.

상16: 맞아요. 미라씨의 강점이죠. 성실함. 꾸준함. 상담도 그렇게 성실하고 꾸준하게 매주 왔기 때문에 이런 변화를 이룰 수 있었겠죠. 오늘 종결회기 후에도 추수상담이란 걸 가질 수 있어요. —— 추수상담을 안내한다.
미라씨가 상담에서 익힌 것들을 일상에서 시도해 보고, 2주나 한 달 후에 잘 지내고 있는지 함께 또 이야기 나눠볼 수 있어요.

⑨ 추수상담의 제안

내16: 아, 추수상담 그런 것도 있나요? 추수상담은 한 번 밖에 못하는 건가요?

상17: 횟수가 정해져 있진 않아요. 2주 후에 한 번 하고, 한 달 뒤에 또 한 번 더 보고. 간격을 늘려 가며 만나 볼 수도 있구요.

내17: 오늘이 끝이 아닐 수 있다고 생각하니 훨씬 안심이 되는 거 같아요. 혼자라는 사실이 무섭고. 정말 두려웠거든요.

상18: 미라씨가 안심이 될 수 있도록 추수상담을 몇 차례 더 진행을 해 봅시다. 막상 또 일상에서 잘 적응하다 보면 '생각보다 그렇게 어렵진 않네.' '나도 혼자서 잘할 수 있네.'라는 생각이 들 거예요.

제9장에서는 종결하기의 과정을 다루었다. 종결 시점은 내담자와 상담자가 협의하는 것이 보통이지만, 내담자가 먼저 제안하는 경우도 있다. 내담자가 종결을 선언할 때에는 먼저 종결 통보의 이유에 대해 탐색할 필요가 있다. 종결 통보의 타당성을 평가하여 종결 시점을 재협의할 수 있다. 상담의 종결도 이별의 한 종류이다. 내담자가 이별 시 가질 수 있는 감정을 충분히 다루고, 상담 과정을 통해 변화된 내용을 재음미하도록 내담자를 지지해야 한다. 상담의 성과와 목표달성 정도를 파악하고, 목표 외 전반적인 성과를 확인하며 내담자의 문제해결력을 다질 수 있도록 해야 한다. 미해결 문제를 탐색하고, 다시 문제가 재발할 시 대안 행동에 대해 내담자와 함께 상의해 가는 과정 전체가 종결의 과정이라 볼 수 있다. 또한 언제든 다시 상담을 찾아올 수 있음을 안내하고, 종결회기 이후에도 추수상담에 관한 안내를 하며, 종결로 인한 내담자의 불안감을 안심시키는 것 또한 상담자의 역할이라고 할 수 있다. 내담자와의 종결 시점이

정해지면 상담 마무리를 어떻게 할 것인지에 대해 상담자는 미리 계획하고 준비하며
종결의 전 과정을 충분히 다룰 수 있도록 하자.

‼️ 초심상담자 여리씨의 고민

종결한 지 얼마 되지 않아 내담자가 다시 찾아왔어요. 뭘 해야 할지 모르겠어요!

상담자 여리씨는 15회기 종결을 한 내담자가 한 달도 되지 않아 같은 주제로 다시 접수면접을 신청한 것을 알고 당황스러운 마음이 들었다. 내담자는 권위적이고 폭력적인 아버지에 대한 분노가 많다. 매 회기 문제를 다루었지만, 가정으로 돌아가면 다시 폭발적인 분노를 느낄 수 밖에 없는 상황이라 내담자는 자주 무력감을 표현했다. 대기 중인 내담자들 때문에 15회기 이상 상담을 지속할 수 없어 나름 합의 과정을 거쳐 종결했는데, 다시 내담자를 배정받아 상담을 해야 한다고 하니 상담자로서 무슨 말을 내가 더 할 수 있을까 싶은 마음이 들었다.

➡️ 여리씨는 내담자와 센터의 회기 제한으로 인한 미진한 종결을 한 것으로 보인다. 상담자 여리씨 스스로 느끼는 불편감이 무엇인지 역전이를 살펴볼 필요가 있다. 내담자의 문제를 해결해 주고 싶은 마음이 강한데, 해결할 수 없는 고질적인 가족문제가 상담자로서 유능감을 느끼지 못한 데서 오는 불편함인지, 내담자의 의존심에 대한 부담감 등인지 말이다. 한편, 내담자의 무력감이 상담자에게도 전이되어 소진을 불러일으킨 것이 아닌지도 살펴볼 필요가 있다.

상담자 스스로 자신의 문제를 살펴보는 것과 별개로, 무엇보다 중요한 것은 내담자가 왜 다시 찾아왔는지에 대한 섬세한 탐색이다. 한 달 사이에 내담자 문제를 다시 증폭시킨 특별한 상황이나 에피소드는 없는지 접수면접에서 충분히 확인되어야 할 것이다. 그리고 이전 상담(여리씨와의 상담)이 어땠는지, 아쉬웠던 부분은 어떤 것이고, 새로운 상담에서는 어느 부분에 초점을 두고 상담을 받고 싶은지, 상담자 선택에 있어서 이전 상담자와 계속 상담을 하고 싶은지에 대한 내담자의 의사 파악도 중요하다.

제3부

상담장면에서 자주 경험하는 상황별 개입

상담 초기에 겪을 수 있는 상황별 개입
– 라포 형성과 상담구조화하기

 상담 초기에는 상담자와 내담자가 라포 형성을 통해 치료동맹을 맺는 것과 함께 내담자가 앞으로 경험할 상담에 대한 희망을 가질 수 있도록 동기를 부여하는 것이 매우 중요하다. 그러나 상담자와의 신뢰할 수 있는 관계 형성이 되지 않거나 상담 과정이 막연하고 모호하게 느껴지면 내담자의 상담동기와 의지가 낮아지면서 중도탈락할 수 있다. 상담을 구조화한다는 것은 진행상의 형식적인 측면(상담횟수, 상담시간, 예약 및 비용 등)에서의 안내뿐만 아니라 내담자의 핵심문제를 명료화하고 이를 상담 과정을 통해 어떻게 진행해 나갈 것인가에 대한 안내가 매우 중요하다. 이를 통해 내담자의 막연한 상담 과정에 대한 불안을 낮출 수 있고 상담에 대한 신뢰감을 높일 수 있다. 본 장에서는 형식적인 측면의 상담구조화 방법 외 내용적 측면(상담방향 설정 및 목표 합의, 개입 및 과정 등)에서 비자발적이거나 불안 또는 불신을 호소하는 내담자와의 라포 형성과 증상 속에 숨겨진 핵심문제를 찾아 상담방향에 대하여 안정적으로 상담을 구조화하는 방법에 대해 알아보고자 한다.

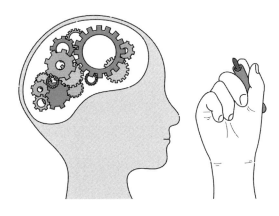

제10장 한눈에 보기

1 비자발적인 내담자 개입하기

→
- 교사 및 부모로부터 의뢰된 청소년
- 법원 명령으로 강제 의뢰된 내담자

2 상담자 또는 상담성과 불신 다루기

→
- 자격증이나 학력을 요구하는 경우
- 상담성과를 비관하는 경우

3 증상 속 핵심문제 찾기

→
- 외부상황변화를 기대하며 고충을 호소하는 경우
- 긴급하게 불안증상 해소를 요구하는 경우

제10장 들어가기 전에……

상담 초기에 중요한 다음 사항에 대해 생각해 보자.

💬 비자발적인 내담자에게 어떤 태도가 필요할지 떠올려 보자.

💬 상담자 또는 상담성과에 대해 불신하는 내담자에게는 어떻게 개입하는 게 필요할까?

💬 내담자가 보고하는 증상 속에서 핵심문제를 구분하려면 어떻게 해야 할까?

1. 비자발적인 내담자 개입하기

매번 상담에 대한 의지가 높은 내담자를 만날 수 있다면 더할 나위 없이 좋겠지만 내담자를 선별해서 받을 수 없는 만큼 그렇지 않은 경우도 자주 맞닥뜨릴 수 있다. 특히 청소년동반자 상담을 하는 상담자나 학교 내 전문상담교사들은 비자발적인 청소년 내담자를 자주 만나게 된다. 이들은 자발적인 동기를 갖지 않고 있으므로 신뢰로운 관계를 잘 맺느냐가 상담의 성패를 좌우한다고 해도 과언이 아니다. 이러한 비자발적인 내담자에게 어떻게 개입하는 것이 필요한지 알아보고자 한다.

1) 교사 및 부모로부터 의뢰된 청소년

아동 및 청소년 시기의 내담자들은 자신의 심리적 어려움을 인지하고 그에 맞는 언어적 표현보다 문제행동을 통해 어려움이 확인되곤 한다. 그로 인해 스스로 상담을 찾는 내담자보다 주변인에 인해 상담에 의뢰되는 경우가 많다. 이때 교사(교수) 및 부모가 이러한 아동 또는 청소년의 특성에 대한 이해가 없이 드러난 문제행동 교정을 위한 방안으로 상담을 의뢰하게 되면 상담자 역시 내담자의 심리적 어려움을 놓치고 교사나 부모의 바람대로 상담을 하게 되는 경우가 자주 발생한다. 이러한 개입은 내담자와의 라포 형성에 매우 큰 걸림돌이 될 수 있으며, 상담에 대한 의지가 낮은 내담자를 더욱 위축되고 동기를 상실하게 만드는 계기가 될 수 있다는 것을 알아야 한다. 교사나 부모로부터 문제행동이 확인되어 상담에 의뢰된 비자발적인 내담자에 대한 개입은 [그림 10-1]과 같이 할 수 있다.

[그림 10-1] 교사(교수) 및 부모로부터 의뢰된 청소년 개입 과정

다음은 이와 같은 단계를 적용한 사례로 교내 절도 사건으로 인해 교사로부터 의뢰된 15세 중학생 강훈이에 대한 개입이다.

10-1 교사로부터 의뢰된 15세 중학생 강훈이의 사례	축어록 반응해설
① 상담 신청 경위 확인 **상1**: 안녕? 나는 여기 ○○상담기관 소속 상담원 김철민이야. 강훈이 담임선생님께서 상담을 신청하셨는데 강훈이는 오늘 상담에 대해서 어떻게 안내받았니?	내담자는 상담을 어떻게 인지하고 있는지 확인한다.
내1: 그냥 엄마가 오늘 상담 가야 된다고 해서 엄마 차 타고 왔어요.	
상2: 상담에 대해 들어는 봤니?	
내2: 그냥 대화하는 거라고 하던데요?	
상3: 그렇게 들었구나. 그러면 오늘 어떤 대화를 하는 거라고 생각하고 왔니?	
내3: 학교에서 제가 같은 반 친구 물건을 훔쳤던 것 때문에 상담에 와서 이야기 나눠야 된다고 했어요.	
② 상담동기 확인 **상4**: 지갑을 훔친 것 때문에 대화를 해야 한다고 들었다면 여기 올 때 마음이 편하지는 않았을 것 같은데 어떠니?	내담자가 상담실에 올 때 심정을 떠올리며 공감적으로 질문해야 한다.
내4: 그냥 뭐…… 그렇죠. 오고 싶지는 않았지만 가야 한다고 하니까 왔어요. 안 오면 나중에 학교에서 다른 징계를 받는다고 하니까 저는 선택권이 없잖아요.	
상5: 선택권이 없어서 어쩔 수 없이 왔다면 마음이 많이 무겁겠다. 강훈이가 친구의 물건을 훔칠 때는 의식하진 못했어도 아마도 뭔가 마음 속에 불편한 것이 있어서 한 행동일 거거든. 그래서 상담은 강훈이 마음속을 불편하게 만드는 것이 무엇인지 같이 찾아보고 해소하기 위해서 하는 거야. 이해가 되니?	내담자의 문제행동을 비난하거나 평가하지 않고 문제행동을 한 내담자를 문젯거리로 보지 않아야 라포가 형성될 수 있다.
내5: 제가 친구 물건을 훔친 게 제 마음속에 불편한 것이 있기 때문이라고요? 그냥 훔친 건데요?	
③ 주 호소문제 탐색 **상6**: 모든 행동에는 이유가 있거든. 그래서 친구 물건을 훔치게 된 것도 강훈이만의 이유가 있을 거야. 어떤 마음에서 그 물건을 훔치게 됐었는지 설명해 줄 수 있을까?	문제 증상을 유발하게 된 원인 속에 심리적 어려움과 관련된 주 호소문제를 찾아야 한다.
내6: 사실 그렇게 탐이 나는 물건도 아니었어요. 그냥 그 친구가 싫었어요. 그냥 그 친구가 아끼는 물건을 없애고 싶다고 생각했는데 저도 모르게 주머니에 집어넣고 있더라구요. 근데 그걸 다른 친구가 보는 바람에 반 아이들 전체가 알게 되었고 그 물건이 꽤 고가라서 문제가 커졌어요. 그래서 여기까지 오게 된 거죠.	

상7: 그랬구나. 그 친구의 무엇이 그렇게 싫었을까?

내7: 걔가 자기네 부모님 얘기하는 게 꼴 보기 싫었어요.

> 감정을 다루니 내담자의 적개심이 드러난다.

상8: 어떻게 꼴보기가 싫었나 궁금하네.

내8: 뭐 자기 부모님하고 외국 여행을 가서 부모님이랑 뭘 했다는 둥, 자기는 ○○을 갖고 싶어서 부모님을 한참을 졸라서 기어코 얻어 냈다는 둥…… 뭐 별거 아닌 이야기들이었어요.

> 별일 아닌 것처럼 흘리듯 한 이야기 속에 내담자의 핵심이 숨겨져 있다.

상9: 별거 아니라고 이야기했지만 강훈이는 꼴 보기 싫을 정도로 불쾌한 마음이 들었다는 거잖아. 어떤 이유에서 그랬을까?

내9: 부모님한테 그렇게 떼를 쓰고 자기가 원하는 것을 편하게 얻잖아요. 불공평하게 느껴졌어요. 부모님이 주는 것을 당연하다는 듯이 누리는 게 꼴보기 싫었어요.

> 친구에 대한 질투에서 원하는 것을 해 주지 않는 내담자의 부모에 대한 적개심이 묻어난다.

상10: 강훈이는 부모님에게 당연하게 원하는 것을 받은 적이 없는데 친구는 누리고 있는 것이 불공평하게 느껴진다는 말로 들리네.

내10: 맞아요. 우리 집에선 항상 조건이 있어야만 원하는 걸 이야기할 수 있어요. 뭐 학교 등수를 올리던지, 성적을 몇 점 올리든지…… 뭘 그냥 해 주신 적이 없어요.

상11: 강훈이 마음속을 불편하게 만드는 것이 그거였구나. 내가 원하는 것을 그냥 해 주지 않고 조건을 달아야만 들어주시는 부모님 태도에 많이 속상했나 보다.

> 동생과의 관계에서도 불공평함을 느끼고 있음이 확인된다. 이것이 친구에게 투사되어 질투로 나타나고 있음을 알 수 있다.

내11: 솔직히 동생은 공부를 잘하니까 뭘 얘기하면 그냥 들어주시는 편인데 저한테는 항상 조건을 붙이세요. 너무 화가 나는데 공부 못하는 건 사실이니까 뭐라고 할 수도 없고…… 그래서 그 친구가 그런 얘기를 하면 그렇게 미워요. 나는 한 번도 당연하게 뭘 받아 본 적이 없는데……. (눈물)

> 내담자가 문제행동을 하게 된 마음속 상처를 공감해 줄 때 라포가 형성된다.

상12: 나는 부모님으로부터 원하는 것을 당연하게 받아 본 적이 없는데 그 친구는 당연하게 얻어 내는 모습을 보고 질투가 나서 물건을 훔치게 되었구나.

내12: 네. 그랬던 거 같아요……. (눈물)

> 내담자 행동의 원인이 마음의 상처가 문제임을 제시한다.

상13: 강훈이 마음속에 그 질투와 같이 강훈이를 불편하게 만드는 마음이 풀리면 다시 친구 물건을 훔치는 일은 없을 수도 있겠네.

내13: 그럴까요? 사실 저도 왜 그 물건을 훔쳤는지 모르겠어요.

> 앞으로 내담자가 상담을 통해 경험할 과정이 내담자에게 꼭 필요함을 현재 증상과 연관하여 안내하여 동기부여와 목표를 합의할 수 있다.

④ 상담구조화를 통한 상담목표 합의

상14: 상담을 통해서 그 이유를 찾아보고 그 속에 숨겨진 강훈이의 불편한 마음도 함께 해소하면 강훈이 스스로 자기 행동을 통제하고 조절할 수 있게 되거든. 어때? 해 볼 수 있을까?

내14: 해 보고 싶어요.

> **상15:** 그래. 앞으로 매주 1회 50분 동안 상담실에 와서 강훈이가 가
> 정에서 부모님께 원하는 게 무엇이었고 어떻게 좌절되어 왔었
> 는지, 그리고 그 속에서 어떤 상처들이 남았는지를 찾아보고 그
> 상처를 돌보는 시간을 갖게 될 거야. 그러고 나면 더 이상 친구
> 물건을 훔치고 싶다는 생각이나 느낌도 안 들 거거든. 어때?
>
> **내15:** 네, 좋아요.

구체적인 진행 사항과 상담의 효과에 대해 안내하며 상담을 구조화한다.

강훈이의 사례를 보면 상담에 자발적으로 오지 않아 참여에 수동적임을 알 수 있다. 오히려 자신의 잘못에 대한 벌칙으로서 상담에 왔다는 인상이 강하다. 하지만 상담자가 내담자의 행동을 문제로서 접근하지 않고 내담자의 마음속 상처로 인한 불편감의 표현임을 제시하면서 그것을 공감해 주었을 때 상담에 대한 동기가 부여되고 라포가 형성되어 감을 확인할 수 있다.

이처럼 상담을 의뢰한 교사나 부모뿐만 아니라 내담자 역시도 문제행동의 원인을 알지 못하는 경우가 많다. 이렇게 문제행동으로 상담에 의뢰되는 경우, 그 문제로 인해 주변 사람들로부터 잘못된 행동임을 지적받았던 경험처럼 상담자에게서도 동일한 경험을 할 것이라는 불안을 가지고 내방하게 된다. 그러므로 상담자는 근본적인 문제의 개입과 내담자와의 라포 형성을 위해서 내담자의 문제를 교정하는 데 초점을 두기보다 문제행동을 유발한 심리적 어려움에 초점을 두고 그 속에 숨겨진 내담자의 상처를 공감해야 한다.

내담자 역시도 자신의 심리적 어려움을 의식하지 못함으로서 문제행동을 조절하지 못하고 있으므로 무의식 속에 숨겨진 내담자가 가진 적개심을 알아차리도록 돕고 이를 공감해 줌으로서 표현을 도울 수 있다. 이 과정을 통해 내담자는 자신의 적개심을 정화하여 심리적인 안정을 찾게 되고 문제행동에 대한 욕구가 줄어들게 된다. 상담자는 내담자의 문제행동을 교정하고자 할 때 항상 그 이면의 좌절된 적개심을 찾고 이에 대한 개입을 할 수 있어야 함을 명심하자.

/ 핵심요약 /

문제행동 교정보다 좌절된 욕구에서 비롯된 적개심을 다루어야 문제행동을 없앨 수 있다.

!! 궁금해요!

✎ **의뢰자와 내담자, 누구부터 만나야 하나요?**

- 교사 및 부모로부터 의뢰된 내담자는 의뢰자가 상담에 처음 의뢰되었을 때 의뢰자
와 함께 내방하게 된다. 이때 초심상담자의 경우 내담자를 먼저 만나야 할지, 의뢰
자를 먼저 만나야 할지 혼란을 겪게 되는 경우가 많다. 전화로 사전에 상담을 의
뢰하면서 내담자가 놓인 상황과 의뢰자의 요구를 파악했다면 첫 회 상담 시에는
내담자를 먼저 만날 것을 제안한다.
- 제3자로부터 상담에 의뢰된 내담자의 경우, 상담자가 의뢰자와 연합하여 자신을
처벌하거나 교정하려 할 것이라는 인상을 가지는 경우가 많다. 그러므로 상담자가
의뢰자 또는 부모를 먼저 만나기보다 내담자의 말을 먼저 들어주는 것이 내담자에
게 보다 신뢰감을 주고 상담자 역시 의뢰자나 부모의 시각에 편향된 선입견을 갖
지 않을 수 있다.

!! 상담전문가의 조언

상담 전 전화로 상담 의뢰 시 요령

- 문제행동에 따른 상담 의뢰 시 내담자에게 상담에 대한 안내를 제대로 하지 않은 채 상
담에 참석토록 하는 경우가 있다. 그러면 내담자는 문제행동에 따
른 처벌로서 상담을 받는다는 인상을 갖게 되어 상담에 대해 매
우 적대적인 마음을 가질 수 있다. 그러므로 사전에 전화로 상담
을 의뢰받을 때 내담자에게 상담을 어떻게 제안하고 안내하는 게
필요한지 의뢰자에 대한 교육이 필요하다. 다음과 같이 해 보자.

상담자1: 어머니, ○○이에게 혹시 상담에 대해 이야기하신 적이 있나요?

의뢰자1: 없어요. 상담 가자고 하면 거부하고 도망부터 갈까 봐 그냥 말하지 않고 데려오려구요.

상담자2: 아…… ○○이가 상담을 거부하고 오지 않을까 염려되셔서 말을 하지 않고 오시는 게 낫
겠다 생각이 되셨군요. 안타깝게도 그런 경우 오히려 ○○이가 속았다는 것을 나중에 알게 되
었을 때 상담에 대해 더욱 거부적이고 더 크게 화가 날 수 있답니다. 그래서 상담에 대해 제대
로 안내를 하는 것이 훨씬 더 효과적일 수 있어요. 그리고 상담을 받는 것이 문제행동에 대한
처벌이 아님을 전달하는 것이 핵심입니다. 이렇게 해 보실 수 있을까요? "○○아, 엄마가 보

기에 요즘 ○○이가 뭔가 힘든 게 있는 것 같은데 너를 어떻게 도와주면 좋을지 모르겠어서 ○○상담센터에 전화해서 문의를 드렸어. 그랬더니 ○○이가 동생을 때리고 학교를 지각하는 데에는 다 ○○이 마음속에 해소되지 않은 힘든 마음이 있어서 그렇대. 그러니 상담에 와서 그 마음을 해소해 보는 기회를 가지는 게 필요할 것 같다고 하시네. 그동안 엄마가 ○○이 마음속에 있는 상처들을 잘 알지 못하고 어떻게 대처해야 하는지 잘 몰라서 엄마도 교육을 받아야 할 것 같은데 같이 상담에 가서 ○○이 힘든 마음도 돌보고 엄마가 어떻게 대처하면 좋을지 교육받을 수 있게 기회를 가져 보면 어떨까?" 이렇게 전달하시면 ○○이에게 엄마가 관심을 가지고 함께 변화하려고 노력한다는 것이 전달되어 상담에 대해 훨씬 더 호의적이 될 수 있을 겁니다.

의뢰자2: 아~ 네. 한번 해 보겠습니다. 감사합니다.

2) 법원 명령으로 강제 의뢰된 내담자

비자발적인 내담자 중에는 소년법에 의한 수강명령 처분을 받은 청소년이나 학교 내 징계를 통해 상담을 명령받아서 내방하게 되는 경우가 있다. 수강명령은 통상 100시간의 범위 내에서 12세 이상 소년에게 내리는 처벌로서 비행 소년을 교화·개선하기 위해 강의를 듣도록 명령하는 것을 말한다. 이를 교육 대신 상담의 형태로 대체하여 제공할 경우 정해진 시간을 채우는 형태로 상담을 진행하게 된다. 그래서 내담자들은 상담에 대해 적대적이면서 시간만 채우겠다는 생각을 가지고 오는 경우도 적지 않다. 반대로, 겉으로만 적극적인 것처럼 하고 진짜 속내는 감추거나 상담자 또는 궁극적으로 사회가 원하는 교화와 개선의 상태를 지향하는 것 같은 행동으로 상담자를 헷갈리게 하기도 한다. 이렇듯 상담에 내방하여 적대적이거나 호의적인 가면을 쓰고 자신의 심리적 어려움을 드러내지 않는 내담자에 대해 어떤 개입을 해야 온전히 내담자가 자신의 어려움을 이야기할 수 있을지에 대해 알아보고자 한다.

교사 및 부모로부터 의뢰된 경우, 법원에 의한 수강명령상담에 비해 강제성이 낮다고 볼 수 있다. 그래서 내담자의 의지와 자발성을 확인하는 것부터 시작하는 반면, 법원으로부터 강제적으로 상담을 받게 된 경우는 이를 어떻게 인식하고 있는지부터 확인하여 내담자의 인식에 따라 어떤 가면을 쓰고 상담에 오게 되는지에 대한 예측을 할 수 있어야 한다. [그림10-2]는 이를 위한 개입 과정이다.

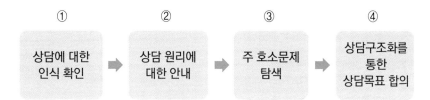

①　②　③　④

| 상담에 대한 인식 확인 | 상담 원리에 대한 안내 | 주 호소문제 탐색 | 상담구조화를 통한 상담목표 합의 |

[그림 10-2] **법원명령으로 의뢰된 내담자 개입 과정**

수강명령으로 의뢰된 17세 종훈이의 사례를 통해 각 과정이 어떻게 적용되는지 살펴보자.

10-2　**수강명령으로 의뢰된 17세 종훈이의의 사례**	축어록 반응해설
① 상담에 대한 인식 확인　상1: 안녕하세요? 저는 ○○상담센터 상담원 이사라입니다. 이번에 수강명령으로 상담을 받게 되셨는데 수강명령 상담이 무엇인지 알고 계신가요? 내1: 20시간 동안 상담받으라고 하던데요. 시간만 채우면 된다고 들었어요.	
② 상담 원리에 대한 안내　상2: 어떤 행동이든 이유가 있답니다. 그래서 이번에 종훈군이 수강명령을 받게 된 범법행위를 한 데에도 이유가 있는 거지요. 쉽게 말하면 해소되지 않은 심리적 어려움이 비행 행동으로 나올 수 있다는 거예요. 그래서 수강명령 상담은 종훈군이 그러한 행동을 한 이면의 심리적 어려움을 찾고 그것이 해소되면 그 행동을 하고자 하는 욕구가 줄어들어서 재범을 방지할 수 있다는 취지에서 하는 거랍니다. 이해가 되나요? 내2: 정확하게는 잘 모르겠지만 대충은 알 것 같아요.	내담자의 행동을 비난하거나 평가하는 것이 아니라 심리적 어려움을 해소할 수 있도록 돕는 것임을 전달한다.
③ 주 호소문제 탐색　상3: 오늘 같이 이야기 나눠 보면 더 잘 알 수 있을 거예요. 종훈군이 이번에 수강명령을 받게 된 경위를 알 수 있을까요? 내3: 사실 저는 죄가 없어요. 그냥 친구랑 같이 있었던 것뿐인데 같이 엮여서 처벌받은 거예요. 상4: 좀 더 자세히 얘기해 줄래요? 내4: 겨울에 밖에 오래 있으니까 춥더라구요. 그래서 친구가 갑자기 주변에 있던 쓰레기를 주워오더니 불을 피우기 시작했어요. 그랬는데 그게 불이 좀 커진 거예요. 그래서 지나가던 주민이 방화로 신고를 해서 저희가 붙잡힌 거죠. 솔직히 저는 그냥 옆에	

같이 서 있었던 죄밖에 없는데 예전에도 친구가 오토바이 훔칠 때 옆에 같이 있다가 처벌받은 적이 있어서 가중처벌된 거 같아요. 저는 좀 억울해요.

상5: 내가 친구처럼 직접적인 범법행위를 한 게 아닌데 가중처벌이 되어서 억울하다는 말로 이해가 되네요. 어떤가요?

내5: 맞아요. 솔직히 잘못은 친구가 했는데 저는 같이 있었다는 이유만으로 엮인 거잖아요. 그래서 이런 상담을 받을 이유도 없다고 생각하는데 20시간이나 상담에 와야 된다고 하니 짜증나요.

상6: 억울함이 많이 느껴지네요. 그 친구와는 어떤 관계인가요? 친구가 그런 행동을 할 때 항상 같이 있는 이유가 있을 거 같아요.

내6: 그 친구랑은 되게 친한 사이도 아니에요. 그냥 집에 있기 싫을 때 딱히 갈 데는 없고 할 일도 없는데 그 친구는 주로 밖에 있으니까 같이 있게 되는 거죠. 저는 같이 있기만 한 거라 같이 처벌받을 줄은 몰랐어요.

상7: 집에 있기 싫을 때 그나마 같이 있을 수 있는 친구라는 거네요. 집에는 있기 싫은 이유를 얘기해 줄 수 있나요?

내7: 집에 있어 봤자 아무도 제가 뭘 하는지 관심 없어요. 아빠라는 인간은 가족들 신경도 안 쓰면서 밖에서 화나는 것을 집에 와서 화풀이해요. 때리고 부수고…… 어릴 땐 어쩔 수 없이 당했지만 좀 커서는 말리고 소리치고 대들기도 해 봤어요. 그런데 통하지 않으니 집을 나오는 게 상책이에요. 나와서 애들하고 그냥 이리저리 따라다니면 집 생각 안 해도 되고 걔들이랑 같이 이런저런 거 하다 보면 잡생각이 없어져서 좋아요.

상8: 그 친구랑 친하지 않은데도 같이 있는 이유는 집에 있기 괴롭고 잡생각을 잊고 싶은 마음도 있다는 거네요. 잡생각은 어떤 생각들을 말하나요?

내8: 이 세상 다 폭발했으면 좋겠다…… 아빠가 죽었으면 좋겠다. 아니면 그냥 내가 죽을까…… 뭐 그런 쓸데없는 생각들이죠.

상9: 누군가를 해치고 싶을 정도로 화가 많이 났다는 말로 들리네요. 그렇게 화가 난 마음을 어찌하지 못하고 집 밖을 전전할 수밖에 없었군요.

내9: 뭐…… 그렇다고 볼 수 있죠…… 그리고 애들이랑 같이 있으면 내가 오토바이를 훔치거나 불을 지르거나 하지 않아도 대리만족되는 느낌이 있었던 거 같기도 해요.

사실적 사건을 보고하는 중에 짧게 보고되더라도 사실 상황보다 감정에 초점할 수 있어야 한다.

내담자의 심정을 반영해 주면 공감받는 느낌을 받을 수 있다.

내담자가 느낄 수 있는 감정을 공감하며 사건 경위를 구체화한다.

문제행동의 배경이 된 내담자의 심리를 따라간다.

내담자의 마음을 어지럽히는 생각을 탐색한다.

내담자 내면의 화가 매우 도드라지는 대목이다.

내담자의 비행행동에 가장 근본원인이 된 화를 공감해 주어야 한다.

④ 상담구조화를 통한 상담목표 합의

상10: 마음속 화를 어쩌지 못하고 다른 친구들을 따라다니면서 대리만족하는 걸로 해소했다는 거네요. 그러면 이제는 범법행위를 통해 대리만족하던 것을 줄일수 있도록 상담을 통해서 그 화를 풀어 나가면 어떨까요? 아버지의 폭력에 대한 것은 따로 아버지 상담을 하거나 상담 외 기관 연계를 통해서 개입이 가능한지 확인해 볼 거예요. 그러면 더 이상 친하지 않은 아이들과 어울리면서 범죄에 연루되는 억울한 상황은 겪지 않을 수 있을 거 같은데 어때요?

내10: 괜찮은 거 같아요.

> 내담자가 왜 이러한 행동을 할 수밖에 없었는지를 공감하고 그에 맞는 개입방향을 제시하여 상담의 동기를 부여한다.

종훈이는 직접 행위는 하지 않았지만 범법행위를 하는 친구와 함께 있다가 공모자로서 처벌을 받게 된 경우이다. 내담자는 직접 행위를 하지 않았기 때문에 억울함을 호소하고 있다. 하지만 이보다 더 중요한 것은 반복행위로 인한 처벌이었다는 점에서 내담자가 집을 나와 밖을 전전하게 된 이유가 중요함을 알아차려야 한다. 종훈이는 가정에서의 불화로 인하여 집을 나오게 된 것이고 끓어오르는 화를 친구들의 범법행위에서 대리만족을 통해 해소하고 있었기에 이와 관련하여 다루고자 한 것이다.

하지만 똑같이 친구의 범법행위 옆에 공모자로 있었다가 처벌을 받게 된 경우라도 그 이면의 상황은 다를 수 있다는 것을 간과해선 안 된다. 예를 들면, 집안이 부유하고 가정에서 드러나는 불화는 없으나 가족관계가 소원하여 친구관계에 몰두하는 내담자가 종훈이와 같이 처벌 상황에 놓인 경우, 가족 내 소외와 관련한 외로움 때문에 친구를 잃어버리고 혼자될 것에 대한 두려움으로 거절하지 못하고 함께 범법행위에 동원될 수밖에 없었던 마음을 다루어 주어야 한다.

이처럼 비자발적이고 문제행동을 통해 강제적으로 상담에 내방하게 된 내담자는 문제행동을 하게 되는 원인인 심리적 어려움을 다루어 주어야 반복되는 문제행동을 소멸할 수 있음을 잊지 말아야 한다.

!! 궁금해요!

✎ 내담자가 거짓보고를 하는 것 같은데 어떻게 해야 하나요?

- 강제적으로 상담에 의뢰된 비자발적인 내담자의 경우, 자신의 적대감을 온전히 드러내며 상담에 거부 의사를 표현하는 반면, 내면의 심리적 어려움이 마치 없는 것처럼 또는 상담을 통해 모두 다 해결이 된 것 같이 거짓말을 하는 경우가 있다.
- 상담자들은 여러 가지 정황을 통해 내담자가 거짓보고를 하고 있음을 확인하게 되는데, 이때 많은 초심상담자는 거짓보고의 사실 확인 여부에 초점을 두고 개입하는 모습이 자주 확인된다.
- 거짓보고의 사실 확인 여부보다 더 중요한 것은 내담자가 '왜 이러한 태도를 취하는 것이냐'이다. 그러므로 다음과 같은 사항을 점검해 볼 필요가 있다.

① 상담자가 내담자의 행동에만 초점을 두고 행동 수정을 하려고만 하지는 않았는가?
   → 라포가 형성되지 않아 상담자가 원하는 방향의 대답만 하고 빨리 상담을 종결하고자 할 수 있다.
② 내담자가 자신의 문제를 바라보는 시각이 어떠한가? 수치스럽거나 부끄럽다고 생각하고 있지는 않은가?
   → 자신의 치부를 감추기 위하여 이를 감추는 대처방법으로서 거짓보고를 할 수 있다.
③ 내담자가 상담자를 지금까지 경험해 온 어른들과 똑같이 인식하고 있지는 않은가?
   → 내담자의 문제행동에 대해 부정적인 인식과 다그침으로만 일관하는 양육을 받은 경우 상담자 역시 그럴 것이라는 인식을 가지고 거짓보고를 통해 상황을 회피하고자 할 수 있다.

- 내담자의 거짓보고도 하나의 문제행동이라고 보았을 때, 모든 문제 행동 이면에는 이유가 있음을 기억하고 그 이유에 초점을 두고 개입하는 것이 필요하다.

2. 상담자 또는 상담성과 불신 다루기

상담장면에서 종종 상담자 또는 상담성과를 불신하는 태도를 취하는 내담자를 만나곤 한다. 초심상담자는 경력이 짧고 경험이 부족하다는 점에서 자격과 관련하여 불신감을 표현하는 내담자를 만나면 쉽게 위축되는 경향이 있다. 뿐만 아니라 초심상담자의 패기로서 열정을 가지고 내담자를 돕고자 하나 내담자의 상담성과에 대한 냉소적이고 비관적인 태도로 인해 좌절하고 무력감을 느끼는 상황이 확인되기도 한다. 이렇듯 상담자의 자격 또는 상담의 성과를 불신하는 내담자로 인해 좌절하지 않고 안정적인 개입을 위한 방안을 살펴보고자 한다.

1) 자격증이나 학력을 요구하는 경우

초심상담자를 경력 3년 미만의 상담자로 본다면 3년 이내 자격증을 취득한 경우도 있지만 그렇지 않은 경우도 많이 있다. 특히 자격증 취득을 위한 수련 과정에서 상담을 하는 경우에는 학위 또는 자격증이 모두 없는 상태에서 내담자를 만나게 된다. 이때, 많은 초심상담자가 자신의 자격 관련 사항을 들킬까 두려워하며 내담자와 거리를 두게 되는 경우들이 발생한다. 이러한 태도는 상담관계에서 상담자를 위축되게 만들어 내담자에 대한 적극적인 개입과 몰입을 방해하게 되므로 보다 적절한 대처가 필요하다.

> **개입Tip**
>
> 수련기관에서 사전에 내담자가 어떤 상담자에게 상담을 받는지 알 수 있도록[1] 동의서 고지 및 각종 안내를 통해 고지하여 미연에 초심상담자의 불안을 낮출 수 있다.

초심상담자는 "내담자는 내가 실력이 부족하다는 것을 알면 실망하고 상담을 취소할 거야."라는 생각에 도둑이 제 발 저리듯 상담자의 자격 확인을 하는 내담자에 대해 위축감을 느끼지만 우리가 정말 관심을 두어야 하는 것은 "왜 이 내담자는 자격을 확인하고자 하는가?"이다. 내담자에게 중요한 것은 상담자의 자격 여부보다 '얼마나 신뢰할 수 있고 내담자의 어려움에 포기하지 않고 도와줄 것인지'에 대한 믿음일 것이다. 이러한 관점에서 내담자가 자격이나 학력을 요구하는 이유에 대해 다음과 같은 상황을 고려해 볼 수 있다.

- 그동안 대인관계에서 배신당한 경험으로 인해 전문자격이 있어야만 신뢰할 수 있다고 이해하고 있는 경우
- 자신의 어려움이 너무 커서 전문자격을 갖춘 사람이 아니면 해결할 수 없다고 생각하는 경우
- 어려움을 개방하는 것이 너무 힘들어 비밀이 보장되는 전문가에게만 이야기 하

---

1) 한국상담심리학회 상담심리사 윤리강령에 따르면 내담자의 권리와 의무가 고지되어 있으며 개인상담 사전 동의서 양식을 제공하고 있으니 참고하기 바란다.

고자하는 경우

이와 같은 사항을 염두에 두고 초심상담자는 자기 불안에서 비롯한 역전이에 빠지지 않고 개입하는 것이 필요하다. [그림 10-3]은 내담자가 자격 및 학력을 요구하였을 때의 개입 절차이다.

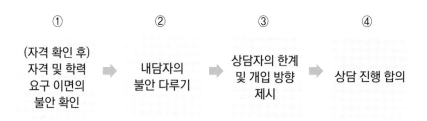

[그림 10-3] **자격증이나 학력을 요구하는 내담자 개입 과정**

상담자에게 자격증을 요구하는 27세 미경씨의 사례를 통해 적용과정을 살펴보자.

10-3 자격증을 요구하는 27세 미경씨의 사례	축어록 반응해설
내1: 선생님께서는 자격증이나 학위를 가지고 계신가요? ① 자격 및 학력 요구 이면의 불안 확인 — **상1:** 저의 자격증 보유 여부가 궁금하신가 보네요. 어떤 점에서 궁금하신지 여쭤봐도 될까요? **내2:** 선생님께서 자격증을 가지지 않고 제 문제를 해결해 줄 수 있는 능력이 되시나 걱정이 되어서요. ② 내담자의 불안 다루기 — **상2:** 제가 미경씨의 문제를 제대로 돕지 못할까 봐 걱정되시는 거군요. 특히 어떤 부분에서 걱정되시나요? **내3:** 사실 다른 사람들은 제가 힘들다는 이야기를 해도 잘 들어주지 않는 경우가 많았어요. 뭐 그런 걸 가지고 그러고 있나, 긍정적으로 생각해라 등등 이야기를 해 주지만 저에게는 전혀 도움이 되지 않았어요. 내 문제는 해결되지 않고 그대로이니 너무 힘든데 일반 사람들은 반응이 한결같더라구요. 그래도 자격을 갖춘 심리상담전문가라면 문제를 다른 방향으로 보시고 제 문제를 도와줄 수 있지 않을까 생각이 되어서 확인하고 싶었어요.	역전이에 빠지지 않고 내담자의 이유에 집중해야 한다. 내담자가 가진 불안을 공감하며 그 속의 불안을 구체화한다.

상3: 일반 사람들에게 미경씨의 어려움을 이야기했을 때 제대로 들어주지 않았던 경험들이 있으셨군요. 그래서 심리상담을 전문적으로 하는 사람이면 그들과 다를 것이라는 생각에 자격을 확인하고 싶으셨다는 말씀이시네요. 그 말씀은 **그들과 다른 시각으로 미경씨 문제를 해결할 수 있는 도움을 줄 수 있는 사람인지 확인하고 싶으시다는 것으로** 이해가 되는데 맞나요?

> 내담자가 상담자에게 자격을 확인하고자 하는 이유를 명료화한다.

내4: 네. 맞아요.

③ 상담자의 한계 및 개입방향 제시

상4: 그동안 여러 사람으로부터 그런 반응들을 받으시면서 실망감이 크셨을 것 같아요. 그래서 저의 자격 여부를 확인하시고자 하는 마음이 충분히 이해가 됩니다. 저는 현재 상담심리 전공 대학원 재학생으로 아직 학위나 자격증을 취득하지는 못한 상태입니다. 하지만 지속적인 지도 감독을 통해 상담의 적절성을 평가받고 있고 미경씨의 문제를 이전의 경험과 다르게 함께 대화를 나누며 적절한 개입방법을 찾아나갈 수 있다고 자신합니다. 어떠신가요?

> 내담자가 처음 요구한 자격증과 학위는 없으나 내담자가 원하는 바를 제공해 줄 수 있음을 제시하여 희망을 고취할 수 있다.

내5: 그러면 앞으로 저에게 어떻게 개입해 주실 수 있다는 말씀이신가요?

④ 상담 진행 합의

상5: 미경씨가 이전에 사람들로부터 어떤 반응을 받으셨는지 당시 미경씨가 원하셨던 반응은 무엇이었는지를 알고 그 과정에서 경험하신 상처를 돌보고자 합니다. 그리고 궁극적으로는 해결하고자 하는 문제의 원인과 대안을 찾을 수 있도록 도와드리는 거지요. 제 말에 조금은 신뢰가 생기시나요? 어떠세요?

> 내담자가 상담자의 자격을 요구했던 이유를 알아주고 앞으로의 상담 과정에 대해 안내한다.

내6: 네. 한번 해 보고 싶어요.

27세 미경씨의 사례에서는 상담자가 역전이에 빠지지 않고 온전히 내담자의 불안에 몰입하여 개입하는 방법을 보여 주고 있다. 여기서 상담자가 자격지심 또는 상담 거부에 대한 불안에 휩싸이게 된다면 자신의 자격에 대해 거짓보고를 하거나 내담자에게 다른 상담자를 소개하거나 자격증이 없어도 열심히 상담할 수 있음을 추상적으로 어필하게 되는 등 부적절한 개입을 할 수 있다. 항상 내담자의 보고나 행동, 요구에는 이유가 있음을 기억하고 그에 맞춘 개입을 해야 함을 명심하자.

2) 상담성과를 비관하는 경우

내담자 중에는 자발적으로 내방하였음에도 상담 결과나 성과에 대해 매우 비관적인 예측을 하며 부정적인 말을 끊임없이 쏟아 내는 내담자들이 있다. 이럴 때 초심상담자는 "도대체 왜 이 내담자는 상담에 오는 거지?" 하는 의구심과 답답함을 느끼게 된다. 그래서 내담자의 비관적이고 부정적인 말과 태도를 바꿔 보고자 부단한 노력을 하지만 태도가 바뀌지 않는 내담자를 보며 좌절과 허탈함을 느끼고 무력감에 빠지게 되기도 한다.

이와 같은 과정을 밟지 않기 위해서 중요하게 알아야 할 것은 내담자가 "왜 이렇게 상담결과를 비관적으로 볼 수밖에 없는가?"이다. 그럼에도 불구하고 자발적이든 비자발적이든 상담에 오는 것은 상담을 통한 실낱같은 희망적 결과를 기대하고 있음을 보여 주는 것이라 할 수 있다. 말로는 비관적인 결과를 예측한 것처럼 보이나 보이는 것 이면에는 상담에 대한 희망을 가지는 모순을 보이기도 한다. 이것은 내담자가 현재 어려움에서 벗어나고 싶지만 그동안 희망을 가져도 좋은 결과를 얻지 못했던 과거 수많은 좌절로 인하여 희망을 갖지 않고자 하는 자기 방어적 태도일 수 있다. 희망이 크면 좌절도 크다는 것을 일찌감치 경험한 내담자일수록 결과에 대해 비관적인 태도를 취할 가능성이 높다. 그러므로 이에 대한 개입으로는 내담자가 비관적인 태도를 취할 수밖에 없었던 과거 좌절 경험을 공감하고 개입하는 것이 필요하다. [그림10-4]는 이에 대한 개입 과정이다.

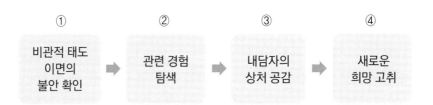

[그림 10-4] **상담성과를 비관하는 내담자 개입 과정**

앞의 과정을 상담성과에 대해 비관하는 33세 수현씨의 사례를 통해 적용방법을 알아보자.

10-4 상담성과를 비관하는 33세 수현씨의 사례	축어록 반응해설

① 비관적 태도 이면의 불안 확인

내1: 상담을 받는다고 달라질 건 아무것도 없다는 것을 알기 때문에 별로 상담에 대한 기대가 없어요.

상1: 아무것도 달라질 것이 없다는 것을 안다는 말은 기대했지만 달라지지 않았던 경험이 있으시다는 것으로 이해가 되네요. 어떻게 이런 생각을 하게 되셨나요?

> 내담자의 비관적인 태도에 걸리지 않고 내담자가 이런 태도를 취하는 이유를 개입해야 한다.

내2: 옛날에는 저도 대인관계를 잘해 보려고 이것저것 많이 시도해 봤던 것 같아요. 그런데 항상 결과가 같았어요. 늘 저를 이용하고 가치가 없어지면 버리는 식이었어요. 그래서 저는 사람을 믿지 않아요. 잘 대해 주면 호구로 생각하죠. 이용가치가 있을 때만 다가온다는 것을 알았어요. 상담 선생님도 어차피 상담자라는 직업 때문에 저를 도와야 돈을 받을 수 있으니 잘해 주시는 거잖아요.

> 내담자가 과거 경험을 투사하여 상담자에게 전이를 보이고 있다.

② 관련 경험 탐색

상2: 상담자 역시 돈 때문에 잘해 주는 것이라 믿을 수가 없고 기대를 하지 않는다는 말씀이군요. 이렇게 사람들에게 기대를 하지 않게 된 것은 언제부터인가요?

> 상담자가 역전이에 휘둘리지 않고 내담자에 몰입하여 전이를 유발한 과거 경험을 탐색해야 한다.

내3: 아예 기대를 버린 건 직장생활하면서 제 사수인 대리님이 저를 배신하면서부터인 거 같아요. 저는 낯가림이 심한 편이라 새로운 환경에 놓이면 많이 위축되는 편이에요. 그런데 그 대리님이 저를 잘 챙겨주셔서 많이 믿고 의지했었어요. 그래서 저도 대리님께 잘하려고 노력했구요. 그러던 어느 날 탕비실에 갔을 때 제 이야기를 하는 부서 사람들 소리가 들리더라구요. 그때 대리님이 저에 대한 말을 다른 사람들에게 하는 것을 들었어요. 제가 너무 어리버리하고 부족해서 자기한테까지 피해가 오고, 잘해 줬더니 너무 들러붙는다는 이야기를 하소연하듯이 하는 것을 들었어요. 그 순간 어떻게 그 자리를 벗어나서 일을 마무리하고 집에 갔는지 기억이 없어요. 세상이 무너지는 느낌을 받았고 그 뒤로는 사람을 아예 믿으면 안 되겠다는 생각을 하게 된 거죠.

상3: 충격이 컸을 것 같은데요! 내가 힘들 때 도와준 고마운 사람이라고 생각했는데 그게 아니라 자기가 피해를 받지 않기 위해 도왔고 게다가 수현씨가 너무 들러붙는다고까지 하니 그 순간 하늘이 무너지는 것 같았을 거예요.

> 내담자가 어떻게 좌절하였는지 명료화하면서 공감한다.

내4: 네. 결국 나를 생각해서 해 준 일들이 아니었던 거죠. 모든 사람은 다 자신의 이익만을 위해 행동하잖아요.

상4: 나를 생각해서 해 준 일이 아니었음에 실망했다는 말로 이해가
되는데 그 사수는 나에게 어떻게 생각해 줬으면 하는 마음이
있으셨나요?

> 내담자의 좌절된
> 욕구를 탐색한다.

내5: 딱히 저를 위해 뭘 해 주지 않아도 저를 정말 생각하는 사람이
있었으면 좋겠어요. 그냥 말 한마디를 해도 저를 이용하거나 자
기 이익을 위한 것이 아니라 정말 저를 생각해서 하는 말이요.
저에게 쓴소리를 하더라도 저를 생각해서 하는 말이면 저도 받
아들일 것 같아요. 그런데 그런 사람은 없더라구요.

③ 내담자의 상처
공감

상5: 수현씨 입장을 이해하고 생각해서 대해 주는 사람이면 믿을 수
있겠다는 말로 이해가 되는데 맞을까요? 관계 안에서 수현씨가
진정으로 이해받은 경험이 없다 보니 지금처럼 상담도 상담자
도 믿을 수가 없다는 생각을 가지게 되는 것에 충분히 공감이
됩니다. 수많은 좌절을 경험하시면서 너무 지쳐서 더 이상 상처
받고 싶지 않은 마음도 드실 것 같아요.

> 내담자가 왜 상담
> 을 믿을 수 없는지
> 내담자의 입장에
> 서 이해한 바를 반
> 영하며 공감한다.
> 이는 내담자가 궁
> 극적으로 대인관
> 계에서 바랐던 것
> 을 제공해 주는
> 것이므로 신뢰감
> 을 줄 수 있다.

내6: 맞아요. 저는 이제 지칠 대로 지쳐서 더 이상 어떤 노력도 하고
싶지 않아요. 상담도 기대는 안 해요. 단지 털어놓을 곳이 없어
서 오는 것뿐이에요.

상6: 그 이유만으로도 충분히 상담을 할 수 있는 기회가 된다면 그
렇게 오셔서 누구에게도 털어놓지 못하는 이야기를 털어놓으시
면 됩니다. 상담은 그렇게 수현씨가 털어놓지 못한 이야기를 뱉
어 내기만 해도 효과가 있으니 이미 상담을 받으실 이유와 조
건이 충분하시네요.

내7: 털어놓기만 해도 좋아진다는 말인가요?

④ 새로운 희망 고취

상7: 그동안 해 왔던 방식대로 눈치보고 적당히 가리면서 이야기하
는 것이 아니라 수현씨가 느끼는 그대로를 솔직하고 당당하게
표현하면 그것만으로도 수현씨의 어려움이 한결 가벼워지고 생
활을 적응적으로 해 나가실 수 있을 거예요. 상담을 통해 그런
과정을 수현씨가 경험해 보았으면 하는데 어떠세요?

> 내담자가 그동안
> 노력해 왔던 것
> 과 달리 다른 노
> 력을 통해 충분
> 히 도움받을 수
> 있음을 전달한다.

내8: 밑져야 본전이라 생각하고 한번 해 볼게요.

수현씨의 사례를 보면 상담자를 믿지 않는다고 하는 말 이면에 그동안 사람들에게
어떤 기대를 가졌고 이것이 어떻게 좌절되었기에 상담자에게 이러한 말을 하게 됐는
지 잘 드러나고 있다. 이를 상담자가 공감적으로 반영하고 내담자의 마음을 깊이 이해
하는 반응을 보임으로서 상담의 동기가 부여되고 의지를 북돋고 있음을 알 수 있다.

이처럼 내담자는 수많은 시행착오를 경험하며 어려움에서 벗어나기 위한 노력들을 하게 된다. 그로 인해 내담자는 수많은 좌절을 경험하고 같은 고통을 더 이상 경험하고 싶지 않은 마음에서 상담에 대한 기대를 버리는 것이다. 반면에, 기대하지 않지만 현재 놓여 있는 고통에서는 벗어나고자 하는 절박함으로 상담에 오게 된다. 이러한 내담자의 마음을 공감하고 그동안의 노력과 그 과정에서의 고통을 공감하였을 때 신뢰감이 형성된다. 그동안 내담자가 노력해 왔던 방법과 다른 방법을 통해 고통에서 벗어날 수 있음을 전달하면 내담자는 다시 한번 시작할 수 있는 용기를 낼 수 있게 된다.

그러므로 비관적인 말과 행동을 취하는 내담자의 태도에 집중하기보다 그렇게 행동하게 되는 내담자의 심정을 알아차릴 수 있어야 한다. 결국, 상담이 효과적인 개입이 되기 위해서는 태도를 수정하거나 교정하려는 개입보다 그 이면의 아픔과 상처를 개입했을 때 자연스럽게 행동은 바뀌게 됨을 기억해야 한다.

‼️ 궁금해요!

✎ 상담자의 역전이 어떻게 점검해야 하나요?

앞서 상담자의 자격을 요구하거나 상담성과를 불신하는 사례를 보았다. 이때 상담자는 상담자의 역전이로 인해 내담자의 문제에 몰두하지 못하고 엉뚱한 개입을 하게 되는 경우가 자주 발생한다. 그렇다면 상담자의 역전이는 어떻게 알아차리고 어떻게 점검을 해야 할까? 다음과 같이 해 보자.

① 내담자의 반응에 나는 어떤 생각과 느낌이 드는가?

→ 상담자들은 내담자의 비언어적 표현에서 투사된 생각과 느낌을 가지게 된다. 예를 들면, 어떤 질문을 하였을 때 표정이 일그러지거나 한숨을 쉬는 등의 반응이 보이면 '내가 내담자를 불편하게 만들었나?' 하는 생각에 내담자가 상담에 더 이상 오지 않을 것에 대한 불안으로 초조하거나 긴장을 느끼곤 한다. 상담자가 추측한 내담자의 상태는 상담자가 투사하여 잘못 인지했을 가능성을 가지므로 어떤 단서를 가지고 혼자만의 생각으로 추측하여 행동하기보다 내담자에게 "지금 제 질문을 받고 어떠셨어요?"하고 직접 확인하는 것이 필요하다.

② 내담자가 원하는 것과 상담자가 개입하고자 하는 것이 일치하는가?

→ 상담은 내담자의 자아강도와 현재 기능 수준, 처해진 상황들을 고려하여 개입이 필요하다. 예를 들어, 어머니에 대한 적개심을 표현이 어려운 자아강도가 낮은 내담자에게 무

리하게 표현을 요구하고 있지는 않은지 등을 점검할 수 있어야 한다. 그러므로 현재 내담자의 수준을 다각적으로 평가하는 것이 필요하다.

③ 특별히 마음이 쓰이거나 거리를 두고 싶은 내담자가 있는가?

→ 내담자의 특정 행동이나 태도에서 상담자가 자극받은 것이 무엇이기에 다른 내담자와 달리 도움을 주고자 하는 마음이 높아지는지 또는 멀리하고 싶은지를 알아차려야 한다. 상담자 역시 내담자로부터 자신의 상처를 투사해서 돕고 싶은 마음이 들거나 주된 양육자로부터 받았던 분노를 경험하며 내담자를 멀리하고자 하는 마음이 생길 수 있으므로 내담자에 대한 상담자의 마음을 상시적으로 점검하는 것이 필요하다.

이와 같은 점검이 상담장면에서 즉각적으로 이루어져야 하지만 첫술에 배가 부를 수 없다. 천 리 길도 한 걸음부터라 했으니 차차 자신의 역전이를 알아차리는 시간을 좁혀 가는 데 주안점을 두고 시도하는 것이 필요하다.

3. 증상 속 핵심문제 찾기

상담을 시작한 지 얼마 되지 않은 초심상담자일수록 내담자가 호소하는 문제 속에서 심리적 어려움을 찾아 개입하는 것에 어려움을 느낀다. 열악한 외부 환경에 놓여 있어 환경의 변화 없이 자신이 안정을 찾을 수 없을 것이라 호소하는 내담자에게 환경 변화를 꾀할 수 있도록 돕거나 지금 당장 놓인 상황에서 어려움을 급박하게 해소할 수 있기를 바라는 내담자에게 행동수정에 초점을 두고 개입하는 경우 급한 불은 끌 수 있다. 하지만 문제를 발생시키는 근본 원인을 다루지 않아 흔히 다시 어려움을 경험하게 된다. 그러므로 내담자의 증상 속에 숨겨진 핵심문제를 찾아 상담으로 근본적인 해결의 시발점을 찾기 위해서 어떤 개입이 필요한지 알아보자.

1) 외부상황변화를 기대하며 고충을 호소하는 경우

어린 시절부터 지속적으로 환경적 어려움을 경험한 내담자일수록 그 과정에서 자신만의 상황 대처방식을 터득하게 된다. 이것이 기능적으로 작용할수록 강화가 되고 더욱 견고한 대처방식으로 굳혀지는데 이렇게 되었을 경우 더 이상 그렇게 하지 않아

도 되는 순간임에도 자신이 해 오던 역할 또는 태도를 취하지 않으면 불안을 느끼게
된다.

이때 상담자는 내담자가 현재 자신이 취하고 있는 대처방식이 어떠한지 자각하고
이러한 방법을 선택할 수밖에 없었던 이유를 과거 경험에서 찾도록 도와야 한다. 그리
고 현재 상황에서도 같은 방식으로 대처하는 것이 적절한지에 대한 평가와 통찰을 통
해 새로운 대안을 찾는 방향으로 개입이 되어야 한다. 이러한 과정을 도식화하면 [그림
10-5]와 같다.

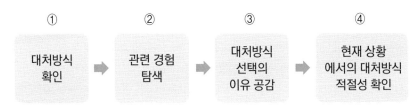

[그림 10-5] **외부상황변화를 기대하는 내담자 개입 과정**

다음은 부모님의 갈등 사이에서 고충을 호소하는 45세 현정씨의 사례이다. 이 사례
를 통해 개입과정을 어떻게 적용할 수 있는지 살펴보자.

10-5 부모님의 갈등 사이에서 고충을 호소하는 45세 현정씨의 사례	축어록 반응해설
내1: 저는 지금 결혼해서 친정 부모님과 따로 살고 있어요. 그런데 친정 부모님이 자주 싸우세요. 그러면 부모님이 저를 껴서 소통을 하려고 하세요. 어머니가 전화로 "네 아빠가 OOO했으니 니가 좀 말려라."라고 하시거나 아버지가 전화로 "나는 네 엄마 안 본다. 너네 알아서 해라."라는 식으로 말씀하세요. 그런데 저는 멀리 떨어져 있으니 어떻게 개입이 어려워요. 그런데도 계속 연락을 해서 하소연들을 하시니 정말 답답해서 미칠 것 같아요. 두 분이 좀 사이좋게 지내시라고 그렇게 말씀을 드리는데도 통하지가 않아요. 저는 나와서 잘 지내고 있어요. 그래서 부모님만 잘 지내시면 걱정이 없을 것 같은데 도통 사이가 좋아지시질 않으니 어떻게 해야 할지 모르겠어요.	
① 대처방식 확인 ── **상1:** 난처하시겠어요. 그럴 때는 어떻게 대처하세요?	

내2: 최대한 두 분이 화해하실 수 있게 중재하는 편이에요. 그런데 최근에는 너무 지치더라구요. 제 일이랑 살림하고 신랑 챙기고 하는 일만 해도 버거운데 언제까지 내가 이렇게 중간에서 이러고 있어야 하나…… 너무 힘드네요…… 다 놔 버리고 싶을 때도 많아요.

② 관련 경험 탐색

상2: 지금 내 상황만으로도 충분히 버거운데 부모님 중재자 역할까지 하시느라 힘드시다는 말씀이시네요. 너무 힘드실 것 같아요. 언제부터 그런 중재자 역할을 하셨나요?

> 내담자의 고통을 충분히 공감하면서 탐색한다.

내3: 아주 어릴 때부터였던 것 같아요. 부모님께서 제가 태어난 뒤 얼마 안 되었을 때부터 안 맞으셔서 되게 많이 싸우셨다고 들었어요. 늘 부모님 사이에서 어쩔 줄 몰라 하는 제가 기억이 나요. 눈치를 보면서 어떻게든 부모님 기분을 좋게 만들려고 애교도 부려 보고 최대한 기분 거스르는 일 안 하려고 했었어요.

상3: 어떤 심정으로 그렇게 하셨던 것 같으세요?

> 내담자가 이러한 대처방법을 선택한 이유를 찾는다.

내4: 지금 부모님이 싸우셔서 사이가 나빠지면 큰일이 날 것 같았어요.

상4: 어떻게 큰일이 날 것 같던가요?

> 내담자가 궁극적으로 두려워하는 상황을 확인한다.

내5: 뭔가…… 가정이 무너질 것 같은…… 내가 딛고 서 있는 이 공간이 모두 무너지고 사라질 것 같은 느낌…… 막막하고 공포스러웠어요. 부모님이 안 계시면 나는 누가 돌봐 주나……

③ 대처방식 선택의 이유 공감

상5: 부모님 사이가 틀어지면 누가 나를 돌봐 줄까 하는 걱정이 마치 모든 것이 무너지고 사라질 것처럼 무서웠군요.

> 내담자의 절박했던 심정을 공감한다.

내6: 네. 너무…… 너무 무서웠어요. 그래서 어떻게든 부모님께서 화해하실 수 있게 애썼던 것 같아요.

상6: 그동안 그렇게 나를 돌봐줄 사람이 없을 것 같은 공포심에 중재자 역할을 해 오셨던 거네요. 지금 성인이 되어서 결혼도 한 상황인데 부모님이 현정씨를 돌봐 주셔야 하는가요?

> 과거의 상황과 지금의 상황을 비교해서 생각할 수 있도록 질문한다.

내7: 아…… 아니요. 제 생활하는 것만으로도 버거운 상태예요. 그런데 부모님께서 싸우실 때면 항상 제가 나서서 해결해야 할 것 같아요.

④ 현재 상황에서의 대처방식 적절성 확인

상7: 지금은 그런 역할을 하지 않아도 되는데 그래야만 할 것 같은 느낌을 받으신다는 거군요.

> 현재 심리적 어려움이 결국 나의 마음의 문제였다는 것을 반영한다.

내8: 그렇네요. 저는 제가 계속 이 역할을 해야 된다고만 생각해 왔던 것 같아요.

> **상8:** 지금 상황에서는 더 이상 하지 않아도 되는 역할을 유지하는
> 데에는 어릴 적 공포심이 해소가 되지 않아 비슷한 상황에서
> 자극을 주니 마치 그날의 내가 된 것처럼 같은 방법으로 애를
> 쓰고 계시네요. 상담을 통해서는 어릴 때 받았던 고통을 해소해 ── 앞으로 상담방향
> 나가시면 현재 상황을 버티실 수가 있으실 거예요.　　　　에서 무엇을 다
> 루게 될 것인지
> **내9:** 아…… 그랬으면 좋겠어요. 그렇게 해 보고 싶어요.　　　를 명료화한다.

　　현정씨는 부모님들께서 사이가 좋으시면 자신의 심리적 어려움이 모두 사라질 것이
라 생각하며 자기내부의 문제가 아니라 외적환경(부모님의 갈등 상황)때문에 어려움을
겪는다고 인식하고 있었다. 하지만 결국 그것은 어린 시절 공포심에서 비롯된 왜곡된
생각임을 상담을 통해 알게 되었다.

　　이렇듯 많은 내담자가 자신의 현실상황에 맞지 않는 대처를 하고 있음에도 그것을
알아차리지 못하고 내면의 문제를 마치 외부상황으로 인한 어려움으로 인식하며 고통
을 호소하는 경우가 많다. 이렇듯 문제의 핵심을 알아차리지 못하는 내담자가 외부 환
경 또는 상황의 변화를 바랄 때 다루어야 할 것으로 내면의 심리적 어려움을 잊어서는
안 된다.

2) 긴급하게 불안증상 해소를 요구하는 경우

　　어느 내담자는 급박한 상황에 놓여 있음을 호소하며 지금 당장 자신의 어려움을 해
소해 주길 요청하는 경우가 있다. 이때 초심상담자 역시 내담자의 이러한 태도에 함께
동조하여 초조하고 긴급하게 내담자의 요구를 들어주어야만 할 것 같은 느낌에 핵심문
제를 놓치고 문제 증상을 완화하기 위한 개입을 하곤 한다.

　　하지만 이렇게 개입되었을 때 당장은 문제가 해결되는 듯 보이나 같은 상황이 반복
되면 다시금 증상이 발현되게 된다. 이렇듯 반복적인 증상 발현을 막기 위해서는 문제
의 근본인 핵심을 찾아 개입하는 것이 중요하다. 이를 위하여 증상 이면의 핵심문제를
찾아 나가는 과정을 도식화하면 [그림10-6]과 같다.

[그림 10-6]   긴급하게 불안 증상을 해소를 요구하는 내담자 개입 과정

다음은 시험불안을 호소하는 24세 대학생 지훈씨의 사례이다. 이를 통해 개입 과정을 어떻게 적용할 수 있는지 살펴보자.

10-6 시험불안을 호소하는 24세 대학생 지훈씨의 사례	축어록 반응해설
내1: 기말 시험이 일주일 남았는데 중간고사 때처럼 성적을 망치게 될까 봐 너무 너무 두려워요. 시험 날짜가 다가올수록 점점 그 생각이 더 많이 드니까 정작 공부를 하려고 자리에 앉아도 집중이 되지 않고 잡생각에 시간만 허비하게 되요. 그러면 또 시간을 허비했다는 생각에 더 불안해지고 초조해서 잠도 안 오고 어떻게 해야 할지 모르겠어요.	
① 불안이 의미하는 파국적 결과 확인 **상1:** 저런……. 시험을 잘 치고 싶은 마음이 있는데 망칠 것에 대한 두려움 때문에 오히려 더 집중이 되지 않는다는 말씀이시군요. 너무 초조하고 긴장되실 것 같아요. 시험을 망쳤을 때 어떤 결과를 마주할까 봐 두려우신가요?	
내2: 시험을 망치면 성적을 잘 못 받게 될 것이고 성적이 안 나오면 취업에 지장이 가잖아요. 지금 3학년인데 1, 2학년 때 성적이 생각만큼 나오지 않아서 지금 만회를 해야 되는 상황이거든요. 그런데 지금 이러고 있으니 너무 속상하고 막막해요.	
상2: 지금 만회해야 되는데 생각대로 되지 않으니 막막하시군요. 취업을 못하게 되면 어떤 상황이 되기에 걱정이 되나요?	내담자가 가장 두려워하는 최종적인 결과까지 탐색해 나간다.
내3: 제가 장남이거든요. 밑에 연년생 동생이 둘이나 있어요. 그래서 부모님이 제가 앞길을 잘 잡아야 동생들이 따라서 잘될 수 있다고 모범을 보이라는 말씀을 자주 하셨어요. 그런데 제가 취업을 변변찮게 하면 부모님께서 실망하실 것 같아요.	
상3: 그러면 시험을 앞두고 불안하신 것은 결국 부모님께 실망을 끼쳐드릴 것이 두려우시다는 말씀이시네요.	피상적이던 불안의 정체를 구체화한다.

내4: 아…… 네. 그렇죠.

② 파국적 결과의 의미 탐색

상4: 부모님께 실망을 끼쳐드리는 것은 나에게는 어떤 의미인가요?

내5: 저는 어릴 때부터 부모님께 "네가 집안을 세워야 한다. 네가 동생들 잘 챙겨야 한다." 같은 말씀을 많이 들었어요. 그 말씀이 부담되어서 짜증도 내 보고 반항도 해 봤는데 부모님께서는 그때마다 차갑게 저를 외면하시고 다그치셨어요. 그래서 부모님 말씀대로 하지 않고 실망을 끼쳐 드리면 부모님께서 저를 차갑게 외면하실 것 같아요.

상5: 어릴 때 부모님께서 요구하신 대로 하지 않고 실망을 끼쳐드렸을 때 돌아왔던 부모님의 반응이 너무 상처가 되신 것 같네요.

내6: 네…… 그 눈빛이 잊히질 않아요. 너무 무섭고…… 부모님께 버림받은 것처럼 절망스러웠어요.

③ 핵심문제 명료화

상6: 지금 시험을 앞두고 불안하신 것은 <mark>어린 시절의 버림받은 것 같은 절망감이 반복될 것이 두렵기 때문이시군요.</mark>

> 현재 증상과 과거 고통을 연관시켜 상담의 방향을 명료화한다.

내7: 그런 것 같아요. 그래서 시험 성적에 그렇게 목을 매게 되는 것 같아요.

상7: 그러면 상담을 통해서 버림받은 것 같은 절망감만 잘 해소가 되어도 시험 전 불안은 많이 줄어드실 거예요. 어떠세요?

내8: 지금 당장 시험을 앞두고 있는데 어쩌죠?

상8: <mark>이번에 시험을 망치면 부모님께 버림을 받으시나요?</mark>

> 비현실적 불안을 현실상황에 대입하여 질문한다.

내9: 아…… 아니죠.

④ 상담구조화에 따른 상담목표 합의

상9: 지금 경험하는 불안은 어린 시절 부모님으로부터 버림받은 것 같은 절망감을 다시 느끼게 될 것이 두려워서 이 같은 감정을 다시 반복하지 않기 위해 생기는 것이라고 할 수 있어요. 그렇기 때문에 <mark>막상 시험을 망친다고 해서 부모님께 버림받지 않음을 계속 떠올리며 시험은 할 수 있는 만큼 최선을 다해 보자 마음먹어 보면 어떨까요?</mark> 그리고 혹시나 시험을 망치고 나서 또 다시 절망감이 들면 상담에 와서 함께 이야기 나누면서 해소해 나가면 됩니다.

> 내담자가 불안을 느끼는 것은 허상임을 제시하고 상담자 역시 현실에서는 과도한 시도를 요구하지 않아야 내담자가 편안한 마음으로 시험에 임할 수 있다.

내10: 그렇게 말씀해 주시니 좀 안심이 되는 것 같아요. 감사합니다.

대학생 지훈씨는 시험을 앞두고 불안을 호소한다. 하지만 그 불안에만 휩싸여 왜 그런 불안을 느끼고 있었는지를 알지 못하여 이를 조절하지 못하고 있었던 것을 알 수 있다. 그 이유를 확인하기 위해서는 내담자가 궁극적으로 두려워하는 파국적인 결과가 무엇인지 드러나도록 하고, 그것이 내담자에게 어떤 의미인지 확인함으로서 핵심문제를 명료화할 필요가 있다. 이러한 과정을 통해 지훈 역시도 자신의 불안에 대해 객관적으로 볼 수 있게 되고 지금의 상황이 심리적 불안에 기인한 것이지 현실적 어려움이 아니라는 것을 깨닫고 상담에 대한 의지가 높아질 수 있음을 확인하였다.

항상 상담을 하면서 상담자가 조심해야 할 것은 당위적 사고이다. 여기서 말하는 당위적 사고란 내담자가 놓인 상황에서의 고통을 당연하게 생각하는 것을 말한다. 예를 들어, 시험을 앞두고 불안을 호소하면 많은 초심상담자는 '시험을 앞두면 당연히 불안하다.'라는 생각을 하게 된다. 그래서 그러한 불안을 유발하게 된 핵심문제를 찾을 생각을 하지 못하고 증상을 완화하기 위한 "공부 전 5분 명상하기"와 같은 행동지침을 주며 한시적인 효과에 초점을 둔 개입만 하게 된다.

내담자가 보이는 모든 증상은 이유가 있으며 이것은 어떤 원인에 따른 결과(증상)이므로 결과에 대한 개입보다 원인에 대한 개입(즉, 핵심문제에 대한 개입)이 근본적인 개입이 됨을 항상 상기하면서 상담에 임해야 한다. 단순한 문제 행동 완화만을 위한 개입은 궁극적으론 증상의 재발을 보이게 되므로 원인 극복을 위한 핵심문제 탐색이 선행되어야 함을 기억하자.

!! 궁금해요!

✎ 핵심문제 개입을 위한 지지치료와 통찰치료, 어떻게 다른가요?

– 문제증상의 재발을 방지하기 위해선 문제의 근본을 치료할 수 있어야 한다. 하지만 내담자의 현재 수준과 요구에 따라 상담의 개입 방법을 달리해야 한다. 이러한 관점에서 지지치료와 통찰치료를 알아보자.

① 내담자의 자아강도가 약할 때
→ 지지치료: 내담자가 바라는 애정욕구가 충족될 수 있도록 지지적으로 개입하며 자아강도를 높일 수 있도록 개입
② 내담자의 자아강도가 보통 이상일 때
→ 통찰치료: 내담자가 반복적으로 행하고 있는 부적응 대처의 의미와 적개심을 자각하여 현실에 맞는 새로운 대처방식을 찾을 수 있도록 개입

– 통찰치료는 내담자가 그동안 억압해 왔던 자신의 적개심을 직면해야 하므로 상당한 고통을 수반할 수 있다. 때때로 자아강도가 약한 내담자에게 통찰치료를 적용하였을 때

중도탈락하기도 한다. 그러므로 내담자의 핵심문제를 확인하는 것과 함께 내담자의 수준을 평가하여 그에 맞는 개입을 하는 것이 필요하다.

– 궁극적으로는 통찰치료가 되어야 핵심문제에서 벗어날 수 있으므로 자아강도에 따라 지지치료를 시작으로 통찰치료로 이어지는 개입을 하는 것이 바람직하다.

지금까지 상담 초기에 경험할 수 있는 다양한 상황별 개입에 대하여 알아보았다. 상담 초기에는 라포 형성과 앞으로 상담이 어떤 방향으로 무엇을 위하여 어떻게 진행될 것인지에 대한 상담 진행 과정과 개입에 대한 구조화가 매우 중요함을 확인하였을 것이다. 실제 상담장면에서는 더 많은 상황과 사례가 존재할 수 있다. 하지만 그 모든 상황과 사례의 핵심은 다르지 않다. 비자발적인 내담자에게는 외면되었던 내담자의 심리적 어려움을 공감하고 의식화할 수 있도록 도와주고 상담자 또는 상담성과를 불신하는 내담자에게는 그러한 태도를 취할 수밖에 없는 이유를 공감해 주는 것이 필수적이다. 그리고 표면적 증상 이면의 핵심문제를 찾음으로서 상담의 방향을 헤매지 않고 내담자에 맞는 개입이 가능하다. 실제 상담면접 장면에서 이를 잊지 않고 적용할 수 있기를 기대한다.

!! **초심상담자 경희씨의 고민**

의뢰자 관리, 어떻게 해야 할까요?

이 사례는 상담자 경희씨가 제3자로부터 의뢰된 비자발적인 내담자를 상담하면서 겪은 어려움에 대한 고민이다. 내담자에 대한 개입은 적절하다고 생각하였으나 의뢰자가 상담에 대한 불만을 보고하며 중도탈락하게 되면서 왜 이러한 상황이 되었는가에 대해 고민하게 되었다.

경희씨는 중대범죄를 저지른 후 학교의 의뢰로 고등학생 찬혁이를 상담하게 되었다. 법원 판결을 받기 전 평소 비행을 일체 저지르지 않던 내담자를 선처받기 위하여 학교에서 상담기관으로 상담을 의뢰한 경우였다. 찬혁이는 첫 방문 시 아버지와 함께 내방하였는데 다소 경직되고 눈 마주침을 하지 않으며 몸을 웅크린 모습이 잔뜩 긴장하고 불안한 기색이었다.

경희씨는 그동안 비행 한번 한 적 없는 찬혁이가 어떻게 이런 중대범죄까지 저지르게 되었는지에 대한 경위를 확인하며 그 속에 부모님의 이혼으로 인한 분노가 자리하고 있음을 확인하였다. 그로 인해 내담자가 그 과정에서 받았던 심리적 어려움을 해소하지 못하고 억압해 오다 어느 날 할머니의 잔소리에 자극받아 충동적으로 범죄를 저지르게 되었음을 알게 되었다. 경희씨는 찬혁이에게 어떻게 분노가 생기게 되었는지, 그것을 왜 억압할 수밖에 없었는지를 상담을 통해 물으며 찬혁이의 마음을 공감할 수 있었다. 찬혁이는 그 누구에게도 그동안 쌓아 왔던 자신의 분노를 이야기해본 적이 없던 터라 상담을 통해 큰 위안을 얻었노라 보고하였다. 이러한 찬혁이의 보고는 경희씨로 하여금 찬혁이와 라포가 잘 형성되었다고 믿게 되었다.

상담을 몇 회 진행한 어느 날 경희씨는 찬혁이로부터 상담을 더 이상 받을 수 없게 되었다는 연락을 받게 되었다. 이유인즉슨, 찬혁이의 아버지가 상담에 가서 가정사를 이야기하는 것은 부끄러운 일이며 상담 따위는 전혀 도움이 되지 않는다며 반대를 했다는 것이다. 그제서야 경희씨는 찬혁이 외 의뢰자와 부모에 대한 개입이 미흡했음을 깨닫고 아버지와 면담을 진행하였으나 아버지는 이미 상담자에게 자신의 치부가 드러났다는 느낌에 마음을 열지 않았고 더 이상 내담자를 상담에 보내지 않게 되어 경희씨는 찬혁이와의 상담을 조기종결하기에 이르렀다.

경희씨는 찬혁이와의 상담 과정에서 왜 의뢰자와 부모에 대한 개입을 하지 못했는지를 성찰해 보았다. 분명 교육을 받을 때는 의뢰자가 바라는 것과 부모에 대한 개입은 내담자에 대한 개입만큼 중요하다는 것을 배웠던 터였다. 추후 경희씨는 권위자에 대한 공포를 가지고 있었는데 이를 깨닫지 못함으로서 개입이 필요한 때에 자신에게 권위자로 다가오는 학교와 부모에 대한 개입을 무의식적으로 거부한 것이었음을 깨닫게 되었다.

의뢰자나 부모에게 내담자의 상담내용을 전달하는 것은 상담윤리에 어긋나지만 내담자를 어떻게 평가하였고 어떤 도움이 필요하며 어떻게 개입해 나갈 것인지에 대한 상담구조화를 하고 그 과정에서 어떻게 의뢰자(또는 부모)와 협력관계를 이어 나갈 것인지에 대한 개입이 필요하다. 하지만 때때로 경희씨의 사례처럼 상담자들 중에는 자신의 역전이에 가려져 이러한 개입을 놓치게 되는 경우가 생기곤 한다. 그러므로 상담자는 항상 자신의 상담을 점검하고 놓치고 있는 것은 없는지, 역전이에 빠져 있지는 않은지 지속적인 성찰이 필요하다.

상담 중기에 겪을 수 있는 상황별 개입
– 저항 다루기

상담 중기에는 본격적인 치료적 개입이 시작되는 단계로서 변화를 두려워하는 내담자의 다양한 저항과 마주하게 된다. 제9장을 통해 내담자의 저항이 왜 생기는 것인지와 저항의 양상 및 이를 다루는 법에 대해 알아보았다. 이 장에서는 중기에서 나타날 수 있는 보다 구체적인 상황별 개입에 대하여 알아보고자 한다.

제11장 한눈에 보기

1 적절한 감정표현 돕기
– 감정 표현 및 정화

- 잘 모르겠다고 표현하는 경우
- 감정적 반응 없이 보고하는 경우

2 불성실한 태도 다루기
– 무의식적 저항의 치료적 개입

- 침묵하거나 화제를 전환하는 경우
- 지각 및 결석, 자주 시간을 변경하는 경우

3 내담자의 핵심문제에
따른 전이 다루기

- 상담자에게 인정받고자 하는 경우
- 분노하고 상담자를 탓하는 경우

제11장 들어가기 전에……

상담 중기에 중요한 다음 사항에 대해 생각해 보자.

💬 감정표현이 어려운 내담자에게 어떻게 개입해야 할까?

💬 상담에 성실히 참여하지 않는 내담자의 이유는 무엇일까?

💬 내담자의 전이는 어떻게 다루어야 할까?

1. 적절한 감정표현 돕기

감정을 많이 억압해 오던 사람들은 자신의 감정에 대해 알아차림이 어려운 경우가 많다. 어린 시절 자신의 부정적 감정을 갖고 있었을 때 해소의 경험보다 좌절되거나 농락당하고 업신여겨졌다면 억압하는 방법을 취하게 된다. 그러면 상담 중에 중요하게 다루어야 하는 감정을 연상하기가 쉽지 않다. 특히 감정을 억압하고 부인하는 방어기제를 사용하던 내담자는 자신이 감정을 드러내었을 때의 좋지 않았던 경험으로 인하여 감정을 드러내지 않으려 저항을 보일 수 있다. 상담은 무의식 깊은 곳에 숨겨진 내담자의 중요한 감정이 서서히 의식화되어 나타날 수 있도록 질문해 주고 자각 수준을 높이는 것이 매우 중요한 개입이 될 수 있다. 다음을 통해 이를 배워 보자.

1) 잘 모르겠다고 표현하는 경우

상담장면에서 초심상담자들이 가장 말문이 '턱' 하고 막히는 순간이 아마 내담자들이 "잘 모르겠다."라고 보고할 때일 것이다. 초심상담자는 내담자가 스스로 상담을 주도할 수 있도록 질문하는 기술이 부족하여 내담자의 입에서 더 이상 이야기가 이어지지 않는 순간 정말 진땀을 흘리게 된다. 이때 상담자는 당황하지 않고 다음과 같은 사항을 살피며 개입할 수 있다.

- 전혀 생각해 본 적이 없어서 느낌이 없다고 보고할 수 있다.
- 특정 대상에 대한 감정을 억압한 경우일 수 있다.
- 말로 설명이 어려운 복잡한 감정일 수 있다.
- 상담자에 대한 전이감정으로 표현이 어려울 수 있다.

감정을 거의 알아차리지 않고 무감각하게 지내 오던 사람은 감정에 대해 물으면 전혀 느껴지는 바가 없어서 잘 모르겠다고 보고하기도 한다. 또한 다른 감정에 있어서는 잘 이야기를 하다가 특정 대상에 대해서만 감정을 알아차림이 어려운 경우는 그 대상과의 갈등을 의미하기도 한다. 때로는 감정이 느껴지지만 말로 표현을 해 본 적이 없어 뭐라 명명하기 어려운 복잡함으로 인해 표현이 어려운 경우도 있다. 이와 달리 부정적 감정에 대한 죄책감을 감추고 도덕적인 모습으로 비춰지고 싶은 전이로 인해 상담자의 앞에서 표현이 어려운 경우도 있다. 이렇듯 상담장면에서 내담자는 자신만의 이유로 표현이 어려울 수 있다. 이에 대한 개입을 위하여 [그림11-1]과 같은 단계를 거칠 수 있다.

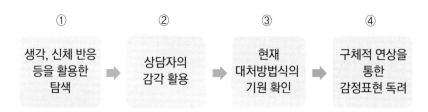

[그림 11-1] 상담장면에서 '잘 모르겠다'고 보고하는 내담자 개입 과정

내담자가 "잘 모르겠다."라고 호소할 경우, 상담자는 감정에만 초점하기보다 내담자의 생각이나 신체 반응을 통해 당시 상황을 연상시킬 수 있다. 그 과정에서 내담자의 생각이나 신체적 반응을 통해 상담자가 느껴지는 바를 전달하면서 내담자가 저항하며 드러내지 않는 감정을 자연스럽게 떠오르도록 개입할 수 있다. 그러면 왜 지금까지 이러한 감정을 억압할 수밖에 없었는지에 대한 탐색과 그 속의 숨겨진 감정을 구체적으로 연상하고 상담을 통해 표현해 봄으로서 교정적 정서체험을 도와 표현을 독려할 수 있다.

다음은 앞의 개입 과정 단계를 적용한 25세 취업준비생 민서씨의 사례이다. "잘 모르겠다."라고 보고하는 내담자에 대한 개입을 살펴보자.

11-1 질문에 "잘 모르겠다."라고 보고하는 25세 취업준비생 민서씨의 사례	축어록 반응해설
상1: 어머니가 "네가 알아서 해야지. 언제까지 내가 챙겨줘야 하니?"라고 말씀하셨을 때 어떠셨나요? **내1:** 글쎄요. 잘 모르겠어요. 그냥 아무 느낌 없었어요. **상2:** 그렇군요. 그러면 어떤 생각이 드셨나요? **내2:** '제대로 챙겨 준 적도 없으면서 왜 저딴 식으로 이야기하지?'라는 생각은 했죠.	느낌은 없어도 들었던 생각이 있을 수 있다.

① 생각, 신체 반응 등을 활용한 탐색

② 상담자의 감각 활용	상3: 지금 말씀하신 것을 보았을 때 챙겨 준 적 없는 어머니에 대한 불만이 느껴지는데 어떠세요?	내담자의 말을 듣고 상담자가 느껴지는 감각을 활용할 수 있다.
	내3: 항상 그런 식이라서 이제는 그러려니 하고 넘겨요.	
③ 현재 대처방식의 기원 확인	상4: 이제는 그러려니 하신다면 이전에는 어머니의 반응에 어땠었나요?	시점질문을 함으로서 내담자가 현재의 대처방식을 사용하기 시작한 기원을 알 수 있다.
	내4: 예전에는 엄청 화가 났었죠. 자기 편할 때만 챙겨 주고 생색내는 게 웃겼어요.	
	상5: 당시 기억이 떠오르시는 것 같은데 지금 말씀하시면서는 어떠세요?	지금-여기에서의 감정을 다루면 훨씬 더 생생히 감정을 떠올릴 수 있다.
	내5: 짜증나네요. 화도 나고. 근데 뭐 화내 봤자 소용없다는 거 아니까 이제는 그냥 넘겨요.	
④ 구체적 상황 연상을 통한 감정표현 독려	상6: 포기한 것처럼 말씀하시지만 감정은 남았다는 말로 들리네요. 당시 상황을 더 구체적인 장면을 떠올려 볼까요?	상담장면에서 당시를 재경험할 수 있도록 상황을 구체화한다.
	내6: 음…… 아홉 살 무렵이 떠오르는데 운동회 날 엄마가 갑자기 회사에 일이 생겨서 못 오게 되었던 게 생각나네요. 엄마 대신 온 아줌마 앞에서 안 울려고 엄청 애썼던 기억이 나요. 집에 가서 엄마를 보고는 참았던 눈물을 다 쏟아 내면서 펑펑 우는데 엄마가 거기다 대고 '엄마가 바빠서 그런 건데 왜 그렇게 유난이냐.'고 했어요. 그날 이후로 엄마에게 불만을 이야기하지 않던 것 같아요.	
	상7: 학교행사는 아이들에게 중요한데 어머니가 갑자기 못 오시게 되어서 실망감이 크셨을 것 같아요. 당시에 민서씨는 어떤 것을 바라며 참았던 울음을 펑펑 터뜨렸던 것 같으세요?	내담자의 보고 이면의 좌절된 욕구를 의식화할 수 있도록 질문한다.
	내7: (눈물) 엄마가 밉고 서운했어요. 집에 와서라도 나를 안아 주길 바랐어요. 나에게 미안해 하길 바랐구요.	
	상8: 뭐라고 하고 싶었나요? 지금 말해보시겠어요?	
	내8: (눈물 많이 흘리며) 엄마, 왜 안 왔어? 나만 혼자라서 속상했어. 엄마는 내가 소중하지 않은 거야? (계속 눈물)	당시 하지 못했던 표현을 상담장면에서 표현할 수 있도록 돕는다.
	상9: (내담자의 눈물이 멈춘 뒤) 엄마 마음속에 내가 소중하지 않은 것처럼 느껴져서 속상했군요. 지금 울고 나니 어떠세요?	내담자가 감정표현에 대한 긍정적인 인식을 가질 수 있도록 표현 뒤 상태를 점검한다.
	내9: 조금 부끄러운데 그래도 뭔가 좀 후련하네요.	
	상10: 진짜 마음속의 감정을 표현한다는 것은 그런 효과가 있어요. 어떠세요?	
	내10: 그동안 너무 하지 않고 살아서 방법을 잘 몰랐던 것 같아요. 이제는 조금씩 표현하도록 노력해 봐야겠어요.	

민서씨의 사례를 보면 상담자가 내담자의 "잘 모르겠다."는 보고에 당황하지 않고 생각을 묻는다. 그리고 그 속에서 느껴지는 감정을 짚으며 내담자의 무의식적 저항을 피하지 않고 다루고 있음을 알 수 있다. 이는 그동안 내담자의 주변인들이 내담자의 감정을 묻지 않고 피하던 방식과 전혀 다른 방식일 것이다. 이로 인해 내담자는 자신이 숨겨 왔던 감정을 자신도 모르게 의식할 수밖에 없고 아주 생생한 장면을 연상하게 함으로서 당시의 감정을 재현할 수 있게 된다. 이 과정에서 내담자는 억압했던 감정을 직면하게 되고 그동안 표현해 보지 못했던 감정과 말들을 상담장면에서 표현해 봄으로써 해소됨을 느낄 수 있다.

하지만 모든 사례가 이처럼 단 한 번의 개입으로 드라마틱하게 표현되지 않는다. 상담자는 내담자가 가랑비에 옷이 젖어 가듯 계속해서 당시를 연상할 수 있도록 질문하고 그 속에 숨겨진 내담자의 좌절된 욕구와 감정을 알아차릴 수 있도록 반복적으로 개입하는 것이 필요하다. 그러한 과정을 통해 내담자의 알아차림 수준이 높아지고 어느 순간 봇물 터지듯 표현이 터지는 순간이 올 것이다. 이를 위하여 상담자는 인내를 가지고 끊임없이 내담자의 무의식에 문을 두드리는 노력이 이어져야 할 것이다.

‼ 궁금해요!

✎ 그 외 개입 방법에는 어떤 것이 있나요?

– 당시의 기억은 나지만 느낌이 떠오르지 않는다고 하는 경우에는 지금 그 상황을 경험한다는 전제로 연상해 보도록 할 수 있다.

내1: 잘 모르겠어요. 그런 느낌 떠올려 본 적이 없는 것 같아요.
상1: 그럴 수 있어요. 그러면 그 상황을 지금 겪는다면 어떨 것 같으세요?
내2: 무서울 것 같아요.
상2: 성인인 내가 겪어도 무서울 것 같은데 다섯 살의 내가 그 상황에 있었다면 어땠을까요?
내3: 훨씬 더 무서웠을 것 같아요…… (눈물)

– 신체 반응을 통해 내담자 스스로도 감정억압을 알아차리도록 할 수 있다.

내1: (오른쪽 관자놀이 부근을 꾹꾹 짚으며) 잘 모르겠어요. 아무 생각 없어요.
상1: 지금 머리가 좀 아프신가요?
내2: 갑자기 편두통이 좀 오네요.
상2: 이전에도 계속 아프셨나요?

> **내3**: 아니요. 지금 말하다 보니 아픈 것 같아요.
>
> **상3**: 지금은 당시를 연상하시는 것이 어려우신 것 같네요. 어떠세요?
>
> **내4**: 저도 놀랍네요. 저는 제가 괜찮은 줄로만 알았어요.

2) 감정적 반응 없이 보고하는 경우

우리는 가끔 말을 할 때 감정이 담기지 않은 채로 이야기하는 것을 보고 "영혼이 없다."라는 표현을 하곤 한다. 이처럼 내담자 중에는 중요한 과거 사건을 이야기함에도 불구하고 영혼 없이 이야기를 하는 경우를 종종 마주하게 된다. 분명 감정이 유발될 수 있는 중요사건에 대한 이야기를 하는데도 상담자가 내담자의 마음이 공감되지 않고 내담자가 이야기를 한 후에도 감정이 정화된 것 같지 않은 반응을 보면 제대로 감정표현이 되지 않았음을 알 수 있다.

특히 내담자 중에는 당시 감정에 대해 물어도 "그랬겠죠." "그랬을 것 같아요."와 같이 남의 이야기를 하듯이 보고하는 경우가 있는가 하면, "외로웠어요." "힘들었죠."라고 이야기하면서도 말투나 표정과 같은 태도에서 전혀 그 감정이 드러나지 않는 경우도 있다. 이는 자신이 감정을 드러냈을 때 상대방으로부터 받을 피드백 또는 반응에 대한 불안과 스스로 감당되지 않을 것이 두려워 무의식적으로 감정을 배재한 결과일 수 있다. 상담자는 내담자가 이렇게 반응할 때 더 이상 어떻게 질문해야 할지 몰라 난감해 하곤 한다. 이때 [그림 11-2]와 같은 과정을 통해 개입할 수 있다.

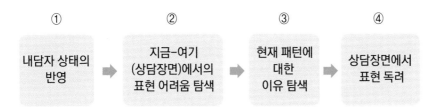

[그림 11-2] **감정적 반응 없이 보고하는 내담자 개입 과정**

이와 같이 감정적 반응 없이 보고를 하는 내담자의 상태를 반영할 수 있고 이를 통해 자신이 어떤 대처방식을 사용하고 있는지 인지할 수 있도록 도울 수 있다. 그리고 감정을 오롯이 느꼈던 때와 지금-여기에서의 느낌을 물으며 차이를 탐색해 볼 수 있다. 감정을 머리로 인지하고 있으나 표현이 어려운 이유에 대해 탐색해 보고 상담장면에서 이를 뛰어넘어 표현할 수 있도록 독려할 수 있다. 32세 직장인 미현씨의 사례를 통해 각 과정이 어떻게 적용되는지 살펴보자.

11-2	이별통보에도 감정적 반응 없이 보고하는 32세 직장인 미현씨의 사례	축어록 반응해설
	상1: 남자친구로부터 갑자기 이별통보를 받았을 때 어떤 마음이 들었나요?	
	내1: (덤덤하게) 슬펐죠. 그날은 엄청 울었던 거 같아요.	지금-여기에서의 느낌을 계속 질문함으로서 자각 수준을 높일 수 있다.
① 내담자의 상태의 반영	**상2**: 덤덤하게 이야기를 하시는데 지금은 이야기하시면서 어떠세요?	
② 지금-여기에서의 표현 어려움 탐색	**내2**: 그냥…… 그랬구나 싶네요. 지금은 별 느낌 없어요.	
	상3: 그날의 감정이 다 해소되어서 별 느낌이 없는 건가요?	내담자의 말을 놓치지 않고 구체화한다.
	내3: 그렇지는 않은데…… 이상하게 여기서 이야기를 할 때는 별 느낌이 안 드네요. 저도 왜 그런지는 잘 모르겠어요. 그때는 정말 힘들었고 지금도 괜찮은 것 같지는 않은데……	
③ 현재 패턴에 대한 이유 탐색	**상4**: 이번뿐만이 아니라 상담에 오셔서 이야기하실 때 감정을 항상 덤덤하게 이야기하시는 것이 확인되는데 상담실에 오셔서 이야기하실 때 평소와 다른 점이 있을까요?	차이를 물으며 구체화할 수 있다.
	내4: 음…… 꼭 상담실이라서 그런 것보다 다른 사람들에게 이야기할 때는 항상 좀 그런 것 같아요.	
	상5: 항상 좀 그렇다는 것을 구체적으로 말씀해 주실 수 있나요?	
	내5: 다른 사람들에게 제 이야기를 하는 게 좀 어려운 것 같아요.	
	상6: 어떻게 어려우신가요?	
	내6: 내 이야기를 사람들이 어떻게 생각할지도 신경이 쓰이고…… 무엇보다 제가 그 감정이 정리가 안 될 것 같아서 무서워요.	
④ 상담장면에서 표현 독려	**상7**: 감정을 표현해서 제대로 해소해 본 적이 없다는 말로 들리네요.	대처방식의 이유를 명료화한다.
	내7: 아. 그렇네요. 항상 혼자 숨죽이고 해결해야 했고 다른 사람이랑 나눠 본 적도 이해받아 본 적도 없는 것 같아요. (눈물)	
	상8: 충분히 그 마음을 느끼시고 준비되시면 어떠신지 말씀해 주세요.	울음을 독려하여 감정의 해소를 돕는다.

미현씨는 말을 할 때 당시의 감정이 함께 흘러나오지 못하고 말을 하더라도 그 속에 감정을 배재하고 이야기를 하는 경우이다. 분명 감정이 있었음을 알고 머리로 인지하고 있음에도 막상 다른 사람으로부터 공감받아 본 적이 없어 상담장면뿐만 아니라 다

른 사람들에게 자신의 이야기를 제대로 한 적이 없음을 알 수 있다. 미현씨의 사례와 같이 상담장면에서부터 자신의 감정을 만날 수 있도록 개입하고 상담자에게 공감을 받는 경험이 쌓이면 다른 대인관계에서도 자신의 이야기를 할 때 영혼을 실어 이야기를 전달할 수 있는 힘이 생기게 된다.

　내담자가 지금과 같이 대처하게 되는 이유를 본인 스스로도 알아차리지 못하고 있을 수 있으므로 이를 알 수 있도록 돕고 내담자만의 이유를 공감해 줌으로서 새로운 도전을 위한 힘을 키울 수 있다.

‼️ 상담전문가의 조언

'감정'이 가진 힘을 알아야 한다!

　상담은 내담자가 마음속에 억압해 둔 '감정'만 상담장면에서 잘 표현할 수 있도록 개입해도 성공적인 상담이라고 할 수 있다. 많은 초심상담자가 "과연 표현만 한다고 심리적 어려움이 해결될까?" 하고 감정표현에 대한 의심으로 현실적인 문제해결을 위한 대안에 초점을 두고 상담을 진행하다 낭패를 보게 되는 경우가 자주 발생한다.

　예를 들면, 진로 선택의 어려움을 가진 고등학생 내담자를 상담할 때 부모님에 대한 분노로서 부모가 제시하는 진로 결정을 따르고 싶지 않은 경우가 있다. 이러한 내담자의 마음을 보지 못하고 현실적인 진로 선택을 위한 개입을 하게 되면 결국 또 다른 진로선택에 대한 어려움에 봉착하기도 한다. 하지만 내담자가 가진 부모에 대한 분노만 잘 표현할 수 있도록 도우면 자신의 진로는 스스로 선택할 수 있게 된다.

2. 불성실한 태도 다루기

상담을 진행하다 보면 내담자가 적극적이지 못하고 침묵하거나 본인이 처음 가져왔던 주제와 달리 화제를 이리저리 전환하거나 상담시간을 망각하는 등의 불성실한 태도를 보이는 경우를 종종 목격하게 된다. 초심상담자는 이럴 때 내담자가 보고하는 표면적인 이유를 따라가다 보면 혼란에 빠지게 되기도 한다. 사실 이러한 불성실한 태도를 취하게 되는 데에는 내담자의 저항이 작용하기 때문인 경우가 대부분이다. 이를 알아차리지 못한다면 내담자가 보여 주는 겉모습에 홀려 이를 다루지 못하고 제대로 된 개입이 되지 않을 수도 있다. 이렇듯 불성실한 태도 속에 저항을 숨기고 있는 내담자에 대한 개입을 알아보자.

1) 침묵하거나 화제를 전환하는 경우

침묵의 이유는 다양하다. 상담자의 질문에 연상을 위하여 침묵하는 경우, 감정에 압도되어 표현이 되지 않은 채로 감정에 머물러 있는 경우는 내담자가 오히려 상담에 적극적으로 임하고 있음을 의미하고 노력의 증거라고 할 수 있다. 하지만 여기서 다루고자 하는 침묵은 회피를 의미한다. 내담자는 현재 상황에서 직면할 용기가 없을 때 침묵하거나 화제를 전환하기도 한다. 상담자는 이러한 내담자의 반응을 다양한 측면에서 이해할 수 있어야 하고 그에 맞는 개입을 해야 한다. 내담자는 침묵을 한 뒤 화제를 전환할 수 있다. 상담자가 이때를 놓치지 않고 침묵을 화제로 삼아 그 침묵이 의미하는 바를 확인하는 것은 효과적인 개입이 될 수 있다. 그 이면에 숨겨진 내담자의 불안이 궁극적으로 표현을 가로막는 요인이므로 이를 가시화하여 장애요인을 없애 줌으로서 표현을 독려할 수 있다. [그림 11-3]과 같은 과정을 통해 개입할 수 있다.

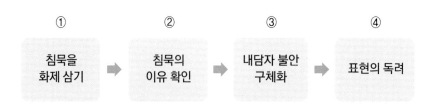

[그림 11-3] 침묵하거나 화제를 전환하는 내담자 개입 과정

이 단계가 성폭행 이슈에 대해 침묵으로 반응하는 고등학생 수영이의 사례를 통해 어떻게 적용되는지 살펴보자.

	11-3　성폭행 이슈에 대해 침묵하는 고등학생 수영이의 사례	축어록 반응해설
	내1: 오빠는 열네 살이었고 제가 아홉 살 때부터 부모님이 집에 안 계실 때면 제 방에 와서 저를 만졌어요. 처음에는 오빠가 저한테 하는 행동이 잘못인지 잘 몰랐어요. 그러다 학교에서 성교육을 받았는데 오빠가 그동안 저를 만졌던 게 성폭행이라는 것을 알게 되었어요. (목소리 작아짐)	
	상1: 저런…… 어떠셨나요?	
	내2: (침묵)…… 다 커서는 그런 일 없어서 다행이에요.	
① 침묵을 화제 삼기	**상2:** 방금 한참 동안 침묵하셨는데 이유를 물어도 될까요?	의미 있는 침묵은 그냥 넘어가지 않아야 한다.
	내3: 그냥 불편하네요. 다른 얘기하면 안 돼요?	
② 침묵의 이유 확인	**상3:** 정 불편하면 다른 이야기를 해도 되지만 이렇게 불편하다는 것은 그만큼 중요하다는 증거이기도 하거든요. 그 주제를 말하기 어려우시다면 어떤 것 때문에 불편하신지 여쭤봐도 될까요?	내담자가 허락하는 선을 지키면서 탐색을 이어 갈 수 있다.
	내4: 음…… 솔직히 그때를 떠올리는 게 힘들기도 하구요…… 선생님께서 저를 어떻게 생각하실지도 걱정이 돼요.	
③ 내담자 불안 구체화	**상4:** 아…… 제가 어떻게 생각할지 걱정된다고 하셨는데 어떻게 생각할 것 같아서 걱정이 되세요?	불안을 다룰 수 있도록 구체적으로 질문한다.
	내5: (머뭇거리며) 제 잘못이라고 생각하실 것 같아요.	
	상5: 그런 생각이 들었다면 말씀하시기가 어려웠을 것 같아요. 그렇게 생각하시게 된 이유가 있을까요?	
	내6: 항상 사람들은 제가 잘못했다고 해요. 그래서 선생님도 그렇게 생각하실 것 같아요.	
④ 표현의 독려	**상6:** 그래서 말하기가 어려웠군요. 다른 분들은 수영이의 입장에서 이야기를 들어주지 않았나 보네요. 저는 수영이의 입장에서 이야기를 들어 보고 싶어요. 그때 이야기를 해 줄 수 있겠어요?	내담자의 이유를 공감하며 다른 사람들과 상담자가 다른 반응을 보이며 내담자를 안심시킴으로서 표현을 독려할 수 있다.
	내7: 사실은…… 그때 당시에 (당시 상황에 대해 이야기함)	

수영이의 사례에서는 내담자가 상담자에 대한 전이로 인하여 눈치를 보며 말하기 어려워하고 있음을 알 수 있다. 많은 초심상담자가 이러한 상황에 놓이면 더 큰 상처를 주게 될까 봐 내담자의 요청대로 재빨리 화제를 전환하거나 당황한 채로 아무 말이나 던지게 되기도 한다. 내담자의 수준에 따라 내담자의 요청대로 화제를 전환할 수 있지만 수영이의 사례와 같이 그냥 요청대로 바로 넘어가기 전에 한 번쯤은 물어볼 수 있는 기회가 있다는 것을 초심상담자들은 알기 어렵다. 이와 같이 내담자에게 말을 하기 어려운 이유를 다루어 줌으로서 내담자의 표현을 가로막던 장애요인을 없애 주어 표현을 독려할 수 있음을 기억하자.

하지만 모든 내담자가 수영이와 같이 표현을 가로막는 이유를 술술 이야기하지는 않는다. 내담자의 자아강도에 따라 자기개방이 어려운 경우도 많이 있으므로 내담자가 언어적 표현뿐만 아니라 비언어적 표현으로 불편감을 나타내고 있다면 말하지 않아도 됨을 전달하며 내담자의 페이스에 맞게 조절해 가며 개입하는 것이 필요하다. 개방에 대한 준비가 되지 않은 내담자에게 무리하게 질문을 하게 되면 중도탈락의 원인이 될 수 있으므로 주의해야 한다.

2) 지각 및 결석, 자주 시간을 변경하는 경우

어떤 내담자 중에는 상담을 매우 필요로 함을 호소하면서도 자주 상담시간을 망각하여 지각하거나 결석 또는 다른 일정과 시간이 겹쳐 예약시간 변경을 요청하는 사례가 있다. 경험이 많지 않은 초심상담자가 이런 상황에 마주하게 되면 내담자가 요청하는 대로 맞춰 주려고 애를 쓰거나 상담자의 일정을 배려하지 않는 듯한 내담자의 태도로 인하여 역전이가 발생하기도 한다.

이로 인하여 내담자와 묘한 신경전이 생기고 상담의 핵심을 다루지 못한 채로 어영부영 시간만 흘러가기도 한다. 이때 상담자가 알아차려야 하는 것은 내담자가 보고하는 지각 및 결석 또는 일정 변경의 사유가 정말 불가피한 사정에 의한 것인가이다. 이처럼 내담자의 불가피한 상황과 저항을 구분하기 위해서는 다음과 같은 사항을 점검이 필요하다.

- 상담에 매번 늦는 경우: 문제가 해결되길 바라지만 내담자의 핵심문제를 만나기 불편함에 저항을 보일 수 있다.

- 성실하던 내담자가 갑자기 상담일을 망각하는 경우: 무의식적 저항이 올라왔을 가능성이 있으므로 그동안 상담 과정을 검토해 볼 필요가 있다.
- 여러 가지 이유를 대며 상담을 미루는 경우: 이전 회기 상담에서 무언가 불편함이 있었으나 상담자에게 말을 하기 어려워 여러 이유를 대며 상담을 미룰 수 있다.

이와 같이 상담자는 내담자들이 이유 없이 상담에 지각하거나 결석하지 않음을 알아야 한다. 이를 놓치기 될 경우 자칫 중도탈락으로 이어질 수 있으므로 이러한 행동 패턴 속에 숨겨진 저항을 빨리 알아차리고 다룰 수 있어야 한다. [그림 11-4]와 같은 단계를 통해 내담자의 저항을 구분하고 다룰 수 있다.

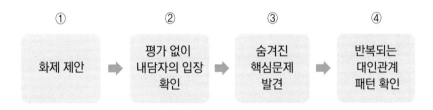

[그림 11-4] **상담일정 변경이 잦은 내담자 개입 과정**

상담은 내담자가 풀어내는 주제를 따라가는 형식으로 진행하는 것이 내담자에게 주도권을 주고 주체성을 갖도록 한다는 점에서 의미 있지만 저항에 따른 불성실한 태도가 확인될 때는 상담자가 이에 대해 화제를 제안할 수 있다. 그 후 이러한 태도를 평가하거나 지적하지 않고 내담자의 입장에서 이유를 찾고 보고할 수 있도록 질문할 수 있다. 그리고 그 속에 숨겨진 내담자의 핵심문제를 발견하고 이것이 다른 관계에서는 어떻게 나타나고 있는지 다룰 수 있다. [그림 11-4] 과정을 첫 회부터 지속적으로 지각하는 24세 대학생 정수씨의 사례를 통해 적용방법을 알아보자.

11-4 지속적인 지각을 하는 24세 대학생 정수씨의 사례	축어록 반응해설

(첫 회기부터 5회기가 넘을 동안 정시에 오지 못하고 항상 15분 이상 늦는 내담자)

① 화제 제안 — **상1**: 음…… 오늘은 시작하기 전에 그동안 신경이 쓰이던 것을 여쭤 봐도 될까요?

내1: 아! 네. 그러셔도 돼요.

② 평가 없이 내담자의 입장 확인 — **상2**: 상담을 시작하고 지금까지 항상 늦으신다는 것을 알았어요. 혹시 상담을 오시려고 할 때 마음이 어떠신가요? — 행동을 평가하지 않고 내담자의 마음을 묻는다.

내2: 아…… 그냥…… 음…… 사실 마음이 그렇게 편하지는 않아요. 매번 상담을 가는 날이면 아침부터 뭔가 마음이 무겁고 오늘은 또 무슨 이야기를 해야 하나 걱정도 되고…… 그런 생각을 하다 보면 어느새 상담을 갈 준비를 해야 할 시간이 지나고 있어요. 그래서 저도 모르게 늦게 되는 것 같아요.

상3: 마음이 무겁고 상담에서 무슨 이야기를 해야 하나 걱정된다고 하셨는데 어떻게 마음이 무겁고 걱정이 되시나요?

내3: 제가 말주변이 없어서 말을 잘할 수 있을까 걱정돼요.

③ 숨겨진 핵심문제 발견 — **상4**: 상담에 와서 말을 잘해야 할 것 같으신가 봐요. — 상담자에 대한 전이를 반영한다.

내4: 네…… 말을 잘해야 저를 잘 이해해 주실 거고 말을 잘 못하면 제가 너무 바보 같아 보이거든요. 그래서 상담에 와서도 말을 잘 못하면 선생님께서 저를 바보라고 생각하실 것 같은 느낌이 들어서 마음이 무거운 것 같아요. 자꾸 눈치를 보게 돼요.

상5: 그동안 그런 마음을 말씀하지 못하고 계셨다면 상담에 오시는 것이 매우 힘드셨을 것 같아요. — 내담자의 입장을 공감한다.

내5: 쉽지 않았죠. 그나마 상담이라도 안 오면 죽을 것 같으니 견디고 오는 거죠. — 내담자의 저항에 따른 대처방식을 반영함으로서 내담자의 패턴을 의식화 할 수 있다.

상6: 제가 오늘 묻지 않았다면 그 불편한 마음을 말씀하셨을까요?

내6: 아니요. 말 안 했을 것 같아요. — 모든 관계에 투사되어 나타나는 관계 패턴을 확인한다.

④ 반복되는 대인관계 패턴 확인 — **상7**: 다른 관계에서도 그런 마음이 있어도 말씀을 잘 안 하시는지요?

내7: 네. 잘 말을 안 하는 편이에요. — 저항을 통해 다른 관계를 다룰 수 있다.

상8: 거기에 대해 좀 더 구체적으로 이야기해 볼까요?

정수씨의 사례는 반복되는 핵심문제가 상담장면에서 지각이라는 형태를 통해 발현되고 있었음을 알 수 있다. 이렇듯 내담자들은 무심코 넘어갈 수 있는 작은 행동이나 태도를 통해 자신을 보여 주기도 한다. 모든 행동에 의미를 부여하고 과대 해석하는 것도 문제가 될 수 있지만 내담자의 핵심을 파악한 뒤 그와 연관된 비언어적인 태도에도 상담자는 섬세하게 관심을 가지는 것이 중요함을 알아야 한다.

하지만 이것이 의식 수준에서 생기는 일이 아니라 무의식적인 경우에는 내담자가 자신의 행동 패턴을 알아차릴 수 있도록 질문해 가는 방법이 선행되어야 한다. 예를 들면, "○○님께서는 자주 ○○하시는 게 확인되는데 혹시 알고 계시는지요?" 하고 물으면서 내담자의 알아차림을 자극할 수 있다. 내담자의 자각 수준이 낮고 무의식적인 행동일수록 개입에 시간이 오래 걸릴 수 있고 상담자의 인내를 필요로 할 수 있음을 알아야 한다.

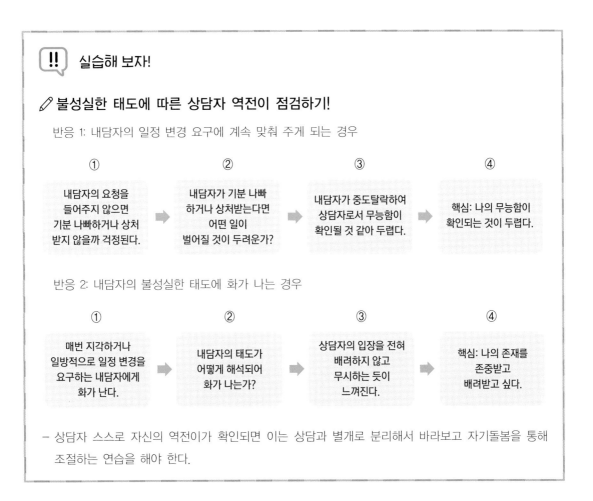

!! 실습해 보자!

✏ **불성실한 태도에 따른 상담자 역전이 점검하기!**

반응 1: 내담자의 일정 변경 요구에 계속 맞춰 주게 되는 경우

① 내담자의 요청을 들어주지 않으면 기분 나빠하거나 상처 받지 않을까 걱정된다. ➡ ② 내담자가 기분 나빠하거나 상처받는다면 어떤 일이 벌어질 것이 두려운가? ➡ ③ 내담자가 중도탈락하여 상담자로서 무능함이 확인될 것 같아 두렵다. ➡ ④ 핵심: 나의 무능함이 확인되는 것이 두렵다.

반응 2: 내담자의 불성실한 태도에 화가 나는 경우

① 매번 지각하거나 일방적으로 일정 변경을 요구하는 내담자에게 화가 난다. ➡ ② 내담자의 태도가 어떻게 해석되어 화가 나는가? ➡ ③ 상담자의 입장을 전혀 배려하지 않고 무시하는 듯이 느껴진다. ➡ ④ 핵심: 나의 존재를 존중받고 배려받고 싶다.

− 상담자 스스로 자신의 역전이가 확인되면 이는 상담과 별개로 분리해서 바라보고 자기돌봄을 통해 조절하는 연습을 해야 한다.

3. 내담자의 핵심문제에 따른 전이 다루기

내담자에게서 확인되는 행동은 대부분 전이에 의한 것이다. 이를 상담자가 알아차리지 못하고 투사적 동일시에 빠지게 되는 순간 상담자는 내담자에게 부적응적인 관계 패턴을 갖도록 한 주된 양육자의 역할을 하게 되면서 치료적 개입이 어려워진다. 그러므로 상담 초기에 파악한 내담자의 핵심문제가 상담 속에서 어떻게 나타나는지 알아차리고 그동안 내담자가 경험해 왔던 다른 관계들과 다른 반응을 상담자가 보여 줌으로써 내담자는 새로운 관계 경험을 통해 적응적인 관계 패턴을 새롭게 구축할 수 있게 된다. 이를 위한 개입에 대해 알아보고자 한다.

1) 상담자에게 인정받고자 하는 경우

누구나 인정받고 싶은 욕구를 가지고 있다. 상담자가 상담으로 인정받고자 하는 마음이 있는 것과 같이 다른 사람으로부터 인정받고자 하는 욕구가 높은 내담자가 있다. 이러한 내담자를 초심상담자가 만나게 되었을 때 유의해야 할 점은 상담자의 역량과 상관없이 상담이 빠르게 성과를 나타낸다는 점이다(제1장의 1-1 사례를 참고).

인정받고 싶은 욕구가 높은 내담자는 상담에 와서도 상담자에게 자신의 진짜 어려움을 이야기하기보다 상담자가 원하는 모습을 보여 주고자 애를 쓰게 된다. 이때 상담자가 상담의 성과라고 생각하는 방향에 맞춰 변화되는 모습을 보여 주는 경우를 확인하기도 하는데, 정작 내담자의 핵심문제는 해결되지 않은 채 종결이 되기도 한다. 이는 내담자의 자기이해에 기반한 상담의 성과가 아니므로 재차 문제가 발현될 수 있는 잠재적 위험을 가진 채 종결된 것이라 할 수 있다.

내담자가 변화를 보고할 때 이를 반기는 것도 중요하지만 이러한 변화를 가져오게 된 이유를 확인하는 것은 더욱 중요하다. 상담을 종결한 이후에도 내담자 스스로 어려움을 헤쳐나가기 위해서는 변화의 원인을 이해하고 있어야 비슷한 상황에서 스스로 대처방식을 찾을 수 있기 때문이다. 이를 위하여 처음 문제의 원인은 해결되었는지 여부를 확인하고 내담자가 스스로 자기문제에 대해 얼마나 이해하고 있는지를 확인해야 한다. 이러한 과정을 통해 내담자가 자신의 핵심문제를 통찰하고 변화의 성과를 이해하는 것이 비로소 내담자가 스스로 설 수 있는 과정에 한걸음을 내딛는 계기가 될 수 있다. 이와 같은 오류를 범하지 않기 위하여 [그림 11-5]와 같은 개입이 필요하다.

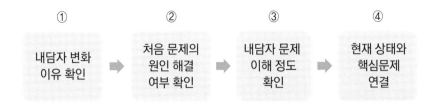

[그림 11-5] **상담자에게 인정받고자 하는 내담자 개입 과정**

먼저, 내담자의 변화 이유를 확인하고 처음에 상담실을 방문했을 당시의 문제 원인이 해결되었는지 여부를 확인해야 한다. 이어서 내담자가 자신의 문제에 대해 어느 정도 이해하고 있는지를 평가해야 한다. 이때 현재 내담자가 보고하는 상태에 핵심문제를 연결하여 근본적인 원인 해결은 얼마나 해결되었는지를 확인할 수 있다. 이와 같은 과정을 반복적으로 작업하며 내담자의 자기이해 수준을 높일 수 있다. 다음은 처음 호소했던 진로 미결정 문제가 갑자기 해소되었음을 보고하는 고등학생 성빈이의 사례이다. [그림 11-5] 과정을 어떻게 적용할 수 있는지 살펴보자.

11-5 처음 호소했던 진로 미결정 문제가 해소되었음을 보고하는 고등학생 성빈이의 사례	축어록 반응해설
내1: 이제 선생님께서 말씀 주셨던 것처럼 ○○쪽으로 결정을 할 수 있을 것 같아요.	내담자의 변화를 지지하며 이유를 탐색한다.
① 내담자 변화 이유 확인 ── **상1:** 반가운 소식이네요. 어떻게 그렇게 결정할 수 있었나요?	
내2: 선생님께서 말씀 주셨던 대로 제 인생의 주인은 저라는 생각이 들면서 ○○쪽으로 결정하면 좋을 것 같아서 그렇게 결정했어요.	좋은 결과에만 초점 두지 않고 원인의 해결 여부를 확인해야 내담자의 자기문
② 처음 문제 원인 해결 여부 확인 ── **상2:** 처음 진로를 결정하는 데에 어려움이 있었던 이유는 부모님께서 나의 의견을 무시하고 인정해 주지 않는 것 때문이었던 것으로 기억이 나는데 지금은 어떤가요?	제 이해 정도를 확인할 수 있다.
내3: 어차피 부모님께서는 바뀌지 않으실 거고 제 갈 길 가면 된다는 생각이 들어서 이제는 거기에 연연해 하지 않고 진로를 결정하기로 했어요.	
③ 내담자 문제 이해 정도 확인 ── **상3:** 그전에는 연연하게 되었던 이유가 있었을 것 같아요. 그 이유에 대해서는 어떻게 생각하세요?	처음 촉발요인을 재확인함으로서 숨겨진 핵심을 화두 삼을 수 있다.

내4: 저도 잘 모르겠어요. 그냥 그때는 항상 제 말을 안 들어주시던 부모님이 제 말을 안 들어주시는 게 유난히 더 마음이 답답하고 의욕도 없어지고 괴로웠는데 지금은 별 상관없어진 것 같아요.

상4: 부모님의 반응이 더 이상 신경 쓰이지 않게 된 시점은 언제부터인 거 같으세요?

> 내담자의 자기문제 이해 수준이 낮다면 이를 위하여 시점 질문을 통해 변화 원인을 찾아나갈 수 있다.

내5: 상담받으면서 그냥 선생님께서 좋은 말씀 많이 해 주시니까…… 그때부터 괜찮았던 것 같아요.

상5: 그랬군요. 상담자의 어떤 말이 좋게 들렸나요?

> 내담자에게 자극이 된 요인을 확인한다.

내6: 제가 왜 그 진로를 가고자 하는지 이유를 물어봐 주시고 그 이유가 충분히 가치 있다는 말씀을 해 주신 게 와닿았어요.

④ 현재 상태와 핵심문제 연결

상6: 부모님도 그렇게 나의 이유를 물어봐 주시고 선택을 인정해 주셨으면 싶으셨군요.

> 내담자의 전이 속에 숨겨져 있던 핵심문제를 공감함으로서 내담자가 자기문제를 통찰할 수 있도록 돕는다.

내7: 아…… 네. 그렇네요. 부모님께서는 늘 그래 오셨기 때문에 답답하다고는 생각했지만 제가 부모님께 뭘 바라는지는 생각을 안 해 봤던 것 같아요. 그러고 보면 항상 부모님은 제 의견을 제대로 들어주신 적이 없어요. 그래서 이번에도 부모님께서는 이전과 다를 바 없으니까 제가 진로에 대해 확신이 없어 생기는 문제라고만 생각했었어요.

상7: 그런데 상담을 받으면서 자신의 이유와 입장을 이해받으니 결정이 쉬워지셨네요.

> 상담을 통한 변화 요인을 반영하여 내담자가 어떻게 변화할 수 있었는지에 대한 이해를 높인다.

내8: 네…… 그렇게 들으니 더욱 제가 바라던 것이 인정이었다는 것을 알 것 같아요. (눈물) 어릴 때부터 그래 왔던 느낌이에요.

상8: 지금 떠오르는 것을 좀 더 구체적으로 연상해 볼까요?

> 관련 경험을 다루어 교정적 정서 체험을 이끌 수 있다.

성빈이의 사례에서는 성빈이 스스로 자기문제의 핵심을 통찰하기 전에 증상이 좋아진 경우이다. 이와 같은 상황에서 초심상담자들은 변화를 함께 기뻐하며 자칫 내담자가 상담을 종결하였을 때를 대비하여 자기이해가 얼마나 높아졌는지에 대한 확인을 놓치게 되기도 한다. 그러므로 내담자가 보고하는 결과 이면에 자기이해는 얼마나 되었고 차후 상담을 종결하더라도 이를 스스로 해결할 수 있을 정도의 통찰이 이루어졌는지를 확인하는 것이 필요하다.

상담은 내담자의 변화를 이끌어 내는 것도 중요하지만 궁극적으로는 내담자가 상담을 받지 않고도 스스로의 힘으로 어려움들을 헤쳐 나갈 수 있도록 돕는 것이다. 이를 위하여 내담자가 자기문제를 알아차리고 이를 이해하고 수용하는 통찰의 과정을 겪을 수 있도록 개입해야 한다.

!! 궁금해요!

✎ 내담자가 상담자에게 물질적인 선물을 줄 때 어떻게 해야 하나요?

　내담자 중에는 매번 상담에 올 때마다 과자나 간단한 음료 또는 자신이 만든 수제 선물 등을 가져와 상담자에게 선물하기도 한다. 이때 상담윤리상 내담자로부터 선물을 받거나 상담자가 주는 행위는 금지되어 있지만 이러한 상황에 마주했을 때 상담윤리를 내세우며 거절할지 고민에 빠지게 된다. 이때, 다음과 같은 내담자의 전이를 예측해 보고 그에 맞는 개입을 하는 기회로 삼을 수 있다.

① 상담자가 자신으로 인하여 고생을 하고 있다는 생각에 조금이나마 죄책감을 덜고 싶은 마음
② 상담자가 기뻐하며 자신을 특별하게 생각해 주길 바라는 마음
③ 상담자와 친구처럼 사적으로도 편하게 지내고 싶은 마음
④ 부모나 주변 사람들의 권유에 마지못해 이행한 경우(실제로 사람관계에서 경우나 눈치가 없는 내담자 중에 고생하는 상담자에게 보답을 하라며 사주를 받고 본인의 의지와 상관없이 선물을 가져오는 경우도 있음)

　이와 같이 내담자의 행동 이면에는 다양한 이유가 숨겨져 있다. 상담윤리에 갇혀 이를 거절하기에만 바쁘다면 다양한 내담자의 핵심을 다룰 기회를 놓치게 될 수 있다. 선물을 거절하기 이전에 이와 같은 사정이 있지는 않은지 확인하고 개입의 기회를 얻을 수 있다.

---

2) 분노하고 상담자를 탓하는 경우

　초심상담자는 내담자를 만나 상담에 임할 때 혼신의 힘을 다하여 내담자를 위하려 할 것이다. 그만큼 잘하고자 하는 마음과 실수하고 싶지 않은 마음이 많이 작용하는

시기가 초심상담자 시기일 것이다. 그러나 가끔 이러한 노력에도 불구하고 상담자를 비난하고 분노하는 내담자를 만나게 되기도 한다. 그럴 때면 초심상담자는 자신의 능력 탓을 하게 되는 경우가 많은데 이러한 반응의 의미를 제대로 이해하고 개입하는 것이 매우 중요하다. 특히 내담자의 핵심문제와 관련하여 상담자에게 투사되어 나타나는 감정이라면 이를 어떻게 다루느냐가 치료적인 개입 여부를 결정지을 수 있기 때문이다.

내담자가 상담장면에서 상담자를 공격하듯 분노를 표현할 때는 상담자의 미숙한 개입이 있었을지라도 그 속에는 내담자의 전이가 작용하게 마련이다. 그 증거로 상담자가 똑같은 반응을 해도 돌아오는 내담자의 반응은 모두 다르다는 점을 예로 들 수 있다. 이렇듯 내담자가 상담자를 비난하며 화를 내더라도 상담자는 이를 초연하게 다룰 수 있어야 한다. 내담자가 분노한다는 것은 내담자의 중요 양육대상에 대한 적개심이 전이되었을 가능성이 크기 때문에 치료적 개입의 중요한 터닝 포인트가 되기 때문이다. 이러한 내담자의 반응에 대하여 [그림 11-6]과 같이 개입할 수 있다.

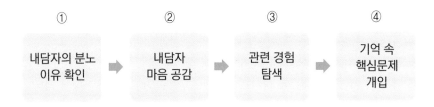

[그림 11-6] **분노하거나 상담자를 탓하는 내담자 개입 과정**

내담자가 분노할 때 상담자는 그 이유를 물어보며 내담자의 현재 심정을 인정하고 공감해 줄 수 있다. 그러나 앞서 설명한 바와 같이 모든 내담자가 동일하게 화를 내는 것은 아니므로 관련한 경험이 있진 않은지 탐색해 볼 수 있다. 그리고 내담자의 기억 속 핵심문제에 개입할 수 있다. 이를 통해 내담자는 상담자에게 자신의 핵심문제가 투사되어 나타나면서 비난하고 분노하는 행동을 하게 되었음을 알아차릴 수 있게 된다. [그림 11-6] 과정을 어떻게 적용할 수 있는지 상담자의 태도에 분노하는 32세 혜미씨의 사례를 통해 살펴보자.

11-6	상담자의 반응에 분노하는 32세 취업준비생 혜미씨의 사례	축어록 반응해설

	상1: 혜미씨가 방금 해 주신 말씀이 잘 이해가 되지 않아서 그런데 다시 한번 말씀해 주실 수 있을까요?	
	내1: (버럭 하며) 왜 제가 하는 말을 이해하지를 못하시는 거죠?	
① 내담자의 분노 이유 확인	상2: 지금 저의 반응에 화가 나신 것처럼 보이시네요. 어떤 점에서 화가 나셨을까요?	내담자의 분노를 비난하지 않고 내담자의 이유를 질문한다.
	내2: 아니!! 왜 그렇게 사람 말을 못 알아들으시는 거예요? 제가 그렇게 어렵게 말한 것도 아니잖아요. 왜 제 말을 귀담아 들으시지 않으시는 거죠? (눈물) 왜 이해를 못하는 거야.	
② 내담자 마음 공감	상3: 제가 혜미씨 말을 귀담아 듣지 않는 것 같이 느껴지셔서 속이 상하셨군요.	내담자가 화가 난 이유를 반영하고 마음을 공감한다.
	내3: 제가 뭘 그렇게 이상하게 이야기를 했다고 못 알아듣는 거죠? 항상 나에게만 말 좀 똑바로 하라고 다그치고…… 너무 화가 나요. 나도 똑바로 말하려고 노력한 거란 말이에요.	
③ 관련 경험 탐색	상4: 말을 잘하지 못해서 다그침을 받으신 적이 있나요?	전이의 원인이 된 관련 경험을 탐색한다.
	내4: 집에서 설거지 하나 제대로 안 해 놨다고 다짜고짜 엄마는 나를 다그쳐요. 내가 이유가 있어서 그런 거라고 설명을 하려고 해도 눈물이 앞을 가려서 말이 잘 안 나와요. 혼나면서 설명하려니 더 말이 잘 안 나오구요. 그러면 항상 엄마는 "말도 제대로 못하면서 무슨 변명을 그렇게 하나." "너처럼 그렇게 이야기를 못 해서 나가서 무슨 일을 제대로 하겠냐. 그러니 니가 아직 변변한 직장 하나 구하지 못하고 집구석에서 이러고 있는 거다." 하면서 구박을 해요. 내가 뭘 그렇게 잘못했다고 그러는 거죠? 내 이야기는 제대로 듣지도 않고 이해도 못하면서! (펑펑 울기 시작)	
	상5: (내담자가 한참 울고 난 뒤) 좀 어떠세요?	감정이 충분히 정화되기를 기다렸다가 질문한다.
	내5: (읊조리듯) 엄마한테 늘 무시받고 제 말을 제대로 이해해 주지 않아서 화가 났던 기억들이 나네요.	전이의 원인이 된 상황을 구체적으로 개입한다.
④ 기억 속 핵심문제 개입	상6: 그때 이야기를 좀 더 해 볼까요?	

혜미씨의 사례를 보면 내담자의 분노와 비난에 상담자가 의연하게 내담자의 상태를 읽으며 질문하는 것을 볼 수 있다. 이처럼 상담자가 당황하여 내담자의 분노에 사과하기 급급하거나 변명하느라 말이 많아지기보다 항상 내담자의 이유에 귀를 기울이며

그 상황을 다룰 수 있어야 한다. 이렇게 내담자의 반응에 오롯이 집중하고 개입함으로서 내담자와 불필요한 실랑이를 줄이고 내담자의 핵심에 빨리 개입할 수 있게 됨을 기억하자.

단, 이를 위해서는 상담자가 자신이 취하는 내담자에 대한 태도가 항상 내담자를 온정으로 따뜻하게 도와주고자 하는 마음이 있음을 신뢰할 수 있어야 한다. 그렇지 않을 경우, 내담자의 비난을 전이의 하나로 이해하기보다 상담자를 비난하는 공격행위와 방어적 태도로 해석하고 내담자의 진짜 핵심을 놓치게 될 수 있다. 그러므로 항상 상담자는 자신을 성찰하고 역전이를 분리하여 관리할 수 있어야 한다.

💬❗❗ **상담전문가의 조언**

내담자의 상담에 대한 불만표현에 감사하라!

– 내담자가 상담에 대한 또는 상담자에 대한 불만을 표현한다는 것은 매우 치료적인 효과가 있다. 이때 이것을 어떻게 다루느냐가 매우 중요하다. 상담자가 내담자의 비난이 '자신'에 대한 비난이기보다 전이에 의한 것임을 안다면 내담자의 칼날 같은 분노와 비난에도 상담자는 의연해질 수 있다.

– 만약 내가 내담자의 비난과 불만에 상처를 받았다면 상담자가 상담 또는 내담자에게 어떤 기대를 가지고 있었는지 점검이 필요하다. 대게는 상담자가 타인으로부터 인정받고자 하는 욕구가 투사되어 있을 때 내담자의 비난에 상처를 받게 되는 경우가 많다.

– 상담자는 자신의 욕구보다 내담자의 욕구를 다루는 것이 상담의 목적임을 항상 마음속에 새기도록 하자.

제11장에서는 상담 중기에 나타날 수 있는 상황별 개입에 대해 알아보았다. 제시된 것과 비슷한 상황에 대한 개입을 할 때 예시와 같이 매끄럽게 진행이 되지 않을 수 있다. 그 이유는 행위가 비슷하다 하여 내담자가 가진 핵심이 같지는 않기 때문이다. 이 책을 통하여 모든 상황에 따른 개입을 적절히 파악하기에는 한계가 있으나 각 상황에 따라 항상 기억해야 할 것은 상담자의 역전이에 휘둘리지 않고 내담자의 핵심에 오롯이 몰두할 수 있어야 한다는 것이다. 내담자가 보이는 반응에는 반드시 이유가 있음을 알고 그 이유를 공감하면서 핵심문제를 다룰 수 있길 기대한다.

초심상담자 영숙씨의 고민

내담자가 부담을 느끼고 갑작스러운 종결을 원해요.

초심상담자 영숙씨는 상담을 진행하며 자신의 어린 시절 성격과 처해 있는 가정환경이 비슷하고 그 시절의 자신과 비슷한 고민을 토로하는 예진이를 상담하고 있었다. 예진이가 자신의 상황과 고민을 이야기할 때면 영숙씨는 "내가 그 맘 다 안다."라며 함께 눈물을 흘리기도 하고 충분히 표현할 수 있도록 도와주고 싶은 마음에 예진이에게 상담시간을 초과해서 상담을 진행하기도 하였다.

그러던 어느 날 예진이로부터 상담을 종결하고 싶다는 일방적인 통보의 말을 듣고 영숙씨는 충격에 빠지게 되었다. 이에 한 번만 상담에 와 줄 것을 간곡하게 부탁하며 예진이를 상담장면으로 불러들였지만 예진이는 상담을 종결하고 싶다는 의사를 굽히지 않았다. 그 이유는 자신에게 너무 많은 마음을 써 주는 상담자에게 자신이 보답을 해야 할 것 같은 부담감이 들어 상담에 오는 것이 불편하다는 것이었다. 그동안 상담자가 자신을 위해 애를 써 주는 것에 감사한 마음이 들었지만 보잘 것 없는 자신을 위해 상담자가 대신 울어 주는 모습은 이해가 되지 않고 와닿지 않았다는 것이다. 오히려 가치가 없는 자신에게 그렇게까지 잘해 주는 것이 무언가 댓가를 바라고 하는 것은 아닐까 하는 생각이 들어 불편감을 떨칠 수가 없었다는 것이다.

이처럼 때때로 초심상담자들은 자신의 과거 상처받은 내면아이와 비슷한 모습을 가진 듯한 내담자를 만나면 마치 나의 과거 속 상처받은 아이를 구해주듯이 내담자를 위해 노력을 하게 된다. 이때 상담자가 자기연민에 빠져 내담자의 진짜 경험을 구체적으로 다루지 않고 "내가 그 맘 다 안다."라며 자신의 과거 경험에 빗대어 개입하게 될 때 예진이와 같은 결과를 맞이하게 될 수도 있다. 그러므로 과도하게 마음이 가는 내담자가 있거나 묘하게 피하고 싶은 내담자가 있다거나 나도 모르게 상담을 망각하게 되는 내담자가 있을 때 상담자 스스로의 역전이를 점검해 보는 것이 필요하다.

상담 종결단계에 겪을 수 있는 상황별 개입
- 내담자의 특성과 상태에 따라 종결하기

제9장을 통해 상담 종결에 대해 종결 시점은 어떻게 평가하고 합의를 하는지, 종결에 대한 감정은 어떻게 다루면 되는지, 최종 종결회기에서는 어떻게 진행하고 무엇을 점검하면 되는지에 대하여 알아보았다. 이 장에서는 종결을 평가하기 전 종결을 준비하는 과정에서 경험할 수 있는 사례와 종결을 앞두고 나타날 수 있는 내담자의 특성과 상태에 따라 어떻게 대처하고 종결할 것인지 알아보고자 한다.

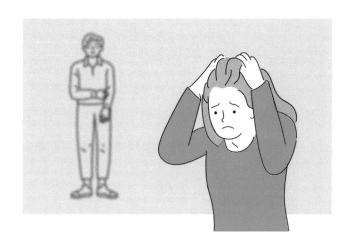

제12장 한눈에 보기

 1

종결 준비하기

- 상담자의 역전이 분리와 종결 준비
- 정신병리 내담자에 대한 종결 준비

 2

종결에 대한 불안 다루기

- 증상이 다시 심해지는 경우
- 새로운 어려움을 호소하는 경우

 3

관계지속 요구에
대응하기

- 정기적 만남을 요구하는 경우
- 상담관계 외 다른 형태의 관계를 요구하는 경우

제12장 들어가기 전에……

상담 종결에 중요한 다음 사항에 대해 생각해 보자.

> 💬 모든 내담자를 동일한 과정으로 종결을 준비시킬 수 있을까?

> 💬 종결을 앞두고 급격한 어려움을 호소하는 내담자에 대해 어떻게 개입해야 할까?

> 💬 종결 이후 추수개입에서는 어떤 태도로 내담자를 만나야 할까?

1. 종결 준비하기

　제9장을 통해 종결의 시점을 평가하고 어떻게 그 시기를 결정할 것인가에 대해 배웠다. 하지만 실제로 상담을 하다 보면 대상자마다 이를 받아들이는 태도와 마음가짐이 다름을 발견하게 된다. 그렇다면 각기 다른 문제를 가진 대상자별로 어떻게 종결 준비를 해 나가는 것이 필요할까? 이번에는 어떻게 종결을 준비할 수 있도록 개입할 것인가에 대하여 알아보고자 한다.

1) 상담자의 역전이 분리와 종결 준비

　종결을 준비하는 것은 처음 만남에서부터 시작된다고 해도 과언이 아니다. 왜냐하면 내담자는 분명한 호소문제를 가지고 오고(그것이 의식적인 것이 아니라 할지라도) 그 문제를 해결한다는 것이 곧 종결을 의미하는 것이기 때문이다. 그럼에도 불구하고 상담자 중에는 내담자의 미성숙함에 동화되어 건강한 독립을 시키지 못하고 상담자에게 의존시킨 채로 상담 종결을 차일피일 미루게 되는 경우를 종종 만나게 된다. 이는 상담자 역시도 건강한 독립의 과정을 경험하지 못했기 때문일 수 있다.

　이와 같은 상담자는 자신과 닮은 내담자를 상담하게 되면 해결되지 못한 의존적 애정욕구와 관련한 역전이가 종결을 가로막는 요인이 되기도 한다. 이는 상담자의 객관적인 판단을 흐리게 하는 요인이 되며 오히려 상담자가 내담자로부터 의존적으로 되어 종결을 두려워하는 상황이 되기도 한다. 내담자가 종결을 앞두고 불안한 것은 너무나 자연스러운 일이지만 상담자가 내담자를 보고 종결을 두려워하게 되는 것은 다른 문제이다.

　이와 같이 이 장에서 다루고자 하는 것은 상담자의 역전이를 어떻게 점검하며 내담자 상태에 따라 어떤 개입을 할 것인가에 대해 배워 보고자 한다. 상담자는 다음과 같은 마음이 들 때 역전이를 점검해 볼 필요가 있다. 다음 사항을 살펴보자.

　㉠ 내담자가 실행하고자 하는 계획이 너무 허술하고 어린아이 같아 걱정되는 마음에 상담자가 대신 수행해 주고자 하는 마음이 들 때
　㉡ 현실상황(가정 내 갈등, 경제적 어려움 등)의 영향이 너무 큰 나머지 상담자가 내담

　　자를 구출해 주고 싶은 마음이 들 때

　　ⓒ 내담자가 너무 연약해 보이고 이 상황을 견디기 힘들어 보여 안쓰러움이 클 때

　　ⓐ의 경우, 내담자가 어린 시절부터 다양한 경험(실패 경험을 포함)에 노출되지 못하여 계획이 허술하거나 잘 실행되지 않을 수 있다. 이때 상담자가 이를 대신 수행해 주면 가정에서의 양육 패턴을 고스란히 반복하는 게 될 수 있다. 그러므로 상담자는 내담자를 대신하여 도와주거나 수행하고자 하는 마음이 들 때 이것이 오히려 내담자의 수행기회를 빼앗고 의존적인 상태를 유지시킬 수 있음을 깨닫고 내담자의 수행을 독려할 수 있도록 개입해야 한다.

　　ⓑ의 경우, 내담자가 놓여 있는 상황의 어려움이 너무 커서 내담자를 어떻게 하면 그 상황 속에서 구출해 줄 수 있을지를 고민하며 온갖 지원 기관과 연계를 하는 등 심리상담사로서의 역할보다 사회복지사로서의 역할만을 하게 되는 경우이다. 물론 내담자의 상황이 변하지 않는 한 심리적 어려움이 반복될 수밖에 없다면 적절한 연계가 필요하긴 하지만 대게 그러한 지원서비스를 연계하더라도 내담자가 거부하거나 연계를 해도 심리적 어려움이 변하지 않는 경우를 만나게 되기도 한다. 그러므로 이러한 결과를 맞이하기 전 내담자가 경험하는 심리적 어려움은 비단 환경적 어려움에서 비롯한 문제인지를 다시 평가해 볼 필요가 있다.

　　ⓒ의 경우, 내담자 자체가 너무 심리적으로 유약해 보여서 현재 경험하는 심리적 어려움을 견디지 못할 것에 대한 걱정이 앞서는 경우이다. 이는 내담자가 가진 잠재력을 보지 못하고 오히려 내담자의 미래 불안을 조장하게 될 수 있으므로 지양되어야 한다.

　　상담자가 내담자의 심리적 어려움을 어떻게 바라볼 것인가가 상담에 영향을 많이 미치므로 [그림 12-1]과 같은 과정을 통해 개입해 볼 수 있다.

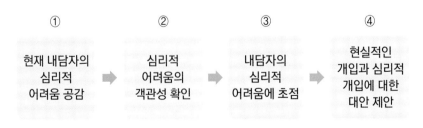

[그림 12-1] **종결 준비 과정**

 다음은 한부모 가정의 장남으로서 경제적 책임에 대한 부담을 걱정하는 19세 고등 학생 재혁이의 사례이다. [그림 12-1] 과정이 어떻게 적용되는지 살펴보자.

12-1 장남으로서 경제적 책임을 걱정하는 19세 고등학생 재혁이의 사례	축어록 반응해설
내1: 어머니가 또 쓰러지셨어요. 어머니가 혼자 경제활동을 하시면서 저희를 키우시느라 무리를 많이 하시는 것 같아요. 이번에도 과로라고 하더라구요. 제가 일을 할 수 있어야 할 텐데…… 대학을 갈 수 있는 형편도 못 되는 것 같고…… 어머니는 저 보고 어떻게든 대학은 가야 된다고 하시지만 이대로 그냥 어머니 혼자 돈을 버시다가 잘못되시기라도 할까 봐 너무 걱정되고…… 상담을 종결하기로 했는데 지금 상황에선 저 혼자 너무 무서워요. (눈물)	
① 현재 내담자의 심리적 어려움 공감 **상1:** 어머님이 저번에 이어서 또 다시 쓰러지시니 어머니가 잘못되시기라도 할까 봐 걱정이 큰가 보구나.	내담자가 느끼는 마음이 정당하다는 느낌을 줄 수 있도록 공감한다.
내2: (눈시울이 붉은 채로) 제가 장남이라 밑에 동생도 챙겨야 하는데 저는 아직 고등학생이라 할 수 있는 게 없잖아요. 그런데 어머니까지 잘못되시면 저 혼자 동생들까지 책임지는 상황이 너무 무섭고 두려워요. 연락도 되지 않는 아버지에게 도움을 요청할 수도 없고…… 너무 답답하고 막막해서 잠도 오지 않고…… 가끔씩은 숨이 잘 쉬어지지 않을 때도 있어요.	
② 심리적 어려움의 객관성 확인 **상2:** 너무 미래가 막막해서 걱정되는 마음에 잠도 오지 않고 숨까지 잘 쉬어지지 않는 정도구나. 혹시나 재혁이가 우려하는 상황이 닥쳤을 때 현실적으로 어떤 과정들이 있을지에 대해서 떠올려 본 적이 있을까?	내담자들은 무의식에 의한 불안이 가중되어 현실보다 큰 어려움을 호소하기도 한다.
내3: 아…… 아니요. 그냥 제가 혼자서 이 세상을 짊어져야 한다는 생각이 강하게 들어서 숨이 막히고 답답한 마음이 들었어요.	
③ 내담자의 심리적 어려움에 초점 **상3:** 재혁이가 아직 우려하는 상황이 되지는 않았지만 혼자서 세상을 책임질 것에 대한 두려움이 강하게 느껴져서 힘들다는 말로 들리는데 맞을까?	상황적 어려움보다 내담자의 심리적 어려움에 초점을 두어야 한다.
내4: 아…… 네. 제가 제 미래도 책임질 수 없는데 동생들 인생까지 제가 다 책임져야 할 것 같은 느낌이 들어요. 저 하나도 감당이 되지 않는데 동생들까지 짊어져야 한다니 너무 무서워요.	
상4: 그러면 재혁이는 나 하나도 책임지기 어려운데 동생들까지 책임을 져야 한다는 생각을 언제부터 하게 되었을까?	내담자가 지금과 같은 부담을 느끼게 된 원인에 개입한다.

내5: 잘 모르겠어요…… 아주 오래전부터 어머니는 집에 아버지가 안 계시니까 제가 장남으로서 아버지 대신의 역할을 해야 한다고 항상 말씀하셨던 게 기억나요. 그래서 그게 너무 당연하다고 생각했던 것 같아요.

상5: 어릴 때부터 감당하지 못할 역할을 부여받았었구나. ── *지금과 같은 마음이 들게 된 이유를 공감한다.*

내6: 네…… (눈물) 저는 늘 동생들보다 모범을 보여야 하고 늘 참아야 하고 양보해야 하고…… 너무 힘들어요…… 그런데 어머니마저 안 계시면 저는 어떻게 해야 하죠?

④ 현실적인 개입과 심리적 개입에 대한 대안 제안

상6: 부모님 대신 역할을 해야 한다는 부담감이 재혁이를 힘들게 하고 있다는 것이 이해가 돼. 지금 상황에서 현실적으로 내가 해야 하는 것과 할 수 있는 것, 그리고 내가 할 수 없는 일은 도움을 요청할 수 있는 기관들을 알아보면 그 부담이 훨씬 줄어들 수 있는데 그렇게 한번 해 볼래? ── *내담자가 처해 있는 상황에 대한 현실적인 개입과 함께 부담으로 인한 심리적 어려움을 상담을 통해 개입해 나감을 제시한다.*

내7: 네. 그래도 그런 시도조차도 너무 무서운데…… 제가 할 수 있는 게 없을까 봐 그게 확인되는 것도 무서워요.

상7: 괜찮아. 그러면 선생님하고는 그 무서운 마음에 대해 상담에 와서 계속 이야기하면서 종결 준비를 해 보고 현실적인 문제는 어머니와 먼저 의논을 해서 재혁이랑 같이 다시 이야기를 나눠 볼게. 어때? ── *내담자가 혼자라는 느낌을 덜 수 있도록 현재 자원(어머니)을 연계하여 개입한다.*

내8: 네. 감사합니다.

재혁이의 사례와 같이 현실적인 상황이 너무 위급해 보이는 경우, 상담자도 재혁이의 마음에 동화되어 지금 닥친 상황을 상담자가 먼저 어떻게든 해결해 주고자 기관 연계 등 지원서비스에 초점을 두고 상담을 이어 가기도 한다. 하지만 여기서 중요한 것은 현실적인 부담을 낮출 수 있도록 개입하는 것도 중요하지만 내담자가 실제로 느끼는 부담의 크기가 본인이 짊어질 수 있는 역할의 무게보다 크다는 데 있다.

그러므로 상담자는 이러한 내담자가 가진 상황에서 느낄 수 있는 부담을 당연한 것으로 보고 환경을 바꾸려 개입하기에 앞서, 내담자가 느끼는 부담의 크기가 어려움의 크기에 부합하는지를 잘 평가하고 상담장면에서 다루어야 하는 문제는 심리적 어려움임을 명심해야 한다. 내담자가 어려움의 크기에 맞지 않는 부담을 느끼고 있다면 그 속에 숨겨진 어린아이로서의 결핍을 찾아 해소하는 과정을 경험할 수 있도록 함으로써 내담자가 성숙하게 세상을 받아들이는 과정과 자세를 알려 줄 수 있다. 이 과정을 통해 내담자는 더 이상 과도한 역할을 혼자 짊어지지 않아도 되며 필요한 만큼의 도움을 요청하고 자신이 할 수 있는 정도의 역할만 해 나가는 것이 건강한 종결을 맞이할 수 있는 준비라 할 수 있을 것이다.

바로 쓰는 꿀 Tip

상담자의 의존심 어떻게 나타날 수 있을까?

- 내담자를 구하고 싶은 마음속에 상담자의 의존심이 숨겨져 있다.
- 내담자를 미워하는 마음속에 상담자의 의존심이 숨겨져 있다.
- 내담자를 보호하고 싶은 마음속에 상담자의 의존심이 숨겨져 있다.
- 결국 내담자를 돕고 싶다는 마음속에 상담자의 의존심이 숨겨져 있다.

　상담자 역시 내담자와 마찬가지로 주된 양육자로부터 결핍된 마음을 충족하고자 하는 의존심이 내담자에게 투사되어 나타난다. 내담자의 아픔을 통해 상담자 자신의 어린 시절 아픔을 자극받아 내담자의 어려움에 가슴 아파하기도 하고 내가 누리지 못한 투정을 부리는 내담자에게 질투를 느끼기도 하며 내담자의 아픔을 치료해 줌으로서 인정욕구를 충족하기도 한다. 그러므로 상담자는 자신의 의존심을 성숙시켜 내담자의 아픔에 온전히 공감할 수 있는 성인이 되어야 한다.

---

2) 정신병리 내담자에 대한 종결 준비

　초심상담자들은 다양한 사례에 대한 경험이 부족하여 내담자에 대한 평가도 쉽지 않지만 병리에 대한 평가와 개입 역시 쉽지 않다. 그럼에도 불구하고 어쩔 수 없이 초심상담자들이 정신병리를 겪고 있는 대상자를 상담하게 되면 어떤 개입을 해야 할지 혼란을 경험하는 경우가 많다. 그로 인해 초심상담자들은 어떤 목표를 수립하고 어떻게 개입해야 할지 또는 종결은 할 수 있는 것인지와 같은 어려움을 호소하게 된다. 다음과 같은 상황을 마주할 수 있다.

ㄱ 처음 의뢰될 때는 병리적 소견이 없었으나 상담을 지속하면서 병리증상이 심해지는 경우
ㄴ 정신병리로 인해 약물치료를 받으며 상담을 병행하고자 하는 경우

ⓒ 과거 정신병리로 인해 약물치료를 받은 이력이 있는 경우

ⓐ의 경우는 내담자의 내면에 숨겨져 있던 적개심이 내담자의 자아강도를 넘어서서 발현되었을 때 병리증상으로 나타나게 되는 상황이다. 이는 상담자가 내담자의 적개심을 섣불리 표현하거나 마주하게 할수록 병리증상이 심해질 수 있으므로 약물치료를 병행하며 내담자의 현실 적응을 돕는 방향으로 개입을 해야 한다.

ⓑ의 경우는 내담자가 이미 자신의 병리에 대해 이해하고 있고 상담을 통해 원인을 치료하고자 하는 상황이다. 병원 진료를 정기적으로 받는 상황이라면 의사의 진단에 따라 상담자의 개입 정도를 판단하고 내담자의 자아강도와 요구에 맞는 정도까지만 호소문제를 다루는 것이 적절하다.

ⓒ의 경우는 이전 병리 이력으로 인해 상담자가 혹시나 본인으로 인해 병리가 재발하게 될 것에 대한 두려움으로 오히려 적절한 개입을 하지 못하게 될 가능성을 보여 준다. 이럴 때는 내담자의 과거 병리 이력을 자세하게 탐색하며 근본 문제는 무엇이며 왜 그 당시에 발병했는지, 지금은 어떻게 호전될 수 있었는지 등을 확인하는 것이 필요하다. 이를 통하여 내담자에게 위험이 될 수 있는 문제가 무엇이며 호전으로 이끈 강점과 자원을 확인할 수 있으므로 이러한 과정적 개입은 매우 중요하다. 그리고 이번 상담에는 어떻게 오게 되었으며 이번 상담을 통해 얻고자 하는 결과는 무엇인지를 확인하여 종결을 준비할 수 있다.

내담자가 가진 정신병리를 상담자가 모두 해결해 줄 수는 없다. 하지만 내담자가 현실을 버틸 수 있을 만큼은 도와줄 수 있다는 것을 알아야 한다. 그럼에도 불구하고 때때로 상담자는 내담자를 행복하게 만들어 주지 못했다는 생각으로 자책감에 빠지기도 한다. 하지만 상담자가 바라는 내담자의 행복과 내담자가 바라는 행복은 다를 수 있다. 그리고 내담자가 가진 어려움의 크기에 맞게, 내담자가 원하는 정도까지만 개입하는 것이 가장 이상적인 개입임을 알아야 한다. 내담자의 행복이 종결은 아님을 알고 오히려 내담자의 수준에 맞지 않는 상담자의 욕구와 개입은 내담자로 하여금 상담마저도 부담으로 느끼게 만들어 중도탈락의 원인이 될 수 있음을 기억하자.

!! 궁금해요!

✎ 상담장면에서 자주 마주할 수 있는 정신병리별 개입 시 주의사항을 알고 싶어요.

- **우울장애**: 우울증의 특성이 우울한 정서 외 신체증상(수면 장애, 식욕변화, 무기력 등) 등을 토대로 생활 속 부적응 행동과도 연관하여 진단을 내리므로 우울한 정서가 보이지 않더라도 우울증을 의심할 수 있는 다양한 증상에 관심을 두어야 한다.
- **양극성 장애**: 조증 상태일 때와 울증 상태일 때의 주기를 알아차리고 조증 상태일 때 내담자가 과도한 목표를 잡지는 않는지 점검하고 목표를 수행하지 못한 것으로 인해 우울을 경험할 때는 그럴 수 있음을 공감하는 것이 필요하다.
- **조현병**: 양성증상은 내담자의 무의식의 발현이라고 볼 수 있다. 내담자가 호소하는 환각은 꿈과 같은 상징성을 의미한다. 내담자가 보고하는 환각 증상의 내용을 흘려듣지 않고 이를 교정하기보다 수용하는 태도가 필요하다.
- **강박장애**: 내담자가 보고하는 강박사고 및 강박행동은 불안을 상쇄하기 위한 대처결과이다. 증상을 완화하기 위해서는 불안을 다루어야 하며 불안은 적개심과 분노에 기반하므로 불안을 유발하는 정서를 다룰 수 있어야 한다.

2. 종결에 대한 불안 다루기

내담자가 종결을 다루기 시작할 때 다시 문제가 심해지거나 또 다른 문제를 호소하며 종결을 지연하는 상황이 생기기도 한다. 이럴 때 문제가 다 해결되었다고 느끼며 안심하고 있던 상담자는 당혹감을 느낄 수 있다. 또한 그동안 자신이 놓친 것이 있어 이러한 결과를 가져왔다는 생각에 자책하기도 하며 새로운 문제를 가져와 자신을 놓아주지 않는 내담자에 대해 막막함을 느끼기도 한다. 이때 상담자는 내담자의 이러한 변화에 대한 평가를 할 수 있어야 하며 흔들림 없는 개입을 통해 내담자에게 안정감을 주며 종결로 이끌어야 한다. 이 장에서는 종결을 앞두고 문제가 다시 심해지는 경우와 새로운 문제를 호소하는 경우에 대한 개입을 알아보고자 한다.

1) 증상이 다시 심해지는 경우

잦은 자살 시도와 우울감으로 인해 상담을 오게 된 내담자가 있다. 상담을 통해 자살 시도가 없어지고 새로운 꿈을 향한 시도 의지가 생기면서 상담을 종결하려던 찰나 내담자가 다시 자살 시도를 했다면 초심상담자는 이 상황에 대해 어떻게 판단하고 개입할 수 있을까? 아마 많은 초심상담자는 당혹스러움과 혼란함을 느끼게 될 것이다. 하지만 많은 내담자가 좋아졌다고 방심하는 순간 이전보다 더 큰 증상을 보이기도 한다. 그러므로 이러한 현상은 왜 생기는 것이고 어떻게 개입해야 하는지 이해하는 것이 필요하다.

내담자들은 상담자라는 의존 대상을 통해 심리적 안정감을 느끼고 그동안 불안했던 자신의 마음이 해소됨으로서 증상이 완화되기도 한다. 하지만 종결이 가까워질수록 혼자 힘으로 현실을 헤쳐 나가지 못할 것에 대한 두려움이 급격하게 높아지게 된다. 이때 상담 과정을 통해 상담자가 아닌 내담자 스스로 어떤 과정을 밟아 왔고 그 과정에서 상담자의 도움이 있었지만 내담자의 힘 역시 컸음을 알 수 있도록 도와야 한다. 또한 내담자 스스로 자신의 현실 대처능력을 믿을 수 있도록 개입해 나가는 것이 중요하다. 그것이 종결을 준비하는 과정이고 종결을 위한 개입이라 할 수 있다. [그림 12-2]와 같은 과정을 통해 개입할 수 있다.

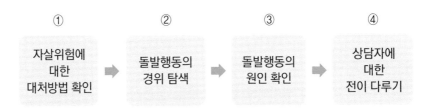

[그림 12-2] **문제가 다시 심해지는 내담자 개입 과정**

내담자의 자살 시도가 확인되면 이 상황에 대하여 어떻게 대처했는지, 그리고 그와 같은 자살 시도를 하게 된 경위를 확인하는 것이 필요하다. 그 이면에는 내담자의 핵심과 연관된 원인을 확인할 수 있으며 이것이 상담자와의 종결을 앞두고 전이를 불러일으키며 자살 시도까지로 이어짐을 다룰 수 있다. 상담 종결을 앞두고 자살 시도를 보고하는 33세 연수씨의 사례를 통해 [그림 12-2] 과정이 어떻게 적용되는지 살펴보자.

12-2	상담 종결 전 자살 시도를 보고하는 33세 직장인 연수 씨의 사례	축어록 반응해설
	내1: 선생님을 실망시켜 드릴 것 같아서 말씀드리기 부끄럽지만 엊그제 너무 힘들어서 죽고 싶은 마음에 옥상에 올라갔었어요. 결국 시도는 못하고 내려왔지만 아직 변한 게 없구나 싶어서 제 스스로에게 너무 실망했어요. (눈물)	
① 자살 위험에 대한 대처방식 확인	**상1:** 저런. 그만큼 힘든 일이 있었나 보네요. 어떻게 다시 내려올 수 있었던 것 같으세요?	내담자의 위험을 막을 수 있는 자원을 탐색한다.
	내2: 막상 올라가니 그럴 용기는 안 나더라구요. 죽지도 못하면서 힘들다고 바로 죽을 생각부터 하는 제가 한심하게 느껴져서 더 힘들었어요.	
② 돌발행동의 경위 탐색	**상2:** 죽고 싶을 만큼 당시 상황이 감당하기 어렵다고 느껴졌군요. 어떤 상황이었기에 죽고 싶다는 생각까지 들었을까요?	내담자의 돌발행동을 공감하고 경위를 확인한다.
	내3: 이제 상담을 종결한다고 생각하니까 혼자서 잘할 수 있을까 하는 불안이 커지더라구요. 그러던 중에 직장에서 또 부장님께 한소리를 들었어요. 아직도 이렇게 한 소리를 들을 정도로 한심하기 짝이 없는데 상담도 안 받으면 저는 어떻게 견딜 수 있을까 걱정이 됐어요. 그 생각이 꼬리에 꼬리를 무니까 제가 자꾸 선생님께 의지만 하고 좋은 모습은 보여드리지 못하는 것 같아서 더 속상하고…… 그럴 바에는 죽는 게 낫겠다는 생각이 들면서 정신을 차리고 보니 옥상이더라구요.	
③ 돌발행동의 원인 확인	**상3:** 저에게 좋은 모습을 보이지 못했다는 건 어떤 모습을 말하는 건가요?	상담자에 대한 전이를 확인하며 내담자가 가진 욕구를 구체화한다.
	내4: 상담을 받으면서 겨우 좋아졌는데 이렇게 또 흔들리는 저를 보시면 실망하실 것 같았어요. 저한테는 선생님이 유일한 의지처였는데 선생님마저도 저에게 실망하시면 저는 아무도 남지 않는 거잖아요. 그럴 바엔 죽는 게 더 낫다고 생각이 되었어요. (눈물)	
④ 상담자에 대한 전이 다루기	**상4:** 유일한 의지처를 잃어버릴 것이 두려웠다는 말이군요.	내담자의 핵심이 상담자에게 전이되고 있음을 반영한다.
	내5: (눈물을 많이 흘리며) 네…… 어릴 때처럼 혼자 남겨지는 것 같아서 무서워요……. (이후 전이 및 자살 시도에 대한 안전망 확보 관련 개입 생략)	

연수씨의 사례는 종결을 앞두고 자신이 어린 시절에 혼자서 아무것도 할 수 없었던 때의 불안이 높아지면서 상담자의 기대에 미치지 못할 것이라는 불안이 중첩되어 자살 시도까지 이어지게 된 경우이다. 그동안 내담자가 상담자의 인정을 받기 위해 노력하며 변화의 원동력이 되었음을 알 수 있다. 이것은 오히려 상담자에 대한 전이가 생생하게 드러난 시점으로 내담자가 얼마나 상담자에게 의존하고 있는지를 확인할 수 있는 기회가 되므로 오히려 치료의 전환점이 될 수 있다.

이와 같이 내담자의 돌발행동에 당황하지 않고 내담자의 불안을 공감하면서 그 사건에서 왜 이러한 선택을 할 수밖에 없었는지, 그리고 상담자에게는 어떤 마음으로 인정을 받고자 하였는지에 대한 마음을 표현할 수 있도록 개입하면 내담자가 양육자로부터 좌절했던 마음을 상담자에게 의존하며 대리만족을 하고 있었음을 깨닫게 될 수 있다. 내담자를 안심시키기 위한 독려('괜찮다' '잘할 수 있다' '잘해 왔다' 등) 대신 내담자가 상담자에 대한 어떤 마음을 가지고 있는지를 표현할 수 있도록 돕는 것이 내면에 숨겨져 있던 어린아이의 의존심을 마주하고 이를 스스로 공감할 수 있는 기회를 가지는 데 도움이 될 수 있다.

사례에서는 **내담자 5** 이후의 상담자의 개입이 없어서 어떻게 이것이 효과적인 개입이 되는지 궁금할 수 있다. 실제로 상담을 통해 **내담자 5**와 같이 어린 시절의 자신의 감정을 말로 표현하며 감정을 드러내는 경우, 그 행위만으로도 불안이 상당 부분 낮아지면서 심리적 안정을 되찾고 객관적인 판단을 하게 되는 경우가 대부분이다(단, 내담자의 문제해결 정도에 따라 다르게 나타날 수도 있다). 마치 어린아이가 친구와 싸운 뒤 친구에 대한 원망감을 투정 부리듯 다 쏟아 내고 나면 마음이 풀리고 친구와 더 잘 지낼 수 있는 대안을 스스로 찾아나가듯 내담자 역시 그 순간의 불안을 여과 없이 표현하고 덜어 내고 나면 평정심을 찾을 수 있다. 이렇듯 상담자는 내담자가 종결에 대해 불안을 크게 느끼며 문제 증상을 드러내더라도 흔들림 없이 내담자가 그 불안을 이야기할 수 있도록 도와야 한다.

2) 새로운 어려움을 호소하는 경우

상담을 종결할 무렵 초심상담자들이 경험하는 또 다른 어려움은 내담자가 처음 호소했던 문제와 전혀 다른 문제를 호소하는 경우이다. 그럴 때면 상담자는 새롭게 내담자의 상담을 진행해야 하는지에 대한 혼란을 경험하게 된다. 이럴 때는 내담자의 호소문제가 이전에 호소하였던 문제와 어떻게 다른지, 내담자 스스로 해결하기에 어려움이 있는지, 그 정도는 어떠한지 등을 평가하여 상담 종결에 대한 합의를 할 수 있다. [그림 12-3]과 같은 단계를 통해 개입할 수 있다.

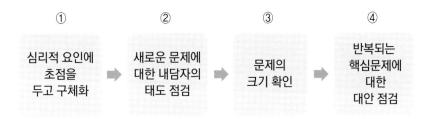

[그림 12-3] **새로운 어려움을 호소하는 내담자 개입 과정**

　내담자가 새로운 어려움을 호소할 때는 그 안의 심리적 요인에 초점을 두고 이를 구체화한다. 다음으로 그 문제에 대해서 내담자는 어떻게 받아들이고 있는지, 그리고 실제로 그 문제의 크기가 내담자가 느끼는 정도와 부합되는 것인지 확인한다. 실제 현실적 어려움의 크기와 달리 내담자가 심리적으로 느끼는 어려움의 크기가 크다면 핵심문제가 새로운 주제를 통해 다시금 반복되고 있음을 확인할 수 있다. 이에 대한 대안을 점검하면서 내담자에게서 새롭게 확인된 어려움에 개입할 수 있다. [그림 12-3] 과정을 처음 호소하였던 진로 변경 외 새롭게 부모님과의 마찰로 인한 어려움을 보고하는 21세 대학생 현진씨의 사례를 통해 적용방법을 알아보자.

12-3　　새로운 어려움을 보고하는 21세 대학생 현진씨의 사례	축어록 반응해설
내1: 선생님. 저희 오늘로 상담 종결하기로 했었는데, 더 큰 고민이 생겼어요. 어떻게 해야 할까요?	
① 심리적 요인에 초점을 두고 구체화　　**상1:** 어떤 고민인가요?	내담자의 고민을 구체화한다.
내2: 제가 제 진로를 새로 전환하는 것 때문에 상담을 시작했고 이제 제가 하고 싶은 일을 찾았다고 생각해서 편입을 하려고 부모님께 말씀을 드렸거든요. 그런데 부모님께서 그전까지는 제가 하고 싶은 대로 하라고 말씀하셔서 놓고는 편입하겠다고 말씀드리니 그렇게 니 마음대로 할 거면 등록금을 제가 알아서 하라고 하시더라구요. 그래서 너무 황당하고 어이가 없어서 갑자	

기 그러는 게 어딨냐며 따졌더니 이제 제 인생 제가 책임지는 거라며 앞으로 학비는 제가 알아서 벌어서 대라고 하시는 거예요. 그래서 너무 화가 나요.

② 새로운 문제에 대한 내담자의 태도 점검

상2: 이전과 달라진 부모님의 태도에 화가 난다는 말로 들리는데 구체적으로 어떤 부분이 화가 나는지 얘기해 줄래요?

> 새로운 문제와 핵심문제의 연관성을 찾기 위하여 감정에 초점을 두고 구체화한다.

내3: 이전에 본인들 뜻대로 진로를 결정해서 대학을 들어갔을 때는 학비를 당연하게 대 주셨으면서 이제 제가 원하는 학과를 선택해서 편입을 하겠다고 하니 학비를 지원해 주지 않겠다는 말은 자기들 뜻대로 하지 않으면 지원도 없다는 거잖아요. 그게 자기들 뜻대로 하라는 말이랑 뭐가 달라요? 저에게 선택권이 있는 것처럼 말했지만 선택권이 없는 거잖아요. 저는 제가 원하는 진로만 결정하면 모든 게 잘 풀릴 줄 알았는데 산 너머 산이네요.

상3: 부모님이 내가 원하는 학과로 편입을 하려고 하자 학비 지원을 끊는다는 말씀을 하시는 게 자신들의 뜻대로 하라는 말로 느껴졌군요.

> 내담자의 정서를 구체화하고 더 심화하여 표현할 수 있도록 공감한다.

내4: 네. 결국 제 맘대로 할 수 있는 건 아무것도 없었다는 거죠. 저는 부모님의 결정을 따를 수밖에 없다는 게 너무 화가 나요.

상4: 부모님의 결정을 따르지 않고 학비를 혼자 감당해서 원하는 길을 가는 것에는 어떤 어려움이 있나요?

> 새로 제기된 문제가 내담자에게 어떻게 문제가 되고 있는지 점검한다.

내5: 그러려면 아르바이트를 하면서 공부를 해야 되는데 그러면 제가 공부에 전념할 수가 없잖아요. 아니면 학자금 대출을 받아야 되는데 졸업할 때 제가 빚쟁이인 채로 사회에 나가는 건 너무 싫거든요. 사람들이 그러는데 사회에 나가도 학자금 대출 갚느라 등골이 휜다고 하더라구요.

③ 문제의 크기 확인

상5: 그게 어느 정도로 걱정이 되세요?

> 문제의 크기를 확인함으로서 현실문제와 심리적 문제를 분리할 수 있다.

내6: 지금 말하면서 든 생각인데 사실 이성적으로 생각해 보면 학비 대 주시고 저한테 생색내실 부모님을 생각하면 학자금 대출 받아서 제가 원하는 공부를 하는 게 더 마음이 편할 것 같기도 해요. 그런데 이번에는 그냥 제 선택을 존중해 주시지 않는 것 같은 부모님의 태도에 화가 난 거 같아요.

상6: 처음 상담에 와서 진로 변경에 대해 고민할 때도 같은 이유로 힘들어했던 게 기억이 나네요.

내7: 네…… 여전히 부모님께 제 의견을 존중받지 못한다는 느낌을 받을 때면 화가 나네요.

④ 반복되는 핵심문제에 대한 대안 점검

상7: 그러면 이번에 학비지원을 해 주지 않으시겠다는 부모님의 말씀에 어떻게 하고 싶나요?

> 문제에 대한 객관적인 시각이 생겼을 때 내담자가 실제로 어떤 대안으로 문제를 해결할 것인지 확인한다.

내8: 그냥 제가 결정한 대로 밀고 나가고 학비는 장학금이든 학자금 대출이든 알아보고 해결해 봐야겠어요. 이제는 제 뜻대로 하려구요.

상8: 그래요. 이제 부모님의 의사대로 움직이던 어린 현진이가 아니라는 느낌이 드네요.

내9: 네. 이제 제 인생은 제 것이니까 제가 선택한 대로 해야겠어요. 결국 제가 화가 나는 건 부모님이 제 의견을 그대로 존중해 주시지 않는 느낌이 들어서였는데 이제는 저라도 제 의사를 존중해야겠다는 생각이 들어요.

상9: 앞으로도 이렇게 화가 나는 문제가 생겼을 때 지금처럼 진짜 화가 난 이유를 성찰해 나가면서 문제를 객관적으로 보고 판단할 수 있으면 되겠네요.

내10: 네. 그러면 될 것 같아요. 감사합니다.

대학생 현진씨는 종결회기에 내방하여 새로운 화제를 꺼내며 더 큰 문제가 생겼음을 호소한다. 하지만 내담자가 보고하는 상황에 초점을 두지 않고 내담자의 감정에 초점을 두고 질문을 구체화해 나감으로써 현실상황으로 인한 문제가 아니라 내담자의 의사를 존중해 주지 않는 것 같은 부모님의 태도에 화가 난 것을 알 수 있다. 이는 최초에 상담에 내방했을 때 진로를 변경하고자 했던 현진이의 핵심문제와 같은 것임을 알 수 있다. 현재의 전공을 자신의 의사와 달리 부모님의 뜻대로 선택한 것에 대하여 후회하고 변경하고자 하였던 마음 이면에 부모님께 자신의 의사를 존중받고 싶은 마음이 있었던 것이다. 이것이 새로운 상황을 마주하며 전혀 새로운 문제가 제기된 것으로 보였지만 감정을 따라가며 구체화하는 과정을 통해 여전히 반복되는 핵심문제였다는 것을 깨닫고 스스로 해결해 나갈 의지를 다시 북돋게 된 것을 알 수 있다.

개입Tip

내담자의 새로운 어려움도 결국 핵심은 같으므로 이것을 알아차릴 수 있도록 개입해야 한다.

이처럼 많은 내담자는 새로운 소재의 문제를 가지고 내방한다. 그 시기가 중기이든 종결단계이든 그것이 정말 내담자가 감당할 수 없는 환경적 문제가 아니라면 핵심문제와 연관되어 있을 가능성이 높다. 이는 현진이의 사례와 같이 내담자 스스로 그 속에 숨겨진 핵심문제를 알아차리고 현실과 분리하여 감정을 해소하고 상황을 객관적으로 바라볼 수 있도록 점검하는 것이 필요하다.

> **‼️ 궁금해요!**
>
> 🖊 **어떨 때 재개입해야 하나요?**
>
> – 상담을 종결하려고 할 때 내담자가 처음 가져왔던 호소문제는 해결되었으나 새로운 어려움을 보고할 때가 있다. 이것이 내담자 스스로 해결이 어렵다고 판단될 수 있는 경우에 대해서는 새로운 목표 설정을 통해 재개입할 수 있다.
>
> – 예를 들면, 내담자가 처음 상담 내방 시 대학교 4학년으로, 가정불화에서 오는 우울감을 해소하고자 도움을 요청하였다. 이후 상담을 통하여 우울감은 해소가 되어 종결하려고 하였으나 취업을 준비하면서 자신의 흥미 및 적성을 고려한 취업 설정에 대한 욕구가 높아졌음이 확인되었다. 하지만 내담자는 스스로 흥미와 적성을 찾아본 적이 없어 막막함을 호소한다면 진로 및 취업 준비를 위한 진로상담을 새롭게 목표하여 개입할 수 있다.
>
> – 상담기관의 상황과 내담자의 상태에 따라 재개입 여부를 결정하되, 내담자의 종결에 대한 불안 또는 상담자의 의존심에 근거한 역전이로 인한 재개입은 구별되어야 한다.

3. 관계지속 요구에 대응하기

상담을 종결한 뒤 내담자에 대한 추수개입을 어느 정도 할 것인가는 상담자가 판단하는 내담자의 자아강도에 따라 달라질 수 있다. 특히 의존심이 높아 종결을 두려워하는 내담자의 경우 지금과 같은 주기가 아니더라도 정기적인 만남을 요구하기도 하고 다른 형태의 만남을 요구하며 상담자-내담자 관계의 틀을 무너뜨리려 하는 경우가 생기기도 한다. 이와 같이 추수개입 시 기존에 유지해 오던 상담자-내담자의 관계와 다른 요구를 하는 경우에 대한 개입에 대해 알아보고자 한다.

1) 정기적 만남을 요구하는 경우

핵심문제는 자각의 끈을 놓치는 순간 불안이 되어 현실에 영향을 주게 된다. 예를 들어, 내담자가 상담을 통해 자신의 어려움을 알아차리고 그 속의 핵심을 바라보고 숨겨져 있던 적개심을 표현함으로서 이전까지 문제가 되었던 증상이 완화되어 적응적인 생활을 하게 되지만 방심하는 순간 자신의 변화를 망각하고 의존적인 불안이 다시 상담장면에서 반복될 수 있다. 이것은 그만큼 핵심문제는 매 순간 매 상황에 영향을 줄 수 있으므로 상담을 종결한 이후에도 자신의 핵심문제에 휘둘리지 않도록 성찰하고 다룰 수 있어야 함을 의미한다. 이것이 종결 장면에서 나타나게 되면 이미 핵심문제가 완화가 되어 안정을 되찾은 뒤에도 내담자는 여전히 이전과 같은 어려움에 시달릴 것이라는 불안을 느끼며 상담자에게 의존적인 모습을 보일 수 있다. 이에 대하여 [그림 12-3]과 같은 과정을 통해 개입할 수 있다.

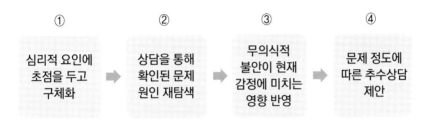

[그림 12-4]　**정기적 만남을 요구하는 내담자 개입 과정**

　먼저, 종결 시 보이는 내담자의 반응에 대해 심리적인 요인에 초점을 두고 구체화해야 한다. 그리고 그동안 상담을 통해 확인되었던 문제 원인을 재탐색하고 무의식적인 불안이 현재 이와 같은 감정에 어떻게 영향을 미치고 있는지 반영하여 문제 정도를 평가하고 추수상담을 제안할 수 있다. [그림 12-4] 과정을 종결 후 정기적 만남을 요구하는 48세 은옥씨의 사례에서 어떻게 적용할 수 있는지 살펴보자.

12-4　종결 후 정기적 만남을 요구하는 48세 은옥씨의 사례	축어록 반응해설
내1: 선생님 그동안 저를 위해서 애써 주셔서 너무 감사드려요. 그런데 이제 앞으로 선생님을 뵙지 못한다 생각하니 너무 서운하네요. 지금처럼 매주는 아니더라도 한 달에 한 번이든 두 달에 한 번이든 정기적으로 만날 수는 없나요?	
① 심리적 요인에 초점을 두고 구체화　**상1:** 저와 만나지 못하게 되는 것이 서운하셔서 지금 같은 주기가 아니더라도 정기적으로 만남을 하시고 싶다는 말씀이시군요. 어떻게 서운하신지 좀 더 구체적으로 말씀해 주시겠어요?	내담자의 요구 이면의 감정을 다루어야 한다.

내2: 저를 상담해 보셔서 아시겠지만 제가 누구한테 제 이야기를 하는 게 쉬운 사람은 아니잖아요. 그나마 상담을 하면서 선생님께 마음을 열고 제 이야기를 허심탄회하게 할 수 있었는데 이제 누구랑 이렇게 이야기하면서 내 마음을 풀어야 하나 생각하니 너무 아쉬워서요.

② 상담을 통해 확인된 문제 원인 재탐색

상2: 마음 열기가 쉽지 않으신 분인데 어렵게 마음을 연 대상이 없어진다는 것이 아쉬우신 거군요. 그동안 어떤 것 때문에 사람들에게 마음을 열기가 어려우셨나요?

내담자가 무의식적 불안으로 자신의 변화를 망각하고 있을 수 있으므로 이를 재확인한다.

내3: 저를 이상한 사람으로 생각할 것 같아서 그랬었죠. 지금은 상담받으면서 그런 생각은 없어진 것 같아요.

상3: 그러면 이제는 사람들이 이상한 사람으로 생각할 거란 생각이 들지 않으니 마음을 여는 것도 예전과 달리 쉬워졌을 수도 있겠네요.

내4: 아직 시도해 본 적이 없어서 잘 모르겠어요.

③ 무의식적 불안이 현재 감정에 미치는 영향 반영

상4: 시도해 본 적이 없지만 마치 저랑 상담을 종결한 뒤에도 여전히 은옥씨는 사람들에게 마음의 문을 잘 열지 못할 것 같은 느낌이 드셔서 저와의 이별이 아쉬우신 것으로 이해가 되는데 어떠세요?

상담자에 대한 아쉬움 이면의 무의식적 불안을 반영한다.

내5: 실제로 관계에서 제가 이제는 다른 사람들이 저를 이상한 사람으로 생각하지는 않을 거란 걸 알지만 시도를 해 본 적이 없으니 그게 막연하게 아직 잘 안 될 거란 생각을 했던 것 같아요.

④ 문제 정도에 따른 추수상담 제안

상5: 은옥씨는 이미 개방하실 준비가 되어 계신데 그걸 깨닫지 못하고 계셨네요. 저와 상담을 종결하시더라도 추수상담을 통해서 은옥님께서 느끼시는 느낌이 진짜 어려움으로 작용을 하는지, 상담의 성과가 지속되는지 확인할 수 있습니다. 한 달 뒤에 추수상담을 통해 점검해 보시는 건 어떠세요?

변화된 자신을 확인하는데 추수상담을 통해 상담자가 조력자가 된다는 느낌을 전달함으로서 안정감을 줄 수 있다.

내6: 아~ 네. 그렇게 점검의 시간이 있다고 생각하니 마음이 한결 안심되네요.

상6: 그러면 한 달 뒤에 뵙겠습니다.

내7: 네. 감사합니다.

은옥씨의 사례는 이미 상담을 통해 심리적으로 안정이 되었고 자신이 더 이상 이전처럼 다른 사람들의 생각이나 판단에 휘둘리지 않을 힘이 생겼음에도 불구 하고 여전히 이전과 같은 상태일 것이라는 불안으로 인해 상담자에게 정기적인 만남을 요구한 경우이다. 이를 상담자가 상담 과정을 통해 확인되었던 내담자의 어려움에 대한 원인을 되짚어 주면서 현재 상태를 반영해 주자 내담자가 가진 불안이 핵심문제의 반복임을 알 수 있게 되었다. 이를 상담자가 추수상담이라는 기회를 통해 다시금 다룰 수 있음을 전달함으로서 내담자는 상담자와의 연결고리가 끊어지지 않았다는 사실이 힘이되어 새로운 시도에 대한 의지가 생겼음을 확인되었다.

이처럼 상담 종결에서는 내담자가 가진 핵심문제의 반복이 어떤 형태로 종결에 대한 불안으로 작용할 수 있는지 예측하고 이에 대한 점검을 추수상담을 통해 할 수 있다. 단, 추수상담이 또 다른 상담 진행의 변형이 되어 지속되지 않도록 주의하자.

2) 상담관계 외 다른 형태의 관계를 요구하는 경우

내담자 중에는 종결 이후에 상담자에게 다른 형태의 사적 만남(친구, 애인 등)을 요구하는 경우도 있다. 내담자는 상담을 통해 경험한 긍정적 경험을, 사적 만남을 통해 보다 친밀한 관계를 맺으며 더욱 깊게 이를 유지하고 싶은 욕구가 작용할 수 있다. 이것은 상담윤리에서도 엄격하게 규제를 하고 있는 만큼 내담자와의 관계에 어떻게 영향을 줄 것인지에 대해 상담자가 제대로 인지하고 개입해야 한다.

때때로 상담자 중에는 마지막 회기를 기념하며 함께 식사를 하기도 하고 선물을 주는 등 친밀함을 표시하며 상담자-내담자 관계의 경계를 무너뜨리기도 하는데, 이는 추후 내담자의 심리적 어려움이 재발하여 상담이 재개되었을 때 상담 진행의 걸림돌이 되기도 한다. 이는 내담자가 오히려 가까워진 관계로 인해 더욱 개방이 어렵게 되기 때문이다.

그러므로 내담자가 상담 종결 이후에 다른 형태의 친밀한 관계를 지속하기를 바란다면 왜 이러한 관계를 상담자에게 요구하는지에 대해 확인하면서 내담자가 가진 상담자에 대한 전이를 확인하고 다루는 것이 필요하다. 이러한 내담자의 요구에 대한 전이를 다루는 과정은 [그림 12-5]와 같다.

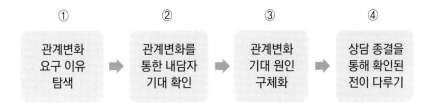

[그림 12-5] 상담 외 다른 형태의 관계를 요구하는 내담자 개입 과정

내담자가 관계변화를 요구하는 이유를 탐색해 보고 그 변화를 통한 내담자의 기대는 무엇인지 확인한다. 그 기대의 원인을 구체화함으로서 상담 종결을 통해 내담자가 느끼는 전이를 다룰 수 있다. 다음은 [그림 12-5] 과정을 어떻게 적용할 수 있는지 상담자에게 친구관계를 요청하는 31세 경준씨의 사례를 통해 살펴보자.

12-5	상담자에게 친구관계를 요청하는 31세 직장인 경준씨의 사례	축어록 반응해설
① 관계변화 요구 이유 탐색	**내1:** 상담은 오늘로 종결이네요. 제 생각에 선생님 저와 나이도 비슷하신 것 같은데 상담 종결하고 나서는 계속 친구로 지낼 수 있나요? **상1:** 경준씨가 저와 친구를 하고 싶으시다니 영광이네요. 그 이유를 여쭤봐도 될까요? **내2:** 선생님께서 그동안 상담에서 제 얘기도 잘 들어주시고 다른 사람보다 훨씬 편안함도 느껴지고 상담받으면서 저도 상담공부에 관심이 가기도 해서 계속 친구로 지내면 도움도 받을 수 있을 것 같아서요.	내담자의 요구를 거절하지 않고 공감하며 이유를 탐색한다.
② 관계변화를 통한 내담자 기대 확인	**상2:** 상담 과정에서 제가 이야기를 잘 들어드렸던 것이 편안하고 좋으셨군요. 상담공부에 대한 정보는 필요하시다면 전달해 드릴 수 있습니다. 상담자와 내담자 관계가 아니라 친구관계가 되면 어떤 점에서 좋을 거라 생각되시나요? **내3:** 지금은 아무래도 상담시간에만 이야기를 나눌 수 있으니 제한적이지만 친구관계가 되면 편하게 언제든지 만날 수 있고 이야기 나눌 수 있으니 좋을 것 같은데……	내담자의 요구를 놓치지 않고 응답하며 그 이면의 기대를 확인한다.
③ 관계변화 기대 원인 구체화	**상3:** 자주 만나서 이야기를 편하게 더 많이 나누고 싶으신 마음이시군요. 그렇게 자주 만나서 이야기를 나누고 싶으신 이유가 있으실 것 같아요. **내4:** 제가 처음 상담에 왔을 때 문제는 해결이 된 것 같아서 상담은 종결을 해도 될 것 같은데 뭔가 선생님하고 헤어진다는 것이 좀…… 뭐랄까…… 많이 아쉬운? 그런 느낌이 들어서…… 친구관계라면 계속 헤어지지 않고 관계가 유지될 수 있으니까 그렇게 생각하게 된 것 같아요.	내담자가 궁극적으로 관계변화를 요구하게 된 원인을 구체화한다.
④ 상담 종결을 통해 확인된 전이 다루기	**상4:** 상담 종결하면서 어떻게 아쉬우세요? **내5:** 뭔가 또 한 명의 소중한 사람이 저를 떠나가는 느낌이랄까…… 그렇게 생각하니 여전히 제가 버림받는 것에 대한 두려움이 있다는 것을 알겠네요.	상담 종결에 따른 내담자의 불안과 상담자에게 투사된 전이를 다룬다.

상5: 네. 그래서 이별을 애도하는 시간이 필요한 거지요. 저와 이별─ 하는 것이 어떠신지 좀 더 이야기해 볼까요?

(내담자가 충분히 그 아쉬움을 이야기하면 종결함)

> 내담자가 충분히 이별을 받아들일 수 있도록 애도의 시간을 가지며 표현을 독려한다.

경준씨의 사례를 보면 내담자 스스로 종결을 통한 아쉬움을 먼저 호소하지 못함을 알 수 있다. 내담자가 상담자에게 친구관계를 요구하는 이유는 상담 종결을 통해 버림받는 느낌을 받을 것에 대한 두려움이 느껴져 상담자와의 관계를 지속하고자 하는 마음에서 발생된 요구임이 확인된다. 이를 상담자가 상담윤리에 빗대어 정중한 거절을 하지 않고 내담자의 전이감정에 다가가 이를 애도할 수 있도록 돕는다면 내담자는 거절로 인해 좌절하거나 전이감정이 해소되지 않아 지속적으로 친구관계를 갈망하지 않게 된다. 이와 같은 개입을 통해 내담자는 안정적으로 이별을 받아들이고 의존심에서 한걸음 더 벗어나 성숙의 과정에 가까워 질 수 있다. 그러므로 상담자는 내담자가 호소하는 표면적인 요구 이면의 핵심문제를 다룰 수 있도록 지속적인 노력을 해야 할 것이다.

!! 상담전문가의 조언

학회 윤리강령에 근거하여 종결 후 상담관계를 생각해야 한다.

- 한국상담학회와 한국상담심리학회에서는 다중관계를 특별한 상황 외에는 맺지 않을 것을 제시하고 있다. 또한 성적 관계에 대해서도 종결 후 2년(한국상담학회 기준)에서 3년까지(한국상담심리학회 기준)는 맺지 않아야 하며 그 기간이 지나더라도 가능하면 내담자와 성적인 관계를 갖지 않을 것을 권고하고 있다.
- 성적인 관계 외에도 상담을 진행 중이 아니라면 다중관계를 맺어도 되는 것일까? 앞서 추수개입의 가능성을 제시한 바 있다. 내담자의 추수개입 기간은 정해져 있지 않아 수년이 지난 후 다시 재개입을 하게 되는 경우도 종종 있다. 이런 경우 다중관계를 맺게 되면 재개입을 할 수 없게 되므로 다중관계는 종결 후에라도 불가피한 상황이 아니라면 맺지 않는 것이 적절하다.

　　제12장에서는 상담 종결단계에 나타날 수 있는 상황별 개입에 대해 알아보았다. 내담자의 특성과 상태에 따라 종결의 범위와 시점을 설정하고 재개입의 기준을 평가할 수 있어야 함을 배웠다. 추수개입 시에도 내담자의 불안에 근거한 관계 지속 요구가 있을 수 있으므로 이에 상담자가 어떻게 대처해야 하는가에 대해 살펴보았다. 내담자의 건강한 심리적 독립을 돕기 위해선 상담자 역시 자신의 의존심을 다룰 수 있어야 함을 알고 항상 상담자가 가질 수 있는 역전이를 점검하고 조절할 수 있도록 노력하자.

‼️ 초심상담자 민수씨의 고민

종결이 어려워요.

　　대학 내 학생상담센터에서 근무하는 초심상담자 민수씨는 고민이 있다. 학생상담센터에서는 많은 내담자에게 더 많은 기회를 주기 위하여 단기 상담을 지향하며 상담의 회기를 제한하고 있다. 하지만 민수씨는 내담자를 맡았다 하면 이를 어기기 일쑤였다. 처음엔 내담자가 어려움을 지속적으로 보고하는데 어떻게 중간에 학생상담센터 규칙만을 고려하여 내담자를 내칠 수 있냐며 특수 상황임을 보고하고 상담기간을 연장하여 상담을 진행하였다. 하지만 어느 순간 민수씨가 맡은 거의 대부분의 내담자가 종결을 하지 못한 채로 장기상담이 되어 유지되고 있음을 알아차렸다. 민수씨는 종결을 준비할 때 무엇을 고려해야 할까? 다음 질문을 생각해 보자.

① 지금 내담자를 돕고자 하는 방법이 내담자의 심리적 독립을 돕는 데 효과적인가?
② 상담자는 내담자를 어떤 존재로 바라보고 있는가(내적 힘을 가진 대상 이라고 보고 있는가)?
③ 상담자는 심리적으로 독립된 주체적인 사람인가?

　　위 질문을 통해 객관적인 시각을 가지고 내담자의 상태와 상담자의 역전이를 평가하며 종결의 시점과 방법을 생각해 보자. 필요시 동료 슈퍼비전 또는 전문가 슈퍼비전을 통해 점검받기를 추천한다.

위기에 처한 내담자에 대한 개입
– 내담자의 불편감 다루기

상담을 진행하다가 내담자에게서 자살이나 폭력(가정폭력, 친족 성폭력, 데이트 폭력 등)과 같은 위험에 노출된 것이 확인되었을 때 초심상담자들이 가장 크게 느끼는 감정은 아마 "내담자가 잘못되면 어쩌지?" 하는 생각에서 오는 불안일 것이다. 상담자는 내담자의 위험에 대한 신고의 무를 가지고 있기에 내담자가 혹여나 잘못되었을 때 이에 대한 적절한 조치를 취하지 않았다는 것에 대한 문책을 받을 것이 두렵게 느껴질 수 있다.

반면에, 내담자의 위험성에도 불구하고 내담자 스스로 이에 대한 신고나 개입을 거부하는 경우, 섣불리 내담자의 동의 없이 개입을 진행함으로서 상담관계를 해치게 되거나 아예 중도탈락이 되는 경우가 염려되어 개입을 망설이게 되기도 한다. 내담자와의 관계유지와 안전 확보 사이에서 갈등이 생길 수 있는데 이때 어떻게 개입하는 것이 좋을지 알아보고자 한다.

제13장 한눈에 보기

1

자살의 위험성이 확인되었으나
주변에 알리기 싫어하는 경우

→ 부모의 반대로 자퇴를 하지 못해 자살시도를 한 22세
대학생 소현이의 사례

2

내담자가 폭력에 노출되어
있으나 신고를 꺼려 하는 경우

→ 아버지의 가정폭력에 노출되어 있는 15세 중학생 정범
이의 사례

3

정신병리가 의심되나
병원 진료를 거부하는 경우

→ 환각 증상을 보고하는 32세 직장인 미선씨의 사례

제13장 들어가기 전에……

위기상황 시 다음 사항에 대해 생각해 보자.

💬 자살의 위험이 확인되었을 때 상담자는 어떤 태도를 취해야 할까?

💬 위기상황에 놓인 내담자를 보면 상담자는 어떤 마음이 들까?

1. 자살의 위험성이 확인되었으나 주변에 알리기 싫어하는 경우

처음 상담을 진행할 때 동의서 항목에 비밀유지 예외 조항으로 자살에 대한 위험을 포함하여 고지하였음에도 간혹 자신의 자살 생각이나 시도 사실을 상담자 외 다른 사람에게 알리기를 거부하는 경우가 있다. 이때 상담자는 주변에 알리기를 거부하는 내담자를 설득하는 데 힘을 쏟기보다 왜 내담자가 알리고 싶어 하지 않는지에 집중해야 한다. 내담자에게는 자신의 위험성을 알려서 득이 될 것보다 해가 될 것이라는 생각이 강하기 때문에 거부하는 것이므로 무엇이 염려되어 거부하게 되는지를 다루어 주는 것이 효과적이다. 내담자가 주변에 알리기를 거부하는 이유는 자살까지 생각하게 된 이유("아무도 내 이야기를 들어주지 않을 것이다." "내 말을 듣고 더 큰 질타를 할 것이다." 등)와 같은 맥락일 가능성이 높으므로 이를 다루는 것이 곧 자살에 대한 핵심을 파악하게 되는 개입이 될 수 있다. 이를 위하여 [그림13-1]과 같이 개입할 수 있다.

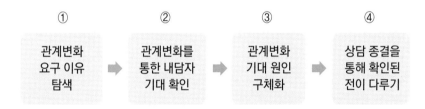

[그림 13-1] **자살 시도에 대한 주변 알림을 싫어하는 내담자 개입 과정**

먼저, 자살 시도 상황에 대해 구체화를 하고 이에 따른 비밀유지 예외 상황에 대해 고지를 해야 한다. 이어서 주변 고지 거부에 대한 내담자의 불편한 마음을 다루고 새로운 지지 자원에 대해 제시하며 삶의 의지를 다지면서 개입할 수 있다. 다음은 [그림 13-1] 단계를 적용한 22세 대학생 소현이의 사례이다. 소현이는 대학에 입학한 후부터 지속적으로 학교 부적응을 보이며 자퇴를 하려다 부모의 반대로 억지 등교를 하고 있던 상황에서 자살 시도를 하려고 한 상황이다. 사례를 통해 각 단계별로 어떻게 개입하고 있는지 살펴보자.

	13-1 부모의 반대로 자퇴를 하지 못해 자살 시도를 한 22세 대학생 소현이의 사례	축어록 반응해설
	내1: 이번 주에 집에 있으니 도저히 참을 수가 없었어요. 그냥 죽자 싶어서 저희 아파트 옥상에 올라갔어요. 그런데 문이 잠겨 있어서 시도를 못했어요……. (한숨 쉬며) 죽지 못한 게 아쉽네요…….	
① 자살 시도 상황에 대한 구체화	상1: 그날 집에 있으면서 참기 힘들 만큼 힘든 일이 있었나 보네. 그날 일을 얘기해 줄 수 있을까?	상담자가 내담자의 자살 경위를 탐색함으로써 자살 시도의 촉발요인을 찾을 수 있다.
	내2: 그냥 별거 없어요. 여전히 엄마는 저에 대해서 아무것도 모르시고 심한 말을 퍼부으시는데 제가 더 이상 그걸 참기가 힘들더라구요. 그래서 이렇게 사느니 그냥 죽는 게 나을 것 같다는 생각이 들어서 옥상으로 올라갔어요.	
② 비밀유지 예외 상황에 대한 고지	상2: 선생님은 소현이가 실제로 자살을 시도할 수 있다는 것을 안 이상 소현이의 안전을 위해서 주변에 그 사실을 알릴 의무가 있어. 어머니가 지금도 너에 대해서 아무것도 모르신다면 이렇게 죽고 싶을 만큼 힘들어한다는 것도 모르실 것 같아. 어머니께 소현이의 힘듦을 전달드려서 더 이상 힘들지 않게 도움을 주시도록 해야 할 것 같은데 어머니 연락처를 알려 줄 수 있을까?	내담자의 안전을 확보하기 위하여 비밀유지를 할 수 없음을 전달하며 가장 가까이에서 내담자를 도울 수 있는 대상 연락처를 요청한다.
	내3: 엄마가 아는 건 싫어요. 그냥 엄마 모르는 곳에 가서 죽고 싶어요. 제가 죽어서 사라져 버리면 엄마도 편하겠죠.	
③ 주변 고지 거부에 대한 마음 다루기	상3: 엄마가 몰랐으면 하는 마음을 좀 더 이야기해 줄래?	거부 의사를 밝히는 행동의 원인이 되는 심정을 다룬다.
	내4: (눈물 흘리며) 엄마가 지금 안다고 달라지는 게 있을까요? 그나마 제가 죽으면 그만큼 내가 힘들었다는 걸 알 테니까…….	
	상4: 사실은 엄마가 내가 죽고 싶을 만큼 지금 힘들다는 것을 알아주셨으면 했구나.	죽고 싶은 마음 이면에 알아주었으면 하는 마음을 공감한다.
	내5: (침묵)…… 그렇지만 진짜 죽지 않는 이상 어차피 모를 테니까…… (눈물) 항상 엄마는 "니가 힘들 게 뭐가 있다고 힘들다 그러냐"고 하세요. 본인은 더 힘들다고. 항상 제가 학교 가는 게 너무 힘들다고 해도 안 들으세요. 그날도 제가 학교 가는 게 너무 힘들어서 안 가고 집에 있었더니 엄마가 이유도 묻지 않고 다짜고짜 화를 내면서 저보고 학교에 왜 안 가냐며 등록금 대느라 고생하는 부모 생각은 안 하냐고 당장 안 나가면 가만 안 두겠다고 하시더라구요. 그래서 더 이상 듣기 싫어서 나왔는데 살기 싫더라구요. 그래서 옥상으로 올라갔죠……. 아쉽게 문이 잠겨서 실패했지만…….	
	상5: 소현이가 죽어야만 엄마가 소현이의 어려움을 알아차리실 거라	

는 말이구나. 그 정도로 엄마가 소현이의 어려움을 모르실 거란 말이 가슴이 아프네. 그동안 소현이가 어떤 심정으로 생활해 왔을까 싶어.

> 내담자가 현재와 같이 거부 의사를 밝히게 된 경위를 공감한다.

내6: (눈물을 펑펑 흘리고 말을 잇지 못함) …… (한동안 침묵 후 멍한 표정으로 한참을 가만히 있음)

상6: 지금 어떤지 이야기해 줄 수 있겠니?

내7: 그냥 선생님이 제가 그동안 어떤 심정으로 생활해 왔을까 싶다고 하시는 말을 듣고 그동안 제가 얼마나 힘들었는지가 떠올랐어요. 제가 너무 불쌍한 거예요. (다시 눈물) 아무도 모르게 혼자 힘들었다는 게……

> 감정이 조금 누그러진 것이 확인되면 내담자가 충분히 자신의 상태를 표현할 수 있도록 독려한다.

④ 새로운 지지자원 마련 및 삶의 의지 다지기

상7: 그래…… 그동안은 소현이가 혼자 힘들었지. 이제는 상담받으면서 혼자 힘들지 않아도 돼. 그러기 위해서는 소현이의 안전이 확보되어야 하니 두 사람 정도 연락처를 알려줬으면 해. 어머니께 알리기 싫다면 소현이의 마음이 내킬 때까진 알리지 않을게. 단, 소현이의 안전이 확보될 수 있는 사람들을 알려 줘야 선생님도 소현이의 의사를 존중해 줄 수 있을 것 같아. 알려 줄 수 있겠니?

> 그동안은 혼자 아파 왔지만 상담을 통해 이를 바꿀 수 있는 기회가 있음을 알리고 새로운 삶의 의지를 다진다.

내8: 네. 친한 친구 번호랑 남자친구 연락처 드릴게요. 남자친구랑은 매일 연락하고 저희 집도 알아서 제가 연락이 안 되면 저를 찾을 수 있을 거예요.

상8: 만약에 친구랑 남자친구도 연락이 안 될 때를 대비해서 자살을 시도하기 전에 선생님한테 연락을 하거나 선생님이 연락이 되지 않을 때를 대비해서 '생명의 전화' 번호를 알려 줄게. 위급 시에는 그쪽으로 전화하겠다는 '서약서'도 썼으면 해.

> 위급 시에는 상담자에게 연락하도록 할 수 있으나 상담자가 연락을 받지 못하는 상황도 있을 수 있으므로 24시간 핫라인을 안내한다.

내9: 네.

상담 중에 내담자가 자살 시도에 대해 보고하면 먼저 어떤 상황이 있었기에 자살 시도로까지 이어지게 되었는지에 대한 구체적인 상황을 살펴보는 것이 필요하다. 이는 내담자가 어떤 자극에 고통을 받는지가 확인되어야 하고 그것이 어떻게 해소되지 못하여 자살 시도로까지 이어졌는지에 대한 프로세스를 알아야 그 과정 속에 숨겨진 마음을 상담을 통해 해소하고 다음에 발생할 수 있는 위험을 미연에 대처하기 위한 방안을 수립할 수 있기 때문이다. 상담에서 이를 잘 다루면 이후 자극을 받아 고통이 생기더라도 상담에 와서 해소할 수 있다는 생각으로 자살 시도까지 이어지지 않을 수 있다. 그래서 자살을 다루는 것에서 가장 중요한 것은 자살로 이어지는 프로세스 속에 숨겨진 감정을 해소할 수 있도록 돕는 것이다.

이 장에서는 이 과정 이후 내담자에게 또 다시 생길 수 있는 위험에 대비를 하기 위한 과정으로서 자살 시도에 대한 개입을 다루고 있으므로 소현이의 사례에서는 내담자의 거부 행동에 대한 개입을 다루고자 자살 시도 경위를 구체화하는 것은 다소 생략되어 있다. 앞서 소현이에게 자살 시도의 위험성으로부터 안전을 확보할 수 있도록 어머니의 연락처를 요구하였으나 거부하는 것을 확인하였다. 이는 그동안 어머니가 자신의 어려움을 항상 무시해 왔던 어머니에 대한 분노가 반영된 것으로 어떠한 시도로도 자신의 고통을 봐 주지 않는 어머니에 대한 적개심과 반항심으로 자살 시도에 대한 욕구가 높아졌음을 보여 준다. 이 과정을 다루면서 내담자가 왜 어머니에게 이를 알리기를 거부할 수밖에 없는지, 실제로는 어떤 마음인지를 공감해 줌으로써 내담자가 상담자의 요구(주변 자원 연락처 제공)에 허용적인 마음이 되는 것을 알 수 있다.

이렇듯 상담자가 내담자의 저항을 다룰 때 항상 주요하게 다루어야 하는 것은 내담자의 마음이며, 어떤 마음에서 그러한 태도와 행동을 취하게 되는지에 대한 내담자의 이유를 알아주는 공감이다. 상담자가 이러한 내담자의 마음을 알아주지 못하고 주변에 자살 시도 사실을 알려야 함을 밀어붙이거나 설득하게 된다면 내담자는 상담자로부터 공감받지 못함으로서 오히려 더욱 주변 고지를 거부하고 상담자와 거리를 두려고 할 수 있으므로 항상 공감적인 개입을 할 수 있도록 노력해야 한다.

!!! **상담전문가의 조언**

위기상황에서 상담자도 보호받을 수 있도록 대비해야 한다.

상담을 하면 항상 위기상황에 직면해 있는 내담자를 만나게 된다. 이때 상담자는 내담자를 위기상황에서 보호할 의무를 가지지만 이러한 위험에서 항상 보호하지 못하게 되는 때도 만나게 된다. 그러한 상황이 발생하였을 시 상담자는 결과에 대한 책임이 부여되므로 과정에서 어떤 대비를 해야지만 상담자를 보호할 수 있는지에 대해 아는 것이 필요하다.

① 상담 중: 내담자에게 현재 상담자가 위기상황임을 인지하였음을 알리고 비밀보장 예외 상황이므로 내담자의 안전을 위해 이를 알려야 함을 전달해야 한다.

② 상담 후: 상담 진행 중 어떤 내용을 들었고 어떻게 대처하였는지 반드시 기록하여 문서화한다(육하원칙에 따라 구체적으로 기록). 상담 중에 내담자의 안전을 위해 확보해

야 할 사안을 놓친 것이 있다면 이를 인지했을 때 추가로 개입해야 한다. 그리고 이를 반드시 육하원칙에 따라 기록하여 남겨 둔다.
③ 상담 진행 과정: 내담자의 안전 확보를 위한 기관 연계 등을 할 때마다 어떤 과정을 통해서 어떤 개입을 했는지 낱낱이 기록해야 하며 중간중간 슈퍼비전을 통해 개입의 적절성을 점검한다.

상담자의 안전이 확보되어야 상담에서의 불안을 줄이고 내담자의 고통에 몰입할 수 있다. 하지만 이것이 과도하면 상담자의 불안으로 인하여 내담자의 고통에 둔감해질 수 있으니 상담자의 불안관리에 힘써야 한다.

2. 폭력에 노출되어 있으나 신고를 꺼려 하는 경우

상담자는 내담자가 폭력에 노출되어 있는 경우 관련 기관으로 신고할 의무를 가지고 있다. 특히 미성년자의 경우 상담장면에서 가정폭력 또는 학대 피해를 확인하였을 때 미신고로 인한 법적 책임을 가지므로 이에 대한 개입이 중요하다. 그러므로 상담동의서를 작성할 때도 비밀보장의 예외 조항으로 그러한 항목을 포함하는 것이 일반적이다.

그러나 내담자들은 자신의 위험에도 불구하고 신고를 꺼리게 되는데 이럴 때 상담자는 내담자를 위험으로부터 구하지 못했다는 불안과 위험으로부터 자신을 지키지 않으려는 듯한 내담자의 태도에 답답함을 느끼게 된다. 그 결과 상담자는 내담자의 심리적 어려움에 초점을 두기보다 내담자의 위험에 맞는 기관을 연계하기 위한 방법적 개입에 몰두하게 되는데, 이는 상담자-내담자 관계에도 영향을 미쳐 상담을 중단하는 요인이 되기도 한다. 이와 같은 상황에서 상담자는 [그림 13-2]와 같이 개입해 볼 수 있다.

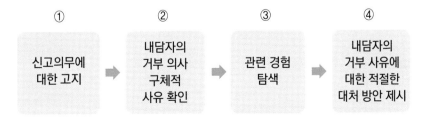

[그림 13-2] **폭력상황에서 신고를 꺼려 하는 내담자 개입 과정**

　　내담자에게서 위험적 소인이 확인되면 상담자가 신고의무를 가졌음을 고지해야 한다. 이에 대해 내담자가 거부 의사를 밝힌다면 그 사유를 구체적으로 확인하는 것이 필요하다. 내담자가 자신의 위험에도 불구하고 신고를 거부하는 데에는 관련된 과거 경험이 있을 수 있으므로 이에 대해 탐색해야 한다. 이것이 확인되면 내담자의 거부 사유를 공감함으로서 내담자의 마음을 안정시킬 수 있고 보다 적절한 대처방안을 제시하여 개입할 수 있다. 다음은 아버지의 가정폭력에 노출되어 있는 15세 중학생 정범이의 사례이다. 다음 사례를 통하여 위험에 대한 신고를 거부하는 대상에 대해 [그림 13-2] 단계가 어떻게 적용되는지 알아보자.

13-2 아버지의 가정폭력에 노출되어 있는 15세 중학생 정범이의 사례	축어록 반응해설
내1: 아버지가 어제 또 술을 드시고 들어오셔서 난동을 피웠어요. 밖에서 먹은 술이 부족했는지 집에 와서 술을 더 사 오라고 하는 거예요. 집에 돈이 어디 있다고…… 벌어 오는 돈도 없으면서 무슨 돈으로 술을 사 오라는 건지 황당해서 가만히 있었더니 먹던 상을 엎고 주변에 있는 걸 짚이는 대로 저에게 마구 던지기 시작하는 거예요. 옆에 있던 엄마가 그만하라고 말리는데도 더 발악하면서 엄마를 밀치고 급기야 주방에 가서 칼을 들고 와선 휘둘렀어요. '진짜 이제는 정말 미쳤구나. 저 인간은 아버지도 아니다. 우리 집을 망치고 좀먹는 악마다.'라는 생각이 들었어요. ……(중략)…… (당시 감정을 충분히 다룬 뒤)	

개입Tip

내1 다음 상1 개입이 있기 전 내담자의 당시 감정을 먼저 다룬 뒤 신고의무에 대해 안내해야 함

① 신고의무에 대한 고지	상1: 아버지가 칼을 휘두를 정도였다면 정범이가 굉장히 위험했던 것 같은데 선생님은 상담동의서를 작성할 때 안내했던 것처럼 정범이의 안전을 지키기 위해서 이 사항에 대해 신고를 할 의무가 있어. — 내담자의 안전을 위하여 신고의무에 대해 내담자에게 정확하게 전달해야 한다.
	내2: 안 돼요. 우리가 신고한 걸 알면 더 난리가 날 수도 있어요. 신고하지 마세요.
② 내담자의 거부 의사 구체적 사유 확인	상2: 어떻게 난리가 날 것이 두려워서 선생님이 신고를 하지 않으면 하니? — 신고에 대한 설명을 하기 보다 내담자의 두려움을 다룬다.

내3: 만에 하나 신고를 해서 경찰이 저희 집으로 오면 그 사람이 저희를 가만 두지 않을 거예요. 저희를 죽일지도 몰라요. 경찰은 저희를 지켜 주지 못해요.

③ 관련 경험 탐색 — **상3**: 신고를 해서 아버지에게 보복당할 것이 두려운 거구나. 경찰을 믿지 못하는 이유가 있을 것 같애.

> 내담자의 거부 사유에 좀 더 초점을 두고 확인한다.

내4: 그 사람이 항상 그랬어요. 경찰이 너희 따위 지켜 줄 것 같으냐고. 우리 같은 버러지들은 나라에서도 관심 없다고…… (눈물) 그리고 엄마가 아빠 신경 건드려서 좋을 것 없다고 항상 저 보고 참으라고 했어요. 경찰이 오면 동네 시끄러워지고 안 좋은 소문나면 얼굴 들고 다니기 힘들다고…… 그리고 우리 생계를 책임지는 게 아빤데 아빠가 잡혀가면 누가 우리 먹여 살려 주냐……

상4: 아버지의 폭력적인 행동 때문에 정범이도 불만이 있어서 어머니께 이야기를 한 적이 있나 보구나.

> 이전의 좌절경험을 공감한다.

④ 내담자의 거부 사유에 대한 적절한 대처방안 제시 — **내5**: 네. 그런데 엄마는 항상 참으라고 했어요. 우리 먹여 살려 주는 건 아빠밖에 없다고……

상5: 아빠의 폭력은 견딜 수 없을 만큼 힘지만 신고를 하면 우리 생계를 책임져 줄 사람이 없어지니 신고를 할 수 없었다는 말이구나. 그동안 정범이가 왜 신고를 할 수 없었는지를 알겠어. 선생님이 아버지가 가족에게 보복하지 않고 분리되어도 정범이의 생활을 지속할 수 있는 방법을 알아보고 연결해 줄 수 있을 것 같은데 어때?

> 내담자가 현실적으로 불안을 느끼는 요소에 대한 대안을 제시함으로서 불안을 낮출 수 있다.

내6: 그런 방법이 있나요?

상6: 그럼~ 최근에는 가정폭력 신고를 하게 되면 안전하게 분리를 할 수 있도록 도움을 받을 수 있고 생계유지 능력이 없다면 관련 도움을 받을 수 있도록 행정기관에 연계를 할 수가 있어. 오히려 아버지는 지금 술을 너무 드셔서 생계활동을 하시기에 무리가 있어 보이시는데 아버지도 술을 줄이시고 경제활동을 하실 수 있도록 도움을 드릴 수도 있어. 선생님이 어머니를 만나서 이와 관련해서 의논하고 진행을 해 봐도 될까?

> 이전 경험과 달라진 현실에 대해 제시하고 내담자를 대신하여 상담자가 어머니를 개입함으로서 내담자가 느끼는 위험 부담을 줄일 수 있다.

내7: 그렇다면 엄마랑 이야기 한번 나눠 보세요.

정범이는 폭력 상황에 놓였을 때 상대적 권력자인 아버지의 말("경찰이 너희 따위를 지켜 줄 것 같으냐. 나라에서는 관심도 없다.")과 그런 아버지의 태도에 방관하는 어머니 ("아빠 신경 건드려서 좋을 것 없다." "우리 생계를 책임지는 게 아빤데 아빠가 잡혀가면 누가 우리 먹여 살려 주냐.")로 인하여 생계곤란의 위협을 느끼며 신고를 거부하고 있음이 확인된다. 이는 아직 미성년자로서 도움을 받을 수 있는 사회적 체계를 알지 못하는 데에서 오는 현실 불안을 자극하고 스스로 할 수 있는 일이 없다는 무력감을 부여하여 적절한 대처를 할 수 없도록 하고 있다.

이에 상담자가 내담자의 신고 거부 사유를 확인하고 현실적으로 도움을 받을 수 있는 대안을 제시함으로서 내담자가 가진 현실불안을 낮추어 주었다. 또한 상담자가 어른으로서 어머니에 대한 개입, 상황에 대한 개입을 함으로서 믿을 수 있는 성인 어른에 대한 신뢰를 준 것이 내담자의 거부 의사를 돌리는 데 효과를 나타낸 것을 알 수 있다.

많은 내담자가 자신의 과거 고통에 함몰되어 상황을 객관적으로 보지 못하고 폭넓은 대안을 설계하는 데 어려움을 경험한다. 이는 내담자들이 신경증적 불안과 현실불안을 구분하지 못하는 데에서 발생하는 문제이다. 이때 상담에서 신경증적 불안을 효과적으로 다루기 위하여 현실불안을 경감할 수 있도록 환경을 조성하는 것이 필요하다.

정범이의 경우, 미성년자로서 대처할 수 있는 방안이 없음에서 오는 무력감을 상담자가 적절한 대안(경찰 신고 과정 및 방법 등)을 제시함으로서 현실불안을 낮추어 주었다. 이를 통해 상담에서는 내담자가 당시 상황에서 느꼈을 좌절감과 무력감, 분노를 다루어 줌으로서 내담자가 현재를 버틸 수 있는 힘을 길러 주고 신경증적 불안을 낮추는 효과를 기대할 수 있다. 이것은 내담자의 위기상황에 대한 환경적 변화와 내담자의 내면 변화를 모두 개입하는 것이다.

항상 위기상황에 놓여 있는 내담자를 개입할 때는 내담자의 현실불안과 신경증적 불안을 구분하여 상담시간에는 무엇을 다룰 것인지에 대한 중심을 잃지 않아야 한다.

!! 궁금해요!

✏ 현실불안과 신경증적 불안 어떻게 구분하나요?

- **현실불안:** 정상적인 위기상황에서 분명한 위험요인이 있을 때 느끼는 불안이다.
- **신경증적 불안:** 위험한 상황이 아님에도 불구하고 불안을 느끼는 경우에 느껴지는 불안

이다. 예를 들어, 절벽 위에 서 있을 때 불안할 수 있다. 그러나 분명한 안전장치가 있음에도 불구하고 불안이 매우 높게 나타난다면 신경증적 불안을 의심해 볼 수 있다. 불안은 위험을 알리는 신호로서 감지되어 안전을 지키기 위한 장치이므로 불안을 무조건 나쁘게 의식할 필요는 없으나, 현실에 맞지 않은 정도의 불안은 관리가 필요하다.

현실불안과 신경증적 불안을 구분하여 개입하기 위하여 분명한 현실적 위험 요인을 제거해 주는 것이 효과적이다.

3. 정신병리가 의심되나 병원 진료를 거부하는 경우

내담자 중에는 병리적 이상행동을 보이는 경우가 있는데 이때 병원 진료 자체를 거부하는 경우를 종종 만나게 된다. 이것은 내담자가 이전의 부정적 경험이나 정신과 진료에 대한 부정적 인식에 의한 것일 수 있다. 이때 상담자는 증상에 압도되어 무조건적으로 병원 연계를 강요하기보다 이를 먼저 다루어 주는 것이 필요하다. 또한 내담자 스스로 필요성을 인지하고 도움을 받을 수 있도록 개입하여 자발성을 가지고 꾸준히 치료받을 수 있도록 돕는 것이 중요하다. [그림 13-3]은 병원 진료를 거부하는 사례에 대한 개입 단계이다.

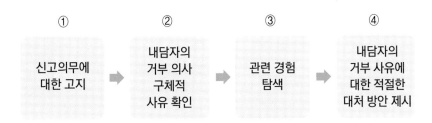

[그림 13-3] **병원 진료를 거부하는 내담자 개입 과정**

내담자가 보이는 병리 증상의 특징을 확인하고 그에 따른 치료를 권유한다. 이에 내담자가 거부 의사를 보이면 그 사유를 확인하면서 내담자가 거부할 수밖에 없는 이유를 공감한다. 이를 통해 내담자가 거부하던 적개심이 완화되면 상담자가 내담자의 현재 어려움에 따른 현실적인 대안으로서 치료를 재권유하며 개입할 수 있다. [그림 13-

3] 단계를 어떻게 적용할 수 있는지 환각 증상을 보고하는 32세 직장인 미선씨의 사례를 통해 살펴보자.

13-3 환각 증상을 보고하는 32세 직장인 미선씨의 사례	축어록 반응해설
내1: 이번에 맡은 일이 익숙하지가 않아서 실수를 했어요. 그래서 부장님께서 저를 불러 세우시고는 큰 소리로 저를 다그치셨어요. 그 뒤로 같은 부서에 있는 동료들이 저를 이상하게 쳐다보고 뒤에서 계속 저를 욕을 할 것 같은 느낌이 들어서 너무 힘들어요. 집에 가서도 그 생각이 계속 들어서 잠도 안 오고 다음 날이 되면 잠이 부족해서 또 집중이 안 되니까 업무 중에 실수하게 되고…… 또 혼나고…… 이제는 뭔가 가만히 있을 때도 사람들이 욕하는 소리가 들리는 것 같아요.	
① 증상의 특징 확인 ── **상1:** 직장에서 난처한 상황이 있으셨네요. 혹시 직접적인 소리가 들리나요?	내담자의 이상증상이 신경증 수준인지 정신증 수준인지에 따라 내담자의 자아수준이 확인되므로 증상의 특징을 확인한다.
내2: 제 뒤에서 수군수군거리는 소리가 나서 돌아보면 아무도 없어요. 그런데 뒤에서 계속 수군거리는 소리가 나요.	
상2: 수군거리는 소리가 들려서 돌아보면 아무도 없다는 말씀이시군요. 실제로 누군가 수군거리는 것 같으신가요?	내담자가 실제와 환각을 구분하는지 확인한다.
내3: 사실 정확한 말소리가 들리는 건 아니고 돌아봤을 때 아무도 없는 걸 보면 실제가 아닌 것 같은데 그런 느낌이 계속 들어서 집중이 안 돼요. (눈물) 그러니까 실수를 하게 되고 또 혼나고…… 회사에 있으면 너무 힘들어요……	
② 증상에 따른 치료 권유 ── **상3:** 미선씨 말씀을 들어 보니 아직 명확한 말소리가 들리는 것은 아니지만 다른 사람들이 수군거리는 듯한 소리가 들리는 증상이 있으신 것 같네요. 그 증상 때문에 계속해서 회사 생활이 어렵다면 상담을 받으면서 병원 치료를 병행하는 것이 좋을 것 같아요.	내담자의 일상생활유지가 스스로 조절이 어려울 정도라면 병원 치료를 권유할 수 있다.
내4: 병원은 싫어요. 지금도 사람들이 저를 이상하게 보고 수군거리는데 제가 정신병원에 다니는 걸 알게 되면 저를 미쳤다고 생각할 거예요.	
③ 치료 거부 사유 확인 ── **상4:** 미선씨가 정신과 병원 진료를 받고 있다는 것이 주변 사람들에게 알려지는 것이 두려우신 거군요. 병원 치료는 개인정보이기 때문에 미선씨가 알리지 않는 이상 다른 사람이 알 수 없는데 그래도 병원 치료를 병행하는 것이 꺼려지시는 이유가 있을까요?	내담자의 입장에서 치료 거부 의사를 확인하여 장애요인을 없애는 개입을 해야 한다.

내5: 그래도 정신과 치료를 받는다는 건 제가 미쳤다는 걸 인정하는 것 같아서 싫어요. (눈물) 저는 미치지 않았어요……

상5: 아…… 지금 그 말씀을 하시면서 눈물을 흘리시는데 어떤 것이 떠오르시나요?

> 내담자에게서 감정적인 반응이 확인되면 어떤 자극에 의한 것인지 확인한다.

내6: 사람들이 저를 외면하는 모습이요…… (침묵 40초) 제가 이상하다면서 욕하고 저를 마치 벌레 보듯 해요.

상6: 그 사람들은 누구인가요?

> 좀 더 구체적인 대상을 연상할 수 있도록 돕는다.

내7: (눈물 흘리며 한참 침묵 후) 저희 가족들이요…… 늘 가족들은 저보고 이상하다고 해요. 아빠랑 싸우고 제가 대들기라도 하면 엄마랑 오빠는 항상 저에게 "싸가지 없는 년"이라면서 아빠 편을 들어요. 우리 집에서는 저만 이상한 사람이에요. 제 편이 없어요. 병원 치료까지 받는다는 걸 가족들이 알면 정말…… (눈물이 앞을 가려 한동안 말을 못함) 아버지는 폭군이에요. 항상 자기가 원하는 대로만 해야 한다고 주장해요. 엄마도 오빠도 그걸 알아요. 그런데 항상 저만 이상한 사람 취급을 해요…… 저는 그게 너무 억울해요. (눈물) 왜 내 이야기는 듣지도 않고 항상 나를 몰아세우는지……

> ④ 치료 거부 사유 공감 및 내담자 어려움에 기반한 치료 재권유

상7: 병원 치료를 받는다는 것은 내 이유와 상관없이 가족들 말이 맞다고 인정하는 꼴이 되니 거부하게 되는 거였군요. 가족들로부터 이해받지 못해서 억울했던 미선씨의 마음이 이해가 됩니다. 병원 치료는 꼭 가족들에게 알려야 하는 것은 아니에요. 그리고 약물치료는 미선씨의 증상을 완화하고 상담의 효과를 높이기 위함이지 미선씨가 이상하다는 것을 낙인찍는 것이 아니랍니다. 지금 말씀하신 억울함을 상담에서 이야기 나누면서 해소하려면 일상생활 유지가 되는 선에서 약물치료가 병행이 되어야 할 것 같아요. 어떠세요?

> 내담자가 궁극적으로 치료를 거부하는 이유를 공감해야 내담자의 불안이 낮춰진다. 심리적으로 여유가 생기면 자신의 상황에 대해 객관적 평가가 가능해지므로 이때 치료에 대해 재권유를 하면 받아들여질 수 있다.

내8: 네…… 그러면 일단 한번 가 볼게요.

　　미선씨의 사례를 보면 가족들로부터 이상한 사람 취급을 받으며 소외당했던 억울함이 치료 거부 사유가 되고 있음이 확인된다. 이는 내담자가 현재 호소하는 증상("사람들이 나를 이상하게 생각하고 뒤에서 수군거린다.")과 일맥상통함을 알 수 있다. 결국, 미선씨는 가정 내에서 자신의 입장에서 이유를 인정받거나 이해받지 못한 억울함과 적개심이 투사되어 회사생활에서도 사람들이 나를 수군거릴 것이라는 환각 증상으로 나타나고 있으며 병원 치료에 대해서도 거부하게 됨이 확인되었다.

이렇듯 내담자의 핵심은 모든 상황에 투사되어 나타나므로 치료에 대한 거부 상황을 다룰 때에도 내담자가 거부하게 되는 마음을 공감하는 것이 궁극적으로 치료적인 개입을 하는 데 효과적이다. 내담자가 적개심에 휩싸여 있을 때는 어떤 현실적인 말과 대안에도 반응이 어렵지만 감정이 정화된 이후에는 객관적인 시각으로 자신에게 현실적인 대안을 적용할 수 있는 마음의 여유가 생기기 때문이다. 그러므로 상담자는 항상 내담자를 설득하거나 회유하는 개입을 하기보다 내담자의 입장을 공감할 수 있는 개입을 해야 한다.

!! 궁금해요!

✎ **신경증과 정신증, 어떤 차이가 있나요?**

특성	신경증(neurosis)	정신증(psychosis)
현실판단력	정상적	뚜렷한 손상
주요 장애·문제	불안장애, 우울증	정신분열증
자기 상태에 대한 이해	있음	없음
사회적 적응 상태	경미한 문제	심각한 문제
주요 치료 방식	외래치료, 방문치료	입원치료

출처: 권석만(2013). 현대이상심리학(2판). 서울: 학지사.

- 신경증과 정신증이 표와 같은 차이가 나는 기준은 '자아'이다. 신경증의 경우 현실을 구분할 수 있는 '자아'가 아직 붕괴되기 전의 상태이므로 자신의 심리적 증상을 인지할 수 있다. 하지만 정신증의 경우 '자아'가 붕괴되어 현실과 자신의 내면에서 투사되어 나타나는 증상을 구분하지 못한다. 내담자의 보고 특성을 예로 들면, "자꾸 사람들이 저를 욕하는 것 같아요." 하고 보고를 한다면 신경증 수준이고 현실이 아님에도 불구하고 "저 사람이 나를 욕하고 있다."라고 보고를 한다면 정신증 수준이라고 이해할 수 있다. 이러한 차이를 이해하고 내담자의 수준에 맞게 개입하자.

제13장에서는 다양한 위기상황에 있음에도 불구하고 상담 외 개입을 거부하는 내담자에 대한 개입방안을 알아보았다. 위기상황이 다양하여도 이를 개입하는 방법은 내담자가 이를 거부하는 이유를 다루어 주어야 한다는 핵심은 동일함을 확인하였다. 내담자가 상담 외 개입을 거부할 때 초심상담자는 상담관계를 해칠 것을 두려워하여 적

절한 개입을 하지 못하게 되는데 내담자가 거부하는 이유를 다루어 주는 것이 결국 내
담자의 마음을 공감하는 방법임을 잊지 말아야 한다.

‼️ 초심상담자 수정씨의 고민

내담자는 약물치료를 원하는데 부모님이 거부하세요.

청소년 상담을 하고 있는 수영씨는 내담자의 현재 우울정도가 너무 심각하다고 판단
하여 내담자에게 약물치료를 권유하였다. 내담자는 약물치료를 통해 자신의 상태가 호전
될 수 있다면 받아보겠다는 병원 진료를 동의하였다. 청소년 내담자이므로 이에 대한 법
적 보호자에 대한 보고 의무와 지지자원으로의 역할을 요청하기 위하여 부모에게 내담자
의 현재 상태를 알리며 병원 치료를 권유하였다. 그러나 내담자의 부모님은 내담자가 정
신과 진료를 받으면 낙인이 찍혀 진로나 대인관계에 영향이 있을 것이라며 진료를 완강히
거부하셨다. 수영씨는 이렇게 거부하시는 부모님을 어떻게 설득해야 할지 몰라 난감해 하
는 동안 내담자의 상태가 점점 더 심각해질 것이 두려웠다.

수영씨의 사례와 같이 청소년 내담자의 경우 특수한 경우(방임, 학대 등)가 아닌 이상
법적 보호자의 동의가 있어야 기관 연계 등을 하여 개입이 가능하다. 이때 부모님에 대한
개입을 하려면 병원 진료가 내담자의 미래에 어떤 영향을 주는 것이 불안한지에 대해 다
루어야 한다. 정신과 진료는 개인정보이므로 타인이 함부로 열람할 수 없으므로 진료 자
체가 내담자의 미래에 직접적 장애가 된다고 볼 수 없다. 오히려 증상을 방치하였을 때
이로 인한 미래가 불투명해질 수 있음을 제시하며 동의를 구할 수 있어야 한다.

화상상담하기

　디지털기기의 발전과 플랫폼 시장의 다양화로 '비대면, 비접촉' 방식을 선호하는 '언택트 (untact) 사회'가 되면서 상담 현장에서도 비대면상담, 특히 화상상담이 유용하게 사용되고 있다.
　화상상담은 도움이 절실하게 필요하지만 거리 등의 환경적 요인으로 상담센터를 찾아올 수 없었던 상담 사각지대의 내담자들뿐 아니라 외부 환경에서 긴장도가 높아 대면상담이 어려웠던 내담자들도 선호하는 새로운 상담방식 중 하나로 자리 잡고 있다. 상담 및 심리치료 영역에서는 전통적인 대면상담만이 효과적이라는 선입견이 점차 약화되고, 화상상담만이 가지는 고유한 장점과 유용함이 있다는 인식전환이 일어나고 있다. 이에 발맞춰 화상상담을 할 때 어떤 점을 고려해야 할지, 실제로 상담을 운영할 때는 어떠해야 하는지, 그리고 비대면상담을 진행하면서 위험이 확인되었을 때 어떻게 개입하는 것이 필요한지에 대해 알아보고자 한다.

제14장 한눈에 보기

1
화상상담 준비하기

- 화상상담 환경 조성하기
- 화상상담에서 상담자가 유의할 점

2
화상상담 실시하기

- 화상상담 구조화하기
- 화상상담에서 상담관계 형성하기
- 화상상담 동의서 작성하기

제14장 들어가기 전에……

화상상담에 중요한 다음 사항에 대해 생각해 보자.

💬 화상상담을 시작하기 전에 무엇부터 준비해야 할까?

💬 화상상담에서 구조화해야 할 내용은 무엇일까?

💬 화상상담에서 상담관계 형성은 어떻게 할까?

1. 화상상담 준비하기

디지털 및 플랫폼의 발전은 우리의 생활뿐만 아니라 상담 현장에도 큰 영향을 미치고 있다. 가장 대표적인 영향은 상담 진행 방법이 대면에서 비대면으로 다양화되었다는 점이다. 대면상담도 익숙하지 않은 초심상담자들이 매체를 활용한 비대면상담을 시작하려면 더욱 신경 쓰고 챙겨야 할 것이 많을 수 있다. 비대면상담 중 특히 상담 현장에서 가장 많이 활용되고 있는 화상상담을 진행할 때 무엇부터 준비해야 하고, 유의해야 할 사항은 어떤 것들이 있는지 함께 살펴보도록 하겠다.

1) 화상상담 환경 조성하기

상담자는 화상상담을 시작하기 전 상담 환경에 대한 점검을 먼저 해야 한다. 화상상담은 영상매체를 사용하기 때문에 대면상담보다 시간적, 공간적 제약이 없다는 장점이 있지만, 기기가 가질 수 있는 불안정과 기술 오작동 등이 단점이 될 수 있다. 따라서 상담자는 화상상담 프로그램 사용법을 반드시 숙지하여 돌발 상황에 대처할 수 있어야 한다. 화상상담에 대한 전용공간이 마련되어 있는지, 인터넷 연결, 컴퓨터, 카메라, 마이크, 스피커 등 상담을 위한 장비 작동에 이상이 없는지, 내담자에게 화상상담에 대해 안내하고 동의를 받았는지, 화상상담 플랫폼 사용법을 충분히 숙지하였는지에 대해 확인해야 한다. 〈표 14-1〉과 같은 체크리스트를 해 볼 수 있다.

〈표 14-1〉 **화상상담에 대한 상담자 점검 체크리스트**[1]

체크리스트	예	아니요
• 화상상담을 위한 전용공간이 마련되어 있다.		
• 인터넷 연결, 컴퓨터, 카메라, 마이크, 스피커 등 상담을 위한 장비 작동에 이상이 없음을 확인하였다.		
• 개인정보 보호에 및 화상상담에 대해 안내하고 동의서를 받았다.		

---

1) 한국청소년상담복지개발원(2020). 「화상상담매뉴얼」에서 일부 발췌.

대면상담이 아닌 화상상담이기 때문에 초기 안정감 확보가 더욱 중요하다. 만약 상담자의 준비 미숙으로 인해 상담이 끊기거나 중요한 개입을 하던 중 상담이 중단된다면 내담자와의 신뢰롭고 안정감 있는 상담관계 조성에 치명적일 수 있다. 화상상담 시 환경조성은 [그림 14-1]과 같이 할 수 있다.

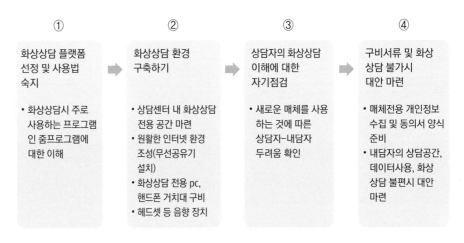

[그림 14-1] **화상상담의 환경조성 단계**

(1) 화상상담 플랫폼 선정 및 사용법 숙지

화상상담은 노트북이나 컴퓨터, 패드와 같은 기기 사용뿐 아니라 화상상담이 가능한 어플리케이션, 플랫폼을 활용하게 된다. 상담자는 상담 전에 사용하는 프로그램에 대한 이해가 선행되어야 한다. 로그인, 로그아웃 방법, 화면을 켜고 끄기, 음향을 조절하는 법, 필요시 파일을 전송하고 받는 법 등 프로그램 사용법을 사전에 충분히 숙지하도록 하자.

(2) 화상상담 환경 구축하기

상담센터 내 화상상담을 위한 전용공간을 마련할 필요가 있다. 노트북, 패드, 이어폰, 헤드셋의 사용법을 숙지하는 것뿐 아니라, 인터넷 사용 시 유선이나 무선으로 사용할지를 결정하고, 특히 무선인터넷을 사용할 경우 공유기 등의 상태를 점검하여 상담이 중도에 끊기지 않는지 점검해야 한다. 또한 화상상담 전용공간(상담실)에서 화면의 배경이 되는 부분이 지저분하거나 집중되기 어려운 상태로 놓여 있지 않은지도 체크해 보자.

(3) 상담자의 화상상담에 대한 이해 점검

상담자가 화상상담에 대한 선입견이나 두려움이 없는지도 살펴볼 필요가 있다. 앞에서 계속 강조한 바와 같이, 일반 대면상담보다 화상상담은 상담자와 내담자가 한 공간에 있지 않기 때문에 안정감 조성이 매우 중요하다. 그런데 만약 상담자가 화상상담에 대한 거부감이나 두려움이 크다면, 내담자에게 안정감을 전달하기 어렵다. 기기 사용이 서툴고, 익숙하지 않다면, 충분히 연습하고 준비하여 불안감이나 선입견을 낮추는 것도 방법이라 하겠다.

(4) 구비서류 및 화상상담 불가 시 대안 마련

각 센터별로 첫 회 상담에서 받아야 할 구비서류가 있을 수 있다. 첫 회 상담에서 내담자의 화상상담에 대한 동의서 등을 주고받아야 하는 경우가 있다. 상담자 자신이 보유할 기기(노트북, 컴퓨터, 패드 등)에 동의서 파일이 있는지 확인해야 한다. 또한 불가항력적 상황에서 상담이 중도에 끊기거나, 불가하게 될 경우, 상담을 어떻게 전환할 것인지 대안을 마련하고 내담자에게도 공지할 필요가 있다. 상담이 중간에 끊어지면 상담자가 내담자에게 전화를 하여, 전화상담으로 진행될 수 있음을 안내하고, 만약의 경우를 대비하여 전화상담에 관한 준비(전화기 설치 등)도 함께 고려해야 한다.

2) 화상상담에서의 상담자가 유의해야 할 점

전통적인 대면상담과 비대면상담의 진행 과정은 크게 다르지 않다. 하지만 화상상담이 매체를 사용하여 진행된다는 고유한 특성으로 인해, 상담관계를 촉진함에 있어 상담자가 특별히 유의해야 할 부분이 있다. 화상상담에서 신뢰로운 상담관계를 조성하기 위해서 필요한 안정성, 촉진성, 개별성에 대해 구체적으로 알아보자.

(1) 상담 시간과 공간의 안정성 확보

안정성은 내담자가 상담을 하는 동안 방해를 받지 않고 집중할 수 있는 환경을 말하며 비밀보장이 충분히 이루어질 수 있는 환경이어야 한다. 상담실이라는 같은 공간에서 상담자와 내담자가 만나는 전통적 상담의 경우 내담자 개인에게 또는 환경에 어떤 일이 일어날지 예측할 수 있지만, 공간이 분리될 경우 돌발 상황을 예측하기 어렵다. 이는 상담에 긴장감을 유발하여 상담자와 내담자 모두 상담에 집중하기 어렵게 만드는 요인이 되기도 한다. 따라서 영상매체의 끊김이 없는 기술적 안정성, 내담자와 상담자 각각이 자리하고 있는 환경에 대한 안정성, 그리고 내담자와 상담자 간의 관계적 안정성을 확보하도록 노력해야 한다.

(2) 상담자의 촉진적 태도 필요

화상상담에서는 같은 공간에 있지 않고 상담자가 내담자와 같은 감각을 경험하는 데 한계가 있어 정확한 반응을 하기 어렵다. 이는 상담자에게 능력에 대한 불안감과 좌절감을 유발할 수 있다. 상담은 언어를 매개로 하는 서비스이긴 하나 정서적 개입 역시 필수로 이뤄져야 한다. 그러기 위해선 내담자가 호소하고 있는 문제를 잘 이해하는 것도 중요하지만 내담자의 손, 발, 입술, 말의 속도, 분위기 등 비언어적 요소들이 주는 단서도 잘 포착할 수 있어야 한다. 상담 과정에서 내담자의 동공확대나 축소, 미묘한 움직임이나 표정 등을 관찰하는 데 있어, 화상상담은 한계를 가질 수밖에 없다. 따라서 상담자가 대면상담보다 좀 더 적극적으로 내담자의 정서적 반응을 촉진할 수 있는 태도와 방법을 강구할 필요가 있다.

(3) 개인정보 보호 및 윤리에 대한 민감성

매체를 활용한 화상상담에서의 상담윤리, 개인정보 보호와 관련된 가이드라인은 아직 구체화되지 않은 상황이다. 상담자는 개인정보 노출 위험 등 정보보안의 어려운 문제를 민감하게 인지하고, 내담자에게도 이를 고지할 필요가 있다. 이 부분은 '화상상담 동의서 작성하기'에서 구체적으로 살펴보도록 하겠다.

2. 화상상담 실시하기

화상상담의 실시과정도 일반상담과 같이 초기-중기-종결 단계로 이루어진다는 것은 동일하다. 하지만 매체를 활용한 화상상담은 초기 구조화 단계에서 구조화 내용 부분이 일반상담과 다소 차이가 있다. 화상상담이 원활하게 진행되기 위해서는 내담자를 대상으로 진행방식과 그에 따른 주의점에 대해 충분히 사전에 안내해야 한다. 화상상담 동의서에는 화상상담에 대한 운영방식, 에티켓 등 안내를 할 수 있다. 동의서에 명시된 내용 이외에 주의해야 하는 사항은 체크리스트를 활용하여 내담자가 스스로 유의사항에 대해 정확하게 이해할 수 있도록 하는 것도 하나의 방법이 될 수 있다. 이렇듯 초기 상담단계에서 화상상담을 어떻게 구조화하고, 내담자와 안전한 관계를 맺기 위한 방법으로는 어떤 것들이 있는지 살펴보도록 하자.

1) 화상상담에서 구조화하기

화상상담 시작 시, 내담자에게는 화상상담 전체 과정과 상담환경, 상담 시 유의사항을 정확히 설명하고 동의를 구해야 하는데, 이것이 구조화 과정이다. 구조화 내용으로는 상담 환경에 대한 부분, 상담 시 유의점, 동의서 작성과 관련된 부분으로 나눌 수 있다.

먼저, 상담 환경에 대한 부분으로는 화상상담을 원활하게 진행하기 위해서 인터넷 상태를 체크해 보게 한다거나 상담에 집중할 수 있으며 비밀유지 등을 위해 안전감을 느낄 수 있는 공간에서 접속해야 한다는 등의 설명이 될 수 있겠다. 상담 시 유의점에 대한 안내로는 상담 도중 갑자기 화면을 끄지 않거나 합의 없이 녹음, 녹화를 해서는 안 된다는 점 등 내담자가 상담 과정에서 참고해야 할 사항을 안내하는 것이라 할 수 있다. 상담시간, 회기 수 그리고 내담자와 상담자 역할, 비밀보장 등의 내용을 담아 동의서를 작성하도록 준비하는 것도 구조화의 과정이라 할 수 있다.

화상상담 첫 회 상담에서 구조화하는 방법을 14-1 예시를 통해 살펴보자.

14-1 화상상담 구조화 내용 예시	
화상상담 간단하게 소개하기 	• 화상상담은 온라인으로 하는 실시간 비대면상담입니다. • 화상상담은 약속된 시간에 상담이 이루어집니다.

상담 전 준비사항 (상담환경)안내하기 	• 데이터에 제한이 없는 무선인터넷이 가능한 환경에서 상담이 진행이 가능합니다. • 화면은 어깨까지 보일 수 있도록 카메라를 세팅하고 상담 전 미리 카메라와 마이크 상태를 점검하여 상담이 원활하게 이루어지도록 준비해야 합니다. • 상담을 할 수 있는 공간에 제한이 있을 경우, 상담자와 상의해 주세요. 외부환경에 영향을 받지 않고 화상상담에 집중할 수 있도록 조용하고, 비밀유지가 잘 되는 장소를 선정하여 (개방된 카페, 야외, 공공장소 등에서 상담이 이루어지지 않도록 주의) 상담이 이루어져야 합니다.
화상상담 유의사항 안내	• 갑자기 자리를 비우거나 돌아다니지 않으며, 전원을 끄지 않고, 불편한 상황이 생기면 상담자에게 즉시 얘기합니다. • 서로의 보호를 위해 녹음, 녹화, 사진촬영 등을 하지 않아야 합니다.
화상상담 동의서 및 상담중단 시 대처방법 안내	• 화상상담에 대한 동의서를 메일로 보내드렸습니다. 꼼꼼히 읽어보신 후 서명하여 다시 센터 메일로 보내주시면 됩니다. • 만약 상담 중간에 인터넷 연결 등의 문제로 상담이 중단 혹은 불가한 상황이 생기면 상담자는 전화를 드릴 것입니다. 이후 전화상담으로 변경하여 진행할 수도 있으며 상황에 맞게 협의하여 진행할 예정입니다.

> !! 알아두면 도움되는 Tip
>
> ✎ 화상상담의 장점과 단점
>
> ☑ 장점
>
> – 시간과 공간의 제약이 없어서 상담이 필요하나 받기 어려웠던 사람들(영유아를 키우는 엄마, 몸이 불편한 분, 거동이 힘든 노인 등)도 상담서비스를 받기 쉽다.

– 내담자에게 익숙한 공간에서 상담이 이루어지므로, 방어가 낮아져 내담자가 문제를 솔직하게 드러낼 수 있다.
– 화상상담의 경우 부대비용을 감소시키기 때문에 상담을 받기 위한 전체 비용이 적을 수 있다.

☑ **단점**

– 상담 시 신체적인 접촉을 활용한 개입을 하는 것이 어렵다.
– 내담자의 갑작스러운 돌발 상황에 신속하게 대처하기 어렵다.
– 내담자가 화상상담을 하는 동안 주변에 방해를 받을 수 있다.
– 상담시간이 길어지면 집중력이 떨어지고 산만해질 수 있다.
– 상담자 또는 내담자의 인터넷 네트워크 상황 및 플랫폼 활용 능력이 상담 진행에 영향을 줄 수 있다.

2) 화상상담에서 상담관계 형성하기

화상상담 시 대면상담에 비해 초기 관계 형성에 어려움이 있을 수 있다. 상담이라는 것을 처음 해 본 내담자라면 더욱 그렇다. 상담자와 상담이라는 형식도 낯선데다, 화상이라는 매체까지 적응해야 하는 어려움이 있을 수 있기 때문이다. 화상상담도 대면상담과 마찬가지로, 내담자가 상담자에게 친근감과 안정감을 느끼고 자신의 문제해결이나 성장을 도와줄 수 있는 전문성 있는 대상으로 믿고 상호 간 신뢰감을 형성하는 데 주의를 기울여야 한다.

화상상담을 할 때 기기 사용이 서툰 내담자라면 첫 접수면접은 내방을 하게끔 안내할 수 있다. 함께 화상상담 플랫폼 어플을 준비하거나 상담에 대한 기초적인 안내를 하며 자연스럽게 관계를 형성하며 시범적으로 함께 화상대화를 시도해 보는 과정을 거치는 것도 안정적인 상담을 준비할 수 있는 방법이다. 화상상담에서 상담관계를 형성하는 대화 과정은 [그림 14-2]와 같이 할 수 있다.

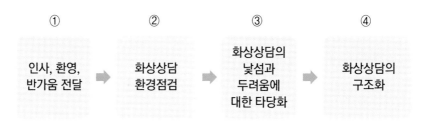

[그림 14-2] 화상상담에서 상담관계 형성하는 대화 과정

(1) 화상을 통한 환경과 반가움 전달

준비과정을 거쳐 화상상담이 시작되었다면, 상담 시작 전 가볍고 자연스러운 대화를 잠시 나누어 내담자로 하여금 편안함을 느끼도록 한다. 상담자는 내담자의 상담 참여에 대해 적극적인 환영과 격려를 전달한다. 상담자는 화면을 통해 내담자의 복장, 내담자가 있는 공간의 분위기, 내담자의 표정과 태도 등 비언어적 신호와 같은 객관적 단서를 토대로 내담자의 상태를 민감하게 인식하도록 하는 것도 필요하다.

(2) 화상상담의 환경점검

앞서 언급한 바와 같이, 화상상담이기 때문에 초기 안정감 확보가 대면상담보다 더욱 중요할 수 있다. 사용하는 매체(컴퓨터, 노트북, 패드 등) 및 인터넷 환경에 대한 상담자의 준비 미숙으로 인해 상담이 중도에 끊기거나, 중요한 개입을 하던 중 상담이 중단되어 버린다면, 내담자와의 신뢰롭고 안정감 있는 상담관계 조성에 치명적일 수 있다.

(3) 화상상담에 대한 낯섦과 두려움에 대한 타당화

화상상담을 처음 접하는 내담자는 상담에 대한 두려움뿐 아니라 매체라는 낯선 환경에도 적응을 해야 한다. 자신의 이야기를 충분히 털어놓을 수 있을 만큼 안정적인 공간인지에 대한 두려움과 낯섦이 드는 것은 대면상담에서도 일어날 수 있는 자연스러운 현상이다. 이에 상담자는 적극적으로 공감과 이해를 표현하며, 내담자가 안심할 수 있도록 도와야 한다.

(4) 화상상담의 구조화

화상상담의 구조화는 '2. 화상상담 실시하기 1) 화상상담에서 구조화하기'에서 배운 내용을 참고하도록 하자. 화상상담의 구조화 내용으로는 화상상담에 대한 간단한 안

내, 상담 전 준비사항 안내(상담환경), 화상상담 동의서 및 유의사항 안내의 과정이 있다. 또한 대면과 비대면을 동시에 진행하는 내담자의 경우, 다음 사례와 같이 상담형식에 관한 조율과 안내도 함께 할 수 있다. 화상상담에서 초기 상담관계 형성 시 사용할 수 있는 진행방법을 14-2 사례를 통해 자세히 살펴보자.

	14-2 상담 초기 관계 형성을 위한 대화 예시	축어록 반응해설
① 인사, 환영, 반가움 전달	**상1**: 안녕하세요, 미희씨죠? 처음 뵙겠습니다. 저는 상담자 김로나입니다. **내1**: 안녕하세요	대면상담보다 내담자는 낯선 환경에서 더 긴장할 수 있다. 편안한 분위기로 이끄는 상담자 반응이 필요하다.
② 화상상담 환경 점검	**상2**: 화상상담이 처음이신가요? 제 목소리는 잘 들리시나요? **내2**: 네. 잘 들려요. 제 목소리는 잘 들리시나요? 음소거 해제 버튼을 못 찾아서 한참 헤맸어요. 프로그램도 오늘 처음 접속해 봤어요.	
③ 화상상담의 낯섦과 두려움에 대한 타당화	**상3**: 프로그램을 처음 사용하시는거라 당연합니다. 점차 익숙해지실 거예요. 화면을 보고 서로 이야기하는 건 어떠세요? **내3**: 괜찮은거 같아요. 아직은 조금 낯설긴 하네요. 신기하기도 하고. **상4**: 괜찮으시다니 다행입니다. 직접 만나 이야기하는 것처럼 화상에서도 미희씨가 고민하고 있는 것을 함께 이야기할 수 있어요. 혹시 상담 전에 궁금한 점 있으실까요? **내4**: 코로나 상황이 나아지면 대면상담도 가능한가요? 그러니까 한 주는 화상, 그다음 주는 대면 이렇게요.	상담 시작 전 환경에 대한 점검, 음향상태 화면상태에 대한 점검을 한다. 상담에 임하는 내담자 마음을 알아차리고 그것을 타당화해 주는 반응이 필요하다.
④ 화상상담 구조화	**상5**: 네. 미리 저랑 상의하시고 상담 방법을 조정하시면 되세요. 대면상담과 화상상담은 각기 특징이 있어요. 상담 직전에 상담방식을 변경하기보다 주차별로 화상, 대면상담방식을 미리 계획할 수 있으면 더 효과적으로 상담을 진행할 수 있는 방법이 되거든요. 첫 회기 진행하고 함께 상의해 보아요. 미리 보내드린 화상상담 동의서는 읽어 보셨지요. 문항을 하나씩 설명해 드리도록 하겠습니다.	사전에 동의서를 발송하고 내담자가 충분히 숙지하도록 구조화하여 안내할 필요가 있다.

화상상담에서의 상담관계 형성도 일반적인 대면상담과 크게 다르지 않다. 다만, 상담자가 내담자와 같은 공간에 있지 못하기 때문에 상담자의 적극적인 노력이 더 필요할 수 있다. 사례에서 살펴보았듯, 화상상담에 임하는 상담자는 반가움과 환영의 인사를 나눌 수 있는 적극적이고 밝은 태도와 자세, 내담자 감각의 변화에 대해 더욱 민감한 태도, 내담자의 낯섦과 두려움에 대한 공감과 타당화, 화상상담의 유의점 및 지켜야 할 내용에 대한 명확한 구조화 능력이 필요하다고 하겠다.

| 생각해 보기 |

🔗 **화상상담이 부적합한 대담자도 있다!**

• 정신병리적 문제, 자살·자해와 같은 고위기 내담자
• 가정에서 상담 공간 및 환경 확보가 어려운 내담자
• 가정불화 등으로 가정에서 상담이 불가능한 내담자
• 화상매체 사용(인터넷, 컴퓨터)에 보호자의 도움이 필요한 저연령대 내담자

3) 화상상담 동의서 작성하기

화상상담은 온라인에서의 상호작용이기 때문에 상담자와 내담자 모두 녹음, 녹화, 몰래카메라 등 사생활침해의 위험과 개인정보 유출에 취약하다. 물론 녹화나 녹음의 경우, 내담자와 상담자가 합의한 뒤 실행한다면 유용하게 활용될 수 있는 부분이지만, 상호간에 동의하지 않은 녹음 또는 녹화는 사생활 및 개인정보 유출 문제의 우려가 있다. 참고로 대화 당사자 간에 상대방의 동의 없이 녹음은 통신비밀 보호법 위반에 해당되진 않지만, 이것을 정당한 목적과 객관적인 필요성이 인정되지 않는 상황에서 유출할 경우 음성권이나 초상권 침해에 해당하여 손해배상청구의 가능성도 있는 문제이다.

따라서 상담자와 내담자는 사생활과 비밀유지에 대한 서로의 권리를 최대한 존중하여, 상호 합의하지 않은 정보를 누설하지 않도록 대면상담에서 보다 더욱 철저하게 사전 약속을 하는 과정을 거쳐야 한다. 이것은 화상상담 동의서를 통해서 진행할 수 있다. 동의서를 작성하는 것은 내담자 스스로를 보호하기 위해서도 중요한 부분이지만, 상담자 역시 스스로를 보호하기 위해서도 필수적인 부분이다. 특히 녹화나 녹음 등의 행동은 법에 저촉될 수 있다는 것을 문서뿐 아니라 구두로도 설명하며 강조할 필요가 있다. [그림 14-2]는 화상상담 동의서 예시이다.

개입Tip

화상상담 동의서는 상담 시작 전 내담자에게 메일로 전송하여 미리 읽어 보고 올 수 있도록 안내할 수 있다.

화상상담 동의서

성명		성별		생년월일		연락처	

- ○○○ 청소년상담복지센터에서는 코로나19 감염병 예방을 위한 사회적 거리두기의 일환으로 대면상담이 아닌 원격으로 화상(온라인)상담을 진행하고자 합니다.

- 화상(온라인)상담은 모바일 및 PC의 화상상담 앱(사이트)을 활용해 실시간 화상으로 진행되는 상담을 의미합니다. 화상상담을 통한 영상정보는 개인정보보호법에 의해서 철저하게 보호되며, 실시간 상담목적으로만 활용됩니다.

- 상담을 받는 대상자는 화상(온라인)상담에 동의하십니까?
  *만 14세 미만의 경우 법정대리인의 동의가 필요합니다.
  동의함 □   동의하지 않음 □

- 상담자와 내담자, 보호자가 모두 안전한 화상(온라인)상담을 진행하기 위해 다음의 사항에 협조해 주실 것을 부탁드립니다.
  1. 화상(온라인)상담이 진행될 수 있는 환경(모바일, PC, 인터넷 등)을 준비합니다.
  2. 화상(온라인)상담은 비밀이 보장되는 조용한 공간에서 진행됩니다.
  3. 화상(온라인)상담은 상담자와 사전 약속된 시간에 진행됩니다.
  4. 화상(온라인)상담 중에는 자리를 벗어나거나 전원을 끄지 않습니다.
  5. 보호자는 대상자가 안전한 상담을 받을 수 있도록 상담시간을 보호해 줍니다.
  6. 상담에 대해 동의되지 않은 녹화나 녹음은 개인정보보호법에 의거 처벌됩니다.
  동의함 □   동의하지 않음 □

본인은 상기 내용에 대한 설명을 듣고 이해하였으며, 위 내용에 동의합니다.

상담자   (인)   본인   (인)   보호자   (인)

한국청소년상담복지개발원
Korea Youth Counselling & Welfare Institute

[그림 14-2] 한국청소년상담복지개발원 화상상담 동의서 양식 예시

화상상담과 대면상담은 동등한 효과가 있고, 치료적 동맹 또한 유사하며, 온라인 상담이 심리적 어려움을 감소시키는데 전반적으로 효과가 있음을 나타내는 연구가 지속적으로 등장하고 있다(Simpson, 2020). 이는 화상상담만이 가진 고유한 치료적 효과가 있음을 의미한다.

따라서 상담자인 우리는 발달된 기술에 개방적인 태도를 가지고 매체를 활용한 화상상담에 좀더 적극적으로 능숙해지기 위한 노력을 할 필요가 있다. 화상상담만이 가지는 치료적 요인은 무엇인지 구체적으로 탐색하고 화상상담 진행 과정을 매뉴얼화하는 과정을 통해, 화상상담의 장점을 극대화할 수 있는 방안을 모색해야 할 것이다.

제14장에서는 화상상담의 과정과 개입방법에 대해 알아보았다. 매체를 활용한 화상상담은 초기 구조화 단계에서 일반상담과 다소 차이가 있다. 화상상담은 대면상담처럼 내담자와 상담자가 한 공간에 있지 않기 때문에 초기 안정감 확보에 더욱 신경을 써야 한다. 내담자가 초기 안정감 확보를 확보하려면 먼저, 화상상담을 안전하게 할 수 있는 상담환경이 갖춰져야 한다. 상담 전용공간 및 인터넷 연결, 카메라, 마이크, 스피커 등 상담환경에 대한 준비가 철저하게 이루어져야 한다. 또한 매체를 활용하여 상담자가 내담자가 만나기 때문에, 서로의 감각을 경험하는 데 한계가 있다. 내담자가 비언어적 요소를 포착하고 적극적으로 정서적 반응을 촉진할 수 있는 태도와 방법을 강구할 필요가 있다. 화상상담의 구조화 내용으로는 화상상담에 대한 간단한 안내, 상담 전 준비사항 안내(상담환경), 화상상담 동의서 및 유의사항 안내의 과정이 있다. 화상상담 시 온라인에서의 상호작용은 상담자와 내담자 모두 도청, 몰래카메라 등 사생활 침해의 위험과 개인정보 유출에 취약하다. 상담자는 이러한 내용을 숙지하여, 화상상담 시 발생할 수 있는 다양한 위험을 미연에 방지하고, 상담환경을 및 상담관계를 안전하게 형성하는 데 주력해야 할 것이다.

!! 초심상담자 로나씨의 고민

화상상담에서 상담을 방해하는 요소
어디까지 허용해야 할까요?

로나씨는 엄마들 대상 육아와 양육 상담을 주로 하는 센터에서 상담자로 근무 중이다. 최근 비대면상담을 하면서 상담을 방해하는 요소들을 어디까지 허용해야 하는지가 고민이다.

로나씨는 경기침체로 인해 운영하고 있던 식당 영업이 어려워지면서 남편과 불화가 심해진 36세 기혼 여성과 화상상담을 진행하고 있다. 첫 회기에 화상상담에 대한 구조화와 함께 화상상담 프로그램 접속 시 혼자 있을 수 있는 조용한 곳에서 접속해야 함을 안내하였다. 그런데 로나씨가 3회기 화상상담을 시작하려고 프로그램에  로그인을 하였더니 화면에 비친 내담자는 갓 돌이 된 아기를 안고 있었다. 내담자는 "아이가 잠이 들어서 괜찮을 것 같아요. 아이 봐 주기로 한 친정엄마가 급한 일이 생겨서 못 오셨거든요. 다른 날은 아이를 맡길 수가 없어서 오늘밖에 상담이 안 되는데 잠든 아기와 함께하는 상담은 괜찮지요?"라고 물었다.

➡ 먼저, 내담자의 상담을 지속하려고 노력하는 점을 높이 사고 육아와 양육으로 원활한 환경을 제공받지 못하고 있는 내담자의 처지를 이해하고 안타까움을 전달할 필요가 있다. 하지만 화상상담은 안전하게 상담할 수 있는 환경을 마련하는 것이 가장 중요하다. 아이가 잠이 들었다 하더라도 언제든 깰 수 있고 내담자가 온전히 상담에 집중하지 못한다면 아무리 유능한 상담자라 하더라도 효과적인 상담과 개입이 어려워질 수 있음을 안내할 필요가 있다.

참고문헌

권석만(2013). 현대이상심리학 2판. 서울: 학지사.

소수연, 백정원, 김신아, 이지선, 김혜영(2020). 화상상담매뉴얼. 서울: 한국청소년상담복지개발
　　원.

Saul, L. J. (2006). *The Childhood Emotional Pattern And Maturity*. 천성문, 이영순, 박순득,
　　정봉희, 장문선, 김수령 공역(2007). 아동기 감정양식과 성숙. 서울: 시그마프레스.

천성문(Cheon Seongmoon)
현 부경대학교 평생교육상담학과 교수
　　한국교육치료학회 학회장
전 (사)한국상담학회 학회장
　　전국대학교학생상담센터협의회 회장
　　스탠퍼드 대학교 연구 및 방문 교수
　　서울대학교 객원교수

안세지(Ahn Seji)
현 부산광역시 해운대구청소년상담복지센터 센터장
전 부산광역시 여자중장기청소년쉼터 소장
　　동명대학교 학생상담센터 상담교수
　　경성대학교 학생상담센터 전임상담원
　　부산광역시 금정구청소년상담복지센터 상담원

최지이(Choe Jiyi)
현 경성대학교 교양학부 외래 교수
　　동명대학교 학생상담센터 객원상담원
전 부경대학교 학생상담센터 객원상담원
　　SM심리건강연구소 전임연구원

윤정훈(Yun Junghun)
현 부산외국어대학교 학생진로처 교수
전 부산외국어대학교 학생상담센터 전임상담원
　　경성대학교 학생상담센터 전임상담원
　　동명대학교 학생상담센터 객원상담원
　　부경대학교 학생상담센터 객원상담원
　　부산광역시 영재교육진흥원 객원상담원

배문경(Bae Moonkyoung)
현 경성대학교 학생상담센터 객원상담원
　　부산가톨릭대학교 학생상담센터 객원상담원
전 동명대학교 학생상담센터 객원상담원
　　동명대학교 평생교육원 지역사업 전문상담원
　　한국학교상담전문가협회 집단상담 강사

초심상담자를 위한

상담면접의 실제
Actual Counseling Interview for Beginner Counselors

2022년 2월 20일 1판 1쇄 발행
2022년 10월 25일 1판 2쇄 발행

지은이 • 천성문 · 안세지 · 최지이 · 윤정훈 · 배문경
펴낸이 • 김진환
펴낸곳 • ㈜ **학지사**
　　　　　04031 서울특별시 마포구 양화로 15길 20 마인드월드빌딩
대표전화 • 02)330-5114　　　팩스 02)324-2345
등록번호 • 제313-2006-000265호

홈페이지 • http://www.hakjisa.co.kr
페이스북 • https://www.facebook.com/hakjisabook

ISBN 978-89-997-2579-1 93180

정가 18,000원

출판미디어기업 **학지사**

간호보건의학출판 **학지사메디컬** www.hakjisamd.co.kr
심리검사연구소 **인싸이트** www.inpsyt.co.kr
학술논문서비스 **뉴논문** www.newnonmun.com
교육연수원 **카운피아** www.counpia.com